Die Annahme, Ausschlagung und Erfüllungswirkung von Vermächtnissen bei beschränkt Geschäftsfähigen

Forschungen zum deutschen und internationalen Erb- und Familienrecht

Herausgegeben von Christina Eberl-Borges und Rudolf Meyer-Pritzl

Band 10

PETER LANG

Saskia Ballon

Die Annahme, Ausschlagung und Erfüllungswirkung von Vermächtnissen bei beschränkt Geschäftsfähigen

PETER LANG

Bibliografische Information der Deutschen Nationalbibliothek
Die Deutsche Nationalbibliothek verzeichnet diese Publikation in der Deutschen Nationalbibliografie; detaillierte bibliografische Daten sind im Internet über http://dnb.d-nb.de abrufbar.

Zugl.: Mainz, Univ., Diss., 2018

D 77
ISSN 1868-694X
ISBN 978-3-631-75853-3 (Print)
E-ISBN 978-3-631-75854-0 (E-PDF)
E-ISBN 978-3-631-75855-7 (EPUB)
E-ISBN 978-3-631-75856-4 (MOBI)
DOI 10.3726/b14241

Peter Lang – Berlin · Bern · Bruxelles · New York ·
Oxford · Warszawa · Wien

Diese Publikation wurde begutachtet.

www.peterlang.com

Meiner geliebten Oma Hiltrud

Danksagung

Diese Dissertation ist im Januar 2018 von dem Fachbereich 03 der Johannes-Gutenberg-Universität als Doktorarbeit angenommen worden. Ohne die vielfältige Unterstützung der nachfolgenden Personen wäre diese Arbeit in der bestehenden Form nicht realisierbar gewesen. Hierfür möchte ich mich von ganzem Herzen bedanken.

Zunächst gilt mein umfassender Dank meiner Doktormutter, Frau Prof. Dr. Christina Eberl-Borges, die mich und meine Arbeit in sämtlichen Bereichen stets gefördert und unterstützt hat. Für die Möglichkeit, diese Doktorarbeit zu schreiben sowie die schnelle und unkomplizierte Durchführung des Prüfungsverfahrens möchte ich mich von Herzen bedanken. Ebenfalls bedanken möchte ich mich bei meinem Zweitgutachter, Herrn Prof. Dr. Urs Gruber, für die konstruktiven und hilfreichen Anmerkungen.

Für die thematische Eingrenzung meines Themas möchte ich recht herzlich Herrn Prof. Dr. Andreas Frieser danken, der mir die Anregung und die fachlichen Hinweise gegeben hat, mich diesem komplexen Thema zu widmen.

Insbesondere bedanken möchte ich mich bei all meinen Freunden für ihr großes Verständnis, die beständige Unterstützung und Hilfsbereitschaft bei der Errichtung dieser Dissertation. Ihr habt zu einem großen Teil dazu beigetragen, dass ich diese Arbeit schreiben konnte und hattet stets ein offenes Ohr für meine Zweifel und Fragen. Auch möchte ich mich bedanken für den fachlichen Input, die Beratung und die vielen hilfreichen Diskussionen, die es mir ermöglicht haben, meine Arbeit, aber auch mich persönlich weiterzuentwickeln. Mein spezieller Dank gilt dabei Frau Prof. Dr. Julia Gokel LL.M, Frau Martina Bittenbinder, Frau Anna-Lena Glander, Herrn Bastian Schmeer und Frau Tasja Jahns.

Zuletzt gilt mein besonderer Dank meiner Familie, die mich unentwegt mit unermüdlichem Engagement und Liebe begleitet und unterstützt hat, und nie den Glauben an mich verloren hat. Ohne euch und euren Halt stünde ich nicht da, wo ich jetzt bin.

Diese Arbeit widme ich meiner Oma Hiltrud. Du bist für mich eine tägliche Inspiration und ein großes Vorbild. Danke, dass es dich gibt.

Inhaltsverzeichnis

Literaturverzeichnis

Antomo, Jennifer: Verbot von Kinderehen, in: ZPR 2017, 79–82.

Babusiaux, Ulrike: Wege zur Rechtsgeschichte: Römisches Erbrecht, Köln 2015.

Baumbach, Adolf (Begr.): Beck'sche Kurzkommentare, Handelsgesetzbuch, Band 9, 37. Auflage, München 2016; zit.: Baumbach/Hopt, Handelsgesetzbuch/Bearbeiter.

Bamberger, Heinz Georg/Roth, Herbert (Hrsg.): Beck'scher Online-Kommentar BGB, Edition 42, München, 1.2.2017; zit.: BeckOK BGB/Bearbeiter.

Bärmann, Johannes (Begr.): Wohnungseigentumsgesetz, Gesetz über das Wohnungseigentum und das Dauerwohnrecht, Kommentar, 13. Auflage, München 2015; zit.: Bärmann WEG/Bearbeiter.

Beck'sches Handbuch der Personengesellschaft, hrsg. von Prinz, Ulrich/Hoffmann, Wolf-Dieter: 4. Auflage, München 2014; zit.: Beck'sches Handbuch der Personengesellschaft/Bearbeiter.

Behnke, Thorsten: Das neue Minderjährigenhaftungsbeschränkungsgesetz, in: NJW 1998, 3078–3083.

Benecke, Martina: Minderjährigenschutz bei unentgeltlicher Übertragung von Grundstücken: Gesamtbetrachtung, Gefährdungspotential und die bloße theoretische Möglichkeit, in: ZJS 2008, 217–223.

Bengel, Manfred: Rechtsfragen zum Vor- und Nachvermächtnis, in: NJW 1990, 1826–1830.

Boecken, Winfried: BGB – Allgemeiner Teil, 1. Auflage, Stuttgart 2007.

Bonefeld, Michael/Kroiß, Ludwig/Tanck/Manuel (Hrsg.): Der Erbprozess mit Erbscheinsverfahren und Teilungsversteigerung, 3. Auflage, Bonn 2009; zit.: Bonefeld, Kroiß, Tanck, der Erbprozess/Bearbeiter.

Bork, Reinhard: Allgemeiner Teil des Bürgerlichen Gesetzbuchs, 3. Auflage, Tübingen 2011.

Brox, Hans (Begr.)/Walker, Wolf-Dietrich: Allgemeiner Teil des BGB, 38. Auflage, München 2014.

Brox, Hans (Begr.)/Walker, Wolf-Dietrich: Erbrecht, 27. Auflage, München 2016.

Brüggemann, Dieter: Der sperrige Katalog §§ 1821, 1822 BGB: Anwendungskriterien – Grenzfälle, in: FamRZ 1990, 124–129.

Buchholz, Stephan: Insichgeschäft und Erbschaftsausschlagung – Überlegungen zu einem Problem des § 1643 Absatz II BGB, in: NJW 1993, 1161–1166.

Buck, Annette: Erwerb von Gesellschaftsanteilen durch Minderjährige, Würzburg 2012.

Burandt, Wolfgang/Rojahn, Dieter (Hrsg.): Beck'sche Kurzkommentare, Band 65, Erbrecht, 2. Auflage, München 2014; zit.: Burandt/Rojahn, Erbrecht Bearbeiter.

Burkert, Manfred/Elser, Matthias: Die GmbH, 3. Auflage, Berlin 2004.

Busch, Nicola: Der Reifegrad Minderjähriger als Maßstab im Zivilrecht, München 2001.

Böttcher, Roland: Die Entwicklung des Grundbuch- und Grundstücksrechts bis Juni 2013, in: NJW 2013, 2805–2809.

Bürger, Andreas: Die Beteiligung Minderjähriger an Gesellschaften mit beschränkter Haftung, in: RNotZ 2006, 156–180.

Coester-Waltjen, Dagmar: Nicht zustimmungsbedürftige Rechtsgeschäfte beschränkt geschäftsfähiger Minderjähriger, in: Jura 1994, 668–670.

Coing, Helmut: Anmerkung zu OGHBrZ, Köln, Urteil vom 18.11.1948 - II ZS 16/48 (Celle), in: NJW 1949, 260–262.

Coing, Helmut: Die gesetzliche Vertretungsmacht der Eltern bei der Ausschlagung einer Erbschaft, NJW 1985, 6–11.

Czegugn, Ignacio: Geschäftsfähigkeit - beschränkte Geschäftsfähigkeit - Geschäftsunfähigkeit: Grundlagen - Rechtsfolgen - Sonderfragen, 1. Auflage 2003.

Damrau, Jürgen: Der Minderjährige im Erbrecht, 2. Auflage, Bonn 2010.

Damrau, Jürgen: Kein Erfordernis der gerichtlichen Genehmigung bei Schenkungen von Gesellschaftsbeteiligungen an Minderjährige, in: ZEV 2000, 209–214.

Damrau, Jürgen (Hrsg.): Praxiskommentar Erbrecht, 3. Auflage, Bonn 2014; zit.: Praxiskommentar Erbrecht/Bearbeiter.

Daniels, Larissa: Das Vor- und Nachvermächtnis, Berlin 2007.

Dauner-Lieb, Barbara/Grziwotz, Herbert: Pflichtteilsrecht, Handkommentar, 1. Auflage, Baden-Baden 2010; zit: Dauner-Lieb/Grziwot, Herbert Pflichtteilsrecht/Bearbeiter.

Hohmann-Dennhardt, Christine/Dauner-Lieb, Barbara/Langen, Werner (Hrsg.): Nomos Kommentar BGB Schuldrecht, 3. Auflage, 2016; zit.: Dauner-Lieb/Langen, BGB/Bearbeiter.

Deutscher Erbrechtskommentar, hrsg. von Große-Wilde, Franz M./Ouart, Peter E. : 2. Auflage, Köln 2010; zit.: Deutscher Erbrechtskommentar/Bearbeiter.

Deutsche Gesellschaft für Erbrechtskunde e.V. (Hrsg.): Deutscher Erbrechtskommentar, München 2003; zit.: Deutscher Erbrechtskommentar/Bearbeiter.

Dorweiler, Magnus: Vermögensvorteil und Geldwert beim Vermächtnis; Frankfurt am Main 2005.

Eberl-Borges, Christina: Anmerkung zu BGH, Urteil vom 7.4.2003 – II ZR 56/02, in: LMK 2003, 168–169.

Ennecerus, Ludwig/Kipp/Theodor/Wolff, Martin (Begr.): Lehrbuch des Bürgerlichen Rechts, Vierter Band: Familienrecht, 7. Auflage, Marburg 1931; zit.: Enneccerus/Kipp/Wolff.

Erfurter Kommentar zum Arbeitsrecht, hrsg. Müller-Glöge, Rudi/Preis, Ulrich/Schmidt/Ingrid von: 15. Auflage, München 2015; zit.: Erfurter Kommentar zum Arbeitsrecht/Bearbeiter.

Erman Bürgerliches Gesetzbuch, hrsg. von Westermann, Harm Peter/ Grunewald, Barbara/ Maier-Reimer, Georg (Hrsg.):

Band. I, 14. Auflage, Köln 2014; zit.: Erman BGB/Bearbeiter.

Band II, 13. Auflage, Köln 2011.

Esser, Josef: Wert und Bedeutung der Rechtsfiktionen, Kritisches zur Technik der Gesetzgebung und zur bisherigen Dogmatik des Privatrechts, 2. Auflage Frankfurt am Main 1969.

Esser, Josef (Begründer)/Weyers, Hans-Leo: Schuldrecht Band II, Teilband 1, Verträge, 8. Auflage Heidelberg, 1998.

Fachanwaltskommentar Erbrecht, hrsg. von Frieser, Andreas: 3. Auflage, Köln 2011; zit.: Fachanwaltskommentar Erbrecht/Bearbeiter.

Feller, Lutz: Teleologische Reduktion des § BGB § 181 letzter Halbsatz BGB bei nicht lediglich rechtlich vorteilhaften Erfüllungsgeschäften, in: DNotZ 1989, 66–84.

Fischer, Christian Felix: Die zweifelhafte Abnahmefiktion des § 640 Abs. I S. 3 BGB, Frankfurt am Main 2010.

Friedrich-Büttner, Karin/Wiese, Jenny-Marie: Keine Erfüllung von Vermächtnissen zu Gunsten Minderjähriger ohne das Familiengericht, in: ZEV 2014, 513–521.

Gebele, Alexander: Die Vertretung Minderjähriger bei der Schenkung von Gesellschaftsanteilen, in: BB 2012, 728–731.

Gernhuber, Joachim/Coester-Waltjen, Dagmar: Familienrecht, 6. Auflage, München 2010.

Gerono, Anja: Anmerkung zu OLG Jena, Beschluss vom 22. 3. 2013 – 2 WF 26/13, in: MittBayNot 2013, 390–391.

Gothe, Florian: Erbschaftsausschlagung und Anfechtung der Erbschaftsannahme, in: MittRhNotK 1998, 194–225.

Graf, Hans Lothar: Fisching/Graf, Nachlassrecht, 10 Auflage, München 2014; zit.: Fisching/Graf, Nachlassrecht/Bearbeiter.

Gsell, Beate/Krüger, Wolfgang/Lorenz, Stefan/Mayer, Jörg/Henssler, Martin (GesamtHrsg.): beck-online.Grosskommentar BGB, Buch 5 Erbrecht, München 2017; zit: BeckOGK/Bearbeiter.

Harder, Manfred: Zuwendungen unter Lebenden auf den Todesfall, Berlin 1968.

Harte, Solveig: Der Begriff des lediglich rechtlichen Vorteils i.S.d. § 107 BGB, 2008.

Haspl, Rüdiger: Der Ersatzvermächtnisnehmer nach § 2069 BGB, in: ZEV 2013, 60–62.

Hausmann, Rainer/Hohloch, Gerhard (Hrsg.): Handbuch des Erbrechts, Freiburg 2008; zit.: Hausmann/Hohloch, Handbuch des Erbrechts/Bearbeiter.

Heidel, Thomas/Hüßtege, Rainer/Mansel, Heinz Peter/Noack, Ulrich (Hrsg.): Nomos Kommentar BGB Allgemeiner Teil, EGBGB, Band 1, 3. Auflage, Baden-Baden 2016; zit.: Heidel/Hüßtege/Mansel/Noack BGB/Bearbeiter.

Heuser, Martin: Selbst- und Fremdbestimmung im Minderjährigenrecht, JR 2013, 125–134.

Hinz, Sabine: Was ist lediglich rechtlich vorteilhaft i.S.d. § 107 BGB, Dortmund 1986.

Hirsch, Christoph: Der Allgemeine Teil des BGB, 6. Auflage, Saarbrücken 2009.

Horn, Norbert (Hrsg.): Heymann, Handelsgesetzbuch, Band 2, §§ 105–237, 2. Auflage, Berlin 1996; zit.: Heymann/Horn, Handelsgesetzbuch/Bearbeiter.

Hübner, Heinz: Zurechnung statt Fiktion einer Willenserklärung, in: Festschrift für Hans Carl Nipperdey zum 70. Geburtstag 21. Januar 1965, München/Berlin 1965, S. 374–400.

Hübner, Ulrich: Interessenkonflikt und Vertretungsmacht, München 1977.

Ivo, Malte: Die Erbschaftsausschlagung für das minderjährige Kind, in: ZEV 2002, 309–314.

Ivo, Malte: Die Übertragung von Kommanditanteilen an minderjährige Kinder, ZEV 2005, 193- 196.

Jauernig, Bürgerliches Gesetzbuch, hrsg. von Stürner, Rolf (Hrsg.): Kommentar, 15. Auflage, München 2014; zit.: Jauernig BGB/Bearbeiter.

Jauernig, Othmar: Noch einmal – Die geschenkte Eigentumswohnung – BGHZ 78, 28, in: JuS 1982, 576–577.

Johannsen, Kurt Herbert/Kregel, Wilhelm (Bearbeiter): Das Bürgerliche Gesetzbuch mit besonderer Berücksichtigung der Rechtsprechung des Reichsgerichts und des Bundesgerichtshofs Band I (§§ 1–240), 12. Auflage, Berlin 1974; zit.: RGRK-BGB/Bearbeiter.

Band V, 1. Teil (§§ 1922–2146), 12. Auflage, Berlin 1975.

Band V, 2. Teil (§§ 2147–2385), 12. Auflage, Berlin 1975.

Jänicke, Harald/Braun, Stefan: Vertretungsausschluss bei rechtlich nachteiligen Verfügungen zugunsten Minderjähriger, in: NJW 2013, 2474- 2478.

Juris Praxiskommentar BGB, hrsg. von Vieweg, Klaus: Band 1 – Allgemeiner Teil, 8. Auflage, Saarbrücken 2017, zit.: JurisPK-BGB/Bearbeiter.

Juris Praxis Kommentar BGB, hrsg. von Beckmann, Roland Michael: Band 2.2 – Schuldrecht (Teil 2: §§ 433–630h), 8. Auflage, Saarbrücken 2017, zit: JurisPK-BGB/Bearbeiter.

Juris Praxiskommentar BGB, hrsg. von Viefhues, Wolfram: Band 4 – Familienrecht, 8. Auflage, Saarbrücken 2017, zit.: JurisPK-BGB/Bearbeiter.

Juris Praxiskommentar BGB, hrsg. von Hau, Wolfgang: Band 5 – Erbrecht, 8. Auflage, Saarbrücken 2017; zit.: JurisPK-BGB/Bearbeiter.

Jürgens, Andreas (Hrsg.): Betreuungsrecht Kommentar, 5. Auflage, München 2014; zit.: Jürgens, Betreuungsrecht/Bearbeiter.

Keim, Christopher: Anmerkung zu OLG München, Beschluss vom 23. 9. 2011 – 34 Wx 311/11, in: ZEV 2011, 658–661.

Keim, Christopher: Vermächtnisse zugunsten Minderjähriger: Schwierigkeiten und Lösungsmöglichkeiten, in: ZEV 2011, 563–568.

Kipp, Theodor (Begr.)/ Coing, Helmut (fortgeführt von): Erbrecht, 14. Auflage, Tübingen 1990.

Knothe, Hans-Georg: Die Geschäftsfähigkeit der Minderjährigen in geschichtlicher Entwicklung, 1983.

Kohlrausch, Eduard/Peters, Hans (Hrsg.): Enzyklopädie der Rechts- und Staatswissenschaft, Römisches Recht: Römisches Privatrecht, 2. Auflage, Heidelberg 1935; zit.: Kohlrausch/Peters, Römisches Recht.

Köhler, Helmut: Grundstücksschenkung an Minderjährige – ein lediglich rechtlicher Vorteil?, in: JZ 1983 225–230.

Kölmel, Dominik: Der Minderjährige in der notariellen Praxis – Grundlagen, in: RNotZ 2010, 1–31.

Kölmel, Dominik: Der Minderjährige in der notariellen Praxis – unentgeltlicher Erwerb von Grundstücken, in: RNotZ 2010, 618–643.

Kraiß, Harro: Die Anfechtung der Annahme und Ausschlagung der Erbschaft, in: BWNotZ 1992, 31–35.

Kreidel, Theodor (Begr.): FamFG, Gesetz über das Verfahren in Familiensachen und in den Angelegenheiten der freiwilligen Gerichtsbarkeit, Kommentar, 19. Auflage, München 2017; zit.: Kreidel FamFG/Bearbeiter.

Kroiß, Ludwig/Ann, Christoph/ Mayer, Jörg (Hrsg.): Nomos Kommentar, BGB Erbrecht, Band 5: §§ 1922 – 2385, 4. Auflage, Baden-Baden 2014: zit.: Kroiß/Ann/Mayer BGB/Bearbeiter.

Lamberz, Markus: Schutz von Minderjährigen bei nachteiligen Verfügungen in Erfüllung einer Verbindlichkeit, ZEV 2014, 187–191.

Lange, Knut Werner: Erbrecht, München 2011.

Lange, Heinrich: Die Rechtsnatur von Antrag, Annahme und Ablehnung, geprüft bei Verträgen beschränkt Geschäftsfähiger, in: Festschrift für Rudolf Reinhardt zum 70. Geburtstag, 7. Juni 1972, Köln 1972, S. 95–101.

Lange, Heinrich: Schenkungen an beschränkt Geschäftsfähige und § 107 BGB, in: NJW 1955, 1339–1334.

Lange,Heinrich (Begr.)/Kuchinke, Kurt: Erbrecht, 5. Auflage, München 2001.

Langen, Werner: Anwendungsbereich und Rechtsfolgen des § 2301 I 1 BGB, Köln 1984.

Larenz, Karl: Methodenlehre der Rechtswissenschaft, 6. Auflage, Olching 1991.

Larenz, Karl/Wolf, Manfred: Allgemeiner Teil des Bürgerlichen Rechts, 9. Auflage, München 2004.

Leipold, Dieter: BGB I, Einführung und Allgemeiner Teil, 7. Auflage, Tübingen 2013.

Leipold, Dieter: Erbrecht, 20. Auflage, Tübingen 2014.

Liessem, Georg: Das Verhältnis von Schenkung von Todes wegen und Vertrag zugunsten Dritter zum Erbrecht, in: MittRhNotK 1989 29–42.

Litzenburger, Wolfgang: Anmerkung zu OLG München: Ergänzungspfleger ist zur Erfüllung eines Vermächtnisses zu Gunsten Minderjähriger erforderlich, wenn ein Elternteil zugleich Erbe ist, in: FD-ErbR 2011, 315705.

Ludwig, Ingo: Gegenständliche Nachlassspaltung bei Vor- und Nacherbschaft – – Bemerkungen zum Beschluss des OLG Düsseldorf v. 14. 6. 1999 – 3 Wx 104/99 , in: DNotZ 2001, 102–119.

Lübtow, Ulrich von: Erbrecht 1. Und 2. Halbband, Berlin 1971.

Maier-Reimer, Georg/Marx, Anja: Die Vertretung Minderjähriger beim Erwerb von Gesellschaftsbeteiligungen, in: NJW 2005, 3025–3028.

Mattern, Friedrich: Einzelzuweisung von Todes wegen, in: DNotZ 1963, 450–464.

Manigk, Alfred: Das rechtswirksame Verhalten Systematischer Aufbau und Behandlung der Rechtsakte des Bürgerlichen und Handelsrechts, Berlin 1939.

Mayer, Jörg/Süß, Rembert/Tanck, Manuel/Bittler, Jan/Wälzholz, Eckhard (Hrsg.): Handbuch Pflichtteilsrecht, 3. Auflage. Bonn 2013; zit.: Handbuch Pflichtteilsrecht/Bearbeiter.

Medicus, Dieter: Allgemeiner Teil des BGB, 10. Auflage, Heidelberg 2010.

Menzel, Ralf/Wolf, Ingmar: Der minderjährige Kommanditist bei Gründung, unentgeltlicher Anteilsübertragung und Erwerb von Todes wegen, in: MittBayNot 2010, 186–190.

Michalski, Lutz: Der Gesellschafterwechsel bei Personengesellschaften, in: NZG 1998, 95–98.

Milatz, Jürgen E.: Die Übertragung von Familienvermögen: Besonderheiten im Steuer- und Zivilrecht; 2. Auflage, Wiesbaden 2013.

Muscheler, Karlheinz: Erbrecht Band II, Tübingen 2010; zit.: Muscheler, Erbrecht.

Muscheler, Karlheinz: Universalsukzession und Vonselbsterwerb, Die rechtstechnischen Grundlagen des deutschen Erbrechts, Tübingen 2002; zit: Muscheler, Universalsukzession und Vonselbsterwerb.

Mugdan, Benno: Die gesamten Materialien zum Bürgerlichen Gesetzbuch für das Deutsche Reich; Band I: Einführungsgesetz und Allgemeiner Teil, Berlin 1899.

Münch, Christof (Hrsg.): Familienrecht in der Notar- und Gestaltungspraxis, 2. Auflage, München 2016; zit.: Münch, FamR/Bearbeiter.

Münchener Handbuch des Gesellschaftsrechts, hrsg. von Gummert, Hans/Weipert, Lutz (Hrsg.): Band 1, 4. Auflage, München 2014; zit.: Münchener Handbuch des Gesellschaftsrechts/Bearbeiter.

Band 2, 4. Auflage, München 2014.

Münchener Kommentar zum BGB, hrsg. von Säcker, Jürgen/Rixecker, Roland/Oetker, Hartmut/Limperg, Bettina (Hrsg.): Band I, Allgemeiner Teil, 7. Auflage, München 2015 (§§ 1–240); zit.: Münchener Kommentar zum BGB/Bearbeiter.

Band II, Schuldrecht – Allgemeiner Teil, §§ 241–432, 7. Auflage, München 2016.

Band III, Schuldrecht – Besonderer Teil, §§ 433–610, 7. Auflage, München 2016.

Band VI, Schuldrecht – Besonderer Teil IV §§ 705–853, 7. Auflage, München 2017.

Band IX, Familienrecht II §§ 1589–1921, 7. Auflage, München 2017.

Band X, Erbrecht (§§ 1922–2385), 7. Auflage, München 2017.

Münchener Anwaltshandbuch Erbrecht, hrsg. von Scherer, Stephan (Hrsg.): 4. Auflage, München 2014; zit.: Münchener Anwaltshandbuch Erbrecht/Bearbeiter.

Münchener Kommentar zum Handelsgesetzbuch, hrsg. von Schmidt, Karsten: Band 2 §§ 105–160; 4. Auflage, München 2016.

Münchener Kommentar GmbHG, hrsg. von Fleischer, Holger/Goette, Wulff: Band 1, §§ 1–34; 2. Auflage, München 2015.

Müßig, Ulrike: Anmerkung zu BGH, Beschluss vom 25.11.200- V ZB 13/04, in: JZ 2006, 150–152.

Nieder, Heinrich: Rechtsgeschäfte unter Lebenden auf den Tod, in: BWNotZ 1996 129–137.

Olshausen, Eberhard von: Die Sicherung gleichmäßiger Vermögensteilhabe bei „Berliner Testamenten" mit nicht-gemeinsamen Kindern als Schlußerben, in DNotZ 1979 707–724.

Olzen, Dirk: Erbrecht, 4. Auflage, Düsseldorf 2012.

Peschel-Gutzeit, Lore-Maria: Überschuldungsschutz für Minderjährige, in: FPR 2006, 455–460.

Planck, Gottlieb/Strohal, Emil (Hrsg.): Planck's Kommentar zum Bürgerlichen Gesetzbuch, 5. Band Erbrecht; 4. Auflage Berlin und Leipzig 1930; zit.: Planck's Kommentar zum Bürgerlichen Gesetzbuch/Bearbeiter.

Pluskat, Sorika: Der entgeltliche Erwerb eines GmbH-Geschäftsanteils eines beschränkt geschäftsfähigen Minderjährigen, in: FamRZ 2004, 677–683.

Pohl, Karl Wilhelm: Mängel bei der Erbschaftsannahme und –ausschlagung, in: AcP 177 (1977), 52–81.

Preuß, Nicola: Das für den Minderjährigen lediglich rechtlich vorteilhafte Geschäft, in: JuS 2006, 305–309.

Prütting, Hanns/Wegen, Gerhard/Weinreich, Gerd (Hrsg.): BGB Kommentar, 10. Auflage, 2015; zit.: PWW/Bearbeiteter.

Raisch, Peter: Juristische Methodenlehre, Heidelberg 1995.

Randt, Stephan: Das Vor- und Nachvermächtnis, in BWNotZ 2001, 73–79.

Rastätter, Jürgen: Grundstücksschenkungen an Minderjährige, in: BWNotZ 2006, 1–8.

Roth, Wolfgang: Praktische Fragen zur Annahme einer Erbschaft, in: NJW-Spezial 2017, 167.

Roth, Wolfgang/Maulbetsch, Thomas/ Schulte, Johannes: Vermächtnisrecht, München 2013; zit.: Roth/Maulbetsch/Schulte Vermächtnisrecht/Bearbeiter.

Röhl, Christoph: Annahme und Erfüllung von Vermächtnissen zugunsten Minderjähriger – zugleich Anmerkung zum Beschluss des OLG München vom 22.08.2012, 34 Wx 200/12, in MittBayNot 2013, 189–196.

Röhl, Christoph: Vermächtniserfüllung zugunsten Minderjähriger durch den gesetzlichen Vertreter als (Mit-)Erben – zugleich Anmerkung zu den Beschlüssen des OLG München vom 23.09.2011, 34 Wx311/11 und vom 8.2.2011, 34 Wx 18/11, in: MittBayNot 2012, 111–113.

Röthel, Anne / Krackhardt, Oliver: Lediglich rechtlicher Vorteil und Grunderwerb, in: Jura 2006 161–166.

Rust, Walter L.: Die Beteiligung von Minderjährigen im Gesellschaftsrecht – Vertretung, familien-/vormundschaftsgerichtliche Genehmigung und Haftung des Minderjährigen (Teil I) DStR 2005, 1942–1949.

Sarres, Ernst: Vermächtnis, München 2009.

Schellhammer, Kurt: Schuldrecht nach Anspruchsgrundlagen, 8. Auflage, Heidelberg 2011.

Schlichting, Gerhard: Der Verwendungsersatzanspruch des Vorvermächtnisnehmers gegen den Nachvermächtnisnehmer, in: ZEV 2000, 385–388.

Schlüter, Wilfried: Erbrecht, 16. Auflage, München 2007.

Schmidt, Karsten: Grenzen des Minderjährigenschutzes im Handels- und Gesellschaftsrecht, JuS 1990, 517–522.

Schmidt, Karsten: Münchener Kommentar zum Handelsgesetzbuch, Band 2 §§ 105–160; 4. Auflage, München 2016.

Schmitt, Jochem: Der Begriff der lediglich rechtlich vorteilhaften Willenserklärung i.S. des § 107 BGB, in: NJW 2005, 1090–1093.

Schulz, Werner/Haus, Jörn (Hrsg.): Handkommentar Familienrecht, 2. Auflage, Baden-Baden 2012; zit.: Schulz/Haus, Familienrecht/ Bearbeiter.

Schulze, Reiner (Schriftleitung): Bürgerliches Gesetzbuch Handkommentar, 9. Auflage, Baden-Baden 2017; zit.: Schulze u.a. Bürgerliches Gesetzbuch/Bearbeiter.

Soergel, Bürgerliches Gesetzbuch: Band 7, Schuldrecht 5, 13. Auflage, Stuttgart 2014; zit.: Soergel BGB/Bearbeiter.

Band 20, Familienrecht 4, §§ 1741–1921; 13. Auflage, 2000.

Band 21, Erbrecht 1, §§ 1922–2063; 13. Auflage, 2002.

Band 22, Erbrecht 2, §§ 2064–2273; 13. Auflage, 2002.

Sonnenfeld, Susanne: Das Zusammenspiel von „rechtlichem Vorteil“ und „Erfüllung einer Verbindlichkeit“ als Ausnahme vom Vertretungsausschluss – zugleich Besprechung von OLG München RPfleger 2011, 434 , in: RPfleger 2011, 475–477.

Stadler, Astrid/Rüthers, Bernd: Allgemeiner Teil des BGB, 18. Auflage, München 2014.

Staub, Hermann (Begr.): Handelsgesetzbuch Großkommentar, dritter Band, §§ 105–160, 5. Auflage, Berlin 2009; zit.: Staub, Großkommentar HGB/Bearbeiter.

Staudinger, Julius von: Kommentar zum Bürgerlichen Gesetzbuch mit Einführungsgesetz und Nebengesetzen, Buch 1, Allgemeiner Teil, §§ 90–124; 130–133; Bearbeitung Berlin 2012.

Buch 1, Allgemeiner Teil, §§ 90–124; 130–133; Neubearbeitung Berlin 2017.

Buch 1, Allgemeiner Teil, §§ 134–138; Anh. zu § 138: ProstG (Allgemeiner Teil 4a); Neubearbeitung Berlin 2012.

Buch 2, Recht der Schuldverhältnisse §§ 516–534 (Schenkungsrecht), Neubearbeitung Berlin 2013.

Buch 4 Familienrecht, §§ 1363–1563 BGB (Eheliches Güterrecht), Neubearbeitung Berlin 2007.

Buch 4 Familienrecht, §§ 1638–1683, Neubearbeitung Berlin 2009.

Buch 4 Familienrecht, §§ 1638–1683, Neubearbeitung Berlin 2004.

Buch 5 Erbrecht, Einleitung; §§ 1922–1966, Neubearbeitung Berlin 2017.

Buch 5 Erbrecht, §§ 2064–2228, Neubearbeitung Berlin 2013.

Buch 5 Erbrecht, §§ 2265–2368, Neubearbeitung Berlin 2006.

Buch 5 Erbrecht, §§ 2303–2345, Neubearbeitung Berlin 2015.

Staupitz, Johann von: Sämtliche Schriften, Band 2: Lateinische Schriften II, Berlin 1979.

Steinhauer, Thomas: Anmerkung zu OLG Köln, Beschluss vom 05.12.2005 - 2 U 103/05, in: FD ErbR 2007, 211543.

Strothmann, York: Privatautonome Gestaltungsfreiheit im Recht der Verfügung von Todes wegen, in: Jura 1982, 349–358.

Stürner, Rolf: Der lediglich rechtliche Vorteil, in: Archiv für die civilistische Praxis (AcP) 1973, 402–449.

Stutz, Michael: Der Minderjährige im Grundstücksverkehr, in: MittRhNotK 1993, 205–217.

Uricher, Elmar: Erbrecht, 3. Auflage, Baden-Baden 2017; zit.: Uricher Erbrecht/Bearbeiter.

Van Venrooy, Gerd J.: Annahme und Ausschlagung von Vermächtnissen, Heidelberg Mai 1990.

Waitzmann, Steffen: Das Eltern-Kind-Verhältnis im Schadensrecht – „Haften Kinder für ihre Eltern?“– Zur Frage der Haftung von Kindern für ein

Fehlverhalten ihrer Eltern im Zusammenhang mit dem Gedanken des Minderjährigenschutzes und der Tendenz zur Beschränkung der Minderjährigenhaftung -, Waiblingen 2002.

Weinreich, Gerd/Klein, Michael (Hrsg.): Kompaktkommentar Familienrecht, 4. Auflage, München 2011; zit.: Weinreich/Klein/Bearbeiter.

Weinbrenner, Christoph: Ergänzungspflegschaft und vormundschafts-/familiengerichtliche Genehmigung bei der Schenkung von KG-Gesellschaftsanteilen an Minderjährige, in: FPR 2009, 265–269.

Werkmüller, Maximilian A.: Gestaltungsmöglichkeiten des Erblassers im Rahmen der Anordnung von Vor- und Nachvermächtnissen, in: ZEV 1999, 343–345.

Wicke, Hartmut: GmbHG Kommentar, 2. Auflage München 2011.

Wilhelm, Jan: Das Merkmal „lediglich rechtlich vorteilhaft" bei Verfügungen über Grundstücksrechte, in: NJW 2006, 2353–2356.

Winkler, Karl: Erwerb von GmbH-Anteilen durch Minderjährige und vormundschaftsgerichtliche Genehmigung – Besprechung der Entscheidung BGHZ 107, 23, in: ZGR 1990, 131–141.

Wolf, Manfred/Neuner, Jörg: Allgemeiner Teil des Bürgerlichen Rechts, 10. Auflage des von Karl Larenz begründeten Werkes, München 2012.

Zimmermann, Walter: Erbrecht, 2. Auflage, Berlin 2007.

Zimmermann, Walter: Anmerkung zu OLG München, 34 ZS., Beschluss v. 22.8.2012 – 34 Wx 200/12, in: FamRZ 2013, 495–496.

Zimmermann, Walter: Der Erbe unter Betreuung, in: ZEV 2013, 315–320.

Zippelius, Reinhold: Juristische Methodenlehre, 10. Auflage, München 2006.

Zorn, Dagmar: Das Recht der elterlichen Sorge: Voraussetzungen, Inhalt und Schranken, 2. Auflage, Berlin 2008.

Zorn, Dagmar: Erfüllung einer Verbindlichkeit oder lediglich rechtlicher Vorteil – Für und wider die „Gesamtbetrachtung"-, in: FamRZ 2011, 776–779.

Abkürzungsverzeichnis

A	
a.A.	anderer Ansicht
Abs.	Absatz
AcP	Archiv für die civilistische Praxis
a.E.	am Ende
a.F.	alte Fassung
AG	Aktiengesellschaft
Alt.	Alternative
Anh.	Anhang
Art.	Artikel
Az.	Aktenzeichen
B	
BayObLG	Bayerisches Oberstes Landesgericht
BayObLGZ	Amtliche Sammlung von Entscheidungen des BayObLG in Zivilsachen
BB	Betriebs Berater
Bd	Band
BeckRS	Beck-online Rechtsprechung
BGB	Bürgerliches Gesetzbuch
BGBl	Bundesgesetzblatt
BGH	Bundesgerichtshof
BGHZ	Amtliche Sammlung von Entscheidungen des Bundesgerichtshofes in Zivilsachen
BReg	Bundesregierung
BT-Drucks.	Drucksache des Deutschen Bundestages
BwNotZ	Zeitschrift für das Notariat in Baden-Württemberg
BVerfG	Bundesverfassungsgericht
bzgl.	bezüglich
bzw.	beziehungsweise
D	
d. h.	das heißt
DNotZ	Deutsche Notarzeitung
E	
EU	Europäische Union

F	
FamRZ	Zeitschrift für das gesamte Familienrecht
f./ff.	folgende
FD-ErbR	Fachdienst Erbrecht
Fn.	Fußnote
FPR	Familie, Partnerschaft und Recht
FS	Festschrift
G	
GBO	Grundbuchordnung
GbR	Gesellschaft mit beschränkter Haftung
gem	gemäß
ggf.	gegebenenfalls
GmbH	Gesellschaft mit beschränkter Haftung
GmbHG	Gesetz betreffend die Gesellschaften mit beschränkter Haftung
H	
HGB	Handelsgesetzbuch
h.M.	herrschende Meinung
Hrsg.	herausgegeben
H.s.	Halbsatz
I	
i. d. R.	in der Regel
InsO	Insolvenzordnung
i. S. d.	im Sinne des/der
i.V. m.	in Verbindung mit
J	
JR	Juristische Rundschau
JuS	Juristische Schulung
JW	Juristische Wochenschrift
JZ	Juristen-Zeitung
L	
LG	Landgericht
LMK	Kommentierte BGH-Rechtsprechung Lindenmaier-Möhring
M	
MDR	Monatsschrift für Deutsches Recht
MHbeG	Minderjährigenhaftungsbeschränkungsgesetz
MittRhNotK	Mitteilungen der Rheinischen Notar-Kammer

Mot	Motive zu dem Entwurf eines Bürgerlichen Gesetzbuches für das Deutsche Reich (Bände I–V)
MSA	Übereinkommen über die Zuständigkeit, das anzuwendende Recht, die Anerkennung, Vollstreckung und Zusammenarbeit auf dem Gebiet der elterlichen Verantwortung und der Maßnahmen zum Schutz von Kindern, vom 19. Oktober 1996
m.w.N.	mit weiteren Nachweisen
N	
NJW	Neue Juristische Wochenschrift
NJW-RR	NJW-Rechtsprechungs- Report Zivilrecht
Nr.	Nummer(n)
NZG	Neue Zeitschrift für Gesellschaftsrecht
O	
OHG	Offene Handelsgesellschaft
OGHBrZ	Oberster Gerichtshof für die britische Besatzungszone
OLG	Oberlandesgericht
OLGZ	Rechtsprechung der Oberlandesgerichte in Zivilsachen
P	
Prot	Protokolle der Kommission für die 2. Lesung des Entwurfs des BGB
R	
RG	Reichsgericht
RGBl	Reichsgesetzblatt
RGZ	Entscheidungen des Reichsgerichtes in Zivilsachen
RNotZ	Rheinische Notar Zeitung
Rpfl	Der Deutsche Rechtspfleger
RpflegerG	Rechtspflegergesetz
Rspr	Rechtsprechung
S	
s.	siehe
S.	Satz, Seite
s. o.	siehe oben
StGB	Strafgesetzbuch
U	
u. a.	unter anderem; und andere
u. U.	unter Umständen

V	
vgl.	vergleiche
VO	Verordnung
VOBl	Verordnungsblatt
Vor/Vorbem.	Vorbemerkung
W	
WEG	Gesetz über das Wohnungseigentum und das Dauerwohnrecht v. 15.3.1951, BGBl I, 175
WEG	Wohnungseigentümergemeinschaft
Z	
z. B.	zum Beispiel
Zerb	Zeitschrift für die Steuer- und Erbrechtspraxis
ZEV	Zeitschrift für Erbrecht und Vermögensnachfolge
ZGR	Zeitschrift für Unternehmens- und Gesellschaftsrecht
Ziff.	Ziffer
Zit.	zitiert
ZJS	Zeitschrift für das juristische Studium
ZPO	Zivilprozessordnung
z. T.	zum Teil
ZWE	Zeitschrift für Wohnungseigentumsrecht

1. Kapitel: Einleitung

A. Problemaufriss

Mehr als 920.000 Todesfälle im Jahr 2015[1] mit einer Nachlasshöhe von circa 100 Mrd. Euro[2] werfen zwangsläufig die Frage auf, wie das (große) Vermögen steuerlich erträglich und generationsübergreifend in der Familie gehalten werden kann. Zusätzlich zu der Möglichkeit, das Vermögen mittels Rechtsgeschäften unter Lebenden zu übertragen, hält auch das Erbrecht eine Vielzahl an Gestaltungsmöglichkeiten zur individuellen Vermögensverteilung bereit. Neben den kleineren, mittleren und großen Geld- und Immobilienvermögen[3], die in der Hand einer Familie gehalten werden, sind insbesondere auch Beteiligungen an mittelständischen Familienunternehmen Gegenstand des Nachlassvermögens, deren Bedeutung im deutschen Markt stetig zunimmt.[4] Eine beliebte Verteilung des Nachfolgevermögens bildet neben der „klassischen" testamentarischen Erbeinsetzung die Anordnung eines schuldrechtlich wirkenden Vermächtnisses. Doch wieso erfreut sich gerade das Vermächtnis als erbrechtliches Gestaltungsmittel zunehmend erhöhter Beliebtheit unter Beteiligung minderjähriger Vermächtnisnehmer?

Der Minderjährige[5] und das Vermächtnisrecht – eine Verbindung, die in der erbrechtlichen (Gestaltungs-)Praxis mit stetiger Wirkung relevanter wird.[6] Dieser Umstand erklärt sich zum einen aus der steuerrechtlich zum Teil deutlich vorteilhafteren Behandlung entsprechender Sachverhalte. Nicht zuletzt die Erhöhung der steuerlichen Freibeträge bei Vermächtniszuwendungen von

---

1 https://www.destatis.de/DE/PresseService/Presse/Pressemitteilungen/2016/06/PD16_225_126.html;jsessionid=05CB53F15D0A0EA76C3926F6C52FE399.cae2.

2 Inkludiert die zu Lebzeiten getätigten Schenkungen, vgl.: https://www.destatis.de/DE/PresseService/Presse/Pressemitteilungen/2016/08/PD16_276_736.html.

3 Zur Studie der Zusammensetzung deutscher Nachlassvermögen im Zeitraum von 2015–2014, vgl. die Studie des Deutschen Instituts für Altersvorsorge: https://www.dia-vorsorge.de/shop/…/DIA_Studie_Erben_in_Deutschland_HighRes.pdf.

4 http://bdi.eu/artikel/news/wachstum-und-beschaeftigung-die-rolle-der-groessten-familienunternehmen-in-deutschland/.

5 Aus Gründen der besseren Lesbarkeit wird im Text nur die männliche Form verwendet. Gemeint ist stets sowohl die weibliche als auch die männliche Form.

6 Vgl. auch: *Keim*, ZEV 2011, 563.

Großeltern an ihre Enkel[7] ebenso wie die Reduzierung der Steuerlast durch Gestaltung eines die (minderjährigen) Kinder als Vermächtnisnehmer einsetzenden Berliner Testaments bilden die Grundlage für die ansteigende Anzahl von Vermächtnisanordnungen.[8]

Zum anderen trägt die generelle Flexibilität des erbrechtlichen Instruments „Vermächtnis" zu dessen wachsender Attraktivität bei. Es ermöglicht, – im Gegensatz zur Erbeinsetzung – einzelne Gegenstände etwa zur generationsübergreifenden Sicherung in der Familie zu halten und eine Vielzahl an Personen mit ihnen individuell zugeordneten Gegenständen zu bedenken. Überdies verhindert die generationsübergreifende Zuwendung das Zugreifen Dritter auf das Familienvermögen und einen vollumfänglichen Schutz sämtlicher Familienmitglieder. Vermächtnisse ermöglichen die Übertragung dem Erblasser gehörender Vermögenswerte ohne Übernahme der darauf lastenden Verbindlichkeiten.[9] Damit können insbesondere Minderjährigen Beteiligungen am Nachlass eingeräumt werden, ohne sie mit entsprechenden Verpflichtungen zu belasten.

Gleichzeitig stellt jedoch die erbrechtliche Beteiligung Minderjähriger, die in Anbetracht des wachsenden Umfangs der zu vererbenden Vermögen regelmäßig zumindest erwogen wird, bereits grundsätzlich ein erhebliches rechtliches Risiko dar. Minderjährige sind bis zu einer festgesetzten Altersgrenze geschäftsunfähig, was ihre Einbindung in erbrechtliche Gestaltungen nahezu ausschließt. Auch soweit „nur" beschränkte Geschäftsfähigkeit vorliegt, ist zunächst die Hürde der „lediglich rechtlichen Vorteilhaftigkeit" oder doch zumindest des neutralen Geschäfts zu nehmen.

Die Begutachtung des vorstehend skizzierten Spannungsfeldes zwischen dem individuellen „Wollen", dem erbrechtlichen „Können" und dem allgemein bürgerlich-rechtlichen „Dürfen" ist Kern der vorliegenden Arbeit. Dabei soll den Teilbereichen der beschränkten Geschäftsfähigkeit, der Annahme des Vermächtnisses sowie der Erfüllung des Vermächtnisses, insbesondere unter dem Blickwinkel gesetzlicher Schutzinstrumente durch Ergänzungspflegerbestellung oder familiengerichtliche Genehmigung, schwerpunktmäßig Aufmerksamkeit gewidmet werden.

---

7 Vgl. dazu die Neufassung des § 16 Abs. 1 ErbStG; so auch; *Keim*, ZEV 2011, 563; *Friedrich-Büttner/Wiese*, MittBayNot 2014, 513.

8 Zu den steueroptimierenden Möglichkeiten bei Gestaltung eines Berliner Testaments, vgl.: Scherer Anwaltshandbuch Erbrecht/*Scherer*, § 3 Kompendium für die Beratung, Rn. 3.

9 Anders bei der Erbschaft, bei der nach den §§ 1967 ff. BGB für die Nachlassverbindlichkeiten gehaftet wird.

Betreffend den zweitgenannten Punkt der Annahme des Vermächtnisses ist auszuführen, dass – ggf. aufgrund allgemeiner Praktikabilitätserwägungen sowie der mangelnden Formbedürftigkeit – häufig nur unzureichend zwischen der Annahme des Vermächtnisses und dessen Erfüllung differenziert wird.[10]

Auch soweit das Augenmerk ausgehend von dieser Bestandsaufnahme auf die Annahme des Vermächtnisses gerichtet wird, stellt dies keineswegs eine rein für die Wissenschaft relevante Fragestellung dar. Vielmehr spielt die Annahme des Vermächtnisses etwa mit Blick auf das grundsätzliche „Verbot des Insichgeschäfts" gemäß § 181 BGB eine erhebliche Rolle in der Praxis. Die Annahmeerklärung stellt eine empfangsbedürftige Willenserklärung dar, § 2180 Abs. 2 S. 1 BGB, die gegenüber dem mit der Vermächtniserfüllung Beschwerten abzugeben ist. Handelt es sich dabei (wie wohl regelmäßig bei der Zuwendung eines Vermächtnisses durch die Großeltern an das Enkelkind) um den gesetzlichen Vertreter, ist dessen Handlungsspielraum – auch, aber nicht nur unter dem Gesichtspunkt des § 181 BGB – wohl nur dann unbegrenzt, wenn die Annahmeerklärung als rechtlich vorteilhaft qualifiziert werden kann.[11] Diese Grundthese erlangt nicht zuletzt auch für den beauftragten Notar oder Rechtsanwalt im Rahmen seiner Ausklärungs- bzw. Beratungspflicht Bedeutung.

Daneben beansprucht gleichwohl vor allem die Erfüllung des Vermächtnisses zugunsten der beschränkt Geschäftsfähigen Praxisrelevanz. Insoweit ist die Frage nach dem Erfordernis der Beteiligung von Ergänzungspflegern oder des Familiengerichts zu stellen, wenn die Vermächtniserfüllung unter Einbindung der gesetzlichen Vertreter erfolgt. Die Rechtsprechung liefert hierzu bislang nur wenige und überdies uneinheitliche Beurteilungen.

Selbiges gilt für die Frage nach dem Erfordernis einer familiengerichtlichen Genehmigung bei der gesetzlichen Fiktion der Ausschlagungserklärung gemäß § 2307 Abs. 2 BGB. Nicht selten kommt es gerade bei der generationsübergreifenden Vermächtniszuwendung vor, dass der minderjährige Vermächtnisnehmer zugleich pflichtteilsberechtigt ist und der Regelung des § 2307 BGB mit der darin enthaltenen – ausnahmsweise vorgesehenen – Fristsetzungsmöglichkeit unterfällt. Die Auflösung dieser Rechtsfrage im Spannungsfeld zwischen

10 Ähnlich: OLG München, Beschluss vom 23.9.2011 – 34 Wx 311/11 = DNotZ 2012, 193, das bspw. darauf abstellt, dass das Grundbuchamt die Annahme des Vermächtnisses nicht überprüft, sondern lediglich auf das Verfügungsgeschäft abstellt. *Röhl*, MittBayNot 2013, 189 (190).

11 So auch ähnlich: *Böttcher*, NJW 2013, 2805 (2808).

gesetzlicher Fiktion und Minderjährigenschutzgedanken soll vor dem Hintergrund einer praktikablen Lösung überdies Gegenstand der nachstehenden Begutachtung sein.

Das Ziel der Arbeit ist folglich darauf gerichtet, unter Berücksichtigung erbrechtlicher und allgemein bürgerlich-rechtlicher Besonderheiten die Einordnung des Minderjährigenschutzes im Rahmen des Vermächtnisrechts vorzunehmen.

B. Gang der Untersuchung

Um der Annahme von Vermächtnissen und der diesbezüglichen Erfüllungswirkung unter Beteiligung von beschränkt Geschäftsfähigen auf den Grund zu gehen, bedarf es zunächst der Einordnung eines das Minderjährigenrecht prägenden Begriffs des „lediglich rechtlichen Vorteils". Dessen Modifizierung, die im ersten Abschnitt der Arbeit herausgebildet wird, stellt dir Grundlage der weiteren Begutachtung dar. In einem Folgeschritt wird auf die Besonderheiten des Vermächtnisrechts eingegangen, um dann anschließend im Hauptteil das Minderjährigenrecht und das Vermächtnisrecht zusammenzuführen.

Der Hauptbetrachtung unterliegt im Hauptteil dabei die Annahme des Vermächtnisses unter Beteiligung beschränkt Geschäftsfähiger, weiterhin die spezifische und doch praktisch sehr relevante Frage der fingierten Ausschlagungsmöglichkeit bei zugleich bestehender Pflichtteilsberechtigung. Im Anschluss wird sich auf der Ebene der Erfüllung des Vermächtnisses mit der Fragestellung der Hinzuziehung gesetzlich vorgesehener Schutzmechanismen – Ergänzungspflegschaft oder familiengerichtliche Genehmigung – beschäftigt.

Das Ergebnis bildet dann die komprimierte und zusammengefasste Darstellung der erfassten Ergebnisse.

2. Kapitel: Der Minderjährigenschutz im bürgerlichen Recht

A. Einleitung

Gegenstand dieser Arbeit ist folglich die Verknüpfung des Minderjährigenrechts mit dem Erbrecht. Den Regelungen des Minderjährigenrechts liegt der Gedanke des „Minderjährigenschutzes" zugrunde. Obwohl der Begriff selbst im Bürgerlichen Gesetzbuch nicht ausdrücklich verwendet wird, fungiert er als wichtiger Maßstab im Rahmen des Bürgerlichen Gesetzbuches bei der Beteiligung Minderjähriger als Rechtsprinzip[12] und wird darüber hinaus als Auslegungsmaxime der Rechtsprechung herangezogen.[13] Seine Rechtfertigung folgt aus der schlichten Erkenntnis, dass Kinder und Jugendliche infolge mangelnder geistiger und rechtsgeschäftlicher Reife sowie fehlender Lebenserfahrung schutzbedürftig sind – ein Umstand, der sich wie ein roter Faden durch das Bürgerliche Gesetzbuch zieht.[14]

Der Schutz von Minderjährigen ist allerdings nicht nur für den deutschen Gesetzgeber ein besonderes Anliegen. Auf internationaler Ebene wurden mit dem Haager Minderjährigenschutzabkommen, MSA[15], welches für die Bundesrepublik Deutschland im Verhältnis zu den meisten Staaten durch das KSÜ[16] ersetzt wurde, Art. 51 KSÜ, ein nunmehr für eine Vielzahl an Ländern geltender Schutzmechanismus geschaffen, der die herausragende Bedeutung des Minderjährigenschutzes grenzüberschreitend realisieren soll. Insbesondere beinhaltet das Minderjährigenschutzabkommen Regelungen zur internationalen Zuständigkeit und dem maßgeblich anwendbaren Recht für sogenannte Schutzmaßnahmen und die elterliche Sorge. Im nationalen Recht ist die Intention, dem

12 Vgl. auch: *Waitzmann*, Das Eltern-Kind-Verhältnis im Schadensrecht – „Haften Kinder für ihre Eltern?", 118.

13 Vgl. bspw.: LG Hamburg, Urteil vom 27.02.2009 – 324 O 703/08 = BeckRS 2009, 18575.

14 *Busch*, Der Reifegrad Minderjähriger als Maßstab im Zivilrecht, 24.

15 Übereinkommen über die Zuständigkeit der Behörden und das anzuwendende Recht auf dem Gebiet des Schutzes von Minderjährigen, vom 5. Oktober 1961, (BGBl. 1971 II S. 217).

16 Übereinkommen über die Zuständigkeit, das anzuwendende Recht, die Anerkennung, Vollstreckung und Zusammenarbeit auf dem Gebiet der elterlichen Verantwortung und der Maßnahmen zum Schutz von Kindern, vom 19. Oktober 1996, (BGBl. 2009 II S. 602, 603).

Minderjährigenschutz zur Geltung zu verhelfen, am deutlichsten im Bürgerlichen Gesetzbuch zu erkennen.

Dieses hält eine Vielzahl von Regelungen[17] bereit, die die besondere Stellung des Minderjährigen im Rechtsgefüge unterstreichen. Entscheidend sind insbesondere die Fragen zur Geschäftsfähigkeit und Deliktsfähigkeit. Darüber hinaus befinden sich im Rahmen der erbrechtlichen Regelungen einige Besonderheiten, die dem Minderjährigenschutz Rechnung tragen.[18]

Um zu einer sachgerechten und verständlichen Lösung im Rahmen der Verknüpfung erbrechtlicher Sondervorschriften – insbesondere den Vorschriften aus dem Recht der Vermächtnisse – mit dem Schutz des Minderjährigen zu kommen, bedarf es zunächst eines Blicks auf den Schutz des Minderjährigen im Bürgerlichen Gesetzbuch, überwiegend im Hinblick auf das Recht der Geschäftsfähigkeit. Die Darstellung der rechtlichen Partizipationsfähigkeit des Minderjährigen im Recht der Geschäftsfähigkeit soll dann Ausgangspunkt für die Übertragung auf die erbrechtliche Sonderkonstellation des Vermächtnisses sein.

B. Das Recht der Geschäftsfähigkeit

Das Recht der Geschäftsfähigkeit ist im Bürgerlichen Gesetzbuch im Allgemeinen Teil in den §§ 104 ff. BGB normiert und untergliedert sich in die Geschäftsunfähigkeit (I.), die beschränkte Geschäftsfähigkeit (II.) und die unbeschränkte Geschäftsfähigkeit (III).

Geschäftsfähigkeit im Sinne dieser Vorschriften meint die Fähigkeit, rechtsgeschäftliche Willenserklärungen wirksam abzugeben und entgegenzunehmen.[19]

I. Geschäftsunfähige Minderjährige

Hat ein Minderjähriger das siebte Lebensjahr noch nicht vollendet, so gilt er gemäß § 104 Nr. 1 BGB als geschäftsunfähig. Wegen der ausdrücklichen Normierung der §§ 104 ff. BGB im Allgemeinen Teil des Bürgerlichen Gesetzbuches, welcher gewissermaßen als „vor die Klammer gezogen“[20] für alle anderen Bücher des BGB gilt, kann geschlussfolgert werden, dass der Gesetzgeber von der

17 So zum Beispiel: §§ 105 ff. BGB, § 179 Abs. 3 BGB, § 682 BGB, § 828 BGB.
18 So zum Beispiel: § 2275 Abs. 1 BGB, § 2229 Abs. 1 BGB.
19 Schulze ua. Bürgerliches Gesetzbuch/*Dörner*, BGB vor §§ 104 ff. BGB Rn. 2.
20 *Medicus*, Allgemeiner Teil des BGB, § 3 Rn. 18.

grundsätzlichen Geschäftsfähigkeit eines Jeden ausgeht;[21] lediglich für bestimmte Altersgrenzen und individuelle Störungen der Geistesfähigkeit greifen die in § 104 BGB festgesetzte Ausnahmen.

Nimmt eine geschäftsunfähige Person ein Rechtsgeschäft vor, folgt hieraus gemäß § 105 Abs. 1 BGB die Nichtigkeit des getätigten Rechtsgeschäfts. Diese Rechtsfolge gilt unabhängig davon, ob das Geschäft für den Minderjährigen als rechtlich vorteilhaft oder neutral ausgestaltet ist. Ein Minderjähriger, der das siebte Lebensjahr noch nicht vollendet hat, kann mithin nicht ohne seine gesetzlichen Vertreter (in der Regel die sorgeberechtigten Eltern gemäß § 1629 Abs. 1 S. 2 BGB) rechtsgeschäftlich handeln.

Durch die Ausnahmeregelungen der §§ 104, 105 und 107 BGB (hierzu sogleich) wird dem Minderjährigenschutz vor dem Hintergrund der noch nicht ausreichend ausgeprägten Einsichts- und Urteilsfähigkeit[22] Rechnung getragen. Ausweislich der Motive zum Entwurf des Bürgerlichen Gesetzbuchs mangele es in der Regel an *„(...) denjenigen [demjenigen] Grad geistiger Reife und geschäftlicher Erfahrung, welcher erforderlich ist, um im Rechtsverkehre selbständig auftreten zu können. (...)“*[23] Die Folgen wirksam abgeschlossener Rechtsgeschäfte können sich für den Minderjährigen infolge der eingegangenen Verbindlichkeiten als verheerend darstellen; der geschaffene Schutzmechanismus wirkt diesen Risiken entgegen. Die ausgeprägte Bedeutung des Minderjährigenschutzes wird darüber hinaus auch nicht im Interesse des allgemeinen Rechtsverkehrs untergraben. Vielmehr kann sich der jeweils mit dem geschäftsunfähigen Minderjährigen kontrahierende Vertragspartner nicht auf den guten Glauben an die Geschäftsfähigkeit berufen, sondern hat stets das Risiko der Unwirksamkeit des Rechtsgeschäfts zu tragen.[24]

Die Geschäftsunfähigkeit des Minderjährigen endet mit dem Tag seines siebten Geburtstages um null Uhr. Mit Erreichen dieses Alters werden die weiter oben beschriebenen engen Schutzmechanismen aufgelockert; dennoch nicht vollständig aufgegeben. Der Gesetzgeber geht ab diesem Zeitpunkt nicht von einer vollumfassenden Geschäftsfähigkeit aus, sondern nimmt stattdessen eine bis zum achtzehnten Lebensjahr währende Abstufung vor. Eine dauerhafte

---

21 Hierzu kann vergleichend auf die Beweislast im Zivilprozess hingewiesen werden, nach der derjenige, der die Geschäftsunfähigkeit behauptet, diese auch beweisen muss, vgl.: OLG Koblenz, Urteil vom 26.9.2002 – 5 U 1940/01 = ZEV 2003, 242.

22 Zu den weiteren Zwecken der §§ 104 ff. BGB: 2. Kapitel, B. II. 1.

23 Mot. I, 131.

24 BGH, Urteil vom 12. 10. 1976 – VI ZR 172/75 0 = NJW 1977, 622.

Geschäftsunfähigkeit zwischen dem siebten und achtzehnten Lebensjahr ist ausweislich des systematischen Zusammenspiels von §§ 104, 107 BGB lediglich bei anhaltender krankhafter Störung der Geistestätigkeit denkbar (§ 104 Nr. 2 BGB).

II. Beschränkt geschäftsfähige Minderjährige

1. Zustimmungsfreie Geschäfte

Mit der Vollendung des siebten Lebensjahrs endet grundsätzlich die Geschäftsunfähigkeit des Minderjährigen, § 104 Nr. 1 BGB. Der Minderjährige ist jedoch bis zum Eintritt in die Volljährigkeit, § 2 BGB, in seiner Geschäftsfähigkeit beschränkt. Beschränkung in diesem Sinne bedeutet, dass der Minderjährige regelmäßig nur zur selbständigen Vornahme sogenannter „lediglich rechtlich vorteilhafter" Rechtsgeschäfte[25] befugt ist, mithin insbesondere rechtlich nachteilhafte Geschäfte nicht ohne Zustimmung der gesetzlichen Vertreter vornehmen kann. Die lediglich rechtlich vorteilhaften Geschäfte kann der Minderjährige im Umkehrschluss ohne Zustimmung der gesetzlichen Vertreter vornehmen.

Die Vornahme zustimmungsfreier Geschäfte ermöglicht dem Minderjährigen ferner der Taschengeldparagraf nach § 110 BGB. Haben die gesetzlichen Vertreter dem Minderjährigen zum Zweck des Abschlusses dieses Geschäfts Mittel überlassen, so ist darin eine konkludente Einwilligung zur Vornahme des Geschäfts zu sehen.[26]

Durch diese in den §§ 106 ff. BGB normierten Regelungen wird dem Minderjährigen eine eingeschränkte Teilnahme am Rechtsverkehr eingeräumt, ohne ihn sämtlichen Folgen regulär bindender Willenserklärungen zu unterwerfen. Der Maßstab der beschränkten Geschäftsfähigkeit wird allein objektiv nach dem Alter bestimmt; eine möglicherweise bestehende individuelle geistige Reife des Minderjährigen ist unter Rechtsschutzgesichtspunkten – anders als bei der Beurteilung der Deliktsfähigkeit – unberücksichtigt zu lassen.[27]

2. Rechtlich neutrale Geschäfte

Grundsätzlich ebenfalls zustimmungsfrei sind sogenannte neutrale Rechtsgeschäfte. Diese sind zwar anders als lediglich rechtlich vorteilhaften Rechtsgeschäfte nicht ausdrücklich in § 107 BGB benannt, doch ergibt sich aus dem

25 Zu den lediglich rechtlich vorteilhaften Rechtsgeschäften ausführlich unter: 2. Kapitel D.

26 Palandt BGB/*Ellenberger*, BGB § 110 Rn. 1.

27 Staudinger BGB (2017)/*Klumpp*, BGB Vorbem. zu §§ 104 ff. Rn. 36.

telos des § 107 BGB, den Minderjährigen vor dem Abschluss belastender rechtsgeschäftlicher Wirkungen zu schützen, dass solche Rechtsgeschäfte, die dem Minderjährigen weder Vorteile bringen, noch ihn rechtlich belasten, von der Zustimmungspflicht ausgenommen sind.[28] Die rechtlich neutralen Geschäfte zeichnen sich dadurch aus, dass ihre Rechtsfolgen den Minderjährigen regelmäßig nicht persönlich treffen, sondern sie vielmehr einen Dritten belasten.[29] Zu den rechtlich neutralen Rechtsgeschäften zählen darüber hinaus auch die Rechtsgeschäfte, bei denen sich die positiven und negativen Rechtsfolgen für den beschränkt Geschäftsfähigen aufheben.[30] Beispiele rechtlich neutraler Geschäfte sind die in § 165 BGB geregelte Möglichkeit, als Stellvertreter zu agieren, die Veräußerung einer fremden Sache durch den Minderjährigen an einen Gutgläubigen sowie die Leistungsbestimmung gemäß § 317 BGB.[31]

3. *Zustimmungsbedürftige Rechtsgeschäfte*

Im Umkehrschluss zu der ausdrücklichen Formulierung in § 107 BGB bedarf grundsätzlich jede Willenserklärung, die sich negativ auf die Rechtsposition und die Rechtsgüter des Minderjährigen auswirkt, der Einwilligung des gesetzlichen Vertreters. Ergeben sich aus der Vornahme des Rechtsgeschäfts Verpflichtungen oder Belastungen für den Minderjährigen, handelt es sich um ein einwilligungsbedürftiges Geschäft. Irrelevant für die Bewertung der rechtlichen Nachteilhaftigkeit ist, ob die Folge aus dem Parteiwillen herrührt oder eine unmittelbare Folge der gesetzlichen Regelung darstellt.[32] Dies folgt zwar nicht bereits aus dem Wortlaut des § 107 BGB, der vermuten lässt, dass der rechtliche Nachteil „*durch*" die Willenserklärung entstanden ist,[33] es ist jedoch unter Heranziehung der Maxime des (umfassenden) Minderjährigenschutzes irrelevant, auf welcher Grundlage die rechtliche Nachteilhaftigkeit eines Rechtsgeschäfts basiert.[34]

Wird ein zustimmungsbedürftiges Rechtsgeschäft ohne die erforderliche vorherige Einwilligung des gesetzlichen Vertreters vorgenommen, ist dieses grundsätzlich schwebend unwirksam, § 108 BGB, bis dem Zustimmungserfordernis

---

28 Ähnlich: PWW BGB/*Völzmann-Stickelbrock*, BGB § 107 Rn. 8.

29 Larenz/*Wolf*, Allgemeiner Teil des Bürgerlichen Rechts, § 25 Rn. 27; *Neuner*, Allgemeiner Teil des Bürgerlichen Rechts, § 34 Rn. 33.

30 Larenz/*Wolf*, Allgemeiner Teil des Bürgerlichen Rechts, § 25 Rn. 27.

31 Erman BGB/*H. F. Müller*, BGB § 107 Rn. 10.

32 Ähnlich: BGH, Beschluss vom 25.11.2004 – V ZB 13/04 = BGH NJW 2005, 415, (418).

33 So zumindest: Medicus/*Petersen*, Bürgerliches Recht, Rn. 172.

34 BGH, Beschluss vom 3.2.2005 – V ZB 44/04 – BGHZ 162, 133.143; JurisPK-BGB/*Lange*, BGB § 107 Rn. 5; *Röthel/Krackhardt*, Jura 2006, 161–166.

des gesetzlichen Vertreters durch Ausübung der nachträglichen Genehmigung, § 184 BGB, entsprochen wurde. Verweigert der gesetzliche Vertreter die Zustimmung, ist das getätigte Rechtsgeschäft des beschränkt Geschäftsfähigen vollumfänglich unwirksam.[35] Dem beschränkt Geschäftsfähigen ist es mithin versagt, für ihn rechtlich nachteilhafte Geschäfte ohne Mitwirken des gesetzlichen Vertreters zu betreiben.

III. Partielle Geschäftsfähigkeit

Eine Besonderheit des Geschäftsfähigkeitsrecht sehen die §§ 112, 113 BGB vor. Danach wird dem Minderjährigen für die dort genannten Geschäfte eine sogenannte „partielle Geschäftsfähigkeit" eingeräumt.[36] Konkret kann der gesetzliche Vertreter mit Genehmigung des Familiengerichts gemäß § 112 BGB dem Minderjährigen eine Bewilligung zum Betrieb eines Erwerbsgeschäfts erteilen. Im Folgenden ist der Minderjährige im Rahmen der Tätigkeit des Erwerbsgeschäfts als voll geschäftsfähig zu behandeln, § 112 Abs. 1 S. 1 BGB.

Selbiges gilt, ermächtigen die gesetzlichen Vertreter den Minderjährigen zum Eingehen eines Dienst- oder Arbeitsverhältnisses, vgl. § 113 BGB. In diesem Fall ist aus dem Umkehrschluss des § 113 Abs. 1 S. 2 BGB lediglich auf die Einwilligung der gesetzlichen Vertreter abzustellen. Verträge, die der familiengerichtlichen Genehmigung bedürfen, unterfallen gerade nicht der partiellen Geschäftsfähigkeit des § 113 BGB.

C. Welche Schutzinstrumente wurden zum Minderjährigenschutz geschaffen

Es bleibt mithin festzuhalten, dass in den §§ 104 ff. BGB für die Bestimmung der Geschäftsfähigkeit eines Minderjährigen vereinheitlichte Regeln mit starren Altersgrenzen vorgesehen sind. Um den Minderjährigenschutz hinsichtlich des Geschäftsfähigkeitsrechts jedoch bestmöglich durchsetzen zu können, hat der Gesetzgeber zusätzliche Schutzinstrumente geschaffen, die den Minderjährigen vor rechtlichen Beeinträchtigungen bei rechtsgeschäftlichem Tätigwerden bewahren sollen. Hierzu zählen die Vertretungsbefugnis der gesetzlichen Vertreter – in der Regel der Eltern – (I.), die Ergänzungspflegschaft (II.), sowie die familiengerichtliche Genehmigung (III.).

---

35 *Medicus*, Allgemeiner Teil des BGB, § 34 Rn. 490.

36 Münchener Kommentar zum BGB/*Schmidt*, BGB § 112 Rn. 1.

I. Die Zustimmungsbefugnis der gesetzlichen Vertreter

Handelt es sich nicht um ein lediglich rechtlich vorteilhaftes Rechtsgeschäft bedarf der beschränkt Geschäftsfähige zur Vornahme des Rechtsgeschäfts gemäß § 108 Abs. 1 BGB der Einwilligung des gesetzlichen Vertreters: Dabei ist § 108 BGB Ausprägung der elterlichen Personen- und Vermögenssorge, §§ 1626, 1629 BGB. Die Einwilligung ist in § 183 BGB normiert und meint die vorherige Zustimmung der gesetzlichen Vertreter zu einem von dem beschränkt Geschäftsfähigen vorgenommenen Rechtsgeschäft. Eine Einwilligung führt zur Wirksamkeit des Rechtsgeschäftes von Anfang an (ex tunc). Die Verweigerung der Zustimmung führt dagegen zur Unwirksamkeit des getätigten Rechtsgeschäfts.[37]

Grundsätzlich wird dem Schutzbedürfnis des beschränkt Geschäftsfähigen bei der Vornahme rechtsgeschäftlicher Handlungen hinreichend durch das Einwilligungserfordernis Rechnung getragen. Allerdings treten auch Konstellationen auf, in denen der Minderjährigenschutz durch die gesetzlichen Vertreter nicht hinreichend gewahrt wird, sondern es darüber hinaus der Bestellung eines Ergänzungspflegers (II.) oder gar der familiengerichtlichen Genehmigung (III.) bedarf. Hierzu wie folgt:

II. Ergänzungspflegschaft

1. *Allgemeines*

Normiert in § 1909 Abs. 1 S. 1 BGB regelt das Gesetz die Voraussetzungen der Ergänzungspflegschaft. Ausweislich des Wortlautes ist ein Ergänzungspfleger zu bestellen, wenn eine Person unter elterlicher Sorge oder Vormundschaft steht, die Eltern oder der Vormund hinsichtlich der Geschäftsbesorgung verhindert sind und diese Lücke nach Anzeige an das Familiengericht durch Einsetzung eines Ergänzungspflegers geschlossen werden muss. In Abgrenzung zur Vormundschaft, §§ 1773 ff. BGB, betrifft die Ergänzungspflegschaft einen besonderen Schutz der unter Pflege gestellten Person für lediglich *bestimmte* rechtliche Angelegenheiten. Die Vormundschaft dagegen erstreckt sich kraft Gesetzes wegen eines allgemeinen Fürsorgebedürfnisses auf alle Angelegenheiten der Personen- und Vermögenssorge und ist nicht nur auf einen Teilbereich der elterlichen Sorge beschränkt.[38]

---

37 Jauernig BGB/*Mansel*, BGB § 106 Rn. 2.

38 JurisPK-BGB/*Locher*, BGB § 1909 Rn. 65; Staudinger BGB (2013)/*Bienwald*, BGB § 1909 Rn. 6.

Die Ergänzungspflegschaft, die an die Stelle der elterlichen Vertretungsmacht tritt, endet grundsätzlich gemäß § 1918 Abs. 1 BGB mit Eintritt der Volljährigkeit des beschränkt Geschäftsfähigen und folglich dem Ende der elterlichen Sorge. Darüber hinaus ist es möglich, die Pflegschaft nur für die Besorgung einer einzelnen rechtlichen Angelegenheit anzuordnen, vgl. § 1918 Abs. 3 BGB. Mit vollständiger Besorgung der Angelegenheit entfallen die Voraussetzungen, unter denen die Ergänzungspflegschaft notwendig ist. Der Regelfall für die Beendigung der Ergänzungspflegschaft ist die Aufhebung durch das Vormundschaftsgericht, § 1919 BGB, nach Wegfall des der Anordnung der Pflegschaft zugrunde liegenden Sachverhaltes – beispielsweise bei Bestehen eines Interessenskonflikts, insbesondere mit Blick auf das Verbot des Insichgeschäft aus § 181 BGB, der sich mit an Sicherheit grenzender Wahrscheinlichkeit nicht wiederholt.[39]

2. Verhinderung

a. Tatsächliche Verhinderung

Die Pflegerbestellung ist in der Regel erforderlich, wenn der Sorgerechtsinhaber tatsächlich oder rechtlich verhindert ist, eine konkrete Angelegenheit des Sorgeberechtigten wirksam wahrzunehmen.[40] Eine tatsächliche Verhinderung besteht etwa bei Krankheit, hohem Alter oder großer räumlicher Entfernung, welche die Ausübung des Sorgerechts erschwert.[41]

b. Rechtliche Verhinderung

Rechtliche Verhinderung setzt dagegen voraus, dass der gesetzliche Vertreter aus sich aus dem Gesetz ergebenden oder gerichtlich festgestellten Gründen nicht in der Lage ist, seiner Vertretungsverpflichtung nachzukommen.

Der Ausschluss kraft Gesetzes gründet auf §§ 181, 1629 Abs. 2, 1795 BGB bei Interessenkonflikt aufgrund Vornahme eines Insichgeschäfts des gesetzlichen Vertreters. Die Vornahme eines Insichgeschäfts bewirkt grundsätzlich den Ausschluss beider gesetzlicher Vertreter, selbst wenn der Ausschlussgrund nur in der Person eines Vertreters vorhanden ist.[42] Zu bestellen ist bei Ausschluss der

---

39 Soergel BGB/*Zimmermann*, BGB § 1919 Rn. 2 m.w.N.

40 Münchener Kommentar zum BGB/*Schwab*, BGB § 1909 Rn. 12; Schulze u.a. Bürgerliches Gesetzbuch/*Kemper*, BGB § 1909 Rn. 2.

41 Erman BGB/*Roth*, BGB § 1909 Rn. 9; JurisPK-BGB/*Locher*, BGB § 1909 Rn. 60; Münchener Kommentar zum BGB/*Schwab*, BGB § 1909 Rn. 13.

42 Greift ein Fall des § 1795 BGB, ist nicht nur dem Elternteil bei gemeinsamem Sorgerecht die Vertretungsmacht für das Geschäft entzogen, der unter § 1795 BGB zu fassen

gesetzlichen Vertreter von der Vertretungsmacht indes in der Regel nur ein Ergänzungspfleger, der beide verhinderten Vertreter für das Geschäft vertritt.

Auch das Ruhen der elterlichen Sorge kann kraft Gesetzes, § 1673 BGB, oder auf Basis einer gerichtlichen Entscheidung, § 1674 BGB, die rechtliche Verhinderung der Eltern begründen. Im Gegensatz zur Verhinderung nach § 1795 BGB führt bei gemeinsamer elterlicher Sorge das Ruhen bei einem der gesetzlichen Vertreter nicht automatisch zum Ruhen der elterlichen Sorge für beide Vertreter.[43]

Ebenfalls das Erfordernis des Bestellens eines Ergänzungspflegers begründet der Ausschluss kraft gerichtlicher Entscheidung, die dem gesetzlichen Vertreter das Sorgerecht für einzelne Angelegenheiten entzieht (beispielsweise in den Fällen der §§ 1684 Abs. 3 S. 3, 1666, 1801, 1837 Abs. 4 BGB). Ähnlich dem Ruhen der elterlichen Sorge führt die Verhinderung eines Elternteils nicht automatisch zur Verhinderung des anderen gesetzlichen Vertreters, sodass in der Regel bei gemeinsamer elterlicher Sorge nach § 1680 Abs. 3 BGB die Bestellung eines Ergänzungspflegers nicht erforderlich ist.[44]

III. Familiengerichtliche Genehmigung

Zum Schutz des beschränkt Geschäftsfähigen vor das Vermögen erheblich gefährdenden oder beeinträchtigenden Rechtsgeschäften hat der Gesetzgeber in den §§ 1643 ff, 1821, 1822 BGB überdies bestimmte, ausdrücklich im Gesetz aufgeführte, folgenreiche Geschäfte sogar der familiengerichtlichen Genehmigung unterstellt.[45] Der Genehmigungspflicht unterfallen dabei sowohl die von den gesetzlichen Vertretern für den beschränkt Geschäftsfähigen vorgenommenen Rechtsgeschäfte als auch diejenigen Geschäfte, zu denen die Eltern bereits ihre

---

ist. Vielmehr ist wegen des Wortlautes von § 1629 Abs. 2 S. 1 BGB die Vertretungsmacht für beide gesetzliche Vertreter ausgeschlossen mit der Folge einer Pflegerbestellung, vgl. Erman BGB/*Roth*, BGB § 1909 Rn. 4. Anders gestaltet es sich bei § 1796 BGB, der bei erheblichen Interessengegensätzen zwischen Kind und gesetzlichem Vertreter einen Ausschluss der Vertretungsmacht begründet. In diesem Fall ist nicht pauschal davon auszugehen, dass beiden Vertretern die Vertretungsmacht entzogen wird (entgegen dem Wortlaute von § 1629 Abs. 2 S. 3 BGB), vgl. *Gernhuber/Coester-Waltjen*, Familienrecht, § 61 IV Rn. 52.

43 Vgl. JurisPK-BGB/*Locher*, BGB § 1909 Rn. 50.

44 *Gernhuber/Coester-Waltjen*, Familienrecht § 75 V Rn. 32.

45 BeckOK BGB/*Veit*, BGB § 1643 Rn. 1; Erman BGB/*Döll*, BGB § 1643 Rn. 1; Schulze u.a., Bürgerliches Gesetzbuch/*Kemper*, BGB § 1643 Rn. 1.

Zustimmung erteilt haben.[46] Die gesetzliche Aufzählung ist dabei abschließend und mithin einer Analogie nicht zugänglich.[47] Darüber hinaus sind auch vertragliche Einschränkungen oder Erweiterungen des Anwendungsbereiches nicht zulässig.[48] § 1643 BGB ist die für gesetzliche Vertreter maßgebliche Norm, die in Absatz 1 nur teilweise auf die Genehmigungserfordernisse des Vormundschaftsrechts verweist. Anders als der Vormund unterliegen die gesetzlichen Vertreter mithin nicht jedem in § 1822 BGB normiertem Genehmigungserfordernis. Zu den genehmigungspflichtigen Geschäften zählen gemäß § 1643 Abs. 2 BGB insbesondere die Ausschlagung der Erbschaft oder eines zugewendeten Vermächtnisses sowie der Verzicht auf den Pflichtteil. Bei der Entscheidung zur Genehmigungserteilung orientiert sich das Familiengericht überwiegend an Kindeswohlaspekten – sowohl in wirtschaftlicher als auch in immaterieller Hinsicht.[49]

D. Normzweck der §§ 104 ff. BGB – insbesondere des § 107 BGB

Das Regelsystem der §§ 104 ff. BGB beruht auf dem Gedanken der Verwirklichung der Privatautonomie, die basierend auf der Ablehnung staatlicher Bevormundung die Anerkennung des Menschen als selbstbestimmte und eigenständige Persönlichkeit vorsieht.[50] Die unbeschränkte Geschäftsfähigkeit von Personen, denen die erforderliche Fähigkeit zur – wie *Knothe* es formuliert – *„(...)Willensbildung aufgrund vernünftiger Überlegung(...)"* hinsichtlich des Abschlusses rechtlicher Geschäfte fehlt, würde dem Grundgedanken der Privatautonomie zuwiderlaufen.[51] Folglich bedarf es einer Unterscheidung der jeweiligen Personenkreise, um im Interesse der Privatautonomie lediglich diejenigen Personen der unbeschränkten Geschäftsfähigkeit zu unterstellen, die rein

---

46 Münchener Kommentar zum BGB/*Schmitt*, BGB § 108 Rn. 17; Schulze u.a., Bürgerliches Gesetzbuch/*Kemper*, BGB § 1643 Rn. 1.

47 Palandt BGB/*Götz*, BGB § 1643 Rn. 1; zusätzlich zu den unter § 1643 BGB i.V.m. § 1821, 1822 BGB genannten genehmigungsbedürftigen Rechtsgeschäften findet sich bei Staudinger BGB/*Engler*, BGB § 1643 Rn. 4 eine Auflistung der weiteren im Gesetz festgehaltenen Geschäfte, in denen eine Genehmigung erforderlich ist.

48 Staudinger BGB (2004)/*Engler*, BGB § 1643 Rn. 3.

49 Palandt BGB/*Götz*, BGB § 1643 Rn. 3; Weinreich/Klein, Familienrecht/*Ziegler*, BGB § 1643 Rn. 4.

50 Ähnlich: Larenz/*Wolf*, Allgemeiner Teil des Bürgerlichen Rechts, § 2 Rn. 17.

51 Staudinger BGB (2012)/*Knothe*, BGB Vorbem. zu §§ 104–115 Rn. 19.

abstrakt beurteilt fähig sind, einen vernünftig ausgeprägten Willen im Rechtsverkehr bilden zu können.[52]

Der Schutzzweck des Regelungswerkes – insbesondere der Sondervorschrift des § 107 BGB zur beschränkten Geschäftsfähigkeit – ist indes nicht ausschließlich auf die Verwirklichung der Privatautonomie gerichtet. Vielmehr werden unterschiedliche Normzwecke verfolgt, die mit unterschiedlicher Gewichtung Berücksichtigung finden.[53] Diese sollen im Folgenden aufgeführt werden:

I. Der Schutz des Minderjährigen

Überwiegend dienen die Vorschriften zur Geschäftsfähigkeit – und folglich auch im Besonderen die Vorschriften zur Regelung der beschränkten Geschäftsfähigkeit bei Minderjährigen in § 107 BGB – dem Schutz desselben vor ihn beeinträchtigenden Willenserklärungen und den daraus resultierenden Nachteilen für sein Vermögen und seine Person[54] – sogenanntes „*Schutzprinzip*".[55] Ziel ist mithin nicht etwa, dem Minderjährigen einen Schutz vor sämtlichen ihn beeinträchtigenden Schäden einzuräumen, sondern ausschließlich für rechtsgeschäftliches Handeln Minderjähriger eine Regelung zu finden.[56] Der geschäftsunfähige sowie der beschränkt geschäftsfähige Minderjährige besitzen noch nicht die nötige wirtschaftliche Erfahrung sowie die Fähigkeit, Willensbildungen aufgrund vernünftiger Überlegung vorzunehmen,[57] um im Rechtsverkehr die Folgen der für die Vornahme eines Rechtsgeschäfts erforderlichen Willenserklärung abschätzen zu können.[58] Die Gefahren, die der Abschluss eines Rechtsgeschäfts birgt

52 Staudinger BGB (2012)/*Knothe*, BGB Vorbem. zu §§ 104–115 Rn. 19.

53 *Czeguhn*, Geschäftsfähigkeit, beschränkte Geschäftsfähigkeit, Geschäftsunfähigkeit Rn. 7; *Kaufmann*, Der lediglich rechtliche Vorteil des Minderjährigen im Sinne des § 107 BGB, 66.

54 Ob § 107 BGB auch vor persönlichen Nachteilen schützt, wird nicht einheitlich beantwortet. Abgelehnt wird die Anwendung auf persönliche Nachteile – etwa aus dem Familienrecht oder anderen persönlichen Bereichen – von *Harte*, in: Der Begriff des lediglich rechtlichen Vorteils in § 107 BGB, 23 ff.

55 BayObLG, Vorlagebeschluss vom 30.7.1979 – BReg. 2 Z 1/79 = BayObLGZ 1979, 243; *Hinz*, Was ist lediglich rechtlich vorteilhaft i.S.d. § 107 BGB, 5; ähnlich: BGH, Beschluss vom 25.11.2004 – V ZB 13/04 = BGH, NJW 2005, 415 (417); vgl. *Boecken*, BGB Allgemeiner Teil, Rn. 334; siehe auch: *Mugdan*, Bd. I, 424.

56 *Hinz*, 6.

57 Mot. I, 129; *Kaufmann*, 67; Münchener Kommentar zum BGB/*Schmitt*, BGB vor §§ 104 ff. Rn. 2; Staudinger BGB (2012)/*Knothe*, BGB Vorbem zu §§ 104–115 Rn. 1.

58 *Czeguhn*, Rn. 8.

und die den Vermögensstamm der kontrahierenden Personen bis hin zur wirtschaftlichen Existenzvernichtung angreifen können, bedürfen eines besonderen Regelinstrumentariums, das durch die §§ 104 ff. BGB geschaffen wurde. Dabei ist das sogenannte „*Schutzprinzip*“ der überwiegende Zweck des Geschäftsfähigkeitsrechts, dem vor den anderen Zwecken Vorrang eingeräumt wird.[59]

II. Erziehungsfunktion

Neben dem Schutzgedanken, den Minderjährigen vor vermögensbeeinträchtigenden rechtlichen Nachteilen zu schützen, verwirklicht § 107 BGB die Erziehungsfunktion als Ausprägung der den gesetzlichen Vertretern zustehenden Personen-[60] und Vermögenssorge.[61] Der Erziehungsgedanke ist grundsätzlich ein im Innenverhältnis zwischen dem minderjährigen Kind und seinen Eltern wurzelnder Aspekt, der aus diesem Grund im Rahmen der Zweckbestimmung lediglich zweitrangig Bedeutung erlangt.[62] Nur im Rahmen der rechtlich nachteilhaften Rechtsgeschäfte bei beschränkt Geschäftsfähigen gemäß den §§ 107 und 108 BGB bewirkt die Zustimmungsoption des gesetzlichen Vertreters eine über

---

59 *Czeguhn*, Rn. 8; *Harte*, 28; jurisPK-BGB/*Lange*, BGB § 104 Rn. 7, der den Vorrang des sogenannten „Schutzgedankens“ damit begründet, dass die Regeln der Geschäftsfähigkeit einfachgesetzliche Ausprägung des verfassungsrechtlichen Schutzauftrags der Menschenwürde aus Art. 1 Abs. 1 GG und aus dem Sozialstaatprinzip, Art. 20 Abs. 1, 28 Abs. 1 GG, sind. Darin folgt ihm: Staudinger BGB (2012)/*Knothe*, BGB Vorbem. Zu §§ 104–115 Rn. 20; *Kaufmann*, 67; PWW BGB/*Völzmann-Stickelbrock*, BGB §104 Rn. 2.

60 Da der gesetzliche Vertreter nicht nur darüber entscheidet, wie sich der Abschluss des Rechtsgeschäfts auf das Vermögen des Kindes auswirken kann, sondern vielmehr auch die Erziehungsaufgabe dadurch verwirklicht wird, dass dem gesetzlichen Vertreter die Entscheidungskompetenz zugewiesen wird, welche Rechtsgeschäfte unter erzieherischen Aspekten sinnvoll sind, wird nicht lediglich die Vermögenssorge geschützt (so auch *Czeguhn*, Rn. 9; Münchener Kommentar zum BGB/*Schmitt*, BGB vor §§ 104 ff. Rn. 4). A.A.: *Hinz*, 31.

61 *Czeguhn*, Rn. 9; Staudinger BGB (2012)/*Knothe*, BGB Vorbem. zu §§ 104–115 Rn. 22; anders *Hinz*, 15 f., die für den Schutzzweck des § 107 BGB den Erziehungsgedanken mit Verweis auf den begrenzten Handlungsspielraum der Norm ablehnt. Hiergegen spricht aber eindeutig die Ausgestaltung des § 107 BGB im Gefüge der Geschäftsfähigkeitsregeln, der gerade nicht nur die bestehende Willensfähigkeit des Minderjährigen berücksichtigt, sondern den Minderjährigen die Möglichkeit einräumen möchte, sie allmählich in das Geschäftsleben einzuführen.

62 Vgl. Staudinger BGB (2012)/*Knothe*, BGB Vorbem. zu §§ 104–115 Rn. 22.

das Innenverhältnis hinausgehende Rechtswirkung.[63] Mit dieser Zustimmungsoption wird den gesetzlichen Vertretern bei vom Minderjährigen getätigten rechtlich nachteilhaften Rechtsgeschäften die Möglichkeit eingeräumt, unter Anwendung des Erziehungsgedankens individuell zu entscheiden, ob ein rechtlich nachteilhaftes Geschäft unter erzieherischen Aspekten genehmigt werden sollte.

Der Erziehungsgedanke wird darüber hinaus – aus paternalistischer Sicht im Sinne der Erziehungsfunktion des Staates – durch die vom Gesetz für den Minderjährigen eingeräumten Freiräume im Rahmen des Anwendungsbereichs der Geschäftsfähigkeit verwirklicht. Insbesondere zu benennen ist in diesem Zusammenhang als gesetzliche Ausprägung des Schutzzweckes der sogenannte „Taschengeldparagraf", § 110. Dieser ist Ausdruck der schrittweisen Vorbereitung des beschränkt Geschäftsfähigen auf die mit Erreichen der Volljährigkeit einhergehende uneingeschränkte Geschäftsfähigkeit.[64] Anders als § 110 BGB (ebenso wie § 112 BGB) zielt § 107 BGB nicht darauf ab, den Minderjährigen im Wege der Eigenverantwortlichkeit auch mit den rechtlich nachteilhaften Folgen des rechtsgeschäftlichen Handelns zu belasten.[65] Dennoch ist auch § 107 BGB darauf ausgelegt, den Minderjährigen eigenständig und eigenverantwortlich[66] in das Geschäftsleben einzuführen, indem dem beschränkt Geschäftsfähigen – anders als dem Geschäftsunfähigen – bereits die schrittweise Möglichkeit eingeräumt wird, rechtsgeschäftlich tätig zu werden.[67]

III. Schutz des Vertragspartners

Der Schutz des mit dem beschränkt Geschäftsfähigen kontrahierenden Vertragspartners ist indes unter dem Gesichtspunkt des *„Schutzprinzips"* ohne großen Belang. Vielmehr erfolgt im Anwendungsbereich der §§ 104 ff. BGB keine Abwägung zwischen den Interessen des Vertragspartners und denen des Minderjährigen.[68]

63 Vgl. Staudinger BGB (2012)/*Knothe*, BGB Vorbem. zu §§ 104–115 Rn. 22.

64 *Czeguhn*, Rn. 9; *Kaufmann*, 67.

65 So von *Harte*, 29 aufgeführt, der basierend auf dieser Definition des Erziehungsgedankens den § 107 BGB nicht dem Erziehungszweck als Schutzzweck unterstellt.

66 Dazu, dass es im Grunde kaum ein rechtliches Geschäft gibt, das nicht zumindest einen entfernten Nachteil mit sich zieht: *Stürner*, AcP 173 (1973), 402 (416). Mithin können auch die „lediglich" rechtlich vorteilhaften Rechtsgeschäfte eine Eigenverantwortlichkeit des Minderjährigen – wenn auch nicht im gleichen Umfang wie bei §§ 110, 112 BGB – begründen.

67 So auch: Münchener Kommentar zum BGB/*Schmitt*, vor §§ 104 ff. BGB Rn. 5, der den Erziehungsgedanken allerdings nicht explizit auf § 107 BGB überträgt.

68 Ähnlich: *Czeguhn*, Rn. 10.

Zudem sieht das Bürgerliche Recht keinen Gutglaubensschutz des Rechtsverkehrs an die Geschäftsfähigkeit des Vertragspartners vor.[69] Dennoch findet auch der Schutz des Vertragspartners im Rahmen der §§ 104 ff. BGB seine – wenn auch nur geringfügige – Verwirklichung. Dies gilt insbesondere unter dem Fokus der Eingrenzung des weit gefassten Minderjährigenschutzgedankens. Beispiele hierfür sind in den §§ 108 Abs. 2, 109 Abs. 1 und 111 BGB zu finden, die den Minderjährigenschutz einschränkende Mechanismen vorsehen.[70]

IV. Rechtssicherheit

Darüber hinaus bewirken die Regeln der Geschäftsfähigkeit den Schutz des Rechtsverkehrs.[71] Die zu schützende Rechtssicherheit spiegelt sich insbesondere in der Regelung des § 107 BGB wider, die ausweislich ihres eindeutigen Wortlautes für die Vorteilhaftigkeit eines Rechtsgeschäfts bei beschränkt Geschäftsfähigen auf die formal juristische Einordnung der *rechtlichen* Vorteilhaftigkeit und nicht etwa auf die unsicheren Aspekte eines wirtschaftlichen Maßstabes abstellt.[72] Darüber hinaus knüpft das Gesetz die Frage der unbeschränkten Geschäftsfähigkeit an starre Altersgrenzen an und vermeidet damit die unsichere individuelle Einordnung nach der jeweiligen Einsichtsfähigkeit des Minderjährigen.[73] Hierdurch wird die Einordnung des § 107 BGB als „(…) *formal zu handhabende Ordnungsvorschrift* (…)“[74] zum Schutz der Rechtssicherheit verdeutlicht.

Vor dem Hintergrund des „*Schutzprinzips*“ kommt der Rechtssicherheit indes auch ein lediglich untergeordneter Schutzzweck zu.[75] Diesbezüglich ist jedoch zu beachten, dass – obwohl der Rechtssicherheit nur eine sekundäre Rolle als Schutzzweck eingeräumt wird – diese dennoch nicht durch den Minderjährigenschutz beeinträchtigt werden darf.[76]

---

69 JurisPK-BGB/*Lange*, BGB § 104 Rn. 7; Münchener Kommentar zum BGB/*Schmitt*, vor §§ 104 ff. BGB, Rn. 7; *Schmidt*, JuS 1990, 517.

70 *Kaufmann*, 68; Münchener Kommentar zum BGB/*Schmitt*, BGB vor §§ 104 ff. Rn. 6.

71 *Kaufmann*, 67; *Czeguhn*, Rn. 11; Münchener Kommentar zum BGB/*Schmitt*, vor §§ 104 ff. Rn. 9; *Schmitt*, NJW 2005, 1090 (1092); Staudinger BGB (2012)/Knothe, BGB Vorbem. zu §§ 104–115 Rn. 19.

72 *Kaufmann*, 67; strittig. A.A.: *Stürner*, AcP 173 (1973), 402 (417), der zumindest wirtschaftliche Aspekte mit einbezieht vgl. unter 2. Kapitel D. I. 2. b. cc) (1).

73 *Czeguhn*, Rn. 11; JurisPK-BGB/*Lange*, BGB § 104 Rn. 6; *Kaufmann*, 67.

74 Wegen der Geltung eines rechtlichen und nicht etwa eines wirtschaftlichen Maßstabes als „*formale Ordnungsvorschrift*“ eingeordnet: JurisPK-BGB/*Lange*, BGB § 107 Rn. 26.

75 PWW BGB/*Völzmann-Stickelbrock*, BGB § 104 Rn. 2.

76 *Hinz*, 23.

E. Allgemeine Definition des lediglich rechtlichen Vorteils

I. Allgemeines

Im Normengefüge der §§ 105 ff. BGB betreffend die Geschäftsfähigkeit minderjähriger Personen fällt vor allem die Vorschrift des § 107 BGB ins Gewicht, nach der – wie vorstehend bereits ausgeführt – der Minderjährige, der das siebte Lebensjahr vollendet hat, für ihn „lediglich rechtlich vorteilhafte" Geschäfte ohne Zustimmung seiner gesetzlichen Vertreter vornehmen kann. Der dem § 107 BGB zugrundeliegende Schutzgedanke betrifft die Vermögenssicherung des beschränkt Geschäftsfähigen, die bis zur Vollendung seines 18. Lebensjahres zu gewährleisten ist. Darüber hinaus leitet die Sondervorschrift des § 107 BGB als Vorbereitung auf die mit der Volljährigkeit eintretende unbeschränkte Geschäftsfähigkeit eine schrittweise Einführung in die Handlungsfreiheit unter der Begrenzung des Vermögensschutzes ein.[77] Doch was genau unter der Voraussetzung des lediglich rechtlich vorteilhaften Geschäfts steckt, lässt der Gesetzgeber bislang offen. Um eine sachgerechte Verknüpfung des Geschäftsfähigkeitsrechts mit dem Vermächtnisrecht zu erzielen, bedarf es folglich einer Annäherung an den Begriff des lediglich rechtlichen Vorteils.

1. Verpflichtungsgeschäfte

Hierzu bedarf es zunächst einer allgemeinen Einordnung der rechtlichen Vorteilhaftigkeit bei Verpflichtungs- und Verfügungsgeschäften. Diese sind unter Maßgabe des geltenden Trennungsprinzips grundsätzlich differiert voneinander zu begutachten.[78]

Vorteilhaft ist ein Rechtsgeschäft dann ausgestaltet, wenn es positiv auf den bisherigen Rechtsbestand des beschränkt Geschäftsfähigen wirkt, durch eine Mehrung der bereits bestehenden Rechtspositionen oder der Verminderung von Verbindlichkeiten und Belastungen.[79] Verpflichtungsgeschäfte sind für den beschränkt Geschäftsfähigen vorteilhaft, wenn mit ihrer Vornahme keine

77 Staudinger BGB (2012)/*Knothe*, BGB § 107 Rn. 5; *Wilhelm*, NJW 2006, 2353 (2355).

78 Lehnt Durchbrechungen des Trennungsprinzips ab: Heidel/Hüßtege/Mansel/Noack BGB/*Baldus*, BGB § 107 Rn. 23; der BGH vertritt grundsätzlich auch eine Trennung von Verpflichtungs- und Verfügungsgeschäft, BGH, Urteil vom 25.11.2004 – VZB 44/04 = NJW 2005, 1430; verfuhr aber nicht immer so streng: BGH, Urteil vom 10.11.1954 – II ZR 165/53 – NJW 1955, 1353 (Gesamtbetrachtungslehre).

79 Staudinger BGB (2012)/*Knothe*, BGB § 107 Rn. 2.

Übernahme rechtlicher Verpflichtungen einhergeht. Entscheidend ist folglich, ob das getätigte Rechtsgeschäft den Minderjährigen durch Schaffung von Pflichten – hierzu gehören Haupt- wie auch Nebenpflichten – oder durch den Verlust einer Rechtsposition belastet.[80] Dabei soll die allgemeine Rücksichtnahmepflicht, die in § 241 Abs. 2 BGB normiert ist, nicht ausreichend sein, um die rechtliche Nachteilhaftigkeit eines Rechtsgeschäfts zu begründen, da dies anderenfalls zu einer vom Gesetzgeber nicht gewollten Aushöhlung des Anwendungsbereichs des § 107 BGB kommen würde.[81]

Zweiseitig verpflichtende Verträge – hierzu zählen die synallagmatischen Verträge sowie die unvollkommen zweiseitigen Verträge (beispielsweise die Leihe oder der Auftrag) – sind wegen ihrer Ausgestaltung und der verbundenen Verpflichtungen grundsätzlich nicht lediglich rechtlich vorteilhaft.[82]

Für *einseitige Rechtsgeschäfte* wird differenziert:

Bei dem Abschluss einseitig verpflichtender Verträge wird in der Regel nur eine Vertragspartei rechtlich verpflichtet, sodass der beschränkt Geschäftsfähige als sich nicht verpflichtende Partei den Vertragsabschluss selbstständig vornehmen kann.[83] Zu den einseitig verpflichtenden Verträgen zählen beispielsweise die Annahme eines Bürgschaftsversprechens, die Annahme eines Schenkungsversprechens oder eines Schuldanerkenntnisses.[84]

Bei *Gestaltungsrechten*, denen die Bedingungsfeindlichkeit und Unwiderruflichkeit immanent ist,[85] gilt grundsätzlich das vorherige Einwilligungserfordernis des gesetzlichen Vertreters.[86] Hierbei handelt es sich um einseitige Willenserklärungen, deren Bewertung nach Maßgabe des § 111 BGB erfolgt. Eine erst nachträglich gegebene Zustimmung führt danach nicht zur Beseitigung der schwebenden Unwirksamkeit der abgegebenen Willenserklärung. Vielmehr ist das Rechtsgeschäft ohne die erteilte Einwilligung unwirksam. Dies gründet

---

80 Larenz/*Wolf*, Allgemeiner Teil des Bürgerlichen Rechts, § 25 Rn. 18, 19; Schulze u.a. Bürgerliches Gesetzbuch/*Dörner*, BGB § 107 Rn. 4; Staudinger (2012)/*Knothe*, BGB § 107 Rn. 3.

81 Larenz/*Wolf*, Allgemeiner Teil des Bürgerlichen Rechts, § 25 Rn. 19.

82 Mot. I, 134; *Bork*, Allgemeiner Teil des Bürgerlichen Gesetzbuches, Rn. 10000; Brox/*Walker*, Allgemeiner Teil des BGB, Rn. 273, 274; JurisPK-BGB/*Lange*, BGB § 107 Rn. 20.

83 Umkehrschluss: Schulze u.a. BGB/*Dörner*, BGB § 107 Rn. 4.

84 Heidel/Hüßtege/Mansel/Noack BGB/*Baldus*, BGB § 107 Rn. 27.

85 BeckOK BGB/*H. Schmidt*, BGB § 346 Rn. 6; Erfurter Kommentar zum Arbeitsrecht/*Müller-Glöge*, BGB § 620 Rn. 22.

86 JurisPK-BGB/*Lange*, BGB § 107 Rn. 16.

darauf, dass mit der Ausübung des Gestaltungsrechts in der Regel nicht nur die dem beschränkt Geschäftsfähigen obliegenden Pflichten untergehen, sondern vielmehr auch Ansprüche des beschränkt Geschäftsfähigen erlöschen und etwaige Rückgabeverpflichtungen entstehen.[87]

2. *Verfügungsgeschäfte*

Verfügungsgeschäfte sind gesondert von den Verpflichtungsgeschäften auf ihre rechtliche Vorteilhaftigkeit zu untersuchen; eine Gesamtbetrachtung findet regelmäßig nicht statt.[88] Grundsätzlich sind Verfügungsgeschäfte lediglich rechtlich vorteilhaft, wenn zugunsten des Minderjährigen ein Recht übertragen, belastet, aufgehoben oder verändert wird, ohne dass aus der Verfügung zugleich ein rechtlicher Nachteil resultiert.[89] In den Motiven zum ersten Entwurf des Bürgerlichen Gesetzbuches heißt es wie folgt: „(…) *daß [dass] Minderjährige wohl erwerben, aber, ohne Rücksicht darauf, ob sie geschlechtsreif sind oder nicht, weder veräußern, noch sich verpflichten können* (…)".[90]

Verfügt der Minderjährige über ihm bereits zustehende Vermögensgüter – beispielsweise durch Eigentumsübertragung oder Abtretung einer Forderung – wird auf seinen Vermögensbestand rechtlich nachteilhaft eingewirkt; das Verfügungsgeschäft ist damit nachteilhaft.[91]

II. Einschränkung des Erfordernisses der „lediglich" rechtlichen Vorteilhaftigkeit

1. *Ausgangspunkt*

Doch unabhängig von der groben Einteilung vorteilhafter Verpflichtungs- und Verfügungsgeschäfte bleibt eine konkrete Einordnung dieser Voraussetzung des § 107 BGB offen.

---

87 JurisPK-BGB /*Lange*, BGB § 107 Rn. 16; Larenz/*Wolf*, Allgemeiner Teil des Bürgerlichen Rechts, Rn. 22.

88 BGH, Beschluss vom 30.9.2010 – V ZB 206/10 = NJW 2010, 3643.

89 Brox/*Walker*, Allgemeiner Teil des BGB, Rn. 276; JurisPK-BGB/*Lange*, BGB § 107 Rn. 26. Zu der gegenständlich nicht relevanten Frage des mittels § 362 BGB eintretenden Anspruchsverlustes: Dauner-Lieb/Langen BGB/*Avenarius*, BGB § 362 Rn. 8 f.; Heidel/Hüßtege/Mansel/Noack BGB/*Baldus*, BGB § 107 Rn. 66 ff.

90 Mot. I, 132.

91 Erman BGB/*Müller*, BGB § 107 Rn. 6; Heidel/Hüßtege/Mansel/Noack BGB/*Baldus*, BGB § 107 Rn. 38.

Ausweislich des Wortlautes der Vorschrift ist erforderlich, dass das Rechtsgeschäft *„lediglich“* – und damit ausschließlich – rechtlich vorteilhaft ausgestaltet ist, mithin keine (noch so geringfügige) Verschlechterung der Rechtsposition des Minderjährigen als Folge eintritt.[92]

Diese Gesetzesformulierung ist indes bei wortlautgetreuer Anwendung in der Praxis nicht umsetzbar – folglich misslungen.[93] Vielmehr ist grundsätzlich kaum eine Konstellation denkbar, in der nicht irgendein – wenn auch nur entfernter – Nachteil durch eine rechtsgeschäftliche Betätigung des beschränkt Geschäftsfähigen begründet wird.[94]

Beispielsweise kann selbst ein unentgeltliches Geschäft mit öffentlich-rechtlichen Pflichten oder Lasten beschwert sein oder Verträge mit einseitigen Leistungspflichten können bei Annahmeverzug nach § 300 BGB oder bei Verletzung einer aus § 241 Abs. 2 BGB folgenden Pflicht zu rechtlichen Nachteilen für den beschränkt Geschäftsfähigen führen.[95]

Daher besteht weitgehende Einigkeit darüber, dass es zur Vermeidung der Aushöhlung des Normzweckes einer den Schutzzweck des § 107 BGB beachtenden, jedoch gleichwohl einschränkenden Auslegung des Kriteriums der *„lediglich rechtlich vorteilhaften“* Willenserklärung bedarf.[96]

Dabei ist zunächst in einem ersten Schritt das jeweilige Rechtsgeschäft daraufhin zu untersuchen, ob dieses im Grundsatz lediglich darauf zielt, dem beschränkt Geschäftsfähigen ein Recht zuzuwenden oder diesen von einer Verbindlichkeit zu befreien.[97] Geschäfte, die bereits von vornherein offenkundig nachteilhaft ausgestaltet sind, bedürfen bereits nicht der Modifizierung durch eine einschränkende Auslegung.

---

92 *Leipold*, BGB I, Einführung und Allgemeiner Teil, § 11 Rn. 27; Münchener Kommentar zum BGB/*Schmitt*, BGB § 107 Rn. 28. Folglich unterfallen auch Rechtsgeschäfte wie die Leihe wegen der in § 604 BGB normierten Rückgabepflicht und der Auftrag wegen der Pflicht zum Aufwendungsersatz, § 670 BGB, nicht unter die Rechtsgeschäfte, die lediglich rechtlich vorteilhaft ausgestaltet sind.

93 Vgl. dazu: *Harte*, 15; Münchener Kommentar zum BGB/*Schmitt*, BGB § 107 Rn. 34; Staudinger BGB (2012)/*Knothe* BGB § 107 Rn. 5; *Wilhelm*, NJW 2006, 2353 (2355).

94 *Harte*, 15; *Hübner*, Interessenkonflikt und Vertretungsmacht, 148; Staudinger BGB (2012)/*Knothe*, BGB § 107 Rn. 5.

95 Staudinger BGB (2012)/ *Knothe*, BGB § 107 Rn. 5.

96 OLG Dresden, Beschluss vom 2.4.1996 – 3 W 336/96 289 = MittBayNot 1996, 288 (290); *Boecken*, BGB – Allgemeiner Teil, Rn. 339; *Preuß*, JuS 2006, 305 (306); Staudinger BGB (2012)/*Knothe*, BGB § 107 Rn. 5.

97 *Kaufmann*, 79; ähnlich: Soergel BGB/*Hefermehl*, BGB § 107 Rn. 1; Staudinger BGB (2012)/*Knothe*, BGB § 107 Rn. 5.

Zur Ermittlung eines Eingrenzungskriteriums werden in der Literatur unterschiedliche Ansätze vertreten. Seit einer Grundsatzentscheidung des Bundesgerichtshofs im Jahr 2005[98] ist nunmehr auch ein durch die höchstrichterliche Rechtsprechung entwickelter Ansatz zu berücksichtigen. Hierzu wie folgt:

2. *Modifizierungsansätze*

a. *Überwiegende Ansicht in der Lehre*

aa. Allgemein

Gemäß der überwiegenden Ansicht der Lehre wird danach differenziert, ob die durch Vornahme des Rechtsgeschäfts ausgelösten Folgen unmittelbar auf dem Rechtsgeschäft basieren oder nur mittelbar – etwa bei Steuer- oder Erhaltungspflichten – durch äußere Umstände eingetreten sind.[99] Lediglich die unmittelbaren Rechtsnachteile, die bereits mit dem Abschluss des Rechtsgeschäfts entstehen, sollen dieser Ansicht gemäß zur Zustimmungsbedürftigkeit des gesetzlichen Vertreters führen. Tritt ein Nachteil erst nach dem Hinzutreten weiterer Zwischenschritte auf, sei das Rechtsgeschäft als „lediglich rechtlich vorteilhaft" einzustufen.[100] Diese Ansicht beansprucht für sich, Erwägungen des Minderjährigenschutzes bestmöglich berücksichtigen zu können.[101]

Eine konkrete Definition der mittelbaren nachteiligen Rechtsfolgen wird jedoch nicht angegeben. Vielmehr verweist die Lehre auf einzelne Konstellationen, – etwa die Herausgabepflicht des Beschenkten nach §§ 528, 530 BGB[102] oder potentielle Rückgewähransprüche[103] – in denen eine nur mittelbar wirkende Nachteilhaftigkeit durch das abgeschlossene Rechtsgeschäft begründet wird. Um dem Schutzzweck des § 107 BGB für den beschränkt Geschäftsfähigen bestmöglich Geltung zu verschaffen, soll im Rahmen der Abgrenzung von unmittelbaren und mittelbaren Rechtsnachteilen nicht danach zu unterscheiden sein, ob der Rechtsnachteil kraft Gesetzes oder durch Parteiwillen eintritt.[104]

---

98 BGH, Beschluss vom 25.11.2004 – V ZB 13/04 = NJW 2005, 415; hierzu ausführlich unter: Kapitel 2 D. II. 2. d. aa.

99 *Bork*, Allgemeiner Teil des Bürgerlichen Gesetzbuchs, Rn. 1001; JurisPK-BGB/*Lange*, BGB § 107 Rn. 6; PWW BGB/*Völzmann-Stickelbrock*, BGB § 107 Rn. 6; Schulze u.a. Bürgerliches Gesetzbuch/*Dörner*, BGB § 107 Rn. 3; Soergel BGB/*Hefermehl*, BGB § 107 Rn. 1.

100 JurisPK-BGB/*Lange*, BGB § 107 Rn. 6.

101 Ähnlich: Soergel/*Hefermehl*, § 107 BGB Rn. 1.

102 Vgl. nur: Staudinger BGB (2012)/*Knothe*, BGB § 107 Rn. 5.

103 Schulze u.a. Bürgerliches Gesetzbuch/*Dörner*, BGB § 107 Rn. 3.

104 Vgl. dazu: *Feller*, DNotZ 1989, 66 (70).

bb. Stellungnahme

Zu kritisieren ist die Ansicht für die unpräzise Unterscheidung von unmittelbaren und mittelbaren Nachteilen.[105] Objektive Abgrenzungskriterien, die zur Unterscheidung herangezogen werden können, sind durch diese in der Literatur vorherrschende Auffassung nicht angeführt worden. Folglich bleibt unklar, welche Nachteile nach dieser Ansicht als unmittelbare Nachteile qualifiziert werden, sodass die Gefahr von Einzelfallentscheidungen entsteht. Mithin führt die unscharfe Differenzierung zu erheblichen Auslegungsschwierigkeiten, die folglich nicht geeignet sind, einen Maßstab für beachtliche und unbeachtliche Rechtsnachteile im Rahmen des § 107 BGB festzusetzen.[106]

Darüber hinaus lässt der Wortlaut des § 107 BGB die Unterscheidung von unmittelbaren und mittelbaren Rechtsnachteilen nicht zu, sodass die durch diese Ansicht vorgenommene Differenzierung lediglich durch eine teleologische Reduktion begründet werden kann. Unter diesem Gesichtspunkt vermag diese Abgrenzung dem Grundgedanken des Minderjährigenschutzes indes nicht hinreichend gerecht zu werden.[107] So kann nicht ausgeschlossen werden, dass auch nur mittelbare rechtliche Folgen des abgeschlossenen Rechtsgeschäfts geeignet sind, das Vermögen des Minderjährigen entgegen dem durch § 107 BGB eigentlich gewährten „Schutzprinzip“ zu gefährden.[108] Eine pauschale Unterteilung in unmittelbare und mittelbare Rechtsfolgen ist wegen der unpräzisen Begrifflichkeit nicht geeignet, eine für die Rechtssicherheit oder den Minderjährigenschutz[109] adäquate Eingrenzung zu bieten. Dennoch kann diese Abgrenzung ergänzend Berücksichtigung finden.

b. „Sorgerechtlicher“ Ansatz in der Lehre

aa. Allgemeines

Darüber hinaus wird vereinzelt in der Lehre ein sogenannter „sorgerechtlicher“ Ansatz vertreten, der maßgeblich auf Art. 6 Abs. 2 GG und den Eingriff in das grundrechtlich gewährleistete elterliche Sorgerecht – bedingt durch die

---

105 So auch einige Stimmen in der Literatur, vgl.: *Hinz*, 36; *Preuß*, JuS 2006, 305 (306); *Stürner*, AcP 1973, 402 (409).

106 So auch: *Preuß*, JuS 2006, 305 (306).

107 Ähnlich: *Schmitt*, NJW 2005 1090 (1093).

108 *Hübner*, Interessenkonflikt und Vertretungsmacht, 152; *Röthel/Krackhardt*, Jura 2006, 161 (164); *Preuß*, JuS 2006, 305 (306).

109 *Kaufmann*, 86; *Preuß*, JuS 2006, 305 (306); ähnlich: *Medicus*, Rn. 563.

Einwilligungsfreiheit bei rechtlich vorteilhaften Rechtsgeschäften – abstellt.[110] Ausweislich dieses Ansatzes haben die gesetzlichen Vertreter des beschränkt Geschäftsfähigen – und damit in der Regel die sorgeberechtigten Elternteile – den Beurteilungsspielraum zu entscheiden, welche Rechtsgeschäfte der Kontrolle der gesetzlichen Vertreter bedürfen. Folglich obliege den gesetzlichen Vertretern, und nicht etwa dem Gesetzesinterpreten, im Rahmen ihres durch die Verfassung geschützten Rechts die Beurteilung der Zustimmungsbedürftigkeit eines Geschäfts.[111] Der sorgerechtliche Ansatz setze somit bereits früher an. Er weise den gesetzlichen Vertretern nicht nur die Befugnis zu, nachteilhafte Geschäfte zu genehmigen, sondern vielmehr auch bereits zu bestimmen, welche Geschäfte als nachteilhaft anzusehen seien.

Die gesetzgeberische Tendenz lasse erkennen, dass im „*Zweifelsfall*" von einer Zustimmungsbedürftigkeit der Rechtsgeschäfte auszugehen sei und lediglich dann ein Rechtsgeschäft ohne die Mitwirkung des gesetzlichen Vertreters vorgenommen werden könne, wenn die durch das Rechtsgeschäft eintretenden Nachteile so geringfügig oder fernliegend seien, dass sie kein Kontrollbedürfnis durch die gesetzlichen Vertreter auslösen.[112]

bb. Stellungnahme

Der Minderjährigenschutz ist, wie bereits festgestellt, im Rahmen einer einschränkenden Auslegung der primär zu beachtende Schutzzweck.[113] Dieser wird grundsätzlich durch den „sorgerechtlichen Ansatz" gewahrt, da den Eltern durch das Bürgerliche Gesetzbuch die auf der Verfassung beruhende Personen- und Vermögenssorge eingeräumt wird, die sie im Sinne des Kindes zu beachten und zu fördern haben. Ausdruck dieser Sorgebefugnisse sind die Regelungen der §§ 107, 108 BGB, die das „Schutzprinzip" durch die Zustimmungskompetenz der gesetzlichen Vertreter für rechtlich nachteilhafte Geschäfte relativieren.[114]

Obwohl sich dieser „sorgerechtliche" Ansatz auf das in der Verfassung normierte Elterngrundrecht in Art. 6 Abs. 2 GG bezieht, birgt auch er deutliche Rechtsunsicherheiten, die das Abgrenzungskriterium im Vergleich zu der herrschenden Lehre nicht zu präzisieren vermögen.

---

110 Vgl. *Köhler*, JZ 1983, 225 (228).

111 *Köhler*, JZ 1983, 225 (228); *Müßig*, JZ 2006, 150 (152).

112 *Köhler*, JZ 1983, 225 (228).

113 Ähnlich: Brox/*Walker*, Allgemeiner Teil des BGB, Rn. 260; Larenz/*Wolf*, Allgemeiner Teil des Bürgerlichen Rechts, § 25 Rn. 10; *Röthel/Krackhardt*, Jura 2006, 161 (164).

114 *Kaufmann*, Der lediglich rechtliche Vorteil des Minderjährigen im Sinne des § 107 BGB, 69.

Zunächst einmal weist *Köhler* den Eltern die Einschätzungsprärogative mit der Begründung zu, dass diese am besten die Gefährlichkeit eines Rechtsgeschäfts für ihr Kind beurteilen könnten. Zwar wird als Leitgedanke die grundsätzliche Zustimmungsbedürftigkeit von Rechtsgeschäften des beschränkt Geschäftsfähigen festgelegt, jedoch kann wohl im Einzelfall jeder gesetzliche Vertreter für sich gesondert entscheiden, ob er von einer Kontrollbedürftigkeit ausgeht. Mithin ist die für den Rechtsverkehr erforderliche Sicherheit davon abhängig, welchen Erziehungsgedanken die Eltern verfolgen und inwieweit sie persönlich die geistige Reife ihres Kindes für den Abschluss des jeweiligen Geschäfts einschätzen. Dieser Beurteilung anhand des individuellen Reifegrades soll jedoch gerade durch die vom Gesetz vorgesehenen starren Altersgrenzen entgegengewirkt werden. Der mit dem beschränkt Geschäftsfähigen kontrahierende Vertragspartner kann zudem zumeist nicht abschätzen, wie das getätigte Rechtsgeschäft von den gesetzlichen Vertretern im Hinblick auf die Zustimmungsbedürftigkeit eingeordnet wird.

Dem könnte zwar entgegengehalten werden, dass den gesetzlichen Vertretern ohnehin die Befugnis zugewiesen wurde, die Entscheidung über die Wirksamkeit rechtlich nachteilhafter Geschäfte zu treffen. Allerdings wird den gesetzlichen Vertretern bereits die Kompetenz der Einordnung eines Rechtsgeschäfts als zustimmungsbedürftig zugewiesen. Dabei handelt es sich um eine Vorverlagerung, die mit der Systematik der §§ 104 ff. BGB – und insbesondere der Regelung zur elterlichen Sorge außerhalb des Allgemeinen Teils – nicht zu vereinbaren ist. Zudem führt sie zu einer enormen Unsicherheit im Rechtsverkehr, die selbst unter dem Aspekt des Minderjährigenschutzes – der auch mit weniger einschneidenden Maßnahmen gewährleistet werden kann – nicht hingenommen werden kann. Überdies hat der Gesetzgeber der Bedeutung der individuellen Einsichtsfähigkeit durch das Ansetzen starrer Altersgrenzen gerade eine Absage erteilt.[115]

Zudem widerspricht die „Zweifelsfallregelung“[116] eklatant dem Gesetzeszweck des § 107 BGB. Dieser zielt darauf, den beschränkt Geschäftsfähigen zur Vorbereitung auf die mit Volljährigkeit eintretende unbeschränkte Geschäftsfähigkeit vorzubereiten. Wird im Zweifel von der Nachteiligkeit eines Rechtsgeschäfts ausgegangen, wird dem Minderjährigen grundsätzlich die Möglichkeit versagt, bereits rechtsgeschäftlich tätig zu werden.[117] Darüber hinaus führt die

---

115 Ähnlich: *Czeguhn*, Rn. 11.

116 Dass im Zweifelsfall von der Zustimmungsbedürftigkeit auszugehen ist, s.o.

117 Ähnlich: *Coester-Waltjen*, Jura 1994, 668 (669 Fn. 5); *Kaufmann*, 93; *Preuß*, JuS 2006, 305 (307).

Zweifelsregel dazu, dass bei Rechtsgeschäften zwischen den gesetzlichen Vertretern und dem Minderjährigen, die nach der Zweifelsregelung stets Zustimmungsbedürftig wären, wegen des Verbots des Insichgeschäfts nach § 181 BGB auf einen Ergänzungspfleger zurückgegriffen werden müsste.[118] Dadurch wird der Zweck der „sorgerechtlichen Ansicht" in diesen Fällen unterlaufen.

c. *Wirtschaftlicher Ansatz*

aa. Allgemeines

Ein von *Stürner* vertretender Ansatz stellt dagegen nicht überwiegend auf den durch Art. 6 Abs. 2 GG gewährleisteten sorgerechtlichen Schutz im Rahmen des „Elterngrundrechtes" ab, sondern wählt vielmehr eine wirtschaftliche Betrachtungsweise, um die Einschränkungskriterien zu ermitteln.[119] Ausweislich dieses wirtschaftlichen Ansatzes verfolge der Gesetzgeber mit der Wahl des Wortlautes aus Gründen der Rechtssicherheit die Intention, von einer wirtschaftlichen Betrachtung Abstand zu nehmen; dennoch sei nicht kategorisch jede Berücksichtigung wirtschaftlicher Aspekte als die Rechtssicherheit beeinträchtigend einzuordnen.[120] Da der Begriff des rechtlichen Nachteils einen sehr weiten Kreis von Rechtsgeschäften einschließe, die sich in der Praxis als gefährlich für den beschränkt Geschäftsfähigen darstellen, sei eine Gruppe von Rechtsnachteilen auszusondern, die nach ihrer abstrakten Ausgestaltung typischerweise keine Gefährdung für den beschränkt Geschäftsfähigen bedeuten.[121] Hierunter seien die Rechtsgeschäfte einzuordnen, die lediglich den aus dem Rechtsgeschäft folgenden wirtschaftlichen Zuwachs schmälern oder aufzehren, aber keinen darüber hinausgehenden wirtschaftlichen Schaden verursachen.[122] Die Einordnung dieser typischerweise ungefährlichen Rechtsnachteile erfolge im Wege einer teleologischen Reduktion des § 107 BGB aufgrund einer rein wirtschaftlichen Betrachtungsweise, sodass ein Geschäft als zustimmungsbedürftig zu qualifizieren sei, wenn es typischerweise zu einer Minderung des Minderjährigenvermögens führe oder dem Minderjährigen ein besonderes „Tun" oder „Unterlassen" abverlange.[123]

---

118 *Kaufmann*, 93; *Preuß*, JuS 2006, 305 (307).
119 *Stürner*, AcP 173 (1973), 403 (420).
120 *Stürner* AcP 173 (1973), 402 (420).
121 *Stürner*, AcP 173 (1973), 402 (420, 421); *Stürner* folgend: *Hübner*, Interessenkonflikt und Vertretungsmacht, 146.
122 *Stürner*, AcP 173 (1973), 402 (421).
123 *Stürner*, AcP 173 (1973), 402 (421).

Darüber hinaus sollen auch ausnahmsweise abstrakt ungefährliche Rechtsnachteile beachtlich sein, wenn die damit einhergehende Vermögensbeeinträchtigung bereits bei Tätigung des Rechtsgeschäfts feststehe und der mit dem Minderjährigen kontrahierende Geschäftspartner Kenntnis über die Beeinträchtigung habe.[124]

bb. Stellungnahme

Der wirtschaftliche Ansatz *Stürners* widerspricht zunächst dem Wortlaut sowie dem Willen des Gesetzgebers, weshalb ihm nicht umfänglich gefolgt werden kann.

In Anbetracht des eindeutig gefassten Wortlautes des § 107 BGB ist die Vorteilhaftigkeit eines Rechtsgeschäfts grundsätzlich an rechtlichen Kriterien zu messen; ein Abstellen auf eine (rein) wirtschaftliche Betrachtungsweise lässt der Wortlaut gerade nicht zu. Die gesetzgeberische Intention zielt im Interesse der Sicherheit des Rechtsverkehrs auf einen Maßstab ab, der als Rechtsfolge keine Einzelfallentscheidungen nach sich zieht, sondern vielmehr auf einen formalen, wenn auch unflexibleren Maßstab.[125] Das Ermitteln eines (rein) wirtschaftlichen Vorteils, insbesondere durch Saldierung der Vor- und Nachteile eines Rechtsgeschäfts, soll gerade nicht maßgebend sein.[126]

Stürner stellt indes nicht lediglich darauf ab, ob sich das Rechtsgeschäft insgesamt für den beschränkt Geschäftsfähigen als wirtschaftlich günstig erweist. Vielmehr entwickelt er unter weiterer Beachtung der *rechtlichen* Sichtweise eine wirtschaftliche Komponente, um bestimmte rechtliche Nachteile unter Berücksichtigung der wirtschaftlichen Aspekte als unbeachtlich einstufen zu können.[127] Anstatt den rechtlichen Maßstab durch den wirtschaftlichen Maßstab zu ersetzen, werden diejenigen Rechtsnachteile als unbeachtlich eingeordnet, die das Vermögen des Minderjährigen typischerweise nicht angreifen.[128] Damit wird im Grunde auf den durch § 107 BGB vorrangig zu beachtenden Schutzzweck abgezielt. Dieser soll verhindern, dass der Vermögensbestand des beschränkt

124 *Stürner*, AcP 173 (1973), 402 (421).

125 *Knothe*, Die Geschäftsfähigkeit des Minderjährigen in geschichtlicher Entwicklung, 369; Larenz/*Wolf*, Allgemeiner Teil des Bürgerlichen Rechts, § 25 Rn. 10; *Medicus*, Allgemeiner Teil des BGB, 10. Auflage, § 39 Rn. 560; Münchener Kommentar zum BGB/*Schmitt*, BGB § 107 Rn. 28.

126 Vgl. *Bork*, Allgemeiner Teil des Bürgerlichen Gesetzbuchs, § 23 Rn. 998; *Knothe*, 369; *Medicus*, Rn. 560.

127 *Stürner*, AcP 173 (1973), 402 (421).

128 *Stürner*, AcP 173 (1973), 402 (421).

Geschäftsfähigen infolge rechtlicher Nachteile geschmälert wird.[129] In Anbetracht des nach allgemeiner Ansicht überwiegenden Schutzzweckes kann und soll eine rein rechtliche Betrachtung dem Minderjährigenschutz nicht gerecht werden. Vielmehr wird der Schutzzweck bei Vornahme eines rechtlich vorteilhaften Geschäfts, das wirtschaftlich nachteilhaft ausgestaltet ist, bei konsequenter Subsumtion unter den Zweck des Minderjährigenschutzes unterlaufen.[130] Ein lediglich auf rechtlichen Gesichtspunkten basierender Maßstab vermag zwar unter dem Aspekt der Rechtssicherheit zu genügen, erfüllt den Schutzzweck der Norm indes nicht ausreichend.

Jedoch weist auch der wirtschaftliche Ansatz Schwächen auf. Dies gilt insbesondere im Hinblick auf das Zulassen von Ausnahmen auch bei grundsätzlich abstrakt ungefährlich ausgestalteten Rechtsgeschäften, die im Einzelfall eine Vermögensbeeinträchtigung nach sich ziehen können. *Stürner* versucht zwar mit diesem Ausnahmekriterium einen Lösungsansatz für etwaige atypische Fallgestaltungen zu entwickeln, stellt jedoch maßgeblich auf die Kenntnis des Geschäftspartners von den relevanten Umständen ab. Hierdurch wird der Minderjährigenschutz unterlaufen, da der Geschäftspartner in der Regel wohl ein Interesse daran hat, das Geschäft als lediglich rechtlich vorteilhaft eingeordnet zu wissen. Darüber hinaus vernachlässigt diese Ausnahme die Sicherheit des Rechtsverkehrs, da die Kenntnis des Geschäftspartners als subjektive Komponente schwer nachzuvollziehen ist.[131] Zudem hat sich der Gesetzgeber durch das Abstellen auf formale Kriterien ausdrücklich gegen subjektive Elemente bei der Ermittlung des lediglich rechtlichen Vorteils entschieden.

Überdies ist die praktische Umsetzung des wirtschaftlichen Ansatzes zu kritisieren.[132] Haftet der Minderjährige nur mit dem bestehenden Vermögen, wird er nicht selten bis zum Verkauf des Gegenstandes, in dessen Höhe er wirtschaftlich belastet ist, in Vorleistung treten müssen. Ferner ist der Verkauf zu einem angemessenen, den wirtschaftlichen Verlust deckenden Preis, nicht stets gewährleistet. Hiergegen ist jedoch einzuwenden, dass abstrakt gesehen lediglich in Höhe des zugewendeten Gegenstandes gehaftet wird und damit eine Gewährleistung des Minderjährigenschutzes erfolgt. Ob der Verkauf des Gegenstandes

129 Ähnlich: *Kaufmann*, 98.

130 Ähnlich: *Hübner*, 143. Ist der Schutz des Minderjährigen ausweislich des vorrangig zu beachtenden Schutzprinzips überwiegend darauf gerichtet, den Vermögensbestand zu schützen, können rechtlich vorteilhafte Geschäfte, die wirtschaftlich nachteilhaft ausgestaltet sind, diesem Schutzprinzip zuwiderlaufen.

131 Gegen ein subjektives Element auch: *Harte*, 40.

132 So auch: *Köhler*, JZ, 1983, 225 (228).

für den beschränkt Geschäftsfähigen wirtschaftlich positiv zu bewerten ist, ist eine Frage des Einzelfalles, die im Rahmen des Auffindens eines abstrakten Abgrenzungskriteriums nicht berücksichtigt werden kann.

d. Ansicht in der Rechtsprechung

aa. Allgemeines

Der BGH dagegen leitet die Beschränkung des Merkmals der rechtlichen Vorteilhaftigkeit nicht aus der von der überwiegenden Lehre vorgeschlagenen Abgrenzung zwischen unmittelbaren und mittelbaren Rechtsnachteilen her, sondern hat für die konkrete Einordnung bei durch den beschränkt Geschäftsfähigen vorgenommenen Erwerbsgeschäften eigene Kriterien entwickelt.[133] Dieser richtungsweisenden Entscheidung des BGH lag eine Übereignung eines mit einer Grundschuld belasteten Grundstücks an zwei Minderjährige zugrunde, an dem ein lebenslanges Nießbrauchsrecht zugunsten der übereignendem Person bestellt wurde.[134] Im Rahmen der Eingrenzung des deutlich zu weit gefassten Anwendungsbereichs der Vorschrift des § 107 BGB seien bestimmte durch Fallgruppen zu ermittelnde Nachteile nicht erfasst, die ein typischerweise ganz geringes Gefährdungspotential für den beschränkt Geschäftsfähigen bergen.[135] Dies gelte jedenfalls für diejenigen Verpflichtungen, die kraft Gesetzes entstehen, ihrem Umfang nach begrenzt und wirtschaftlich derart unbedeutend sind, dass sie ein Zustimmungsbedürfnis durch den gesetzlichen Vertreter oder einen Ergänzungspfleger nicht rechtfertigen können.[136] Unbedeutend seien für diese Betrachtungsweise, in die nunmehr auch in Anlehnung an die umstrittene Ansicht von *Stürner*[137] wirtschaftliche Aspekte einfließen, die jeweiligen Umstände des Einzelfalles.[138]

---

133 BGH, Beschluss vom 25.11.2004 - V ZB 13/04 = NJW 2005, 415.

134 BGH, Beschluss vom 25.11.2004 - V ZB 13/04 = NJW 2005, 415, hier ging es neben der Frage der Vorteilhaftigkeit des Grundstückserwerbs mit gleichzeitiger Nießbrauchsbestellung um die Frage der rechtlichen Nachteilhaftigkeit von öffentlich-rechtlichen Lasten bei Übereignung eines Grundstückes. Der BGH formuliert seine Urteilsgründe jedoch nicht nur für den konkreten Einzelfall, sondern vielmehr für alle kraft Gesetzes entstehenden Verpflichtungen. Die Frage, ob die Kriterien auch für rechtsgeschäftlich entstehende Verpflichtungen anwendbar sind, lässt der BGH indes offen. Dafür: *Müßig*, JZ 2006, 150 (152).

135 BGH, Beschluss vom 25.11.2004 - V ZB 13/04 = NJW 2005, 415; im Ergebnis zustimmend: *Schmitt*, NJW 2005, 1090 (1093).

136 BGH, Beschluss vom 25.11.2004 - V ZB 13/04 = NJW 2005, 415.

137 *Stürner*, AcP 173 (1973), 402 ff.

138 BGH, Beschluss vom 25.11.2004 - V ZB 13/04 = NJW 2005, 415.

Der BGH weist darauf hin, dass es in Anbetracht des Gesetzeswortlautes nicht gestattet sei, den vorgegebenen rechtlichen Maßstab durch einen wirtschaftlichen zu ersetzen. Dies schließe jedoch nicht aus, typischerweise wirtschaftlich ungefährliche Rechtsnachteile aus dem Anwendungsbereich der Vorschrift herauszunehmen. Maßgeblicher Zeitpunkt für die Bewertung sei der Abschluss des Rechtsgeschäfts; die lediglich theoretische Möglichkeit des künftigen Entstehens eines den Minderjährigen beschränkenden Rechtsnachteils reiche wegen der fehlenden tatsächlichen Anhaltspunkte nicht aus, um ein etwaiges Zustimmungserfordernis der gesetzlichen Vertreter zu begründen.

Inwieweit diese neu entwickelten Abgrenzungskriterien auf die kraft rechtsgeschäftlicher Vereinbarung entstehenden Nachteile übertragbar sind, wird indes in den Entscheidungsgründen des Bundesgerichtshofs offen gelassen. Durch die Verwendung der Formulierung, die Einschränkung gelte „jedenfalls" für die kraft Gesetzes entstehenden Verpflichtungen, wird eine Anwendung der Grundsätze auf die rechtsgeschäftlichen Verpflichtungen jedoch nicht von vornherein ausgeschlossen.

bb. Stellungnahme

Die Ansicht des BGH weist eine Vielzahl positiver Abgrenzungsmerkmale auf. Ihr kann aber dennoch nicht vollumfänglich, d.h. ohne nachfolgende Modifizierung[139], gefolgt werden.

Der BGH lehnt sich im Grundsatz an den wirtschaftlich geprägten Ansatz von *Stürner* an und ersetzt nicht entgegen dem Gesetzeswortlaut den rechtlichen durch einen wirtschaftlichen Maßstab. Unter Einbeziehung wirtschaftlicher Aspekte soll ein dem Minderjährigenschutz gerechtes Ergebnis gefunden werden, ohne die Rechtssicherheit zu unterlaufen.

Vergleichbar zum wirtschaftlichen Maßstab von *Stürner* ist positiv hervorzuheben, dass ein rechtlicher Nachteil zwar grundsätzlich eine Vermögensgefährdung indiziert und somit den Minderjährigenschutz als vorrangigen Schutzzweck berücksichtigt.[140] Jedoch ist insbesondere zur Eingrenzung des weit gefassten Wortlautes das Einbeziehen wirtschaftlicher Aspekte unter Berücksichtigung des vorrangigen Vermögensschutzes des Minderjährigen unabdingbar.

Der BGH muss sich jedoch vorwerfen lassen, nicht hinreichend zu präzisieren, wann es sich um einen *„typischerweise ungefährlichen Rechtsnachteil"* handelt, der wirtschaftlich unbedeutend ist, sodass das Zustimmungserfordernis

139 Zur eigenen Zusammenfassung: 2. Kapitel D. III.

140 So zumindest: BGH, Beschluss vom 25.11.2004 – V ZB 13/04 = NJW 2005, 415.

des gesetzlichen Vertreters oder Ergänzungspflegers zum reinen Formalismus verkommt. Diese Abgrenzungskriterien sind isoliert betrachtet ebenso unpräzise ausgestaltet wie etwa das Unmittelbarkeitskriterium[141] oder das Kriterium des „Fernliegens" im Rahmen des „sorgerechtlichen Ansatzes". Im Ergebnis handelt es sich mithin um Kasuistik bezogen auf andere Abgrenzungskriterien.

Zwar wird vorgeschlagen, Fallgruppen zu bilden, um den Anwendungsbereich zu umgrenzen, jedoch wird offen gelassen, wie diese Fallgruppen zu bestimmen sind. Eine eigene Fallgruppenbildung durch den BGH erfolgt darüber hinaus nicht. Vielmehr wird lediglich auf die öffentlich-rechtlichen Lasten bei Grundstücksgeschäften und in einem kurz darauf folgenden Urteil auf den Erwerb eines vermieteten Grundstücks unter Nießbrauchvorbehalt[142] eingegangen, ohne weitere Fallgruppen zu bestimmen. Damit steigt die Gefahr von Gerichtsprozessen, in denen die einzelnen Fälle mittels gerichtlicher Entscheidung einer Fallgruppe zugeordnet werden, an. Eine eindeutige Klärung der Sachlage wird folglich nicht erzielt.[143] Vielmehr wird bis zur endgültigen Festlegung der jeweiligen Fallgruppen eine die Rechtssicherheit beeinträchtigende Abwägung von Einzelfall zu Einzelfall erforderlich sein.[144]

Darüber hinaus berücksichtigt die auf typischerweise ungefährliche Rechtsnachteile ausgerichtete Betrachtungsweise nicht die den Minderjährigenschutz ebenfalls tangierenden atypischen Fallgestaltungen.[145] Bei § 107 BGB handelt es sich um eine Ausnahmevorschrift der grundsätzlich vorgesehenen Zustimmungsbedürftigkeit bei durch Minderjährige vorgenommenen Rechtsgeschäfte. Dabei erfordert das Regel-Ausnahmeverhältnis, von einer generalisierenden Kategorisierung Abstand zu nehmen.[146]

Die Einbeziehung wirtschaftlicher Kriterien auch auf rechtsgeschäftlich begründete Verpflichtungen lässt der BGH offen. Es ist indes insbesondere unter dem Blickwinkel des Minderjährigenschutzes nicht ersichtlich, warum die entwickelten Kriterien lediglich eine Einschränkung gesetzlich entstehender Verpflichtungen bewirken sollen. Im Anwendungsbereich des § 107 BGB kommt es

---

141 *Harte*, 45; *Müßig*, JZ 2006, 150 (152).

142 BGH, Beschluss vom 3.2.2005 - V ZB 44/04 = NJW 2005, 1430.

143 Vgl. hierzu: *Müßig*, JZ 2006, 150 (152), die ebenfalls anmerkt, dass unklar ist, wer die Bildung der vorgeschlagenen Fallgruppen vornehmen soll.

144 *Wilhelm*, NJW 2006, 2353 (2354).

145 *Müßig*, JZ 2006, 150 (152); *Schmitt*, NJW 2005, 1090 (1092); *Staudinger*, Jura 2005, 547 (552).

146 *Müßig*, JZ 2006, 150 (152), ähnlich: *Röthel*, *Krackhardt*, Jura 2006, 161 (165).

schließlich nicht darauf an, auf welcher Grundlage ein rechtlicher Nachteil für den beschränkt Geschäftsfähigen erwächst.[147]

e. *Zusammenfassung*

Zusammenfassend ist es nahezu unmöglich, ein eindeutiges Abgrenzungskriterium anhand formaler Kriterien zu entwickeln. Von der herrschenden Meinung in der Literatur und dem Kriterium der „Unmittelbarkeit" ist infolge der großen Unsicherheiten, die daraus folgen, Abstand zu nehmen. Auch der sorgerechtliche Ansatz vermag nicht zu überzeugen, da er den Anwendungsbereich des § 107 BGB stark einschränkt und dem Minderjährigen folglich die Möglichkeit nimmt, schrittweise in das rechtsgeschäftliche Leben eingeführt zu werden. Des Weiteren führt der Ansatz zu Einzelfallentscheidungen, die im Hinblick auf die Rechtssicherheit schwer hinzunehmen sind.

Vielmehr ist in der Zusammenschau aus der Ansicht des BGH und aus der Auffassung *Stürners* – zumindest für auf den Erwerb gerichtete Rechtsgeschäften – der überzeugendste Lösungsansatz zu entnehmen. Eine rein rechtliche Betrachtung, die keinerlei wirtschaftliche Aspekte mit einbezieht, wird dem Minderjährigenschutz und damit dem vorrangigen Sinn und Zweck der §§ 104 ff. BGB nicht hinreichend gerecht. Es ist entscheidend, dass der Minderjährige durch das Rechtsgeschäft grundsätzlich nicht mit Verpflichtungen belastet werden soll, für die er nicht nur dinglich mit der erworbenen Sache, sondern vielmehr persönlich mit seinem sonstigen Vermögen haftet.[148] Verdeutlicht wird dies dadurch, dass § 107 BGB den beschränkt Geschäftsfähigen nicht nur vor dem Eingehen persönlicher Verpflichtungen schützen, sondern ihn vielmehr auch vor Beeinträchtigungen seines Vermögens bewahren soll.[149]

Die Auffassung des BGH ist darüber hinaus dahingehend zu ergänzen, dass nicht nur bei der dinglich auf den erlangten Gegenstand beschränkten Haftungsbegrenzung von einer lediglich rechtlichen Vorteilhaftigkeit oder Neutralität der abgegebenen Erklärung auszugehen ist. Grundsätzlich ist dem BGH darin zuzustimmen, dass die Begründung einer persönlichen Verpflichtung infolge einer Belastung des beschränkt Geschäftsfähigen das Unterlaufen des Minderjährigenschutzes bedeuten kann. Sieht das Gesetz indes für die persönliche Haftungspflicht des Minderjährigen eine ausdrücklich normierte Haftungsbeschränkung

147 Vgl. nur: *Müßig*, JZ 2006, 150 (152).

148 BGH, Beschluss vom 25.11.2004 – V ZB 13/04 = NJW 2005, 415 (417).

149 Vgl. OLG Hamm, Beschluss vom 23.5.2000 – 15 W 119/00 = NJW-RR 2000, 1611 (1612); Soergel BGB/*Eckert*, BGB § 516 Rn. 20.

vor auf das, was der beschränkt Geschäftsfähige durch den Erwerb erlangt hat, kann grundsätzlich nichts anderes als für die Fälle der dinglichen Haftungsbegrenzung gelten.[150] Beispielhaft kann hier etwa das Bereicherungsrecht herangezogen werden, wonach etwaige Bereicherungsansprüche wegen der Beschränkung auf den erlangten Gegenstand keine Rolle bei der Beurteilung der rechtlichen Nachteilhaftigkeit spielen dürfen.[151] Dieses Ergebnis betreffend der persönlichen Haftungspflicht wird zudem belegt durch die Formulierung des Bundesgerichtshofs, nach der keine persönliche Haftung ohne Mitwirkung der gesetzlichen Vertreter eingegangen werden soll, die das „sonstige Vermögen" des Minderjährigen mit einschließt. Bei bestimmten Haftungsbeschränkungen kann trotz möglicher persönlicher Haftung selbiges Ergebnis erzielt werden. In diesen Fällen ist zumindest bezogen auf die jeweilige Haftungsbeschränkung zu ermitteln, ob im Einzelfall eine Angleichung der persönlichen Haftung an die dingliche Haftung erfolgen kann.

Dem BGH und *Stürner* ist mithin darin zuzustimmen, dass zumindest Rechtsgeschäfte, die auf den Erwerb einer Sache gerichtet und mit Rechtsnachteilen verbunden sind, die nach ihrer typischen und abstrakten Ausgestaltung kein Gefährdungspotential bergen, als lediglich rechtlich vorteilhaft einzustufen sind.

Den beiden Ansätzen ist jedoch nicht darin zu folgen, Fallgruppen zur Ermittlung der typischerweise ungefährlichen Rechtsnachteile zu bilden. Vielmehr ist die Bildung von Fallgruppen obsolet, wenn diejenigen Rechtsgeschäfte als rechtlich vorteilhaft einzuordnen sind, die dem Minderjährigen nach ihrer abstrakten und typischen Ausgestaltung zwar eine persönliche Verpflichtung auferlegen, seinen Vermögensstamm allerdings nur dahingehend tangieren, dass die Haftung offenkundig – auch schuldrechtlich – auf den erworbenen Gegenstand beschränkt ist. In diesen Fällen liegt ein nach dem BGH geforderter wirtschaftlich derart unbedeutender Nachteil vor, der grundsätzlich nicht geeignet ist, das „*Schutzprinzip*" zu beeinträchtigen.

Entscheidend ist, dass der mit dem Abschluss des Rechtsgeschäfts einhergehende Rechtsnachteil abstrakt nicht geeignet ist, den Bestand des Minderjährigenvermögens über den erlangten Gegenstand hinaus zu schmälern. Diese Wertung folgt insbesondere auch aus § 1629a BGB, der die Haftung auf das bei Volljährigkeit vorhandene Vermögen beschränkt. Die abstrakte Sichtweise hat aus der Beobachtung eines objektiven Dritten ex-ante zu erfolgen.

---

150 Ähnlich auch: *Benecke*, ZJS 2008, 217 (219).

151 Ähnlich auch: *Benecke*, ZJS 2008, 217 (219).

III. Definition der Modifikation des „lediglich rechtlichen Vorteils"

Aus den vorstehenden Ausführungen ergibt sich mithin nachfolgende Definition, nach der der „lediglich rechtliche Vorteil" zumindest bei dem auf den Erwerb einer Sache gerichteten Rechtsgeschäft modifiziert werden sollte und die die Grundlage der vorliegenden Arbeit bildet.

Zur Überprüfung der rechtlichen Vorteilhaftigkeit eines Rechtsgeschäfts sind zumindest bei den auf den Erwerb einer Sache gerichteten Rechtsgeschäften folglich zwei Schritte zu befolgen[152]:

In einem ersten Schritt ist zu ermitteln, ob das gegenständliche Rechtsgeschäft so ausgestaltet ist, dass es offenkundig dem beschränkt Geschäftsfähigen lediglich ein Recht zuwendet oder ihn von einer ihn belastenden Verbindlichkeit befreit. Mithin sind von vornherein alle Rechtsgeschäfte auszusondern, die den Kriterien offenkundig nicht entsprechen.

In einem zweiten Schritt ist das Rechtsgeschäft und der mit ihm verbundene rechtliche Nachteil auf die Wahrung der Schutzzwecke des § 107 BGB zu untersuchen. Es ist in erster Linie unter dem Aspekt des Minderjährigenschutzes zu überprüfen, ob der rechtliche Nachteil ausweislich seiner typischen und abstrakten Ausgestaltung überhaupt geeignet ist, den Vermögensbestand des beschränkt Geschäftsfähigen über den erlangten Gegenstand hinaus zu schmälern. Ob ein Nachteil mittelbare oder unmittelbare Folge ist, kann ergänzend berücksichtigt werden.

Diese Definition soll maßgebend für die weitere Begutachtung sein. Gegenstand der Arbeit ist das Zusammenspiel des Rechts der Geschäftsfähigkeit – insbesondere des beschränkt Geschäftsfähigen – und des Vermächtnisrechts. Mithin bedarf es im Folgenden zunächst der näheren Betrachtung des allgemeinen Vermächtnisrechts:

152 *Harte*, 45.

3. Kapitel: Das Vermächtnis

A. Einführung

I. Allgemeines

Möchte der Erblasser eine Person nicht im Wege der Erbeinsetzung unmittelbar mit dinglicher Wirkung am Nachlass partizipieren lassen, aber gleichwohl etwas aus dem Nachlass zuwenden, besteht die Möglichkeit der Anordnung eines Vermächtnisses. Das Vermächtnis ist in § 1939 BGB und nachfolgend in den §§ 2147 ff. BGB normiert und stellt ein vom Gesetzgeber vorgesehenes Gestaltungsmittel der gewillkürten Rechtsnachfolge von Todes wegen dar. Angeordnet werden kann das Vermächtnis durch Testament (§ 1939 BGB), im Rahmen eines gemeinschaftlichen Ehegattentestaments (§ 2270 Abs. 3 BGB) oder durch Erbvertrag (§§ 1941 Abs. 1, 2278 Abs. 2, 2299 Abs. 1 BGB).

Dem Vermächtnisnehmer steht ein nach § 2174 BGB gesondert geltend zu machender schuldrechtlicher Anspruch zu, der sich gegen den jeweiligen Beschwerten – regelmäßig der Erbe – richtet. Diesbezüglich ist zu unterscheiden zwischen dem Vindiktions- und dem Damnationslegat. Das aus dem römischen Recht stammende Vindikationslegat sieht selbst bei der Vermächtniszuwendung eine unmittelbare dingliche Wirkung vor. Rechtsfolge wäre der dingliche Übergang des Erblasservermögens (oder eines Teils des Erblasservermögens) an einen Nicht-Erben.[153] Das Damnationslegat[154] hingegen begründet keine dingliche Wirkung, sondern eine schuldrechtliche Verpflichtung des Erben zur Erfüllung aus dem vormaligen nun dem Erben zustehenden Erblasservermögen.[155]

Von einem Vindikationslegat hat sich der Gesetzgeber abgewendet. Grund hierfür ist insbesondere, dass der Erbe seiner Verpflichtung zur Haftung von Nachlassverbindlichkeiten nachzukommen hat und hierzu im Rahmen der Liquidation möglicherweise auf das Vermächtnis zurückgreifen muss, um die Nachlassgläubiger entsprechend zu befriedigen.[156] Der Vermächtnisnehmer

---

153 Hierzu: *Babusiaux*, Wege zur Rechtsgeschichte: Römisches Erbrecht, 237; *Muscheler*, Universalsukzession und Vonselbsterwerb, § 1, 18.

154 „*Damnare*" stammt aus dem Lateinischen und bedeutet „verurteilen", *von Staupitz*, Sämtliche Schriften, Band 2: Lateinische Schriften II, 451.

155 *Babusiaux*, Wege zur Rechtsgeschichte: Römisches Erbrecht, 237.

156 Mot V, 133–135; insbesondere auch gegen das Auferlegen eines Veräußerungsverbotes sowohl gegenüber dem Vermächtnisnehmer als auch dem Erben im Rahmen eines Vindikationslegats.

indes, der ebenfalls als Nachlassgläubiger – und nicht etwa als Nachlassbeteiligter – gilt,[157] ist regelmäßig nachrangig zu berücksichtigen, vgl. § 327 Abs. 1 Nr. 2 InsO.[158] Darüber hinaus erleichtert das Damnationslegat die ohnehin schon komplizierte Abgrenzung[159] zwischen Erbeinsetzung und Vermächtnisanordnung, insbesondere bei größeren Zuwendungen.[160] Sind die Anordnungen des Erblassers – gleich ob Vermächtnis oder Erbeinsetzung – jeweils mit dinglicher Wirkung versehen, erschwert sich im Hinblick auf dieselbe Rechtsfolge die Abgrenzung. Infolge der unentgeltlichen Zuwendung ist der Vermächtnisnehmer im Verhältnis zu den anderen Nachlassgläubigern weniger schutzwürdig.[161] Anders gestaltet sich dies nach überwiegender Ansicht nur, wenn einem Alleinerben, der zugleich Vorerbe ist, ein Vorausvermächtnis zugewendet wurde, welches dem Nacherben nach der Vermutung des § 2110 Abs. 2 BGB nicht zu Gute kommen soll. In diesem Fall wirkt das Vermächtnis ausnahmsweise dinglich.[162]

Als Rechtsfolge des Damnationslegats ist der vermachte Gegenstand im Rahmen eines Rechtsgeschäfts unter Lebenden durch ein selbständiges Vollzugsgeschäft (bspw. durch Übereignung, Abtretung, Auflassung) auf den Vermächtnisnehmer zu übertragen.[163]

---

157 Große-Wilde/Ouart, Deutscher Erbrechtskommentar/*Schäckel*, BGB Einleitung vor § 2147 BGB Rn. 4; Lange/*Kuchinke* Erbrecht, § 29 II, 622.

158 Dies kann u.U. bedeuten, dass der Vermächtnisnehmer leer ausgeht, Lange/*Kuchinke* Erbrecht, § 29 II, 622.

159 Zur genaueren Angrenzung vgl. dieses Kapitel A. III. In der Regel erfolgt die Abgrenzung nach der Zuwendung einzelner Gegenstände. Werden dem Vermächtnisnehmer große Zuwendungen gemacht, die nahezu vollständig das Vermögen des Erblassers erschöpfen, ist die Abgrenzung Vermächtnis zu Erbeinsetzung schwieriger, da nach dem Erblasserwillen genau zu ermitteln ist, ob die nahezu erschöpfende Zuwendung Vermächtnis oder Erbeinsetzung bedeuten soll.

160 So auch Lange/*Kuchinke*, Erbrecht, § 29 II, 622.

161 Burandt/Rojan Erbrecht/*Burandt*, BGB § 2174 Rn. 2; Staudinger BGB (2013)/*Otte*, BGB § 2174 Rn. 2.

162 BGH, Urteil vom 10.2.1960 – V ZR 39/58 = BGHZ 32, 60; Burandt/Rojan, Erbrecht/*Burandt*, BGB § 2150 Rn. 4; *Ludwig*, DNotZ 2001, 102 (115); Praxiskommentar Erbrecht/*Bothe/Hennicke*, BGB § 2110 Rn. 5; *Schlüter*, Erbrecht § 39 Rn. 885; in diesem Fall ist das Vermächtnis infolge der dinglichen Wirkung ausnahmsweise als Recht des Vorerben dahingehend im Erbschein zu bezeichnen, dass sich das Recht des Nacherben nicht auf das Vorausvermächtnis erstreckt, vgl. BeckOK BGB/*Müller-Christmann*, BGB § 2150 Rn. 4.

163 *Von Lübtow*, Erbrecht Band 1, 366.

Eine Abweichung von dem Damnationslegat folgt auch nicht aus der seit dem 17. August 2015 verbindlich geltenden EU-Erbrechtsverordnung. Diese trifft nämlich ausschließlich Regelungen zum maßgeblich anwendbaren Recht; eine Modifizierung des materiellen Rechts erfolgt nicht.[164] Nach alledem wird der Vermächtnisnehmer weder Gesamtrechtsnachfolger des Erblassers, noch hat er die aus dem Nachlass resultierenden Verbindlichkeiten zu tragen.

II. Anfall des Vermächtnisses

1. *„Vonselbsterwerb"*

Der Erwerb der Vermächtnisforderung erfolgt mit dem Anfall des Vermächtnisses. Der Anfall an den Vermächtnisnehmer tritt mit dem Erbfall, § 2176 BGB, unabhängig davon ein, ob das Vermächtnis bereits angenommen wurde (*Vonselbsterwerb*). Ähnlich wie bei dem Anfall der Erbschaft bewirkt der Anfall des Vermächtnisses einen zunächst vorläufigen Erwerb des Anspruchs auf Leistung gemäß § 2174 BGB,[165] der durch Ausschlagung des Vermächtnisses beseitigt werden kann. Erst mit der Annahme des Vermächtnisses erwirbt der Vermächtnisnehmer den Anspruch endgültig, der anschließend durch den jeweilig Beschwerten zu erfüllen ist. Die Ausschlagung des Vermächtnisses ist ab diesem Zeitpunkt nicht länger möglich.[166] Voraussetzung für den Anfall des Vermächtnisanspruches ist gemäß § 2160 BGB das Vorversterben des Erblassers vor dem bedachten Vermächtnisnehmer. Verstirbt der Vermächtnisnehmer bereits vor dem Erblasser, ist jedoch ein Ersatzvermächtnisnehmer bestimmt, § 2190 BGB, fällt diesem das Vermächtnis zum Zeitpunkt des Erbfalles an. Wurde das Vermächtnis hingegen mit einer aufschiebenden Bedingung versehen oder unterliegt einer Befristung, fällt das Vermächtnis nach § 2177 BGB erst mit Bedingungseintritt oder Eintritt des maßgeblich festgelegten Zeitpunktes an.

---

164 Verordnung (EU) Nr. 650/2012 des Europäischen Parlaments und des Rates vom 4.7.2012 über die Zuständigkeit, das anzuwendende Recht, die Anerkennung und Vollstreckung von Entscheidungen und die Annahme und Vollstreckung öffentlicher Urkunden in Erbsachen sowie zur Einführung eines Europäischen Nachlasszeugnisses, 27.07.2012 DE – Amtsblatt der Europäischen Union, L 201/107.

165 Brox/*Walker*, Erbrecht Rn. 446; Praxiskommentar Erbrecht/*Linnartz*, BGB § 2176 Rn. 1; *Sarres*, Vermächtnis, Rn. 10.

166 Lange/*Kuchinke*, Erbrecht § 29 IV, 635.

Der Vermächtnisanspruch steht dem Vermächtnisnehmer zwar erst endgültig nach Annahme des Vermächtnisses zu, da zuvor das Recht der Ausschlagung besteht. Dennoch erwirbt der Vermächtnisnehmer den Anspruch grundsätzlich bereits ab dem Zeitpunkt des Anfalles, sodass vertreten wird, er könne diesen bereits zu diesem Zeitpunkt abtreten, vererben oder in einer anderen Weise darüber verfügen.[167] Verfügt der Vermächtnisnehmer indes über den Vermächtnisanspruch oder tritt er diesen ab, hat er sich zuvor endgültig für das Vermächtnis entschieden; es liegt mithin nicht lediglich der Anfall des Vermächtnisses, sondern schon die (konkludente) Annahme des Vermächtnisses vor. Ab dem Zeitpunkt des Anfalles möglich ist hingegen die Pfändung des Vermächtnisanspruchs,[168] sodass für den Gläubiger eine bessere Vollstreckungsmöglichkeit als bei dem Anfall der Erbschaft besteht.[169]

2. *Begünstigter*

Das Vermächtnis fällt dem Vermächtnisnehmer an. Vermächtnisnehmer kann jede natürliche oder juristische Person sein. Erforderlich ist nach § 2178 BGB nicht einmal, dass der Vermächtnisnehmer bereits gezeugt oder durch den Erblasser benannt wurde.[170] Aus dem Zusammenspiel der §§ 2176–2178 BGB kann folglich abgeleitet werden, dass auch eine in der Geschäftsfähigkeit beschränkte Person Vermächtnisnehmer sein kann. Zudem ist es dem Erblasser möglich, einen Vermächtnisgegenstand mehreren Personen zuzuwenden. Im Rahmen der anschließenden Erfüllung ist fraglich, ob die zugewendete Leistung teilbar ist und der Anspruch somit jedem Vermächtnisnehmer selbstständig zusteht oder ob infolge von Unteilbarkeit der Leistung jeder die Leistung an alle im Wege des § 432 BGB fordern kann.[171]

---

167 JurisPK-BGB/*Reymann*, BGB § 2176 Rn. 12; Münchener Anwaltshandbuch Erbrecht/*Schlitt*, § 13 Rn. 291.

168 JurisPK-BGB/*Reymann*, BGB § 2176 Rn. 12; *Muscheler*, Universalsukzession und Vonselbsterwerb, 148.

169 Nach § 778 Abs. 2 ZPO ist ein Anspruch gegen den Erben vor Annahme der Erbschaft nicht durch Vollstreckung in den Nachlass möglich.

170 Gemäß § 2151 BGB kann der Erblasser anders als im Rahmen der Erbeinsetzung die Bestimmung des Vermächtnisnehmers einem Dritten überlassen. Dies gründet unter anderem darauf, dass den Nachlassgläubigern die Person des Vermächtnisnehmers nicht notwendigerweise zur Durchsetzung von Ansprüchen bekannt sein muss.

171 Lange/*Kuchinke*, Erbrecht § 29 IV, 632.

3. *Beschwerter*

Beschwert ist durch das Vermächtnis grundsätzlich der Erbe – gleich, ob gewillkürter oder gesetzlicher Erbe –, der zur Erfüllung der Verbindlichkeit aus dem Vermächtnis verpflichtet wurde. Dies gilt auch für Ersatzerben sowie den Vor- oder Nacherben, wobei der Nacherbe bereits Erbe geworden sein muss.[172] Des Weiteren kann auch der Vermächtnisnehmer selbst mit einem Untervermächtnis beschwert werden, welches er zu erfüllen hat[173], § 2147 S. 1 BGB. Mithin besteht die Möglichkeit, einen beschränkt Geschäftsfähigen als Beschwerten eines Vermächtnisanspruches einzusetzen.[174]

III. Abgrenzung

Das Vermächtnis ist von verschiedenen anderen – nicht nur erbrechtlichen – Instituten abzugrenzen. Hierunter fallen insbesondere die Erbeinsetzung (1.), die Auflage (2.), die Schenkung unter Lebenden (3.) und die Schenkung auf den Todesfall (4.). Hierzu im Einzelnen:

1. *Erbeinsetzung*

Abzugrenzen ist das Vermächtnis zunächst von der Erbeinsetzung. Während die Bestimmung eines Erben durch Verfügung von Todes wegen oder kraft Gesetzes zwingend zur Regelung der Rechtsnachfolge des Erblassers erforderlich ist (letztlich sogar der Fiskus erben kann, um überhaupt einen Erben des Erblassers zu bestimmen, § 1964 Abs. 1 BGB), ist die Möglichkeit, eine Person oder mehrere Personen mit einem Vermächtnis zu bedenken, optional ausgestaltet.[175] Der Erbeinsetzung und auch der Vermächtnisanordnung immanent ist der für beide bestehende Grundsatz des *Vonselbsterwerbes* – mithin der Erwerb des maßgeblichen Gegenstandes bzw. der vermachten Forderung ohne rechtsgeschäftliche Mitwirkungshandlung des Erben oder Vermächtnisnehmers ipso iure.[176]

Den entscheidenden Unterschied zwischen Vermächtnis und Erbeinsetzung begründet allerdings das Prinzip der Universalsukzession, § 1922 BGB. Wie bereits einleitend angesprochen, bewirkt die Anordnung eines Vermächtnisses

---

172 Brox/*Walker*, Erbrecht, Rn. 426; *Schlüter*, Erbrecht, § 39 Rn. 889.

173 Hierzu ausführlich unter: 3. Kapitel B. I.

174 Ergibt sich aus: OLG München, Beschluss vom 23.9.2011 – 34 Wx 311/11 = NJW-RR 2012, 137.

175 *Muscheler*, Universalsukzession und Vonselbsterwerb, S. 148; *Pauli*, Unternehmensnachfolge durch Vermächtnis, Rn. 207.

176 *Muscheler*, Universalsukzession und Vonselbsterwerb, S. 2.

kein unmittelbares dingliches Einrücken in die Rechtsposition des Erblassers, sondern vielmehr den Erwerb eines schuldrechtlichen Anspruchs, der mit Anfall entsteht und der nach Annahme des Vermächtnisses gegenüber dem Beschwerten – in der Regel dem Erben – geltend zu machen ist, §§ 2147, 2174 BGB und Umkehrschluss aus § 1940 BGB.

Ob der Erblasser einer Person ein Vermächtnis zuwenden oder sie als Erbe einsetzen wollte, ist vorrangig durch Auslegung nach den §§ 133, 157 BGB zu ermitteln. Subsidiär ist die gesetzliche Auslegungsvorschrift des § 2087 BGB heranzuziehen. Der gesetzlichen Auslegungsvorschrift des § 2087 Abs. 2 BGB zufolge ist bei der Zuwendung einzelner Gegenstände regelmäßig von einer Vermächtnisanordnung auszugehen. Im Einzelfall können indes auch sogenannte „Universalvermächtnisse", die den Nachlass vollständig erschöpfen, verfügt werden.[177] Auch die Zuwendung eines Bruchteils des Nachlasses als Vermächtnis im Rahmen eines Quotenvermächtnisses ist möglich. Im Einzelfall muss der Erblasserwille hinreichend erforscht werden.

2. *Auflage*

Die in § 1940 BGB normierte Auflage unterscheidet sich von der Vermächtnisanordnung dadurch, dass gerade kein Anspruch auf die Leistung für den Begünstigten entsteht, sondern vielmehr die Verfolgung eines bestimmten Zwecks[178] – beispielsweise die Grabpflege – für den Erblasser im Vordergrund steht. Der mit der Auflage Beschwerte ist dabei zur Ausführung der Anordnung des Erblassers verpflichtet, während der Begünstigte darauf angewiesen ist, dass die Verpflichtung erfüllt wird; insofern ist die Auflage rechtlich weniger als das Vermächtnis.[179]

Die Zuwendung eines Vermögensvorteils soll ausweislich der unterschiedlichen Wortlaute gerade nicht Ziel der Auflagenanordnung sein. Dies wurde bereits in den Begründungen zum ersten Entwurf, Mot. V Seite 9[180], herausgearbeitet. Mithin wird bei der Anordnung einer Auflage der Beschwerte zwar zu einer Leistung verpflichtet, die der Berechtigte allerdings nicht gerichtlich oder außergerichtlich durchsetzen kann.[181]

---

177 Bonefeld/Kroiß/Tanck, Der Erbprozess/*Tanck*, § 6 Rn. 5; Schulze u.a. Bürgerliches Gesetzbuch/*Hoeren*, BGB Vorbemerkung zu §§ 2147–2191 Rn. 5.

178 *Muscheler*, Erbrecht II Rn. 2578.

179 BeckOK BGB/*Müller-Christmann*, BGB § 1940 Rn. 3; Münchener Kommentar zum BGB/*Leipold*, BGB § 1940 Rn. 2.

180 Zu § 1756 BGB.

181 Mot. V, 1 zu § 1757.

Folglich scheidet auch ein Schadensersatzanspruch wegen Nichterfüllung aus.[182] Der wahre Wille des Erblassers ist wie sonst auch durch Auslegung zu ermitteln, wobei zu berücksichtigen ist, dass bei der Anordnung des Vermächtnisses im Unterschied zur Auflage der Fokus des Erblassers auf der Person – oder zumindest eines eingrenzbaren und vom Erblasser bereits bestimmten Personenkreis[183] – des Begünstigten liegt.[184]

3. *Schenkung unter Lebenden*

a. *Allgemein zur Schenkung unter Lebenden*

Des Weiteren ist das Vermächtnis von der Schenkung unter Lebenden abzugrenzen. Der Schenkungsvertrag ist im Bürgerlichen Gesetzbuch in den §§ 516 ff. BGB normiert. Nach der Legaldefinition des § 516 Abs. 1 BGB ist als Schenkung eine Zuwendung zu sehen, durch die jemand aus seinem Vermögen einen anderen bereichert und beide Teile darüber einig sind, dass die Zuwendung unentgeltlich erfolgt. Der Schenkungsvertrag wurde mithin durch den Gesetzgeber als selbständiger und einseitig verpflichtender Vertrag über die unentgeltliche Zuwendung geschaffen.[185] Entscheidend ist, dass aus dem Vermögen des Schenkers willentlich etwas abfließt und dem Beschenkten zu Gute kommt.[186]

Zu unterscheiden ist im Rahmen des Schenkungsrechts zwischen der sogenannten „Handschenkung“[187] in § 516 BGB und dem Schenkungsversprechen, welches in § 518 BGB geregelt ist.

Die in § 516 BGB vorgesehene Hand- bzw. Realschenkung ist als Rechtsgrund im Anwendungsbereich des Bereicherungsrechts ausgestaltet und betrifft die rechtlichen Fälle, in denen bereits die Zuwendung erfolgreich vollzogen wurde

---

182 Münchener Anwaltshandbuch Erbrecht/*Schlitt*, § 13 Rn. 22.

183 Hat der Erblasser, wie im Fall des § 2178 BGB den Vermächtnisbegünstigten von dem Eintritt eines bestimmten, nach dem Erbfall eintretenden Ereignisses abhängig gemacht, so wurde dieser zwar noch nicht ausdrücklich benannt, der Erblasser hat in seinem Willen dennoch bereits einen eingegrenzten Personenkreis festgelegt. Als Beispiel ist aufzuführen, dass derjenige Neffe Vermächtnisnehmer werden soll, der zuerst heiratet, vgl. Münchener Kommentar zum BGB/*Rudy*, BGB § 2178 Rn. 3.

184 *Muscheler*, Erbrecht II, Rn. 2665.

185 PWW BGB/*Hoppenz*, BGB § 516 Rn. 1; Staudinger BGB (2013)/ *Chiusi*, BGB § 516 Rn. 1.

186 Soergel BGB/*Eckert*, BGB § 516 Rn. 5.

187 JurisPK-BGB/*Kühle*, BGB § 516 Rn. 4.

oder gleichzeitig mit der Einigung über die Unentgeltlichkeit erfolgt.[188] Dingliches Vollzugsgeschäft und schuldrechtliches Verpflichtungsgeschäft fallen damit zusammen. Dagegen unterliegt das sogenannte Schenkungsversprechen in § 518 BGB der notariellen Beurkundungspflicht, da anders als im Anwendungsbereich der Handschenkung der Schenkungsvertrag noch nicht vollzogen wurde. Vielmehr verpflichtet sich der Schenker anspruchsbegründend zu einer künftig anstehenden unentgeltlichen Leistung.[189] Der notariellen Beurkundungspflicht unterliegt dabei die Verpflichtungserklärung des Schenkers, um einen Schutz vor übereilten Schenkungsversprechen zu erzielen.[190]

b. Abgrenzung

Die Abgrenzung erfolgt in erster Linie unter dem Gesichtspunkt, dass es sich bei der Anordnung eines Vermächtnisses um ein Rechtsgeschäft von Todes wegen handelt, auf das die spezifischen erbrechtlichen Vorschriften Anwendung finden. Die Schenkung unter Lebenden indes ist schon ausweislich des Wortlautes des § 516 BGB kein den erbrechtlichen Vorschriften unterfallendes Rechtsgeschäft, sodass sich die Voraussetzungen maßgeblich nach den §§ 516 ff. BGB richten. Die Verpflichtung zur Erbringung der Leistung wird bei Vermächtnisanordnung einseitig durch Verfügung von Todes wegen begründet, während selbst bei einseitig verpflichtenden Rechtsgeschäften wie der Schenkung ein Vertrag Grundlage der Leistungspflicht ist, der durch übereinstimmende Willenserklärungen zustande kommt.[191] Dies führt dazu, dass das Schenkungsversprechen – nicht jedoch die bereits dinglich vollzogene Handschenkung –[192] als Schutzmaßnahme zugunsten des Zuwendenden der notariellen Beurkundung nach § 518 BGB unterliegt.

Das Vermächtnis kann in notarieller Form (im Rahmen eines Erbvertrages, Umkehrschluss § 2278 Abs. 2 BGB) angeordnet werden, bedarf dieser Form hingegen nicht zwingend, wenn sich der Erblasser beispielsweise für eine Vermächtnisanordnung in einem privatschriftlichen Testament entscheidet. Dennoch sind auch hier die erbrechtlichen Besonderheiten zu wahren.

---

188 JurisPK-BGB/*Kühle*, BGB § 516 Rn. 4.

189 Soergel BGB/*Eckert*, BGB § 516 Rn. 2.

190 JurisPK-BGB/*Kühle*, BGB § 518 Rn. 2.

191 Münchener Anwaltshandbuch Erbrecht/*Schlitt*, § 13 Rn. 24. Die Schenkung bedarf auch bei der bereits vollzogenen Handschenkung eines schuldrechtlichen Vertrages, der durch die übereinstimmenden Willenserklärungen, Angebot und Annahme, zustande kommt, JurisPK-BGB/*Kühle*, BGB § 516 Rn. 21.

192 Zur Abgrenzung vgl. oben.

Überdies ist – wie vorstehend ausgeführt – die Schenkung unter Lebenden mittels Handschenkung möglich, sodass die Zuwendung an den Schenkungsempfänger bereits erfolgreich vollzogen wurde oder gleichzeitig mit der Einigung über die Unentgeltlichkeit erfolgt. Eine der Handschenkung vergleichbare Rechtskonstellation ist für das Vermächtnisrecht hingegen nicht möglich. Da die Anordnung des Vermächtnisses mittels Verfügung von Todes wegen oder Erbvertrag erfolgt, kann der dingliche Vollzug erst nach Todeseintritt des Erblassers und nach Annahme des nach § 2176 BGB angefallenen Vermächtnisses erfolgen. Die Zuwendung des Vermächtnisgegenstandes vor Versterben des das Vermächtnis anordnenden Erblassers ist im Rahmen des Vermächtnisrechts nicht vorgesehen;[193] eine dem § 516 Abs. 2 BGB vergleichbare Regelung besteht nicht.

Möchte sich der Zuwendende ab Vertragsschluss bereits zu Lebzeiten hinsichtlich des zugewendeten Gegenstandes einer rechtlichen Bindung unterwerfen, liegt eine Schenkung unter Lebenden und kein Vermächtnis vor. Eine Vermächtnisanordnung im Rahmen einer Verfügung von Todes wegen begründet erst mit Todeseintritt eine rechtliche Wirkung; zu Lebzeiten dagegen beschränkt die Vermächtnisanordnung den Zuwendenden grundsätzlich nicht in seiner Verfügungsbefugnis.[194] Der Begünstigte erhält lediglich eine Aussicht auf einen künftigen Rechtserwerb, jedoch noch keine gesicherte Anwartschaft.[195]

Des Weiteren sieht das Schenkungsrecht keine dem Vermächtnisrecht entsprechende Ausschlagung nach §§ 2180 I, 2147 S. 1 BGB vor. Der Vermächtnisanspruch fällt grundsätzlich wie obig ausgeführt mit dem Erbfall im Wege des „*Vonselbsterwerbs*" dem Vermächtnisnehmer vorläufig an, vorbehaltlich seines Rechts, das Vermächtnis anzunehmen oder auszuschlagen. Eines Vertrages, der den Anspruch des Vermächtnisnehmers begründet, bedarf es im Unterschied zum Schenkungsvertrag gerade nicht. Um den lediglich vorläufig wirkenden Zustand, der kraft Gesetzes eingetreten ist, zu beenden, ist dem Vermächtnisnehmer das Recht eingeräumt worden, von einer Ausschlagungsmöglichkeit Gebrauch zu machen.[196] Anders ist die Situation im Schenkungsrecht, in dessen

193 OLG München, Urteil vom 20.6.1989 – 25 U 3632/88 = NJW-RR 1989, 1410; Jauernig BGB/*Stürner*, BGB § 2174 Rn. 1.

194 *Lange*, Erbrecht Rn. 178; Schulze u.a. BGB/*Hoeren*, BGB § 2301 Rn. 2.

195 *Nieder*, BWNotZ 1996, 129.

196 Kroiß/Ann/Mayer BGB/*J. Mayer*, BGB § 2180 Rn. 1; Soergel BGB/*Wolf*, BGB § 2180 Rn. 1.

Rahmen der Schenkende ein Angebot auf Abschluss des Schenkungsvertrages abgibt, welches durch den Beschenkten angenommen oder abgelehnt werden kann. Ein vergleichbarer Anfall der Schenkung erfolgt dagegen nicht.

4. *Schenkungsversprechen von Todes wegen*

a. *Allgemein*

Neben der Schenkung unter Lebenden gilt es das Vermächtnis von dem Schenkungsversprechen auf den Todesfall gemäß § 2301 BGB abzugrenzen. Hierbei handelt es sich um ein sogenanntes Rechtsgeschäft unter Lebenden auf den Todesfall, mit dem der Erblasser regelmäßig die Intention verfolgt, die Rechtswirkung einer Verfügung von Todes wegen zu erreichen, ohne jedoch den strengen erbrechtlichen Formvorschriften zu unterliegen.[197]

b. *Vollzug nach Todeseintritt*

Das Schenkungsversprechen von Todes wegen ist nicht etwa ein vom Gesetzgeber geschaffenes drittes Rechtsinstitut im Grenzbereich zwischen Verfügung von Todes wegen und Schenkung unter Lebenden.[198] Vielmehr dient § 2301 BGB der Klarstellung, unter welchen Voraussetzungen Schenkungsversprechen auf den Todesfall den erbrechtlichen oder den schenkungsrechtlichen Rechtsfolgen unterfallen, um eine Umgehung der im Zweifelsfall strenger ausgestalteten erbrechtlichen Vorschriften zu vermeiden. In steuerrechtlicher Hinsicht werden der unentgeltliche Erwerb aufgrund von Schenkung und Erbschaft gleich behandelt, § 1 Abs. 1 Nr. 1, 2 ErbStG. In ihren übrigen rechtlichen Voraussetzungen und Rechtsfolgen unterscheiden sich die beiden Institute voneinander, sodass es der Sonderregel des § 2301 BGB bedarf, um eine klare Trennlinie zu ziehen.

Voraussetzung des Schenkungsversprechens auf den Todesfall ist ein Schenkungsversprechen, welches unter der Bedingung erteilt wurde, dass der Beschenkte den Schenker überlebt, und der Schenker bereits zu Lebzeiten kontrahieren möchte.[199] Schenkungsversprechen bedeutet im Anwendungsbereich

---

197 Vgl. Brox/*Walker*, Erbrecht Rn. 740.

198 Münchener Kommentar zum BGB/*Musielak*, BGB § 2301 Rn. 2; offen gelassen von: Brox/*Walker*, Erbrecht, Rn. 740.

199 Hierin ist der Unterschied zu der nicht unter § 2301 BGB fallenden sogenannten befristeten Schenkung zu sehen, bei der lediglich der Erfüllungszeitpunkt nach Versterben des Erblassers eintreten soll, das Schenkungsversprechen hingegen auch bei

des § 2301 BGB ebenso wie bei § 518 Abs. 1 BGB lediglich das Angebot auf Abschluss eines Schenkungsvertrages und nicht schon, wie in der Literatur vertreten,[200] zugleich die Annahme der Offerte durch den Versprechungsempfänger in Form eines Vertragsschlusses.[201] Anderenfalls wäre die Konstruktion von Annahme respektive Ausschlagung überflüssig.[202]

Ferner darf es noch nicht zu einem lebzeitigen Vollzug[203] der Schenkung gekommen sein, weshalb die sogenannte Handschenkung[204] nicht in den Anwendungsbereich des § 2301 Abs. 1 BGB fällt.[205] Liegen diese Voraussetzungen vor, finden auf das Schenkungsversprechen von Todes wegen im Rahmen einer Rechtsfolgenverweisung die Vorschriften über die Verfügung von Todes wegen Anwendung, § 2301 Abs. 1 BGB. Dies gilt sowohl für die zu wählende Form – mithin Erbvertrag oder Testament[206] – als auch den Inhalt des Schenkungsversprechens. Da in der Regel Einzelgegenstände der Zuwendung unterliegen, wird das Schenkungsversprechen als Vermächtnis eingeordnet mit der Folge der Anwendung der für das Vermächtnis relevanten Vorschriften.[207] Es findet mithin

---

Vorversterben des Beschenkten – zugunsten dessen Erben – Wirksamkeit entfaltet. Fachanwaltskommentar Erbrecht/*Zimmer*, BGB § 2301 Rn. 8.

200 Juris-PK/*Reischl*, BGB § 2301 Rn. 21; Münchener Kommentar zum BGB/*Musielak*, BGB § 2301 Rn. 5.

201 So auch: *Pauli*, Unternehmensnachfolge durch Vermächtnis Rn. 222; ähnlich: Palandt BGB/*Weidlich*, BGB § 2301 Rn. 5.

202 So bestünde die gesetzlich grundsätzlich nicht vorgesehene Möglichkeit, sich von den Rechtsfolgen eines Vertrages unter Lebenden durch Ausschlagung zu befreien.

203 Wann ein Vollzug zu Lebzeiten des Zuwendenden vorliegt, ist Teil eines Meinungsstreites, der bei *Schlüter*, Erbrecht Rn. 1250, 1251 umfassend dargestellt wird.

204 Vgl. zur Erläuterung oben unter: 3. Kapitel A. III. 3.

205 Praxiskommentar Erbrecht/*Krüger*, BGB § 2301 Rn. 3.

206 Der Meinungsstreit, ob ausschließlich die Form des Erbvertrages gewählt werden muss oder die testamentarische Form ausreichend ist, muss an dieser Stelle nicht erörtert werden. Zwar ist der § 2301 BGB systematisch im Bereich des Erbvertrages angesiedelt, doch wird mittlerweile überwiegend vertreten, dass die Formulierung „Vorschriften über die Verfügung von Todes wegen" auch die testamentarische Form mit einschließt, OLG Celle: Beschluss vom 1.0.2003 – 6 W 80/03 = BeckRS 2004, 01002.

207 Fachanwaltskommentar Erbrecht/*Zimmer*, BGB § 2301 Rn. 13; *Leipold*, Erbrecht Rn. 570; *Liessem*, MittRhNotK 1988, 29 (35); in Betracht kommen kann grundsätzlich eine – eher selten anzutreffende – Erbeinsetzung, die von der überwiegenden Meinung vertreten wird. A.A. nur Brox/*Walker*, Erbrecht Rn. 759; *Langen*, Anwendungsbereich und Rechtsfolge des § 2301 BGB, 178 f. unter Verweis darauf, dass § 2087

kraft Gesetzes eine Umdeutung gemäß § 140 BGB in eine Verfügung von Todes wegen statt.[208] Um es mit klaren Worten zu sagen, errichtet derjenige, der eine Schenkung von Todes wegen mit der Überlebensbedingung des Beschenkten anstrebt, ohne diese zu Lebzeiten nach § 2301 Abs. 2 BGB zu vollziehen, eine Verfügung von Todes wegen, die regelmäßig eine Vermächtnisanordnung enthält.[209] Dies hat zur Folge, dass der Beschenkte ebenso wie beim Vermächtnis den Anspruch erst mit dem Erbfall erlangt. Einer Abgrenzung zum Vermächtnis bedarf es für diese Konstellation nicht.

c. *Vollzug zu Lebzeiten*

Wurde das Schenkungsversprechen von Todes wegen, welches unter der Überlebensbedingung des Beschenkten besteht, jedoch bereits zu Lebzeiten des Schenkers vollzogen, finden gemäß § 2301 Abs. 2 BGB die Vorschriften über Rechtsgeschäfte unter Lebenden – folglich die §§ 516 ff. BGB – Anwendung. Dies gründet darauf, dass der Schenker sein Vermögen unmittelbar zu Lebzeiten mindern und nicht erst dem Nachlass hinzufügen möchte.[210] Folglich wird gerade kein Vermächtnis erfüllt, sondern vielmehr ein Schenkungsversprechen unter Lebenden,[211] sodass hinsichtlich der Abgrenzung auf die Schenkung unter Lebenden verwiesen werden kann.

IV. Vermächtnis und dingliche Belastung

Ist der zugewendete Vermächtnisgegenstand eine Immobilie, die mit einer Hypothek oder Grundschuld[212] belastet ist, hat der Vermächtnisnehmer nach der Regelung des § 2165 BGB diese Belastungen zu tragen. Der Vermächtnisnehmer hat insoweit keinen Anspruch auf ein lastenfreies Grundstück.[213] Daraus folgt, dass der Vermächtnisnehmer bei Befriedigung des Gläubigers die gesicherte Forderung erlangt, § 1143 BGB, die er nunmehr gegen den Erben

---

BGB sowieso nicht direkt anwendbar und die Interessenlage eher vergleichbar mit der Anordnung eines Vermächtnisses sei.

208 *Harder*, Zuwendungen unter Lebenden auf den Todesfall, 101.; *Von Lübtow*, 1224.

209 Münchener Anwaltshandbuch Erbrecht/*Ridder*, § 32 Lebzeitige Vermögensübertragungen und Verträge auf den Todesfall Rn. 14; *Muscheler*, Erbrecht Band II, 2847; *Nieder*, BWNotZ 1996, 129.

210 *Von Lübtow*, Erbrecht 1227.

211 *Von Lübtow*, Erbrecht, 1227.

212 BGH, Urteil vom 22.5.1963 – V ZR 112/61 = NJW 1963, 1612.

213 Praxiskommentar Erbrecht/*Linnartz*, BGB § 2166 Rn. 1.

als Rechtsnachfolger des Erben geltend machen könnte; § 2165 BGB wäre damit unterlaufen.[214]

Aus diesem Grund sieht das Gesetz in § 2166 BGB eine Auslegungsregel vor. Die Vorschrift gilt gleichermaßen für ein unbelastetes Vermächtnis, wie auch das Untervermächtnis.[215] Danach ist bei Belastung einer vermachten Immobilie mit einer Hypothek oder einer Grundschuld, für die der Erblasser mit einer eigenen persönlichen Schuld einzustehen hat,[216] im Innenverhältnis grundsätzlich der Vermächtnisnehmer dem Erben gegenüber zur Befriedigung der persönlichen Schuld des Gläubiges verpflichtet, jedoch nicht über den Wert des Grundstückes hinaus, vgl. auch § 2166 Abs. 1 S. 1 BGB. Dabei dient § 2166 BGB der Verwirklichung des aus § 2165 BGB folgenden Grundsatzes, dass der Vermächtnisnehmer im Innenverhältnis zum Erben regelmäßig die auf dem vermachten Gegenstand ruhenden dinglichen Belastungen zu tragen hat.

Die Verpflichtung betrifft grundsätzlich nur das zwischen Erbe und Vermächtnisnehmer bestehende Innenverhältnis. Anderenfalls könnte der Vermächtnisnehmer durch Befriedigung des Gläubigers die durch die Hypothek gesicherte Forderung erlangen, § 1143 BGB, und dem Erben als Nachlassverbindlichkeit entgegenhalten.[217] Im Wege der Anordnung eines Untervermächtnisses zugunsten des Erben kann der Erblasser jedoch auch im Außenverhältnis die Befriedigung des Gläubigers zulasten des Vermächtnisnehmers auferlegen.[218] Der Vermächtnisnehmer erlangt nach Befriedigung des Gläubigers die Hypothek als Grundstückseigentümer über § 1163 Abs. 1 S. 2 BGB. Seine Haftung ist begrenzt auf den Wert des Grundstückes. Leistet der Vermächtnisnehmer überobligatorisch über den von § 2166 BGB vorgegebenen Maßstab hinaus, erwirbt er hinsichtlich des überschüssigen Betrages nach § 1143 Abs. 1 BGB die persönliche Forderung.[219]

---

214 Münchener Kommentar zum BGB/*Rudy*, BGB § 2166 Rn. 1.

215 Kroiß/Ann/Mayer BGB/*J. Mayer*, BGB § 2166 Rn. 2.

216 JurisPK-BGB/*Reymann*, BGB § 2166 Rn. 2; Kroiß/Ann/Mayer BGB/*J. Mayer*, BGB § 2166 Rn. 4.

217 BeckOK BGB/*Müller-Christmann*, BGB § 2166 Rn. 1; Kroiß/Ann/Mayer BGB/*J. Mayer*, BGB § 2166 Rn. 1.

218 BGH, Urteil vom 22. 5. 1963 – V ZR 112/61 = NJW 1963, 1612.

219 BeckOK BGB/*Müller-Christmann*, BGB § 2166 Rn. 9; Kroiß/Ann/Mayer BGB/*J. Mayer*, BGB § 2166 Rn. 8.

B. Vermächtnisarten

Der Erblasser kann zwischen einer Vielzahl verschiedener testamentarisch anzuordnender[220] Vermächtnisarten wählen.[221] Zu unterscheiden ist in diesem Zusammenhang für die hier gegenständliche Arbeit zwischen dem sogenannten Untervermächtnis, § 2186 BGB (I.), dem Nachvermächtnis, § 2191 BGB (II.), dem Ersatzvermächtnis, § 2190 BGB (III.), dem Vorausvermächtnis, § 2150 BGB (IV.) und dem Wahlvermächtnis (V.), welche im Folgenden dargestellt werden:

I. Das Untervermächtnis

1. Allgemeines

Mit einem Vermächtnis kann gemäß § 2147 Alt. 2 BGB auch der Vermächtnisnehmer selbst beschwert werden. Das Untervermächtnis, welches in den §§ 2186 ff. BGB normiert ist, ist damit ein Unterfall des sogenannten beschwerten Vermächtnisses. Wurde ein Untervermächtnis angeordnet, schließt sich dieses an das Hauptvermächtnis an, welches dem Vermächtnisnehmer zugewendet ist. Der Vermächtnisnehmer selbst hat wiederrum das Untervermächtnis zu erfüllen, wobei der Gegenstand des Untervermächtnisses nicht zwingend der aus dem Hauptvermächtnis stammende Gegenstand sein muss.[222] Dies ergibt sich bereits aus § 2147 S. 1 BGB. Beschwert werden kann mit einem Untervermächtnis auch derjenige, der mit einem gesetzlichen Vermächtnis – etwa dem Voraus gemäß § 1932 BGB und dem Dreißigsten, § 1969 BGB –[223] bedacht wurde. Auch für das Untervermächtnis gelten grundsätzlich die allgemeinen Vermächtnisregeln der §§ 2147 ff. BGB.

---

220 Neben der Wahl testamentarisch anzuordnender Vermächtnisse sind auch gesetzlich eintretende Vermächtnisse möglich, wie etwa der Voraus zugunsten des überlebenden Ehegattens betreffend der zum ehelichen Haushalt gehörender Gegenstände. Da bspw. § 1932 Abs. 2 BGB auf das Vermächtnisrecht verweist und auch diesbezüglich einzelne Gegenstände separiert vom Nachlass einer Person zukommen können, werden der Voraus, § 1932 BGB, und der Dreißigste, § 1969 BGB, als Vermächtnisse eingeordnet, Burandt/Rojan, Erbrecht/*Große-Boymann*, BGB § 1939 Rn. 11.

221 Für die gegenständliche Arbeit sollen nur die nachfolgend ausgeführten Vermächtnisarten relevant sein. Zum Überblick der weiteren Vermächtnisarten: Roth/Maulbetsch/Schulte, Vermächtnisrecht/*Maulbetsch*, § 4 Vermächtnisarten.

222 *Muscheler*, Erbrecht Band II, § 38 Rn. 2608; bei Identität der Gegenstände liegt ein sogenanntes Nachvermächtnis als modifiziertes Untervermächtnis vor.

223 *Olzen*, Erbrecht, Rn. 199, 200.

2. *Fälligkeit*

Die Fälligkeit des Untervermächtnisses richtet sich grundsätzlich nach § 271 BGB und mithin nach dem (endgültigen) Entstehen des Untervermächtnisanspruches, welcher mit dem Anfall an den Untervermächtnisnehmer und Annahme desselben zur Wirksamkeit gelangt, vgl. § 2176 BGB; zudem jedoch auch gesondert geltend zu machen ist. Da das Untervermächtnis in Abhängigkeit zum Hauptvermächtnis besteht, kann die Erfüllung des Untervermächtnisses nicht verlangt werden, solange der Hauptvermächtnisnehmer – beispielsweise wegen der §§ 2177, 2178 BGB – selbst noch kein endgültiger Vermächtnisnehmer geworden ist. In diesem Fall gibt es bereits keinen Beschwerten, gegen den der Anspruch durchgesetzt werden kann. Auch besteht die Fälligkeit des Untervermächtnisses noch nicht, wenn die Bestimmung der Erfüllungszeit desselben gemäß § 2181 BGB in das Ermessen des Hauptvermächtnisnehmers gestellt wurde.[224]

Darüber hinaus kann sich ein Aufschub der Fälligkeit nach § 2186 BGB ergeben. Hiernach hat der belastete Hauptvermächtnisnehmer das Untervermächtnis erst zu erfüllen, wenn er seinerseits vom Erben oder sonstigem Beschwerten die Erfüllung des Hauptvermächtnisses verlangen kann. Entscheidend ist ausweislich des Wortlautes des § 2186 BGB, dass der Hauptvermächtnisnehmer Erfüllung des Hautvermächtnisses verlangen *kann*. Ob bereits tatsächlich an ihn erfüllt wurde, ist indes irrelevant.[225] Dass der Hauptvermächtnisnehmer erst zur Leistung verpflichtet ist, sobald er zum Erfüllungsbegehren gegenüber dem Erben berechtigt ist, gründet darauf, dass für den Hauptvermächtnisnehmer – anders als für den möglicherweise beschwerten Erben – nicht die Möglichkeit besteht, aus dem umfangreichen Nachlassbestand zu schöpfen und etwaige „Verteidigungsmechanismen" zu betätigen (beispielsweise die Einrede aus § 2014 BGB).[226] Ausweislich des § 2186 BGB verschiebt sich die Fälligkeit des Untervermächtnisses mithin, wenn die Erbschaft durch den mit dem Hauptvermächtnis beschwerten Erben noch nicht angenommen wurde, § 1958 BGB, das Hauptvermächtnis infolge einer abweichenden Erblasseranordnung noch nicht bereits fällig ist oder der mit dem Hauptvermächtnis Beschwerte ein Leistungsverweigerungsrecht gegenüber dem Hauptvermächtnisnehmer geltend macht.[227]

---

224 Kroiß/Ann/Mayer BGB/*J. Mayer*, BGB § 2186 Rn. 7.

225 Münchener Kommentar zum BGB/*Rudy*, BGB § 2186 Rn. 5.

226 BeckOK BGB/*Müller-Christmann*, BGB § 2186 Rn. 1; Münchener Kommentar zum BGB/*Rudy*, BGB § 2186 Rn. 1; Staudinger BGB (2003)/*Otte*, BGB § 2186 Rn. 4.

227 Kroiß/Ann/Mayer BGB/*J. Mayer*, BGB § 2186 Rn. 6. Entscheidend ist mithin, dass der Erbe sich auf sein Leistungsverweigerungsrecht tatsächlich beruft, da anderenfalls

3. *Haftungsbegrenzung*

Eine auf den Umfang beschränkte Verteidigungsmöglichkeit des belasteten Hauptvermächtnisnehmers sieht § 2187 BGB vor. Da das Untervermächtnis sich nicht gegen den Erben richtet und folglich nicht als Nachlassverbindlichkeit einzuordnen ist, vgl. § 1967 Abs. 2 BGB (es ist nur für den Erben als Nachlassverbindlichkeit zu bewerten), bedarf es einer gesonderten Regelung der Haftungsbeschränkung.[228] Anderenfalls könnte der belastete Vermächtnisnehmer nahezu vollumfänglich mit seinem Privatvermögen haften.[229] Die für den Erben vorgesehenen Haftungsbeschränkungen[230] sind mangels entsprechender Verweisung nicht anwendbar, sodass der Gesetzgeber in § 2187 BGB eine eigenständige Regel geschaffen hat. Danach kann der Hauptvermächtnisnehmer im Rahmen einer gegenständlichen und wirtschaftlichen Betrachtung[231] die Erfüllung des Untervermächtnisses verweigern, wenn das ihm zugewendete Hauptvermächtnis nicht ausreichend ist, um das Untervermächtnis zu erfüllen. Die Haftungsbeschränkung ist dabei gesondert geltend zu machen und führt nicht bereits per se zur Unwirksamkeit des Untervermächtnisses.[232] Der Hauptvermächtnisnehmer haftet folglich nicht mit seinem eigenen Vermögen.[233]

Die Folgen des Leistungsverweigerungsrechts richten sich gemäß § 2187 Abs. 3 BGB nach § 1992 BGB, sodass sich der Hauptvermächtnisnehmer durch Herausgabe, Abtretung oder Zahlung des Betrages, der dem Wert des Hauptvermächtnisses entspricht, befreien kann.

---

eine negative zeitliche Komponente zulasten des Untervermächtnisnehmers ohne hinreichenden Grund vorliegt. Dies ist grundsätzlich nicht zu rechtfertigen, da der Anspruch auf Erfüllung des Hauptvermächtnisses ohne tatsächliche Erhebung der Einrede bereits erfüllbar wäre, womit der § 2186 BGB nicht einschlägig ist, vgl. ähnlich: Münchener Kommentar zum BGB/*Rudy*, BGB § 2186 Rn. 5; a.A.: Staudinger BGB (2013)/*Otte*, BGB § 2186 Rn. 4.

228 Staudinger BGB (2013)/*Otte*, BGB § 2186 Rn. 1.

229 Ähnlich: Staudinger BGB (2013)/*Otte*, BGB § 2186 Rn. 1.

230 Dem Erben steht die Möglichkeit der Haftungsbeschränkungen nach den §§ 1975–1988, 1990, 1992, 2014 BGB zu. Dazu gehören unter anderem die Anordnung der Nachlassverwaltung oder die Eröffnung des Nachlassinsolvenzverfahrens.

231 Burandt/Rojan Erbrecht/*Burandt*, BGB § 2187 Rn. 2; Kroiß/Ann/Mayer BGB/*J. Mayer*, BGB § 2187 Rn. 2.

232 Lange/*Kuchinke*, Erbrecht, § 29 V 637.

233 Zu der Frage, ob der Begriff des Vermögensvorteils, den § 1939 BGB voraussetzt, auch bei das Hauptvermächtnis vollständig aufzehrenden Untervermächtnissen möglich ist: 3. Kapitel C. III. 2.

In diesem Zusammenhang ist indes die Besonderheit zu beachten, dass der Hauptvermächtnisnehmer infolge des schuldrechtlichen Anspruchs des Untervermächtnisnehmers gegen ihn alles zu unternehmen hat, um den Anspruch des Untervermächtnisnehmers zu erfüllen.[234] Wird diese Verpflichtung schuldhaft nicht erfüllt, kommt ein Schadensersatzanspruch des Untervermächtnisnehmers gegen den Hauptvermächtnisnehmer aus §§ 280, 281 BGB in Betracht.[235] Darüber hinaus kann es dem Hauptvermächtnisnehmer möglicherweise versagt sein, § 2187 BGB geltend zu machen.

Ebenfalls eine Ausnahme von dem Grundsatz der Haftungsbeschränkung besteht gemäß §§ 2187 Abs. 3, 1992 S. 1, 1990, 1991 Abs. 1, 1978 Abs. 1 BGB. Diese sehen eine Schadensersatzpflicht für die unzulängliche Verwaltung des Vermächtnisses durch den Hauptvermächtnisnehmer unter Verweis auf die entsprechenden erbrechtlichen Vorschriften vor. Im Gegenzug kann dem Hauptvermächtnisnehmer ein über § 2185 BGB hinausgehender Verwendungsersatz gemäß § 1978 Abs. 3 BGB nach den Vorschriften der Geschäftsführung ohne Auftrag zustehen.

Wurde der Hauptvermächtnisnehmer mit mehreren Untervermächtnissen beschwert, ist zunächst zu ermitteln, ob der Wert des Hauptvermächtnisses grundsätzlich ausreichend ist, um die Untervermächtnisse vollumfänglich zu erfüllen. Reicht der Bestand des Hauptvermächtnisses nicht aus, um alle Untervermächtnisforderungen zu befriedigen, ist gemäß § 1991 Abs. 4 BGB i.V.m. § 327 Abs. 1 InsO wie im Insolvenzfall zu verfahren, sofern nicht der Erblasser etwas Anderes angeordnet hat, vgl. § 2189 BGB.

4. *Kürzung des Untervermächtnisses*

Den Rechtsgedanken, den Hauptvermächtnisnehmer nicht über Gebühr zu belasten, verfolgt auch § 2188 BGB. Hiernach kann der Hauptvermächtnisnehmer das Untervermächtnis entsprechend kürzen, sofern sein Hauptvermächtnis selbst einer Kürzung unterliegt – so zum Beispiel infolge eines Pflichtteilsanspruches, §§ 2318, 2322–2324 BGB, einer Nachlassinsolvenz oder auch infolge der Geltendmachung des § 2187 BGB.[236] Die Kürzung tritt nicht kraft Gesetzes

---

234 Der Anspruch muss jedoch nicht klageweise durchgesetzt werden. Hier kann sich der Hauptvermächtnisnehmer damit behelfen, den Hauptvermächtnisanspruch an den Untervermächtnisnehmer abzutreten, vgl.: Soergel BGB/*Wolf*, BGB § 2187 Rn. 2.

235 JurisPK-BGB/*Reymann*, BGB § 2187 Rn. 5; Kroiß/Ann/Mayer BGB/*J. Mayer*, BGB § 2187 Rn. 2; Staudinger BGB (2013)/*Otte*, BGB § 2187 Rn. 3.

236 Kroiß/Ann/Mayer BGB/*J. Mayer*, BGB § 2188 Rn. 2; Münchener Kommentar zum BGB/*Rudy*, BGB § 2188 Rn. 2.

ein, sondern ist als Einrede zu erheben.[237] Handelt es sich um ein unteilbares Untervermächtnis – so etwa bei einem Nießbrauchsrecht oder einem GmbH-Geschäftsanteil – kann der Untervermächtnisnehmer das Untervermächtnis nur gegen Zahlung des Differenzbetrages verlangen; ist er hierzu nicht bereit, hat der Hauptvermächtnisnehmer lediglich den gekürzten Betrag als Geldsumme zu leisten, um sich von seiner Verpflichtung zu befreien.[238]

II. Nachvermächtnis

1. Einführung

Möchte der Erblasser eine Person aufschiebend bedingt im Sinne der §§ 2177, 2186 ff. BGB mit einem Untervermächtnis beschweren, kommt die Anordnung eines Nachvermächtnisses in Betracht, mit dem nicht der Erbe, sondern vielmehr der Vorvermächtnisnehmer belastet wird, § 2191 BGB.[239] Gewählt wird das Nachvermächtnis regelmäßig, wenn der Wille des Erblassers darauf gerichtet ist, denselben Gegenstand zeitlich nacheinander verschiedenen Personen zuzuwenden. Der Nachvermächtnisnehmer ist mithin zeitlich versetzter Vermächtnisnehmer nach dem ursprünglichen Vermächtnisnehmer. Voraussetzung ist somit, dass der maßgebliche Gegenstand des Vermächtnisses bereits zuvor für eine gewisse Zeit dem Vorvermächtnisnehmer zustand.[240]

Um das Nachvermächtnis erfüllen zu können, darf der Vorvermächtnisnehmer mithin als Beschwerter nicht weggefallen sein. Hierin ist der Unterschied zum Ersatzvermächtnis zu sehen. Infolge der aufschiebenden Bedingung (oder Befristung), die das Nachvermächtnis charakterisiert, fällt dieses dem Nachvermächtnisnehmer gemäß §§ 2177, 2178 BGB erst zu einem späteren Zeitpunkt – ohne Anordnung des Erblassers grundsätzlich mit Tod des Vorvermächtnisnehmers, §§ 2191 Abs. 2, 2119 Abs. 1 BGB – an.[241]

---

237 *Muscheler*, Erbrecht Band II, Rn. 2609; Soergel BGB/*Wolf*, BGB § 2188 Rn. 2.

238 BGH, Urteil vom 21.12.1955 – IV ZR 105/55 = NJW 1956, 507; Hausmann/Hohloch, Handbuch des Erbrechts/*Wellenhofer*, Kapitel 11 Rn. 125; Anwaltskommentar Erbrecht/*J. Mayer*, BGB § 2188 Rn. 4.

239 Burandt/Rojan, Erbrecht/*Burandt*, BGB § 2191 Rn. 1; Münchener Kommentar zum BGB/*Rudy*, BGB § 2191 Rn. 1; Praxiskommentar Erbrecht/*Linnartz*, BGB § 2191 Rn. 1.

240 Kroiß/Ann/Mayer BGB/*J. Mayer*, BGB § 2191 Rn. 1.

241 Kroiß/Ann/Mayer BGB/*J. Mayer*, BGB § 2191 Rn. 9; Lange/*Kuchinke* Erbrecht, § 29 V, 638; Münchener Kommentar zum BGB/*Rudy*, BGB § 2191 Rn. 5.

2. *Das Nachvermächtnis als Untervermächtnis*

Da das Nachvermächtnis als sogenanntes Untervermächtnis ausgestaltet ist, finden die Regelungen der §§ 2186 ff. BGB grundsätzlich uneingeschränkt Anwendung. Die Folge ist, dass auch das Nachvermächtnis nicht im Wege des Vindikationslegats dem Nachvermächtnisnehmer dinglich anfällt, sondern diesem vielmehr einen Anspruch verschafft wird, der nach § 2174 BGB gesondert geltend zu machen ist.

Die Besonderheit des Nachvermächtnisses ist die „Vermächtnisidentität" zwischen dem dem Vorvermächtnisnehmer zugewendeten Vermächtnisgegenstand und dem Gegenstand, den der Nachvermächtnisnehmer einfordern kann, *„den vermachten Gegenstand"*.[242] An dieses Identitätsgebot sind jedoch nicht zu strenge Anforderungen zu stellen, sodass anhand eines wirtschaftlichen Maßstabes unwesentliche Veränderungen bei Zugehörigkeit zur selben Sachgesamtheit das Identitätsgebot nicht unterlaufen.[243] Wird die vermachte Sache indes teilweise verbraucht oder zerstört, hat der Vorvermächtnisnehmer dem Nachvermächtnisnehmer entsprechend Ersatz zu verschaffen.[244] Damit erstreckt sich das Nachvermächtnis auch auf „Surrogate"; nimmt indes nicht an der dinglichen Surrogation des § 2111 BGB teil, vgl. § 2191 Abs. 2 BGB.[245] Werden verbrauchbare oder vertretbare Sachen geschuldet, etwa Geld, so ist das Nachvermächtnis auf Sachen gleicher Art oder Menge gerichtet.[246] Infolge des Verweises in § 2191 Abs. 2 BGB auf § 2110 Abs. 1 BGB greift das Nachvermächtnis auch hinsichtlich derjenigen Gegenstände, die dem Vorvermächtnisnehmer infolge von Anwachsung nach Wegfall eines Vermächtnisnehmers zu Gute kommen.

---

242 Erman BGB/*Schmidt*, BGB § 2191 Rn. 1; Große-Wilde/Ouart Deutscher Erbrechtskommentar/*Schäckel*, BGB § 2191 Rn. 3.

243 Kroiß/Ann/Mayer BGB/*J. Mayer*, BGB § 2191 Rn. 6; Große-Wilde/Ouart Deutscher Erbrechtskommentar/*Schäckel*, BGB § 2191 Rn. 3.

244 Lange/*Kuchinke* Erbrecht, § 29 V 1c, 639; Münchener Kommentar zum BGB/*Rudy*, BGB § 2191 Rn. 4.

245 Zu den Surrogaten zählen dabei die „Surrogate" des Vermächtnisrechts, bspw. §§ 2169 Abs. 3, 2172 Abs. 2, 2173, 2184, 2182, 2183 und des 285 BGB, vgl. Kroiß/Ann/Mayer BGB/*J. Mayer*, BGB § 2191 Rn. 6.

246 Lange/*Kuchinke* Erbrecht, § 29 V, 639; Kroiß/Ann/Mayer BGB/*J. Mayer*, BGB § 2191 Rn. 6.

3. *Eingeschränkter Verweis auf das Nacherbenrecht*

§ 2191 Abs. 2 BGB enthält ausweislich seines Wortlautes einen abschließenden Verweis auf vereinzelte Folgen des Nacherbenrechts. Entscheidender Unterschied zum Nacherbenrecht ist – wie bereits angemerkt – die fehlende dingliche Wirkung des Nachvermächtnisses, die dem Nacherbenrecht grundsätzlich immanent ist, vgl. §§ 2100, 2139 BGB. Mithin steht dem Nachvermächtnisnehmer mit Eintritt des Erbfalles kein dem Nacherben vergleichbares Anwartschaftsrecht zu, sondern vielmehr lediglich eine über §§ 160, 2177, 2179 BGB geschützte Anwartschaft, die übertragbar, verpfändbar und vererblich ist.[247] Voraussetzung für die Entstehung der Anwartschaft ist wegen der bedingten Anordnung die Annahme des Nachvermächtnisses, die bereits vor dem Anfall erklärt werden kann.[248] Handelt es sich bei dem maßgeblichen Gegenstand um ein Grundstück, ist innerhalb der Schwebezeit sogar die Eintragung einer Vormerkung nach Voreintragung des Vorvermächtnisnehmers möglich, vgl. § 39 Abs. 1 GBO.[249] Die Eintragung eines Nacherbenvermerkes erfolgt indes nicht, § 51 GBO.

Die Vorschriften über die Sicherung und sorgfältige Verwaltung, die dem Vorerben auferlegt werden, treffen den Vorvermächtnisnehmer nicht. Eine Pflicht zur ordnungsgemäßen Verwaltung obliegt ihm mithin lediglich aus §§ 2177, 2179 BGB mit der Folge eines etwaigen gegen ihn gerichteten Schadensersatzanspruches bei Verletzung der diesbezüglichen Verpflichtung nach § 160 BGB.[250] Verwendungsersatzansprüche des Vorvermächtnisnehmers richten sich als Folge der aufgeführten Verweisungsnormen nicht nach den Vorschriften des Vor- und Nacherbenrechts, sondern vielmehr nach § 2185 BGB.[251]

Dies hat zur Folge, dass der Vorvermächtnisnehmer grundsätzlich die von ihm getätigten Verwendungen selbst zu tragen hat und nicht etwa die gewöhnlichen Erhaltungskosten in Analogie zu § 2124 Abs. 1 BGB aus dem Nachlass decken und die außergewöhnlichen Erhaltungskosten nach § 2124 Abs. 2 BGB, die er für erforderlich hält, auf den Nachvermächtnisnehmer abwälzen kann.[252]

---

247 Praxiskommentar Erbrecht/*Linnartz*, BGB § 2191 Rn. 11.

248 *Bengel*, NJW 1990, 1826 (1827); Staudinger BGB (2013)/*Otte*, BGB § 2180 Rn. 11.

249 LG Stuttgart, Beschluss vom 14.11.1997 – 27 O 491/97 = BWNotZ 1999, 22.

250 JurisPK-BGB/*Reymann*, BGB § 2191Rn. 53; Praxiskommentar Erbrecht/*Linnartz*, BGB § 2191 Rn. 12.

251 BGH Urteil vom 6.3.1991, IV ZR 114/89 = NJW 1991, 1736; *Schlichting*, ZEV 2000, 385.

252 Kroiß/Ann/Mayer BGB/*J. Mayer*, BGB § 2191 Rn. 15. Für diejenigen Aufwendungen, die der Vorerbe nicht für erforderlich halten durfte oder die über die bloße Erhaltung

Vielmehr hat der Vorvermächtnisnehmer grundsätzlich alle auf den Gegenstand gemachten Verwendungen selbst zu tragen, sofern nicht bei Eintritt des Nachvermächtnisfalles dem Nachvermächtnisnehmer eine überschießende Bereicherung verbleibt.[253] Eine Ausnahme hiervon besteht lediglich bei Verwendungen, die dem (mutmaßlichen) Willen des Nachvermächtnisnehmers oder zumindest dem öffentlichen Interesse entsprechen. Diesbezüglich kann der Vorvermächtnisnehmer Ersatz nach den §§ 2185, 994 Abs. 2, 683, 670 BGB verlangen.

4. *Haftung des Vorvermächtnisnehmers*

Erfolgt der Anfall des Vermächtnisanspruches zum Bedingungseintritt an den Nachvermächtnisnehmer, haftet der Vorvermächtnisnehmer bei Erfüllung dieses Anspruches grundsätzlich unter Wahrung des Identitätsgebots auf den Vermächtnisgegenstand. Diesbezüglich trifft den Vorvermächtnisnehmer die Haftung hinsichtlich etwaig bestehender Schadensersatzansprüche wegen zu vertretender Unmöglichkeit aus den §§ 2179, 160, 281, 282 BGB.[254] Es ist dem Erblasser allerdings unbenommen, die Haftung des Vorvermächtnisnehmers durch entsprechende Anordnungen zu beschränken.

Ferner ist es dem Erblasser möglich, ein sogenanntes „Nachvermächtnis auf den Überrest" anzuordnen. Infolge einer fehlenden Verweisung auf das Nacherbenrecht greifen die Regelungen über die Verfügungsbeschränkung nach den §§ 2113 ff. BGB für den Vorvermächtnisnehmer nicht.[255] Folge der fehlenden Verfügungsbeschränkung ist grundsätzlich die freie Verfügungsbefugnis des Vorvermächtnisnehmers über den vermachten Gegenstand unter Maßgabe der §§ 2179, 160, 162 BGB.[256] Dem Erblasser ist es indes unbenommen, den Anspruch auf den „Überrest" – folglich dem, was bei Eintritt des Anfalles des

von Erbschaftsgegenständen hinausgehen, ist die Ersatzpflicht des Nacherben nach § 2125 BGB beschränkt auf Ansprüche aus Geschäftsführung ohne Auftrag mit der Folge, dass der wirkliche Wille des Nacherben zu ermitteln ist; vgl. *Schlichting*, ZEV 2000, 385 (386).

253 Kroiß/Ann/Mayer BGB/*J. Mayer*, BGB § 2191 Rn. 15; *Schlichting*, ZEV 2000, 385 (386).

254 *Bengel*, NJW 1990, 1826 (1829).

255 *Bengel*, NJW 1990, 1826 (1829); Kroiß/Ann/Mayer BGB/*J. Mayer*, BGB § 2191 Rn. 21; z.T. a.A.: *Werkmüller*, ZEV 1999, 343 (345).

256 Burandt/Rojan BGB/*Burandt*, BGB § 2191 Rn. 5; jurisPK-BGB/*Reymann*, BGB § 2191 Rn. 53; Münchener Kommentar zum BGB/*Rudy*, BGB § 2191 Rn. 6. Die §§ 160, 162 BGB dienen in diesem Zusammenhang dem Schutz des Identitätsgebots des Vermächtnisgegenstandes.

Nachvermächtnisses noch vorhanden ist – zu beschränken, um im Ergebnis eine dem § 2136 BGB vergleichbare Rechtswirkung zu erzielen.[257] Ein Verstoß gegen § 2065 Abs. 2 BGB kann wegen der Bestimmungen über Zweck-, Wahl- und Verschaffungsvermächtnisse regelmäßig nicht angenommen werden.[258] Macht der Erblasser von dieser Möglichkeit Gebrauch, verhindert er die Beschränkung der Rechtsposition des Vorvermächtnisnehmers, die infolge einer Sicherung des Vermächtnisanspruches durch den Nachvermächtnisnehmer bereits vor dessen Anfall durch Arrest oder einstweilige Verfügung erfolgen könnte. Das Ergebnis wäre mithin eine Befreiung von der Pflicht zur Substanzerhaltung des Vermächtnisgegenstandes.[259]

III. Das Ersatzvermächtnis

Aufgrund der Möglichkeit des Vermächtnisnehmers, das ihm zugewendete Vermächtnis auszuschlagen oder für den Fall des Vorversterbens des Vermächtnisnehmers sieht das Gesetz in § 2190 BGB ein Ersatzvermächtnis vor. Voraussetzung ist in Abgrenzung zum Nachvermächtnis nach § 2191 BGB, dass der zunächst Bedachte nicht Vermächtnisnehmer geworden ist.[260] Dies gilt für sämtliche Fälle, in denen das Vermächtnis durch den zunächst bedachten Vermächtnisnehmer nicht erworben wurde.[261]

In Abgrenzung zum „derivativen" Erwerb des Nachvermächtnisses, § 2191 BGB, fällt das Ersatzvermächtnis nicht zunächst an den ursprünglich Bedachten, sondern vielmehr direkt dem Ersatzvermächtnisnehmer an und wirkt folglich originär. Der Anfall des Vermächtnisses erfolgt für den Ersatzvermächtnisnehmer in Abweichung zu § 2176 BGB nicht bereits mit dem Erbfall, sondern gemäß § 2178 BGB zu dem Zeitpunkt des Wegfalles des zunächst Berufenen und der Entstehung des Ersatzvermächtnisses.[262] Als Ersatzvermächtnisnehmer bestimmt

257 *Bengel*, NJW 1990, 1826 (1829); Burandt/Rojan, Erbrecht/*Burandt*, BGB § 2191 Rn. 5; Kroiß/Ann/Mayer BGB/*J. Mayer*, BGB § 2191 Rn. 21 ff..

258 *Bengel*, NJW 1990, 1826 (1829); mit Vorschlägen zur kautelarjuristischen Ausgestaltung: Kroiß/Ann/Mayer BGB/*J. Mayer*, BGB § 2191 Rn. 21.

259 Kroiß/Ann/Mayer BGB/*J. Mayer*, BGB § 2191 Rn. 21; 14; ähnlich *v. Olshausen*, DNotZ 1976, 707 (716).

260 Deutscher Erbrechtskommentar/*Schäckel*, BGB § 2190 Rn. 1; Praxiskommentar Erbrecht/*Linnartz*, BGB § 2190 Rn. 2.

261 Beispiele finden sich bei Lange/*Kuchinke*, Erbrecht, § 29 V, 637 Fn. 145, so etwa der Vermächtnisverzicht, § 2352 BGB, die Vermächtnisunwürdigkeit, § 2345 BGB oder der Tod vor Eintritt der aufschiebenden Bedingung, § 2074 BGB.

262 Fachanwaltskommentar Erbrecht/*Schiemann*, BGB § 2190 Rn. 1.

werden kann jede natürliche – gleich, ob bereits gezeugt oder nicht – sowie jede juristische Person.[263] Entscheidend ist einzig, dass der Ersatzvermächtnisnehmer in Anwendung des § 2160 BGB zum Zeitpunkt des Erbfalles lebt; der Wegfall des ursprünglichen Vermächtnisnehmers muss indes nicht erlebt werden.[264] Die Einsetzung als Nachvermächtnisnehmer gemäß § 2191 BGB gilt im Zweifel zugleich als Einsetzung zum Ersatzvermächtnisnehmer, § 2191 Abs. 2 S. 2 BGB i.V.m. § 2102 Abs. 1 BGB. Hierbei handelt es sich um eine Ausnahme von dem Grundsatz der ausdrücklichen Bestimmung eines Ersatzvermächtnisnehmers durch den Erblasser sowie um eine gesetzliche Fiktion („*gilt*"). Eine weitere Ausnahme insoweit bildet § 2096 BGB, wonach im Zweifel die Abkömmlinge des Vermächtnisnehmers als Ersatzvermächtnisnehmer gelten.[265]

Kraft Gesetzes findet ein Verweis auf die Vorschriften über den Ersatzerben nach §§ 2097 ff. BGB statt. Dies hat zur Folge, dass die Bestimmung eines Ersatzvermächtnisnehmers durch den Erblasser dem Anwachsungsrecht des § 2158 BGB, das sonst für fortgefallene Vermächtnisnehmer greift, stets vorgeht, § 2099 BGB. Eine Abweichung von der Verweisung auf das Nacherbenrecht ist nur im Anwendungsbereich des § 2098 Abs. 1 BGB vorgesehen, der eine Verteilung der Ersatzerbschaft bei wechselseitiger Erbeinsetzung nach der jeweiligen Erbquote vorsieht. Nach überwiegender Ansicht gilt die Besonderheit, dass die Norm in entsprechender Anwendung lediglich dann eingreift, wenn mehreren Vermächtnisnehmern *derselbe* Gegenstand zugewendet wurde.[266]

IV. Vorausvermächtnis

Mit einem Vermächtnis bedacht – und auch selbst beschwert – werden kann nach § 2147 BGB auch der Erbe – gleich ob Allein-, Mit- oder Vorerbe. Wurde der Erbe bedacht, handelt es sich um ein Vorausvermächtnis nach § 2150 BGB, das dem Erben zusätzlich zu seinem gesetzlichen oder gewillkürt angeordneten Erbteil zukommt. Hierin unterscheidet sich das Vorausvermächtnis von der Teilungsanordnung gemäß § 2048 BGB, bei der es sich um eine dem Erblasser

263 Praxiskommentar Erbrecht/*Linnartz*, BGB § 2190 Rn. 7.

264 Burandt/Rojan, Erbrecht/*Burandt*, BGB § 2190 Rn. 2; Große-Wilde/Ouart, Deutscher Erbrechtskommentar/*Schäckel*, BGB § 2190 Rn. 1; Münchener Kommentar zum BGB/*Rudy*, BGB § 2190 Rn. 1.

265 Münchener Kommentar zum BGB/*Rudy*, BGB § 2190 Rn. 2.

266 Vgl. nur: BeckOK BGB/*Müller-Christmann*, BGB § 2190 Rn. 3; Praxiskommentar Erbrecht/*Linnartz*, BGB § 2190 Rn. 9; a.A.: Lange/*Kuchinke* Erbrecht, § 29 V, 637.

zugestandene Möglichkeit der näher konkretisierten Nachlassauseinandersetzung handelt, deren Folge nicht die Erfüllung eines angeordneten Vermächtnisses darstellt, sondern bei welcher die Teilung nach der Anordnung des § 2048 BGB erfolgt.[267] Anders als im Rahmen des Vorausvermächtnisses hat sich derjenige, dem eine Teilungsanordnung auferlegt wurde, den zugewendeten Gegenstand auf seinen Erbteil anrechnen zu lassen.[268]

Wird dem Erben ein Vorausvermächtnis zugewandt, mit dem er zugleich beschwert ist, nimmt er eine Doppelrolle zwischen Nachlassgläubiger und Nachlassinhaber ein.[269] Mithin ist er als Erbe berechtigt, als auch mit der Erfüllung seines eigenen Vermächtnisses beschwert, sofern nicht durch den Erblasser eine abweichende Regelung nach § 2147 S. 2 BGB getroffen wurde.[270] Als Folge hieraus resultiert, dass sowohl das Vermächtnis, als auch das Erbe unabhängig voneinander ausgeschlagen und angenommen werden können, sofern sie nicht durch eine Bedingung des Erblassers miteinander verknüpft sind.[271] Ist der Erbe selbst als Allein- oder Miterbe mit dem Vermächtnis beschwert, ist die Geltendmachung des Anspruchs gegenüber seiner eigenen Person in der Regel nicht möglich, sodass die Verwendung des Begriffs „Vermächtnis" irreführend ist. Das Gesetz stellt in § 2150 BGB aus diesem Grund eine Fiktionswirkung auf: „(…) *gilt* als Vermächtnis".[272]

Das Vorausvermächtnis kann zugunsten des Alleinerben,[273] des Miterben oder des Vorerben angeordnet werden. Handelt es sich um ein Vermächtnis zugunsten eines *alleinigen* Vorerben, erwirbt dieser ebenso wie der Alleinerbe einen gegen sich selbst zu richtenden Anspruch, der indes nicht infolge Konfusion erlischt, sondern vielmehr mit dinglicher Wirkung versehen ist und

---

267 Bonefeld/Kroiß/Tanck, Der Erbprozess/*Tanck*, § 6 Rn. 9; JurisPK-BGB/*Reymann*, BGB § 2150 Rn. 4, 41; Fachanwaltskommentar Erbrecht/*Schiemann*, BGB § 2150 Rn. 1.

268 Fachanwaltskommentar Erbrecht/*Schiemann*, BGB § 2150 Rn. 1; Praxiskommentar Erbrecht/*Linnartz*, BGB § 2150 Rn. 2.

269 Kroiß/Ann/Mayer BGB/*J. Mayer*, BGB § 2150 Rn. 2.

270 BeckOK BGB/*Müller-Christmann*, BGB § 2150 Rn. 1; Staudinger BGB (2013)/*Otte*, BGB § 2150 Rn. 1.

271 Münchener Kommentar zum BGB/*Rudy*, BGB § 2150 Rn. 3.

272 BeckOK BGB/*Müller-Christmann*, BGB § 2150 Rn. 1; Kroiß/Ann/Mayer BGB/*J. Mayer*, BGB § 2150 Rn. 1.

273 Der mit einem Vorausvermächtnis bedachte Alleinerbe erwirbt den Anspruch aus § 2174 BGB nach Anfall und Annahme des Vermächtnisses, der im Folgenden durch Konfusion erlischt, *Muscheler*, Erbrecht Band II, Rn. 2622.

folglich bei Eintritt des Erbfalles aus der Vorerbenmasse ausscheidet.[274] Die dingliche Wirkung ist erforderlich, um zu gewährleisten, dass keine Partizipation des Nacherben an dem vermachten Gegenstand erfolgt.[275] Da ein Erlöschen infolge Konfusion nicht eintritt, greift die Wirkung des § 1976 BGB nicht ein, sodass bei Nachlassinsolvenz oder Nachlassverwaltung der alleinige Vorerbe keine einem Nachlassgläubiger vergleichbare Vorzugsstellung eingeräumt bekommt, sondern vielmehr wie ein „gewöhnlicher Erbe"[276] behandelt wird.[277] Annahme- und Ausschlagungsregeln des Vermächtnisses sind folglich nicht maßgebend.

V. Wahlvermächtnis

Als weitere Gestaltungsmöglichkeit der Vermächtnisanordnung sieht § 2154 BGB das sogenannte Wahlvermächtnis vor. Das Wahlvermächtnis ist einer der Hauptfälle der in den §§ 262 ff. BGB normierten Wahlschuld, die jedoch durch das Wahlbestimmungsrecht eines Dritten im Anwendungsbereich des Vermächtnisrechts ergänzt wird.[278] Ausweislich des Wortlautes der Vorschrift kann der Erblasser anordnen, dass der Bedachte von mehreren Gegenständen nur den einen oder den anderen erhalten soll. Das Wahlrecht kann dabei auf den Bedachten, den Beschwerten oder einen Dritten übertragen werden. Die Wahlschuld ist durch einseitige Gestaltungserklärung auszuüben, die nach der Abgabe grundsätzlich unwiderruflich ist.[279] Folglich modifiziert § 2154 BGB die auf das Wahlvermächtnis anwendbaren Regeln der §§ 262 ff. BGB.[280]

Im Regelfall steht das Wahlrecht ohne ausdrückliche Anordnung des Erblassers dem Beschwerten zu, nach dessen Auswahl sich die geschuldete Leistung

---

274 Burandt/Rojan, Erbrecht/*Burandt*, BGB § 2150 Rn. 4; *Muscheler*, Erbrecht Band II, Rn. 2624; Staudinger BGB (2013)/*Avenarius*, BGB § 2110 Rn. 7; Folge dieser Ausnahme ist, dass das Vermächtnis in diesem Fall anders als im Regelfall dahingehend in den Erbschein mit aufgenommen wird, dass sich das Recht des Nacherben nicht auf den Gegenstand des (genau zu bezeichnenden) Vorausvermächtnisses erstreckt, BeckOK BGB/*Müller-Christmann*, BGB § 2150 Rn. 4; Kroiß/Ann/Mayer, BGB/*J. Mayer*, BGB § 2150 Rn. 7a.

275 *Muscheler*, Erbrecht Band II, Rn. 2624.

276 *Muscheler*, Erbrecht Band II, Rn. 2625.

277 *Muscheler*, Erbrecht Band II, Rn. 2625.

278 Kipp/*Coing* Erbrecht, § 57 II Nr. 1a; Lange/*Kuchinke*, Erbrecht, § 29 V Fn. 212.

279 *Keim*, ZEV 2011, 563 (566); Münchener Anwaltshandbuch Erbrecht/*Pawlytta*, § 42 Rn. 57; Palandt BGB/*Grüneberg*, BGB § 263 Rn. 1.

280 Kroiß/Ann/Mayer BGB/*J. Mayer*, BGB § 2154 Rn. 1; Praxiskommentar Erbrecht/*Linnartz*, BGB § 2154 Rn. 1, 2.

als von Anfang an auf den gewählten Gegenstand gerichtet konkretisiert.[281] Die Wahlschuld wird nach Ausübung des Wahlrechts zur Stückschuld.

Zugewiesen werden kann das Wahlrecht indes auch dem Bedachten selbst. Die Auswahl des nunmehr maßgeblichen Gegenstandes erfolgt dann durch den Bedachten gegenüber dem Beschwerten gemäß § 263 Abs. 1 BGB. Mit Ausübung des Wahlrechts erlischt dieses unwiderruflich; die Verpflichtung zur Leistungserbringung konkretisiert sich nunmehr im Wege einer Fiktionswirkung auf den durch den Bedachten gewählten Gegenstand, § 263 Abs. 2 BGB. Übt der Bedachte sein Wahlrecht nicht zeitnah aus, kann der Beschwerte ihn gemäß § 295 BGB mittels eines wörtlichen Angebots in Annahmeverzug setzen und dem Bedachten eine Frist zur Ausübung des Wahlrechts zu setzen.[282] Ist diese Frist erfolglos abgelaufen, geht das Wahlrecht gemäß § 264 Abs. 2 BGB auf den Beschwerten über.[283] Hat der Beschwerte die Unmöglichkeit der geschuldeten Leistung zu vertreten, steht dem Bedachten über §§ 280 Abs. 1, 3, 283 BGB Schadensersatz statt der Leistung zu.[284]

Festzuhalten bleibt somit, dass es für den Erblasser eine Vielzahl an Gestaltungsmöglichkeiten betreffend die Wahl der jeweiligen bevorzugten Vermächtnisart gibt. Grundlage der Vermächtnisarten bildet wie obig bereits ausgeführt die Vorschrift des § 1939 BGB und mithin auch das darin festgehaltene Erfordernis des „*Vermögensvorteils*“, auf das sich das zugewendete Vermächtnis bezieht. Wegen der besonderen Bedeutung der rechtlichen Einordnung des „Vermögensvorteils“ im Zusammenhang mit der dieser Arbeit zugrunde liegenden Beteiligung beschränkt Geschäftsfähiger – insbesondere wegen der damit zusammenhängenden Frage des Erfordernisses einer Gegenleistung – soll dieser Begriff im Nachfolgenden näher betrachtet werden. Hierzu wie folgt:

C. Vermögensvorteil

I. Einführung

Geregelt ist das Vermächtnis in aller Ausführlichkeit in den §§ 2147 ff. BGB mit der voranstehenden Legaldefinition in § 1939 BGB. Ausweislich dieser Definition handelt es sich um ein Vermächtnis, wenn jemandem ein „Vermögensvorteil“ zugewendet wird, ohne ihn als Erben einzusetzen.

---

281 Münchener Anwaltshandbuch Erbrecht/*Schlitt*, § 13 Rn. 62; Praxiskommentar Erbrecht/*Linnartz*, BGB § 2154 Rn. 5.

282 Burandt/Rojan, Erbrecht/*Burandt*, BGB § 2154 Rn. 4; Erman BGB/*Nobis*, BGB § 2154 Rn. 2.

283 Burandt/Rojan, Erbrecht/*Burandt*, BGB § 2154 Rn. 4.

284 Burandt/Rojan, Erbrecht/*Burandt*, BGB § 2154 Rn. 4.

Obwohl sich der Gesetzgeber für eine schlichte und prägnante Definition entschieden hat, besteht Streit[285] über die konkrete Auslegung des Begriffs des „Vermögensvorteils". Strittig ist in diesem Zusammenhang insbesondere, ob eine wirtschaftliche Bereicherung in der Person des Vermächtnisnehmers einzutreten hat, die Zuwendung unentgeltlich erfolgen muss, und ob es einer Freigiebigkeit des Zuwendenden bedarf. Gerade bei der Beteiligung beschränkt Geschäftsfähiger können diese Fragen erhebliche Bedeutung erlangen. [286]

Betrachtet man das Gesetzgebungsverfahren zur Formulierung des § 1939 BGB, fällt auf, dass zunächst im Rahmen des § 1755 BGB a.F. der Begriff der „Zuwendung" verwendet wurde, um den Vermächtnisgegenstand positiv zu umschreiben.[287] Die Intention der Kommission war ausweislich der Begründung zum 1. Entwurf darauf gerichtet, einen Begriff zu verwenden, der sowohl die mittelbaren Vorteile, als auch das Liberationslegat (Befreiungsvermächtnis)[288] mit einbezog.[289] Allerdings wurde der Begriff „Zuwendung" im Rahmen des weiteren Verfahrens durch den Begriff des „Vermögensvorteils" ersetzt, um den mit der Vermächtnisanordnung verbundenen positiven Aspekt stärker zu verdeutlichen und das Liberationslegat ausdrücklich als vom Vermächtnisgegenstand umfasst einzuordnen.[290] Zunächst diskutiert wurde die Formulierung „einzelne Gegenstände", die jedoch zugunsten des „Vermögensvorteiles" abgelehnt wurde, der nach Ansicht der Kommission das Wesen des Vermächtnisses besser beschreibt.

---

285 Zu den Meinungen u.a.: OLG Hamm, Beschluss vom 2.8.1993 – 15 W 115/93 = FamRZ 1994, 1210; Bonefeld, Kroiß, Tanck, der Erbprozess/*Tanck*, § 6 Rn. 3; Fachanwaltskommentar Erbrecht/*Scholz Löhning*, BGB § 1939 Rn. 6; Kroiß/Ann/Mayer, BGB/*J. Mayer*, BGB § 1939 Rn. 6; Münchener Kommentar zum BGB/*Leipold*, BGB § 1939 Rn. 6; Staudinger BGB (2017)/*Otte*, BGB § 1939 Rn. 8; Soergel BGB/*Stein*, BGB § 1939 Rn. 3.

286 Bspw. bei der Frage nach dem Erfordernis einer familiengerichtlichen Genehmigung, siehe unten: 8. Kapitel A. III. 2.

287 Mot. V, 9 f..

288 Um ein Liberationslegat handelt es sich, wenn das Vermächtnis darin besteht, dass der Erblasser dem Vermächtnisnehmer eine bestehende Schuld erlässt, ihn also von dieser Schuld befreit. Den mit der Vermächtniserfüllung Beschwerten trifft folglich die Verpflichtung, mit dem Vermächtnisnehmer einen Erlassvertrag zu vereinbaren, RGRK-BGB/*Johannsen*, BGB § 2174 Rn. 13.

289 Mugdan, Materialien zum BGB, Band V, Mot. 5.

290 Mugdan, Materialien zum BGB, Band V, Prot. 403.

II. Begriffsbestimmung

Dennoch herrscht weiterhin Uneinigkeit über die konkrete Auslegung. Die wohl herrschende Meinung vertritt eine weite Auslegung des Begriffs „Vermögensvorteil“.[291] Hieraus folgt, dass danach auch mittelbare Vermögensvorteile - wie bereits in der Begründung zum 1. Entwurf ausgeführt - umfasst sein sollen. Darüber hinaus soll gerade keine wirtschaftliche Besserstellung des Vermächtnisnehmers erforderlich, sondern bereits eine rechtliche Besserstellung ausreichend sein.[292] Als Begründung hierfür wird angeführt, dass im Rahmen der Entstehungsgeschichte des § 1939 BGB keine Anhaltspunkte dafür ersichtlich seien, dass der Gesetzgeber eine Einschränkung auf eine lediglich wirtschaftliche Besserstellung vorgesehen habe.[293] Darüber hinaus könne der Erblasser den Hauptvermächtnisnehmer mit einem Untervermächtnis oder einer Auflage beschweren, die den Wert des Hauptvermächtnisses vollständig aufzehre, sodass dem Hauptvermächtnisnehmer kein wirtschaftlicher Mehrwert verbliebe. Folglich sei auch ein dauerhaftes Vorhandensein des Vermächtnisgegenstandes keine Voraussetzung der Vermächtnisanordnung.[294] So könne auch ein Gegenstand vermacht werden, der dem Erblasser nur als Treuhänder zustehe, der ihm mithin lediglich rechtliche und nicht wirtschaftlich gehöre, was sich unmittelbar beim Bedachten fortsetzen würde.[295] *Leipold* und ihm folgend andere Stimmen in der Literatur und Rechtsprechung beziehen sich im Rahmen ihrer Auslegung des „Vermögensvorteils“ auf den allgemeinen Anspruchsbegriff in § 194 BGB

---

291 Bonefeld, Kroiß, Tanck, der Erbprozess/*Tanck*, § 6 Rn. 3; Fachanwaltskommentar Erbrecht/*Scholz Löhning*, BGB § 1939 Rn. 6; Kroiß/Ann/Mayer, BGB/*J. Mayer*, BGB § 1939 Rn. 6; Münchener Kommentar zum BGB/*Leipold*, BGB § 1939 Rn. 6; Staudinger BGB (2017)/*Otte*, BGB § 1939 Rn. 8.

292 Bonefeld, Kroiß, Tanck, der Erbprozess/*Tanck*, § 6 Rn. 3; Fachanwaltskommentar Erbrecht/*Scholz Löhning*, BGB § 1939 Rn. 6; Kroiß/Ann/Mayer, BGB/*J. Mayer*, BGB § 1939 Rn. 6; Münchener Kommentar zum BGB/*Leipold*, BGB § 1939 Rn. 6; Staudinger BGB (2017)/*Otte*, BGB § 1939 Rn. 8.

293 Fachanwaltskommentar Erbrecht/*Scholz Löhnig*, BGB § 1939 Rn. 6; Münchener Kommentar zum BGB/*Leipold*, BGB § 1939 Rn. 7; Soergel BGB/*Stein*, BGB § 1939 Rn. 3.

294 Fachanwaltskommentar Erbrecht/*Scholz Löhnig*, BGB § 1939 Rn. 6; Münchener Kommentar zum BGB/*Leipold*, BGB § 1939 Rn. 7; Soergel BGB/*Stein*, BGB § 1939 Rn. 3.

295 Soergel BGB/*Stein*, BGB § 1939 Rn. 3; Staudinger BGB (2017)/*Otte*, BGB § 1939 Rn. 8.

und daraus folgend auf den Leistungsbegriff des § 241 BGB.[296] Unter den Leistungsbegriff falle danach jedes Tun oder Unterlassen des Beschwerten; eine Einschränkung dieses Leistungsbegriffes solle durch den „Vermögensvorteil“ gerade nicht erfolgen.

Vertreten wird darüber hinaus, dass das Vermächtnis nicht zwingend unentgeltlich angeordnet werden müsse; eine Freigiebigkeit des Erblassers werde folglich nicht vorausgesetzt.[297] Möglich sein soll nach Ansicht der herrschenden Meinung auch ein sogenanntes Ankaufsvermächtnis, bei dem der Vermächtnisnehmer gegen Zahlung eines in der Verfügung von Todes wegen festgelegten Betrages - der nicht notwendigerweise geringer als der Verkehrswert zu sein hat - den Anspruch auf Übertragung beispielsweise eines Grundstücks eingeräumt bekommt.[298] Die durch Verfügung von Todes wegen festgesetzte Gegenleistung stelle in diesem Zusammenhang eine Bedingung des Anspruchserwerbes dar.[299]

III. Stellungnahme

1. Wirtschaftlicher Maßstab

Nach der hier vertretenen Ansicht strapaziert die Auslegung des Vermächtnisgegenstandes nach der herrschenden Meinung den Wortlaut der Vorschrift in einer nicht mehr vertretbaren Weise.

Dies wird insbesondere verdeutlicht durch die Terminologie des Bürgerliche Gesetzbuches. Lediglich an einer weiteren Stelle - im Rahmen des Wuchertatbestandes des § 138 Abs. 2 BGB - verwendet der Gesetzgeber den Begriff des Vermögensvorteils, der in diesem Kontext wirtschaftlich verstanden wird.[300] Warum für § 1939 BGB und das Vermächtnis etwas anderes gelten soll, ist vor diesem Hintergrund nicht zu begründen. Zwar wird im Rahmen der Entwürfe und Protokolle nicht ausdrücklich darauf eingegangen, dass ein wirtschaftlicher Maßstab gewollt ist; etwas Gegenteiliges lässt sich indes auch nicht entnehmen. Für einen wirtschaftlichen Maßstab, und damit einhergehend eine beim

296 OLG Hamm, Beschluss vom 2.8.1993 - 15 W 115/93 = FamRZ 1994, 1210; Münchener Kommentar zum BGB/*Leipold*, BGB § 1939 Rn. 6; Soergel BGB/*Stein*, BGB § 1939 Rn. 3.

297 BayObLG, Beschluss vom 11.11.2002 - 1Z BR 53/01 = NJW-RR 2003, 293; Soergel BGB/*Stein*, BGB § 1939 Rn. 3.

298 BGH, Urteil vom 27.6.2001 - IV ZR 120/00 = NJW 2001, 2883; *Keim*, ZEV 2011, 563 (565).

299 Münchener Kommentar zum BGB/*Leipold*, BGB § 1931 Rn. 7.

300 Vgl. Staudinger BGB (2012)/*Dilcher*, BGB § 138 Rn. 98.

Begünstigten eintretende Bereicherung, sprechen mithin der eindeutige Wortlaut, sowie der terminologische Vergleich zu § 138 BGB.

Selbiges Ergebnis wird in Ansehung des Grundsatzes der Einheit des Gesetzes erzielt. Auch außerhalb des Bürgerlichen Gesetzbuches, etwa im Strafgesetzbuch bei § 263 StGB oder im Versicherungsvertragsgesetz bei § 78 VVG, wird der Begriff des Vermögensvorteils einheitlich und gesetzesübergreifend im Sinne einer wirtschaftlichen Besserstellung verstanden. Mithin ist entgegen der überwiegenden Ansicht eine Bereicherung des Vermächtnisnehmers erforderlich.[301] Die hiergegen eingewendete Argumentation, eine Bereicherung sei nicht erforderlich, da das Vermächtnis mit einem vollständig erschöpfenden Untervermächtnis belastet werden könne, überzeugt nicht. Dass eine Bereicherung eintreten muss, impliziert nicht zwangsläufig, dass diese auch von dauerhafter Natur ist. Entscheidend ist vielmehr, dass eine tatsächliche Mehrung des Vermögens zunächst überhaupt mit der Möglichkeit der Nutzziehung eingetreten ist und die Zuwendung des Erblassers in Begünstigungsabsicht erfolgte. Wie lange die Bereicherung letztlich bei dem Begünstigten verbleibt, ist hingegen unmaßgeblich für den Begriff des „*Vermögensvorteils*".

2. Vermögensvorteil als Einschränkung des allgemeinen Leistungsbegriffs

Damit ist der „Vermögensvorteil" entgegen der Ansicht *Leipolds*[302] als Einschränkung des allgemeinen Leistungsbegriffs des § 241 BGB zu verstehen, wonach eine Leistung in *jedem* Tun oder Unterlassen liegen kann. Dies folgt zudem aus einer historischen Auslegung:

Hätte der Gesetzgeber die uneingeschränkte Anwendung des allgemeinen Leistungsbegriffes intendiert, wäre in Parallelität zum Wortlaut der Auflage in § 1940 BGB entsprechend der schlichte Leistungsbegriff verwendet worden.[303] *Leipold* ist darin zuzustimmen, dass der Begriff der Leistung in § 1940 BGB mit dem in § 241 BGB gleichzusetzen ist, woraus indes nicht geschlossen werden kann, dass auch im Rahmen des § 1939 BGB Selbiges gilt.[304] Die Wahl des Gesetzgebers, den

301 Ebenfalls für eine Bereicherung des Vermächtnisnehmers: *Mattern*, DNotZ 1963, 450 (460); Planck's Kommentar zum Bürgerlichen Gesetzbuch/*Flad*, BGB § 1939 Anmerkung 4; *Strothmann*, Jura 1982, 349 (356) ähnlich: Brox/*Walker*, Erbrecht, § 27 Rn. 439, der aber die falschen Schlüsse hieraus zieht; ähnlich auch: RGRK-BGB/*Kregel*, BGB § 1939 Anmerkung 4.

302 Münchener Kommentar zum BGB/*Leipold*, BGB § 1939 Rn. 7, dem folgend: Burandt/Rojan Erbrecht/*Große-Boymann*, BGB § 1939 Rn. 2.

303 Wohl auch: *Dorweiler*, Vermögensvorteil und Geldwert beim Vermächtnis, 21.

304 So auch: *Dorweiler*, Vermögensvorteil und Geldwert beim Vermächtnis, 21.

Begriff des „Vermögensvorteils“ anstelle des Leistungsbegriffes im Rahmen des Gesetzgebungsverfahrens zu verwenden, diente nicht lediglich dazu, das Liberationsvermächtnis zu umfassen – wie sich aus den Protokollen ergibt – sondern auch dazu, nicht schlichtweg jede Leistung als vermächtnistauglich einzuordnen. Vielmehr soll gerade eine Einschränkung durch die Forderung einer wirtschaftlichen Besserstellung des Vermächtnisnehmers erzielt werden.

Wie nach Maßgabe der vorstehenden Ausführungen zu einem wirtschaftlichen Verständnis des „Vermögensvorteils“ das von der Rechtsprechung vertretene „Ankaufsvermächtnis“ auszulegen ist, bedarf einer näheren Betrachtung. Hierzu wie folgt:

3. *Ausschluss des „Ankaufsvermächtnisses“*

Dem in der Rechtsprechung vertretenen „Ankaufsvermächtnis“ liegt als maßgeblicher Vermächtnisgegenstand ein Anspruch zugrunde, der auf den Abschluss eines entgeltlichen Vertrages gerichtet ist.[305] Unter Berücksichtigung des wirtschaftlichen Maßstabes in § 1939 BGB bildet auch die aus dem Ankaufsvermächtnis folgende Kaufoption einen wirtschaftlichen Vorteil. Dennoch schließt das Erfordernis eines wirtschaftlichen Maßstabes aus, dass der Vermächtnisanspruch von einer Gegenleistung abhängig gemacht wird. Das Vermächtnis ist als einseitig verpflichtendes Schuldverhältnis ausgestaltet, das den Vermächtnisnehmer grundsätzlich begünstigen soll und nicht die Erlangung des Anspruches von einer zu erbringenden Gegenleistung abhängig macht. Freigiebigkeit des Erblassers ist mithin eine dem Vermächtnis immanente Voraussetzung.[306] Andere Anhaltspunkte ergeben sich weder aus den Gesetzgebungsmaterialien noch der Formulierung des Wortlautes.

Unter diesem Blickwinkel ist insbesondere das Ankaufsvermächtnis, bei dem der Erblasser einen Anspruch auf Abschluss eines entgeltlichen Vertrages vermacht, in Anbetracht dessen nicht möglich. Indem die Erlangung des durch Vermächtnisanordnung zugewendeten Gegenstandes von der Ausübung des Wahlrechts des begünstigten Vermächtnisnehmers und der Erbringung der

305 A.A.: BGH, Urteil vom 27.6.2001 – IV ZR 120/00 = DNotZ 2001, 805 (806).

306 So auch in der Bezeichnung, im Ergebnis aber anders: Burandt/Rojan, Erbrecht/*Große-Boymann*, BGB § 1939 Rn. 3. A.A. zur Freigiebigkeit: Staudinger BGB (2017)/*Otte*, BGB § 1939 Rn. 9; *von Lübtow*, Erbrecht Band 1, 366; verkennend, dass ein Ankaufsvermächtnis faktisch eine Gegenleistung begründet: Münchener Kommentar zum BGB/*Leipold*, BGB § 1939 Rn. 7.

Gegenleistung abhängig gemacht wird,[307] wird der erforderliche Vermögensvorteil unterlaufen. Die von der Rechtsprechung gewählte Konstruktion des Ankaufsvermächtnisses ist folglich abzulehnen. Vielmehr handelt es sich um ein Vermächtnis, das mit einem Untervermächtnis in Höhe des zu entrichtenden Kaufpreises belastet ist.[308] Folglich scheiden Belastungen, die über dem Verkehrswert liegen, wegen des fehlenden Vermögensvorteils aus und können im Wege der Haftungsbeschränkung des § 2187 Abs. 1 BGB verweigert werden. Darunter liegende Belastungen sind dagegen als Untervermächtnis einzuordnen und unter Berücksichtigung des § 2187 BGB zu behandeln.

D. Zusammenfassung

Zusammenfassend ergibt sich, dass das im Erbrecht angesiedelte und einen (wirtschaftlichen) Vermögensvorteil voraussetzende Vermächtnisrecht dem Erblasser eine freiere Gestaltungsmöglichkeit betreffend die Vermögensnachfolge ermöglicht. Hiervon profitieren insbesondere auch Minderjährige, denen zur generationsübergreifenden Erhaltung des Vermögens vermehrt Vermächtnisse zugewendet werden.[309] Einer der in dieser Arbeit kerngegenständlich bearbeiteten Aspekte betrifft die Annahme des Vermächtnisses, § 2180 BGB, insbesondere im Kontext des Rechts der Geschäftsfähigkeit. Die Annahme des Vermächtnisses nimmt dabei eine juristische Sonderrolle ein.[310] Als eine dem Erbrecht zuzuordnende Zuwendungsmöglichkeit bedarf es zunächst einer Betrachtung der allgemeinen Regelungen der Erbschaft unter Beteiligung eines beschränkt Geschäftsfähigen. Hierzu wie folgt:

307 BGH, Urteil vom 27.6.2001 – IV ZR 120/00 = DNotZ 2001, 805 (806).

308 Ähnlich: *Dorweiler*, Vermögensvorteil und Geldwert beim Vermächtnis, 269.

309 *Friedrich-Büttner/Wiese*, ZEV 2014, 513; *Röhl*, MittBayNot 2012, 111.

310 Hierzu ausführlich unter: 5. Kapitel, B.

4. Kapitel: Annahme und Ausschlagung der Erbschaft durch den beschränkt Geschäftsfähigen

A. Einführung

Neben der in § 2180 BGB normierten Vermächtnisannahme sieht das Erbrecht im Rahmen der gesetzlichen oder gewillkürten Erbfolge[311] eine Annahme und Ausschlagung der Erbschaft vor. Da es sich bei Annahme und Ausschlagung um zwei erbrechtliche Besonderheiten handelt, bedarf es zunächst der Einführung in diese erbrechtliche Thematik am Beispiel der Annahme und Ausschlagung der Erbschaft, insbesondere im Zusammenspiel mit der Frage nach der Auswirkung auf die rechtliche Behandlung der Geschäftsfähigkeit.

B. Der Minderjährige als Erbe

Ist der Minderjährige wirksam durch Verfügung von Todes wegen gemäß § 1937 BGB oder im Wege der gesetzlichen Erbfolge Alleinerbe des Erblassers geworden, rückt er im Rahmen der Universalsukzession dinglich in die rechtliche Stellung des Erblassers mit allen bestehenden Rechten und Pflichten ein, § 1922 BGB. Dieser „Vonselbsterwerb" vollzieht sich automatisiert, ohne dass es einer gesonderten Erklärung durch den Minderjährigen bedarf.[312] Mithin besteht diesbezüglich zunächst kein Unterschied zum volljährigen Erben.

I. Annahme der Erbschaft

1. Allgemeines

Ausweislich der Norm des § 1942 BGB erfolgt der Anfall der Erbschaft in der Form des zunächst vorläufig ausgestalteten „Vonselbsterwerbes", durch den ein Schwebezustand[313] geschaffen wird, der durch Annahme oder Ausschlagungserklärung des Erben beendet wird, vgl. § 1943 BGB. Das dem Erben gesetzlich eingeräumte Ausschlagungsrecht erlischt durch die Annahme der Erbschaft. Die

311 BeckOK BGB/*Siegmann/Höger*, BGB § 1942 Rn. 2.
312 BeckOK BGB/*Müller-Christmann*, BGB § 1922 Rn. 18; Münchener Kommentar zum BGB/*Leipold*, BGB § 1922 Rn. 117.
313 BeckOGK/*Preuß*, BGB § 1922 Rn. 45, 46.

Annahme ist ausdrücklich oder durch konkludentes Verhalten möglich; etwa durch Beantragung der Grundbuchberichtigung einer Nachlassimmobilie als neuer Eigentümer[314] oder Abgeben eines Verkaufsangebots hinsichtlich einer zum Nachlass gehörenden Immobilie.[315,316]Ferner steht es einer Annahmeerklärung als gesetzliche Fiktion[317] („*gilt*") gleich, wenn der berufene Erbe die sechswöchige Ausschlagungsfrist des § 1944 BGB verstreichen lässt, vgl. § 1946 BGB.

2. *Annahme der Erbschaft bei beschränkt Geschäftsfähigen*

Bei der Annahmeerklärung handelt es sich der Rechtsnatur nach um eine formlose, einseitige und nicht empfangsbedürftige Willenserklärung, die gestaltende Wirkung hat.[318] Mit Annahmeerklärung im Rahmen der sechswöchigen Ausschlagungsfrist des § 1944 BGB, die ausweislich der §§ 1944 Abs. 2 S. 1, 1946 BGB mit der Kenntniserlangung über den Berufungsgrund zu laufen beginnt, erlischt für den Erben das Recht der Ausschlagung der Erbschaft, § 1943 BGB. Wegen dieser für den beschränkt Geschäftsfähigen nachteiligen Rechtsfolge wird die Annahme der Erbschaft als rechtlich nachteilhaftes Geschäft eingeordnet, mit dem Resultat der Zustimmungsbedürftigkeit durch den gesetzlichen Vertreter.[319]

Die Nachteilhaftigkeit der Erklärung folgt jedoch nicht einzig aus dem damit einhergehenden isolierten Verlust des Ausschlagungsrechts.[320] Vielmehr bergen die Annahmeerklärung und der damit verbundene Verzicht, von der Möglichkeit der Ausschlagung Gebrauch zu machen, auch den Nachteil des automatischen Übergangs der Verpflichtungen des Erblassers. Der Anfall der Erbschaft

314 *Roth*, NJW-Spezial 2017, 167.

315 OLG Oldenburg, Urteil vom 20.9.1994 – 5 U 72/94 = NJW-RR 1995, 141.

316 Der Erbscheinsantrag hat nunmehr nach § 352 Abs. 1 S. 1 Nr. 7 FamFG, die ausdrückliche Angabe über die Annahme der Erbschaft zu enthalten. Die konkludente Annahme der Erbschaft durch Beantragung eines Erbscheins ist somit überdies in dem Antrag aufzuführen, Kreidel, FamFG/*Zimmermann*, FamFG § 352 Rn. 49. Darin ist folglich nicht länger eine konkludente, sondern vielmehr eine ausdrückliche Annahme der Erbschaft zu sehen.

317 Ausführlich zur gesetzlichen Fiktion der Annahme der Erbschaft: 6. Kapitel B. II. 2. a. aa.

318 *Damrau*, Der Minderjährige im Erbrecht, § 4 Rn. 24; Jauernig/*Stürner*, BGB § 1943 Rn. 1.

319 *Damrau*, Der Minderjährige im Erbrecht, § 4 Rn. 24; Münchener Anwaltshandbuch Erbrecht/*Mark Pawlytta*, § 42 Minderjährige im Erbrecht Rn. 24.

320 So aber *Damrau*, Der Minderjährige im Erbrecht, § 4 Rn. 24, § 6 Rn. 56, der einzig auf den Verlust des Ausschlagungsrechts abstellt.

im Rahmen der Universalsukzession bewirkt das vorläufige Einrücken des Erben kraft Gesetzes in die rechtliche Position des Erblassers im Sinne eines Schwebezustandes, welcher durch die Annahme endgültig manifestiert wird.[321] Gemäß § 1967 BGB haftet der Erbe für die Nachlassschulden grundsätzlich unbegrenzt mit dem Nachlass sowie seinem privaten Vermögen (Grundsatz der unbeschränkten Haftung), wenn die Nachlassmasse die Nachlassverbindlichkeiten zum Beispiel nicht deckt.[322] Hierbei handelt es sich um einen unmittelbar aus der Annahme der Erbschaft folgenden rechtlichen – und nicht lediglich wirtschaftlichen – Nachteil, der dem beschränkt Geschäftsfähigen eine persönliche Verpflichtung auferlegt.[323] Diesbezüglich steht dem Erben jedoch die Möglichkeit einer Haftungsbeschränkung zu.[324]

Darüber hinaus tritt der Erbe nach Annahme der Erbschaft in die zivilprozessuale Rechtsposition des Erblassers ein und hat die Folgen eines nachteiligen Prozessausganges und die etwaigen zwangsvollstreckungsrechtlichen Folgen zu tragen.[325] § 1958 BGB legt in diesem Zusammenhang fest, dass eine gerichtliche Geltendmachung von Ansprüchen gegen den Erben erst nach Annahme der Erbschaft erfolgen kann.

Folglich führt nicht einzig der Verlust des Ausschlagungsrechts zu einer für den beschränkt Geschäftsfähigen nachteilhaften Rechtssituation. Vielmehr birgt die Annahme der Erbschaft wegen der grundsätzlich unbeschränkten Haftung für Nachlassverbindlichkeiten[326] sowie das Einrücken auch in die prozessuale

---

321 Ähnlich: Mot. V, 494 zu § 2029 BGB a.F.; Münchener Anwaltshandbuch Erbrecht/*Malitz*, § 22 Rn. 3; Staudinger BGB (2017)/*Otte*, BGB § 1943 Rn.1

322 Burandt/Rojan Erbrecht, BGB/*Joachim*, § 1967 Rn. 1; Jauernig BGB/*Stürner*, Vorbemerkung zu §§ 1967 ff. BGB Rn. 1.

323 Siehe auch: *Gothe*, MittRhNotK 1998, 194 (196), der die Haftung für Nachlassverbindlichkeiten als rechtlich nachteilhaft einordnet.

324 Vgl. hierzu: Fisching/Graf, Nachlassrecht/*Hans Lothar Graf*, Teil 4 Rn. 4.696: In diesem Zusammenhang ist zu unterscheiden zwischen den Nachlasserbenschulden, für die der Erbe stets unbeschränkt mit seinem vom Nachlass getrennten Privatvermögen haftet (mit Ausnahme einer etwaigen vertraglichen Haftungsbeschränkung zwischen dem Erben und dem jeweiligen Gläubiger, Fisching/Graf, Nachlassrecht/*Hans Lothar Graf*, Teil 4 Rn. 4.707), und der Haftung für reine Nachlassverbindlichkeiten, für die eine Beschränkung auf die Nachlassmasse möglich ist [Nachlassinsolvenz (§ 1975 BGB; InsO 315–331); Nachlassverwaltung (§§ 1975, 1981–1988 BGB); Nachlassinsolvenzplanverfahren (InsO 315 ff, 217 ff); Einrede der Dürftigkeit (§§ 1990–1992 BGB)].

325 BeckOK BGB/*Siegmann/Höger*, BGB § 1943 Rn. 8; *Zimmermann*, Erbrecht Rn. 13.

326 So auch: *Gothe*, MittRhNotK 1998, 194 (196).

Stellung des Erblassers eine rechtlich nachteilhafte Folge für den beschränkt Geschäftsfähigen, die über den bloßen Verlust des Ausschlagungsrechts hinausgeht.

Die vertretungsrechtliche Folge der Annahmeerklärung richtet sich nach § 111 BGB, sodass es zur Wirksamkeit der Annahmeerklärung stets einer vorherigen Einwilligung durch den gesetzlichen Vertreter bedarf.[327] Eine erst nachträglich erteilte Genehmigung ist indes nicht ausreichend, um die Wirksamkeit der Annahme zu begründen.[328]

Im Umkehrschluss zu §§ 1643, 1821, 1822 Nr. 2 BGB bedarf die Annahme der Erbschaft keiner familiengerichtlichen Genehmigung.[329]

Ist ein Elternteil des minderjährigen Kindes neben diesem als Erbe berufen, ist eine Vertretung durch den gesetzlichen Vertreter ohne Weiteres möglich. Dies gründet auf der Unanwendbarkeit des § 181 BGB, da es sich bei der Annahme der Erbschaft um eine nichtempfangsbedürftige Willenserklärung handelt; die Erklärung mithin nicht gegenüber einem anderen zu erfolgen hat.[330]

II. Ausschlagung der Erbschaft durch den beschränkt Geschäftsfähigen

1. Einwilligung des gesetzlichen Vertreters

Das Recht zur Ausschlagung ist in § 1945 Abs. 1 BGB normiert. Danach hat die Ausschlagung durch Erklärung in öffentlich beglaubigter Form gegenüber dem Nachlassgericht oder zur Niederschrift des Nachlassgerichts zu erfolgen. Die Ausschlagungsfrist beträgt gemäß § 1944 Abs. 1 BGB sechs Wochen und beginnt mit der Kenntnis vom Anfall der Erbschaft und dem Grund der Berufung, § 1944 Abs. 2 S. 1 BGB. Ist der Erbe aufgrund Verfügung von Todes wegen eingesetzt, beginnt die Frist abweichend von § 1944 Abs. 2 S. 1 BGB mit Bekanntgabe der Verfügung von Todes wegen durch das Nachlassgericht (§ 1944 Abs. 2 S. 2 BGB, §§ 348 Abs. 1, 2, 350 FamFG).

---

327 Staudinger BGB (2017)/*Otte*, BGB § 1943 Rn. 11a.

328 *Damrau*, Der Minderjährige im Erbrecht, § 4 Rn. 25; Münchener Anwaltshandbuch Erbrecht/*Mark Pawlytta*, § 42 Minderjährige im Erbrecht Rn. 24.

329 Dies gründet darauf, dass der eng gefasste Katalog der §§ 1821, 1822, 1643 Abs. 2 BGB keine Analogie zulässt; der Gesetzgeber mithin bei der Annahme der Erbschaft keine der Ausschlagung der Erbschaft vergleichbare Gefahrensituation angenommen hat, vgl. ähnlich: BayObLG, Beschluss vom 15.5.1996 – 1Z BR 103/96 = BeckRS 1996, 09271; OLG Koblenz: Beschluss vom 16.7.2007 – 5 W 535/07 = BeckRS 2008, 00834.

330 *Damrau*, Der Minderjährige im Erbrecht, § 4 Rn. 26; Praxiskommentar Erbrecht/*Masloff*, BGB § 1943 Rn. 10.

Wird die Ausschlagung erklärt, greift die Rechtsfolge des § 1953 BGB ein, wonach der Anfall der Erbschaft als nicht erfolgt gilt. Die Ausschlagung beseitigt folglich mit Wirkung für die Vergangenheit eine für den Minderjährigen bereits (vorläufig) kraft Gesetzes entstandene Rechtsposition; ist mithin als rechtlich nachteilhafte Erklärung ausgestaltet.[331] Bei der Ausschlagungserklärung handelt es sich um eine einseitige, empfangsbedürftige Willenserklärung, sodass wie bei der Annahme der Erbschaft § 111 BGB einschlägig ist.[332] Hieraus folgt, dass lediglich eine im Voraus erteilte Einwilligung der gesetzlichen Vertreter möglich ist. Einer nachträglichen Genehmigung der Ausschlagung durch die gesetzlichen Vertreter steht – wie bei der Annahme durch beschränkt Geschäftsfähigen – § 111 BGB entgegen.

2. *Familiengerichtliche Genehmigung zur Ausschlagung*

Folglich bedarf es der vorherigen Einwilligung der gesetzlichen Vertreter. Dies allein ist indes nicht ausreichend zum Wirksamwerden der Ausschlagungserklärung. Vielmehr ist nach § 1643 Abs. 2 S. 1 BGB zusätzlich die Genehmigung des Familiengerichts von Nöten. Diese ist gemäß § 1831 BGB, auf den § 1643 Abs. 3 BGB verweist, vor der Erklärung der Ausschlagung zu erteilen. Da jedoch die Ausschlagung innerhalb der kurz bemessenen sechswöchigen Frist erfolgen muss und sowohl die gesetzlichen Vertreter als auch das Familiengericht die Zeit vollständig zum Prüfen der rechtlichen Situation nutzen können sollen, ist nach zutreffender Ansicht, § 1831 BGB dahingehend auszulegen, dass die Genehmigung zu irgendeinem Zeitpunkt innerhalb der laufenden Ausschlagungsfrist beantragt werden kann.[333] Dies ist damit zu begründen, dass in der Antragstellung auf Genehmigung beim Familiengericht für den gesetzlichen Vertreter ein Fall höherer Gewalt liegt, der nach §§ 1944 Abs. 2 S. 2, 206 BGB eine Hemmung der Ausschlagungsfrist bewirkt.[334]

---

331 Im Ergebnis ebenso: BeckOK BGB/*Wendtland*, BGB § 107 Rn. 10; Kroiß/Ann/Mayer, BGB/*Ivo*, BGB § 1945 Rn. 10.

332 Schulze u.a. Bürgerliches Gesetzbuch/*Hoeren*, BGB § 1943 Rn. 1.

333 *Damrau*, Der Minderjährige im Erbrecht, § 5 Rn. 49, der § 1831 BGB dahingehend interpretiert, dass die Norm auf amtsempfangsbedürftige Willenserklärungen nicht anzuwenden ist; Münchener Kommentar zum BGB/*Kroll-Ludwigs*, BGB § 1831 Rn. 7.

334 So: OLG Frankfurt, Beschluss vom 22.11.1965 – 6 W 153/65 = FamRZ 1966, 259; Soergel BGB/*Stein*, BGB § 1944 Rn. 21; anders noch das Reichsgericht, RGZ 118, 148, das fordert, die Genehmigung des Familiengerichts müsse vor Ablauf der Ausschlagungsfrist nicht nur erteilt, sondern vielmehr auch dem Nachlassgericht nachgewiesen worden sein.

3. *Ausnahme von der familiengerichtlichen Genehmigung*

a. *Ausnahme bei Berufung des gesetzlichen Vertreters*

Eine Ausnahme von der familiengerichtlichen Genehmigungsbedürftigkeit der Ausschlagung ist im Rahmen des § 1643 Abs. 2 S. 2 BGB vorgesehen. Schlägt der zuvor als gesetzlicher Erbe berufene gesetzliche Vertreter die Erbschaft fristgerecht aus[335] und rückt infolgedessen der beschränkt Geschäftsfähige als sein Abkömmling in die Erbenstellung ein, § 1953 Abs. 2 BGB,[336] bedarf es für die Ausschlagung der Erbschaft durch den beschränkt Geschäftsfähigen keiner familiengerichtlichen Genehmigung. In diesem Fall wurden die rechtlichen Konsequenzen der Erbschaftsannahme bereits durch den gesetzlichen Vertreter geprüft und für wirtschaftlich unbedeutend oder rechtlich unvorteilhaft befunden, sodass ein Handeln im Interesse des Kindeswohles impliziert wird.[337]

Der Schutz durch eine familiengerichtliche Genehmigung ist infolge eines fehlenden Interessenskonflikts obsolet.

Dies soll nach h.M. allerdings nicht gelten, wenn die Ausschlagung für das Kind nicht lediglich im Interesse des Kindes erfolgt, sondern zur Durchsetzung eigener nicht gleichgerichteter Interessen des gesetzlichen Vertreters, so etwa wenn der gesetzliche Vertreter im Wege der „selektiven" Ausschlagung nur für sich und einen Teil seiner Kinder ausschlägt, für die anderen aber annimmt, um eine bestimmte Erbquote zu erzielen.[338] In diesem Fall bedarf es entgegen § 1643 Abs. 2 S. 2 BGB dennoch der familiengerichtlichen Genehmigung, um einer Ungleichbehandlung der Kinder entgegenzuwirken.[339]

b. *Maßgebliche Kenntnis*

Wird der beschränkt Geschäftsfähige – wie in der Regel – von zwei gesetzlichen Vertretern vertreten, bedarf es der gesonderten Ausschlagung beider Elternteile. Hinsichtlich der Kenntnis ist strittig, ob es auf die Kenntnis beider Elternteile

335 Und scheidet folglich vollständig aus der Erbfolge aus, *Buchholz*, NJW 1993, 1161 (1163); OLG Frankfurt, Beschluss vom 14.7.1969 – 6 W 88/69 = OLGZ 1970, 81.

336 Burandt/Rojan, Erbrecht/*Große-Boymann*, BGB § 1924 Rn. 16.

337 Ähnlich: *Buchholz*, NJW 1993, 1161 (1163); Soergel BGB/*Stein*, BGB § 1945 Rn. 6.

338 , vgl. nur: OLG Hamm, Beschluss vom 13.12.2013 – I-15 W 374/13 = NJW-RR 2014, 779; BeckOK BGB/*Veit*, BGB § 1643 Rn. 11 mit weiteren Beispielen und weiteren Nachweisen.

339 Burandt/Rojan Erbrecht/*Najdecki*, BGB § 1945 Rn. 15; *Damrau*, Der Minderjährige im Erbrecht, § 5 Rn. 41.

ankommt – mithin die Frist erst mit der späteren Kenntniserlangung zu laufen beginnt – oder die Kenntniserlangung eines Vertreters ausreichend ist.

Die in Literatur und Rechtsprechung herrschende Ansicht stellt auf die Kenntniserlangung beider Elternteile ab, sodass die Frist mit der Kenntniserlangung desjenigen Elternteiles beginnt, der zuletzt von der erbrechtlichen Stellung erfahren hat.[340] Diese Ansicht wird damit begründet, dass anderenfalls die Mitentscheidungsbefugnis des Elternteiles, der zuletzt Kenntnis erlangt, möglicherweise unterlaufen werde, wenn diese Kenntniserlangung nicht innerhalb der sechswöchigen Ausschlagungsfrist erfolge.[341]

Die Gegenansicht, die sich auf den Rechtsgedanken des § 1629 Abs. 1 S. 2 BGB stützt,[342] stellt einzig auf die Kenntniserlangung eines Elternteils, folglich desjenigen, der als erster von den maßgeblichen Umständen Kenntnis erlangt hat, ab. Diese Ansicht vermag indes nicht zu überzeugen. Vielmehr ist es widersprüchlich, die Ausschlagungserklärung beider gesetzlicher Vertreter zur Wirksamkeit zu fordern,[343] jedoch nur auf die Kenntniserlangung eines Vertreters abzustellen.[344] Zudem haben die gesetzlichen Vertreter in der Regel bei gemeinsamem Sorgerecht das minderjährige Kind gemäß § 1629 Abs. 1 S. 1 BGB gemeinsam zu vertreten, was grundsätzlich nur dann möglich ist, wenn beide die erforderliche Kenntnis erlangt haben. Insbesondere bei getrennt lebenden Eltern, die sich das Sorgerecht teilen, kann der Kontakt abweichend ausgestaltet sein, sodass zwar einer der gesetzlichen Vertreter Kenntnis über den Anfall der Erbschaft erlangt hat, den anderen Elternteil jedoch nicht rechtzeitig informiert, um den Rahmen der sechs Wochen Frist auszuschöpfen, und einen Konsens zu erzielen. Dieses zur Missbrauchsgefahr verleitende Ergebnis kann im Interesse des Kindeswohles nicht hingenommen werden.

---

340 LG Freiburg, Beschluss vom 15.8.1991 – 4 T 61/91 = BWNotZ 1993, 44; OLG Frankfurt am Main, Beschluss vom 3.7.2012 – Az. 21 W 22/12; *Damrau*, Der Minderjährige im Erbrecht, § 30 Rn. 33, 46.

341 LG Freiburg, Beschluss vom 15.8. 1991 – 4 T 61/91 = BWNotZ 1993, 44.

342 *Muscheler*, Erbrecht II, Rn. 2965; Soergel BGB/*Stein*, BGB § 1944 Rn. 12.

343 Dies wird sogar von *Stein* in: Soergel BGB/*Stein*, BGB § 1945 Rn. 5 gefordert, der sich damit in Widerspruch zu der Auffassung setzt, Kenntnis müsse nur einer der Elternteile erlangen.

344 Ähnlich: OLG Frankfurt am Main, Beschluss vom 3.7.2012 – Az. 21 W 22/12.

5. Kapitel: Die Annahme und Ausschlagung von Vermächtnissen durch den beschränkt Geschäftsfähigen

A. Einleitung

Auch dem Vermächtnisrecht ist der Grundsatz des sogenannten „Vonselbsterwerbes“ immanent. Dieser besagt – wie vorstehend bereits umrissen[345] –, dass der schuldrechtliche Anspruch des Vermächtnisnehmers bereits mit Eintritt des Erbfalles kraft Gesetzes entsteht, vgl. § 2176 BGB. Dabei ist zu beachten, dass der Erwerb unbeschadet des Rechts zur Ausschlagung erfolgt. Es handelt sich mithin um einen lediglich vorläufigen Erwerb des Vermächtnisanspruches, den der Vermächtnisnehmer durch die seinerseits erklärte Ausschlagung mit endgültiger Wirkung beseitigen kann. Dem Vermächtnisnehmer steht es frei, das Vermächtnis anzunehmen, um den vorläufigen Anspruch in einen endgültigen zu verwandeln, § 2180 BGB.

Die Frage der Annahme und auch der Ausschlagung von Vermächtnissen unter Beteiligung von beschränkt Geschäftsfähigen wurde in der Literatur bislang „stiefkindlich“ behandelt, und auch die Rechtsprechung hatte bislang kaum Gelegenheit, diesbezüglich Stellung zu nehmen. Eine detaillierte Betrachtung der Problematik ist insofern geboten. Hierzu im Folgenden:

B. Die Annahme des Vermächtnisses

I. Allgemeines

Die Annahme des Vermächtnisses ist in § 2180 BGB geregelt. Danach kann der Vermächtnisnehmer das Vermächtnis nicht mehr ausschlagen, wenn er es angenommen hat. Bei der Annahme handelt es sich folglich um eine spezifisch erbrechtliche Handlung, die es vergleichbar bei Rechtsgeschäften unter Lebenden nicht gibt. Mithin wird der vorläufig kraft Gesetzes eingetretene Anspruchserwerb des Vermächtnisnehmers durch Erklärung der Annahme manifestiert. Damit wird dem schon aus §§ 333, 516 Abs. 2 BGB folgenden Grundsatz entsprochen, dass sich niemand etwas gegen seinen Willen zuwenden lassen muss.[346]

345 3. Kapitel A. II. 1.

346 JurisPK-BGB/*Reymann*, BGB § 2180 Rn. 1; BeckOK BGB/*Müller-Christmann*, BGB § 2180 Rn.1.

Die Erklärung der Annahme ist als formfreie empfangsbedürftige Willenserklärung ausgestaltet, die gemäß § 2180 Abs. 2 S. 1 BGB gegenüber dem Beschwerten abzugeben ist.[347] Im Unterschied zur förmlichen Erklärung der Ausschlagung der Erbschaft bedarf es keiner Abgabe einer Erklärung gegenüber einem Notar oder zu Protokoll der Geschäftsstelle.[348] Vielmehr kann die Annahme durch ausdrückliches oder schlüssiges Verhalten des Vermächtnisnehmers erfolgen, so etwa durch Entgegennahme des maßgeblichen Gegenstandes.[349] Kenntnis vom Ausschlagungsrecht bedarf es für die Annahme zumindest bei ausdrücklich erklärter Annahme nicht.[350] Darüber hinaus besteht für das Vermächtnis keine der Erbschaft vergleichbare Ausschlagungsfrist nach § 1944 Abs. 1 BGB; § 2180 Abs. 3 BGB verweist gerade nicht auf die Fristenregelung zur Erbschaft.[351]

Bei der Annahme handelt es sich nach einhelliger Ansicht in Literatur und Rechtsprechung grundsätzlich nicht um ein höchstpersönliches Rechtsgeschäft, das einzig durch den Vermächtnisnehmer vorzunehmen ist. Daher ist Vertretung bei der Erklärung der Annahme möglich.[352] Die Grundstruktur und Grundprinzipien zur Annahme des Vermächtnisses sind somit durch Literatur und Rechtsprechung festgelegt.

II. Rechtliche Einordnung der Annahme

Demgegenüber ist die rechtliche Einordnung der Annahme eines Vermächtnisses in Literatur und Rechtsprechung bislang noch nicht einheitlich geklärt.[353] Wie weiter oben bereits erwähnt,[354] handelt es sich bei der Annahme

---

347 Münchener Kommentar zum BGB/*Rudy*, BGB § 2180 Rn. 2; Staudinger BGB (2013)/*Otte*, BGB § 2180 Rn. 7.

348 Grundlage für das Erfordernis einer förmlich zu erklärenden Ausschlagung bildet nach den Motiven zum ersten Entwurf des Bürgerlichen Gesetzbuches zum einen die „*große Wichtigkeit der Erklärung für den Nachlass*" im Sinne einer Warnfunktion, zum anderen eine Sicherheit für das Nachlassgericht betreffend die Ausstellung eines Erbscheines, Mot. V, 502 zu § 2032 BGB a.F.

349 BGH, Beschluss vom 8.10.1997 - IV ZR 328/96 = ZEV 1998, 24; Praxiskommentar Erbrecht/*Linnartz*, BGB § 2180 Rn. 2.

350 BGH, Beschluss vom 8.10.1997 - IV ZR 328/96 = ZEV 1998, 24; Bayerisches Oberstes Landesgericht, Beschluss vom 24.6.1983 - BReg 1 Z 124/82 = FamRZ 1988, 324.

351 BGH, Urteil vom 12.1.2011 - IV ZR 230/09 = NJW 2011, 1353; Burandt/Rojan, Erbrecht/*Najdecki*, BGB § 1944 Rn. 11.

352 Staudinger BGB (2013)/*Otte*, BGB § 2180 Rn. 2; OLG Köln, Beschluss vom 5.12.2005 - 2 U 103/05 = BeckRS 2006, 15017.

353 So auch: BeckOK BGB/*Müller-Christmann*, BGB § 2180 Rn. 7.

354 5. Kapitel B. I.

eines Vermächtnisses um eine Besonderheit des Erbrechts, die im Rahmen der Rechtsgeschäfte unter Lebenden keine Entsprechung findet. Um eine praktikable und dogmatische Lösung hinsichtlich der Annahme eines Vermächtnisses durch einen beschränkt Geschäftsfähigen zu ermitteln, ist zunächst eine rechtliche Einordnung erforderlich, die auch die mit der Annahme verbundenen rechtlichen Folgen einschließt. Insbesondere im Zusammenspiel mit dem sogenannten „Vonselbsterwerb" des § 2176 BGB ist die Bedeutung der Annahme und ihre rechtliche Einordnung zu klären.

Zur weiteren Begutachtung der Fragestellung betreffend die Annahme durch einen beschränkt Geschäftsfähigen, insbesondere unter dem Blickwinkel des lediglich rechtlichen Vorteils, bedarf es im Folgenden einer rechtlichen Einordnung der Annahme.

Im Wesentlichen stehen sich hinsichtlich dieser Fragestellung zwei Rechtsansichten gegenüber, wobei die von *van Venrooy* entwickelte Ansicht[355] in der Literatur[356] auf große Ablehnung stößt. Diese beiden Rechtsaufassungen sind Gegenstand der nachfolgenden Untersuchung.

1. Ansicht van Venrooy

Van Venrooy war im Jahr 1990 der Erste, der sich in der Literatur ausführlich mit der rechtlichen Einordnung und den daraus resultierenden Rechtsfolgen von Annahme und Ausschlagung eines Vermächtnisses auseinandersetzte. Vorangestellt vertritt *van Venrooy* die grundsätzliche These, bei der Annahme (und auch bei der Ausschlagung) eines Vermächtnisses handele es sich denknotwendig um eine rechtliche Folge des aus dem römischen Recht stammenden Vindikationslegats[357]. Für das von dem Gesetzgeber des Bürgerlichen Gesetzbuches gewählte Damnationslegat sei dagegen eine Annahme grundsätzlich verfehlt.[358] Dies begründet er insbesondere mit Blick auf das dem Vermächtnisrecht vergleichbare gesetzliche Schuldrecht, dem die Rechtsfigur Annahme fremd sei. Die Parallele zum gesetzlichen Schuldrecht zieht *van Venrooy* insbesondere aufgrund des Entstehens eines Anspruches ohne rechtsgeschäftliche Erklärung oder irgendwie geartete „adäquatkausale Handlung des Begünstigten".[359]

---

355 *Van Venrooy,* Annahme und Ausschlagung von Vermächtnissen, 1990.

356 Insbesondere: *Muscheler*, 147 ff.

357 Siehe zum Vindikationslegat: *Kohlrausch/Peters*, Römisches Privatrecht, 351.

358 *Van Venrooy,* S. 54.

359 *Van Venrooy,* S. 3.

Unter Berücksichtigung der erbrechtlichen Besonderheiten könne hingegen kein unreflektierter Vergleich des Vermächtnisrechts mit dem gesetzlichen Schuldverhältnis erfolgen. Da zudem der Gesetzgeber trotz des nach Ansicht *van Venrooys* verfehlten Erfordernisses einer Annahme diese in § 2180 BGB als zwingende Voraussetzung des Vermächtnisrechts manifestierte, bedürfe es dennoch einer logischen rechtlichen Einordnung.[360]

Eine innovative Herleitung und Begründung für das Einfügen des Annahmeerfordernisses durch den Gesetzgeber veröffentlichte *van Venrooy* in seinem 1990 erschienenen Werk „Annahme und Ausschlagung von Vermächtnissen". Der darin vertretene Lösungsansatz ordnet (entgegen der herrschenden Meinung) die Annahme nicht lediglich als Verzicht auf das Ausschlagungsrecht ein. Vielmehr soll mit der Annahme – in einheitlicher Terminologie zu den §§ 145 ff. BGB – eine vertragliche Vereinbarung zustande kommen. Nach der Ansicht *van Venrooys* soll der Annahme mithin gelöst vom Ausschlagungsrecht eine bedeutendere und selbständige Rolle zuteilwerden. Da die vertragliche Einigung, die der Annahme nach dieser Ansicht zuteil kommen soll, wegen § 2174 BGB nicht das Vermächtnis selbst[361] erfassen könne, sei die Annahme dahingehend zu verstehen, dass mit ihr eine begleitende Abrede geschaffen werde.[362] Diese begleitende Abrede ziele darauf, einen rechtlichen Grund für das Vermächtnis zu schaffen. Die Annahme sei deshalb als Rechtsgrund für das Behaltendürfen der im Wege des „Vonselbsterwerbes" angefallenen Vermächtnisforderung einzuordnen.[363] Dieses Ergebnis sei aus dem Vergleich zum wirtschaftlich gleichwertigen Vertrag zugunsten Dritter auf den Todesfall, §§ 328, 331 BGB, zu entnehmen, bei dem auch zunächst eine Zuwendung an einen Dritten erfolge und erst nachträglich jemand nach dem Rechtsgrund verlange. Die Ansicht, die vertrete, § 328 BGB reiche für den Vertrag zugunsten Dritter als Rechtsgrund aus, sei nach *van Venrooy* abzulehnen.[364] Ohne das Erfordernis des Rechtsgrundes sei das Vermächtnis die einzige Vermögensübertragung des Bürgerlichen Gesetzbuches, die keinen Rechtsgrund voraussetze. Der Erwerb kraft Erbschaft habe dabei außer Acht zu bleiben, da der Erbe den Erblasser repräsentiere und vermögensrechtliche Identität erlange. Es gäbe folglich kein Rechtssubjekt, zu

360 *Van Venrooy*, S. 4.

361 Die Forderung betrifft nämlich bereits von Beginn an das Vermächtnis selbst, *Van Venrooy*, S. 12.

362 *Van Venrooy*, S. 12.

363 *Van Venrooy*, S. 16.

364 *Van Venrooy*, S. 14.

dem ein Rechtsgrundverhältnis erforderlich sei.[365] Anders stelle es sich aber bei dem nicht dinglich wirkenden Vermächtnis dar, das nach einem Rechtsgrund verlange.

Der Annahme komme mithin die Funktion zu, den Antrag des Erblassers auf Abschluss einer Rechtsgrundvereinbarung für den Vermächtnisanspruch kondiktionsfest zu begründen.[366] Somit bedeute die Aussetzung eines Vermächtnisses zum einen zwar die Zuwendung einer kraft Gesetzes entstehenden Bereicherung, zum anderen aber auch den Antrag des Erblassers an den Vermächtnisnehmer betreffend den rechtlichen Grund des Behaltendürfens. Das Angebot des Erblassers sei für die Erben wegen der Vorschrift des § 1939 BGB unwiderruflich. Anderenfalls sei das Recht des Erbens zur gewillkürten Verfügung über seinen Nachlass unterlaufen. Das Angebot gehe gemäß § 130 Abs. 1 S. 1 BGB zu.[367] Dieser Zugang erfolge regelmäßig mit der Verkündung der Verfügung von Todes wegen, § 348 Abs. 2 FamFG oder mit Zugang der Mitteilung nach § 348 Abs. 3 FamFG.[368] Mit Zugang des Antrages an den Vermächtnisnehmer wandelt sich der Antrag in einen solchen des Erben.[369] Die §§ 145 ff. BGB seien entsprechend anzuwenden. Der Vermächtnisnehmer könne nunmehr gemäß § 2180 Abs. 1 BGB dieses Angebot entsprechend annehmen. Werde das Angebot auf Abschluss einer Rechtsgrundvereinbarung abgelehnt[370] (hierbei sei zu beachten, dass die Ablehnung des Angebots nicht mit der Ausschlagung des Vermächtnisses gleichzusetzen sei) oder nicht zeitnah angenommen,[371] könne der Anspruch aus § 2174 BGB kondiziert werden.

Anders als die herrschende Ansicht legt *van Venrooy* den Fokus auf das Annahmerecht, wodurch das Recht zur Ausschlagung in den Hintergrund rückt. Der Ausschlagung komme eine deutlich untergeordnete Rolle zu. Van Venrooy misst der Ausschlagung lediglich dann eine Bedeutung zu, wenn der Erbfall bereits eingetreten sei, der Antrag auf Abschluss der Rechtsgrundvereinbarung aber noch nicht zugegangen sei.[372] Habe der Vermächtnisnehmer durch Hinweise oder Andeutungen des Erblassers zu Lebzeiten von der Zuwendung des

---

365 *Van Venrooy*, S. 13.

366 *Van Venrooy*, S. 12.

367 *Van Venrooy*, S. 18.

368 Vormalig § 2260 Abs. 2, Seite 1, BGB § 2262 BGB.

369 *Van Venrooy*, S. 18.

370 Mithin der Antrag auf Einigung über den Rechtsgrund.

371 Nach Ansicht *van Venrooys* ist § 148 BGB anwendbar und somit die Möglichkeit einer Fristsetzung gegeben. § 2307 BGB stelle hierzu eine Modifizierung dar, 23, 24.

372 *Van Venrooy*, S. 37.

Vermächtnisses erfahren, könne er bereits vor Zugang des Antrags ausschlagen. Bewirkt werde auf diese Weise, dass der Anfall des Vermächtnisses rückwirkend als nicht erfolgt gelte.[373]

Im Ergebnis schuf *van Venrooy* eine Neuinterpretation der Vermächtnisannahme, die eine Abweichung zum Grundsatz des Erbrechts, etwas ohne schuldrechtliche causa zuwenden zu können, bedeutet.

2. *Überwiegende Ansicht in der Literatur*

Die von *van Venrooy* in seinem Werk „Annahme und Ausschlagung von Vermächtnissen" vertretene Ansicht hinsichtlich der rechtlichen Einordnung des Vermächtnisanspruches traf und trifft in der herrschenden Literatur auf Ablehnung.[374]

Unter Verweis auf mehrfache Verstöße gegen den Wortlaut der Vorschrift des § 2180 BGB könne die Annahme durch den Vermächtnisnehmer nicht als Abschluss einer Rechtsgrundvereinbarung qualifiziert werden. Vielmehr sei die Annahme lediglich eine vom Gesetzgeber vorgesehene Möglichkeit, den vorläufig kraft Gesetzes eingetretenen „Vonselbsterwerb" zu beenden und den Erhalt des Vermächtnisanspruches endgültig zu manifestieren. Rechtsfolge der ausgeübten Annahme sei nach der herrschenden Ansicht in der Literatur lediglich der Verlust des Ausschlagungsrechts, jedoch keine darüber hinausgehende Rechtsgrundvereinbarung.[375]

Detailliert mit der Rechtskonstruktion *van Venrooys* auseinandergesetzt hat sich *Muscheler* in seinem Werk „Universalsukzession und Vonselbsterwerb" aus dem Jahr 2002.[376] Hierin vertritt er die Ansicht, die Neuinterpretation der Annahme verstoße in dreifacher Hinsicht gegen den Wortlaut des § 2180 BGB:

Zunächst sei hervorzuheben, dass § 2180 BGB ausdrücklich davon spreche, es könne so lange angenommen werden, wie nicht ausgeschlagen worden sei. Dies widerspreche aber dem Ansatz der Rechtsgrundabrede, nach der bereits ab Zugang des Antrags auf Abschluss einer Rechtsgrundvereinbarung keine Ausschlagung mehr erfolgen könne.

Darüber hinaus setze der Wortlaut des § 2180 BGB zwingend voraus, dass es sich bei Annahme und Ausschlagung jeweils um das identitätsgleiche Objekt

373 *Van Venrooy*, S. 37.

374 Kroiß/Ann/Mayer BGB/*J. Mayer*, BGB § 2180 Rn. 5.

375 Münchener Kommentar zum BGB/*Rudy*, BGB § 2180 Rn. 5; *Muscheler*, 181; *Röhl*, MittBayNot 2013, 191.

376 *Muscheler*, Universalsukzession und Vonselbsterwerb, S. 188 ff.

des Vermächtnisses (an sich) handele. *Van Venrooy* hingegen beziehe die Annahme auf den Rechtsgrundantrag und die Ausschlagung auf die aus § 2174 BGB folgende Forderung. Auch diesen Wertungswiderspruch vermöge seine Ansicht nicht auszuräumen.[377]

Überdies verstoße *van Venrooy* gegen den dem Erbrecht immanenten Grundsatz, dass es gerade keines Rechtsgrundes zum Behaltendürfen des Zugewendeten bedürfe.

Zusammenfassend könne die Neuinterpretation nicht überzeugen. Trotz guter Ansatzpunkte sei die Annahme nicht als Rechtsgrundabrede einzuordnen, sondern vielmehr lediglich als gesetzlich vorgesehene Möglichkeit, den vorläufigen Erwerb der Forderung in einen endgültigen zu verwandeln mit der Folge des Verlusts des Ausschlagungsrechts.

3. Stellungnahme

Die Bedeutung der Annahme im Kontext des kraft Gesetzes eintretenden Anfalles des Vermächtnisanspruches und der Ausschlagung des Vermächtnisses ist dogmatisch schwer einzuordnen.[378] Insbesondere ist es nicht möglich, ohne entsprechende Anpassung und Berücksichtigung der erbrechtlichen Besonderheiten, das schuldrechtliche System der Annahme eines Vertrages zu übernehmen.

Der Ansicht *van Venrooys*, es bedürfe grundsätzlich keiner Annahme des Vermächtnisses, ist im Grundsatz zuzustimmen, dennoch bedarf es einiger Modifikationen. Hierzu wie folgt:

Das Erbrecht und folglich die Rechtsnachfolge von Todes wegen ist gerade kein Rechtsgeschäft unter Lebenden, sodass die Regelungen über das Zustandekommen schuldrechtlicher Rechtsverhältnisse mittels Angebot und Annahme nicht ohne Weiteres übertragbar sind. Das Vermächtnisrecht ist ein spezifisches erbrechtliches Gestaltungsmittel, das die gewollte Zuwendung an einen Dritten ermöglicht, ohne einen zugrunde liegenden Vertrag zwischen Zuwendendem und Zuwendungsempfänger zu verlangen. Um die Forderung des Begünstigten zum Entstehen gelangen zu lassen, bedarf es gerade keiner übereinstimmenden Willenserklärungen. Vielmehr ist es ausreichend, dass der Erblasser den Willen zur Zuwendung an einen Dritten als Vermächtnisgestaltung in einem Testament oder Erbvertrag niederlegt und die Forderung mit dem Erbfall (oder in

---

377 *Muscheler*, Universalsukzession und Vonselbsterwerb, S. 192.

378 Problematisch erweist sich diesbezüglich die „Zwitterstellung" zwischen Schuld- und Sachenrecht, eingebettet in das Erbrecht.

den Fällen der §§ 2177, 2178 BGB mit Eintritt eines bestimmten Ereignisses) zum Entstehen gelangt.[379] Dieser sogenannte Anfall des Vermächtnisses ist erforderlich, um der erbrechtlichen Besonderheit gerecht zu werden, dass gerade kein Vertragsschluss zwischen Erblasser und Begünstigtem sowie zwischen dem Erben und dem Begünstigten vorliegt; die Forderung dennoch zum Entstehen gelangen muss.

a. Vergleich zum Pflichtteilsrecht

Dies wird insbesondere deutlich, wenn man einen Vergleich zum Pflichtteilsrecht gemäß §§ 2303 ff. BGB herstellt. Der Pflichtteil begründet für nahe Verwandte und den Ehegatten des Erblassers eine gewisse Mindestteilhabe am Nachlass, der diesen trotz ausdrücklicher Enterbung durch den Erblasser einen schuldrechtlichen Anspruch auf Geldzahlung gegen den Erben oder die Erbengemeinschaft gewährt.[380] Obwohl es sich ebenfalls um eine erbrechtliche Sonderkonstellation handelt, hat der Gesetzgeber beim Pflichtteilsrecht, auch wenn es dem Vermächtnisrecht als schuldrechtlich ausgestalteter Anspruch gleichwertig ist, auf den Anfall kraft Gesetzes verzichtet. Dies folgt daraus, dass der Anspruch nach dem Gesetzgeberwillen unabhängig vom Willen der Parteien erfolgen soll, insofern Angebot und Annahme durch den gesetzlich eintretenden Anfall kompensiert werden sollen.

b. Vergleich zu gesetzlichen Schuldverhältnissen

Eine Parallele zu außervertraglichen Schuldverhältnissen – etwa Deliktsrecht oder Geschäftsführung ohne Auftrag[381] – kann nicht gezogen werden, da die Anordnung eines Vermächtnisses – mithin jemandem etwas bewusst zuwenden zu wollen – der Gestaltung eines vertraglichen Schuldverhältnisses gleicht.[382]

Über den Anfall des Anspruchs im Wege des „Vonselbsterwerbs" kann man sich bei der Interpretation der Annahmebedeutung folglich nicht hinwegsetzen,

---

379 Staudinger BGB (2013)/*Otte*, BGB § 2176 Rn. 1.

380 Münchener Kommentar BGB/*Lange*, BGB § 2303 Rn. 1.

381 Bei der berechtigten Geschäftsführung ohne Auftrag könnte man bei Handeln mit Fremdgeschäftsführungswillen annehmen, dass mit dem Willen gehandelt wird, jemanden etwas zuzuwenden. Dies kann nach hier vertretener Ansicht aber nicht als Gegenargument aufgeführt werden, da es um die Besorgung von Geschäften geht und nicht um die Zuwendung.

382 Anders: *Van Venrooy*, der eine Parallele zu den außervertraglichen Schuldverhältnissen zieht, vgl. S. 2 ff.

zumal dieser vom Gesetzgeber ausdrücklich in § 2176 BGB festgelegt wurde. Dies wurde bereits von *van Venrooy* treffend erkannt.[383]

c. *Modifizierung*

Da der Anfall des Vermächtnisses unstreitig erforderlich ist, um das Entstehen des Vermächtnisanspruches unter Berücksichtigung der erbrechtlichen Besonderheiten zu gewährleisten, stellt sich nunmehr die Frage, inwieweit der Annahme eigenständige Bedeutung zukommt. Zu klären ist in diesem Zusammenhang insbesondere, ob sich die Annahme wie von *Muscheler*[384] behauptet, lediglich in dem Verzicht auf das Ausschlagungsrecht erschöpft.

Der hier vertretenen Ansicht zufolge handelt es sich bei der Einführung des Annahmeerfordernisses in das Recht der Vermächtnisse um einen bis zum heutigen Zeitpunkt nicht korrigierten „Fehler" des Gesetzgebers basierend auf der Rechtslage zum Zeitpunkt des römischen Rechts. Das Vermächtnisrecht benötigt kein Annahmerecht; vielmehr ist durch den Anfall der Vermächtnisforderung an den Vermächtnisnehmer das Forderungsrecht bereits entstanden, sodass sich nicht erschließt, wieso dieses zusätzlich – und dazu noch ohne zeitliche Begrenzung –angenommen werden muss. Im Resultat sind Anfall und Ausschlagungsrecht ausreichende Gestaltungsmittel, um das Entstehen des Anspruches und das Ablehnen der Geltendmachung des Anspruches hinreichend abzudecken. Dem allgemein anerkannten Grundsatz, dass sich niemand etwas ohne seinen Willen zuwenden lassen muss, wird durch die Möglichkeit der Ausschlagung entsprochen.

Auch bei der Erbschaft ist die Annahme wegen der gleichfalls bestehenden Regelungen zum Anfall der Erbschaft und der Möglichkeit, sich von der Erbschaft durch Ausschlagung zu lösen, grundsätzlich obsolet.

Da sich der Gesetzgeber jedoch trotz vereinzelt kritischer Stimmen im Gesetzgebungsverfahren[385] zur Erforderlichkeit der Annahme ausweislich des sehr eindeutigen Wortlautes des § 2180 BGB und der Gesetzgebungsbegründung für ein Annahmeerfordernis ausgesprochen hat, kann sich über dieses nunmehr nicht hinweggesetzt werden. Vielmehr ist im Wege einer geltungserhaltenden Reduktion die Annahme daraufhin einzuordnen, dass sie lediglich geschaffen wurde, um sich endgültig für den bereits entstandenen Anspruch zu entscheiden. Eine darüber hinausgehende Bedeutung kann dem – nach dieser Ansicht

---

383 *Van Venrooy*, S. 2.

384 *Muscheler*, Universalsukzession und Vonselbsterwerb, S. 188 ff.

385 *Mugdan* Band V, 626.

obsoleten – Annahmeerfordernis somit grundsätzlich nicht zugebilligt werden. Der herrschenden Meinung ist insoweit zu folgen.

Dieses Ergebnis folgt anders als bei der Annahme der Erbschaft, die an die Frist der Ausschlagungserklärung gekoppelt ist, nicht aus dem Aspekt der Sicherheit des Verkehrsschutzes.[386] Da der Vermächtnisnehmer nicht bereits dinglich in die Rechte und Pflichten des Erblassers einrückt und folglich keine zeitnahe Sicherung des Bestandes erfolgen muss, um die Gläubiger zu befriedigen, bedarf es keines Schutzes des Rechtverkehrs durch Einführen eines Annahmeerfordernisses. Die Annahme des Vermächtnisses zur endgültigen Manifestierung eines vormaligen Schwebezustandes dient vielmehr zunächst dem Schutz des Vermächtnisnehmers vor der endgültigen Zuwendung des Vermächtnisgegenstandes gegen seinen Willen. Dem Vermächtnisnehmer soll die Möglichkeit eingeräumt werden, sich zugunsten des Anspruches entscheiden zu können.

Überdies dient die Beendigung des Schwebezustandes zugleich dem Interesse des Erben, der über seine Leistungsverpflichtung informiert werden möchte,[387] um den Vermächtnisgegenstand nicht bis zum Ablauf der Verjährungsfrist zurückstellen zu müssen. Mithin besteht trotz fehlenden Fristablaufs ein beiderseitiges Interesse an der Beendigung des Schwebezustandes durch Erbe und Vermächtnisnehmer, sowohl um den Nachlassbestand festgestellt zu haben, als auch sich gegen die „Aufdrängung" gesetzlich entstehender Ansprüche zur Wehr setzen zu können.

Die Voraussetzung der Annahme eines Vermächtnisses ist folglich zwingend durch den Gesetzgeber festgelegt worden. Bislang in Rechtsprechung und Literatur eher „stiefkindlich" behandelt wurde die Annahme des Vermächtnisses durch einen beschränkt Geschäftsfähigen. Diese Problematik soll nachfolgend beleuchtet werden:

C. Die Annahme des Vermächtnisses bei beschränkt Geschäftsfähigen

Anders als im Rahmen der Erbschaftsannahme[388] finden sich kaum detaillierte Auseinandersetzungen mit der Problemstellung der Annahme eines Vermächtnisses durch einen beschränkt Geschäftsfähigen. Dies mag insbesondere der rechtlichen Einordnung der Erfüllung des Vermächtnisses an einen

386 *Mugdan* Band V, 98; im Sinne des Gläubigerinteresses bedarf es einer zeitnahen Klärung, wer (endgültig) Erbe des maßgeblichen Nachlasses geworden ist.

387 Ähnlich: *Van Venrooy*, S. 8.

388 So zum Beispiel bei Burandt/Rojan/*Najdecki*, Erbrecht, BGB § 1943 Rn. 11.

Minderjährigen geschuldet sein, welcher in der Praxis ein stärkeres Gewicht beigemessen wird als der Annahme des Vermächtnisses.[389] Dies gilt vor allem bei den häufig angeordneten Grundstücksvermächtnissen, bei denen das Grundbuchamt im Rahmen des Vollzugs der Übereignung nicht die lediglich rechtliche Vorteilhaftigkeit der Vermächtnisannahme zu prüfen hat.[390]

Obwohl der Annahme im wissenschaftlichen Diskurs zumeist eine eher untergeordnete Rolle zukommt, ist auch diese im Hinblick auf die Bedeutung für die beschränkt Geschäftsfähigen von hohem dogmatischem Interesse. Dies zum einen, da eine Annahme zunächst ohne darauffolgendes Erfüllungsverlangen isoliert erklärt werden kann – mithin die Frage der rechtlichen Vorteilhaftigkeit nicht allein von der möglichen Vorteilhaftigkeit oder Nachteilhaftigkeit der Erfüllung abhängig gemacht werden kann.[391] Darüber hinaus sind die Annahme des Vermächtnisses und das dingliche Rechtsgeschäft infolge des Abstraktionsprinzips grundsätzlich getrennt voneinander zu bewerten,[392] sodass die Frage der rechtlichen Vorteilhaftigkeit der Annahme nicht unberücksichtigt bleiben kann.

Erst seit kurzer Zeit – namentlich seit den Beschlüssen des OLG München aus dem Jahr 2011[393] – wurde die Frage der rechtlichen Vorteilhaftigkeit der Annahme vermehrt in der Literatur aufgegriffen. Die nachfolgende Begutachtung geht zunächst auf die unterschiedlichen Lösungsansätze ein, um dann im Anschluss eine Lösung zu entwickeln, die möglichst umfassend alle Aspekte und Umstände einbezieht, die einen beschränkt Geschäftsfähigen bei der Zuwendung eines Vermächtnisanspruches negativ wie positiv treffen können. Im Ergebnis soll eine Lösung gefunden werden, die den Interessen des Rechtsverkehrs sowie primär auch den Interessen des Minderjährigen gerecht wird.

I. Theorien in der Literatur

Wie bereits erwähnt, wurde in der Rechtsprechung die Frage der rechtlichen Vorteilhaftigkeit der Vermächtnisannahme und der daraus resultierenden Folgen für den beschränkt Geschäftsfähigen bisher nicht näher erörtert. Vielmehr

---

389 So auch: *Röhl*, MittBayNot 2013, 189 (190).

390 Das Grundbuchamt beschäftigt sich lediglich mit der Frage der Anteilsübertragung, folglich der Erfüllung. Ob die zuvor erklärte Annahme lediglich rechtlich vorteilhaft war, hat für das Grundbuchamt jedoch keine Relevanz, OLG München, Beschluss vom 23.9.2011 – 34 Wx 311/11 = MittBayNot 2012, 145.

391 *Röhl*, MittBayNot 2013, 189 (190).

392 OLG München, Beschluss vom 23.9.2011 – 34 Wx 311/11 = MittBayNot 2012, 145.

393 OLG München, Beschluss vom 8.2.2011 – 34 Wx 18/11 = MittBayNot 2012, 145; OLG München, Beschluss vom 23.9.2011 – 34 Wx 311/11 = MittBayNot 2012, 145.

ließ das OLG München die Frage in diversen Beschlüssen, die sich mit der Erfüllung des Vermächtnisses zugunsten eines beschränkt Geschäftsfähigen befassten,[394] infolge fehlender Entscheidungserheblichkeit offen.[395] Lediglich in der Literatur haben vereinzelte Autoren Vorstöße zur Entwicklung einer minderjährigengerechten Lösung gewagt. Im Fokus dieser vertretenen Ansätze stehen insbesondere die Frage des belasteten Vermächtnisses und die Einwirkung des § 2307 BGB auf die Beurteilung der rechtlichen Vorteilhaftigkeit der Annahme des Vermächtnisses. Im Ergebnis ergeben sich folgende rechtliche Standpunkte zu der gegenständlichen Thematik:

1. Annahme des Vermächtnisses – stets rechtlich nachteilhaft

Ein erster in der Literatur vertretener Ansatz ordnet die Annahme des Vermächtnisses nach § 2180 BGB als generell rechtlich nachteilhaft ein mit der Folge, dass jederzeit zumindest eine Vertretung durch den oder die gesetzlichen Vertreter zu erfolgen habe.[396] Infolge des Verlusts des Ausschlagungsrechts nach konkludent oder ausdrücklich erklärter Annahme ziehe die Annahme stets eine für den beschränkt Geschäftsfähigen rechtlich nachteilhafte Folge mit sich. Eine Beschränkung der Nachteilhaftigkeit auf lediglich mit einem Untervermächtnis oder einer Auflage beschwerte Vermächtnisse lehnt diese Ansicht ab.[397] Darüber hinaus wird abgelehnt – wie zum Teil von einigen Stimmen in der Literatur vertreten[398] – die rechtliche Nachteilhaftigkeit nur für die Fälle des § 2307 BGB im Falle eines pflichtteilsberechtigten minderjährigen Vermächtnisnehmers anzunehmen.[399]

Als Begründung für die generelle Nachteilhaftigkeit der Annahme eines Vermächtnisses wird angeführt, dass einzig der Verlust des Ausschlagungsrechts als unmittelbar nachteilhafte Folge einzuordnen sei. Der Verlust des Pflichtteils in den Fällen des § 2307 BGB sei lediglich eine mittelbare Folge der Annahme, zudem erhalte der Vermächtnisnehmer grundsätzlich den Wert seines

394 Ausführlich zu den Beschlüssen des OLG München: Kapitel 7 und 8.

395 So zuletzt: OLG München, Beschluss vom 22.8.2012 – 34 Wx 200/12 = MittBayNot 2013, 247.

396 BeckOK BGB/*Müller-Christmann*, BGB § 2180 Rn. 8; JurisPK-BGB/*Reymann*, BGB § 2180 Rn. 37; Kroiß/Ann/Mayer BGB/*J. Mayer*, BGB § 2180 Rn. 19.

397 JurisPK-BGB/Reymann, BGB § 2180 Rn. 37.

398 So ähnlich: *Röhl*, MittBayNot 2013 (189), 192; *Keim*, ZEV 2011, 563 (566); Staudinger BGB (2013)/*Otte*, BGB § 2180 Rn. 3

399 JurisPK-BGB/*Reymann*, BGB § 2180 Rn. 37.

vollständigen Pflichtteils über § 2307 Abs. 1 S. 2 BGB.[400] Sei das Vermächtnis hingegen beschwert, ergebe sich zwar über § 2307 Abs. 1 S. 2 BGB i.V.m. § 2306 BGB eine andere rechtliche Ausgangssituation dahingehend, dass die Beschwer bei der Bestimmung des maßgeblichen Wertes des Pflichtteiles außer Acht zu bleiben habe.[401] Dennoch handelt es sich bei dieser Rechtsfolge ausweislich der Ansichten *Mayers*[402] und *Reymanns*[403] ebenfalls um lediglich mittelbar eintretende Nachteile, die nicht nur den belasteten Vermächtnisnehmer, sondern auch das mit einer Bedingung versehenen Vermächtnis treffen können. Mithin bestehe kein Grund zu differenzieren, sondern es sei vielmehr generell von der rechtlichen Nachteilhaftigkeit auszugehen.

2. Rechtlicher Nachteil der Annahme nur bei Wahlvermächtnis

a. Darstellung

Ein anderer rechtlicher Ansatz wird durch *Pawlytta* vertreten.[404] Nach dieser Ansicht ist das Wahlvermächtnis gemäß § 2154 BGB, welches eine Wahlschuld nach §§ 262 ff. BGB begründet, als rechtlich nachteilhaft für den Minderjährigen einzuordnen. Da es sich um eine einseitige empfangsbedürftige Willenserklärung in Form eines Gestaltungsrechts handele, bedürfe es infolge der rechtlichen Nachteilhaftigkeit für den beschränkt Geschäftsfähigen der vorherigen Einwilligung der gesetzlichen Vertreter nach § 111 BGB.[405] Wie bereits im 3. Kapitel unter B. V. ausgeführt, handelt es sich bei einem Wahlvermächtnis um eine zunächst unbestimmte, aber dennoch bestimmbare Leistung, die durch ein Wahlrecht konkretisieret wird.[406] Wurde dieses Wahlrecht dem Bedachten zugewendet, führe dies zu einer rechtlichen Nachteilhaftigkeit der Annahme des Vermächtnisses, da das Wahlrecht unwiderruflich erlösche und folglich einen nicht lediglich rechtlichen Vorteil für den beschränkt Geschäftsfähigen bedeute.[407] Der Beschwerte habe nunmehr lediglich einen vormals konkretisierten Gegenstand zu leisten.

---

400 JurisPK-BGB/*Reymann*, BGB § 2180 Rn. 37.
401 JurisPK-BGB/*Reymann*, BGB § 2180 Rn. 37.
402 Kroiß/Ann/Mayer BGB/*J. Mayer*, BGB § 2180 Rn. 19.
403 JurisPK-BGB/*Reymann*, BGB § 2180 Rn. 37.
404 Münchener Anwaltshandbuch Erbrecht/*Pawlytta*, § 42 Rn. 96, 56 ff.
405 Münchener Anwaltshandbuch Erbrecht/*Pawlytta*, § 42 Rn. 57.
406 Münchener Kommentar zum BGB/*Krüger*, BGB § 262 Rn. 2, 3.
407 Münchener Anwaltshandbuch Erbrecht/*Pawlytta*, § 42 Rn. 57, 58.

Ausweislich der Ausführungen *Pawlyttas* sind die §§ 1795, 181 BGB zu beachten, wenn die Eltern Bestandteil der Erbengemeinschaft sind und das Wahlrecht grundsätzlich ihnen selbst gegenüber auszuüben ist, sodass an eine Pflegerbestellung zu denken ist.[408]

b. Stellungnahme

Verkannt wird von dieser Ansicht, dass zwischen der Annahme selbst und der Geltendmachung des Wahlrechts unterschieden werden muss. Hierbei handelt es sich um zwei nacheinander folgende Schritte, wobei die Annahme der Ausübung des Wahlrechts in der Regel vorgeht. Während die konkludent oder ausdrücklich erklärte Annahme erforderlich ist, um den Schwebezustand, der nach Anfall des Vermächtnisses besteht, zu beenden und den Vermächtnisanspruch endgültig zu manifestieren, folgt die Ausübung des Wahlrechts erst im Anschluss an die Annahme, um den zu leistenden Gegenstand festzulegen. Da es sich um eine Wahlschuld nach § 262 BGB handelt, gelten auch die Regelungen der §§ 262 ff. BGB. Mithin liegt ein zunächst nach allgemeinen Kriterien begründeter Anspruch vor, der zunächst mit alternativem Inhalt besteht.[409] Für den Erwerb des Vermächtnisanspruches kann dies denknotwendig nur bedeuten, dass der Anspruch zunächst endgültig durch Erklärung der Annahme zum Entstehen gelangt und das Wahlrecht erst im Nachhinein in einem gesonderten Schritt zur Bestimmung des finalen Leistungsgegenstandes ausgeübt werden muss. Mithin können das Wahlrecht und der damit zwangsläufig einhergehende Verlust der Wahlmöglichkeit keine rechtlich nachteilhafte Folge der Annahme begründen. Der Ansatz von *Pawlytta* ist aus diesem Grund abzulehnen.

3. Bei belastetem Vermächtnis

Von einem überwiegenden Teil der Autoren, die sich mit der Problematik der rechtlichen Vorteilhaftigkeit der Annahme auseinandersetzen, wird die rechtliche Nachteilhaftigkeit belasteter Vermächtnisse vertreten.[410] Als belastete Vermächtnisse gelten in diesem Zusammenhang die mit einem Unter- oder

---

408 Münchener Anwaltshandbuch Erbrecht/*Pawlytta*, § 42 Rn. 59.

409 Palandt BGB/*Grüneberg*, BGB § 262 Rn. 1.

410 Burandt/Rojan Erbecht/*Burandt*, BGB § 2180 Rn. 2; Palandt BGB/*Weidlich*, BGB § 2180 Rn. 2; *Röhl*, MittBayNot 2013, 189 (192); Staudinger BGB (2013)/*Otte*, BGB § 2180 Rn. 2; Staudinger BGB (2012)/*Knothe*, BGB § 107 Rn. 11; Münchener Kommentar zum BGB/*Schmitt*, BGB § 2180 Rn. 59; Soergel BGB/*Hefermehl*, BGB § 2180 Rn. 2; so auch das OLG München, Beschluss vom 23.9.11 – 34 Wx 311/11.

Nachvermächtnis beschwerten (§§ 2186 ff., 2192, 2147 S. 1, Alt. 2 BGB) sowie die mit einer Auflage versehenen Vermächtnisse (§§ 2192, 2147 BGB). Als Begründung für die rechtliche Nachteilhaftigkeit der belasteten Vermächtnisse wird angeführt, dass der beschränkt Geschäftsfähige mit der Annahme dieser belasteten Vermächtnisse der Verpflichtung der Erfüllung des Unter- bzw. Nachvermächtnisses ausgesetzt sei und sich von dieser ihn nunmehr treffenden Verpflichtung nicht durch Ausschlagung befreien könne.[411]

4. *Differenzierung zwischen miterklärter Annahme und isolierter Annahme*

Einen neuen differenzierenden Ansatz zur Lösung der Fragestellung der rechtlichen Vorteilhaftigkeit der Annahme des Vermächtnisses entwickelte *Keim* im Jahr 2011 als Reaktion auf die Beschlüsse des Oberlandesgerichts München.[412] Die Rechtsfolgen der Annahme eines Vermächtnisses sind nach dieser Ansicht in dem Verlust des Ausschlagungsrechts und der Möglichkeit, ab diesem Zeitpunkt in Annahmeverzug gesetzt zu werden, erschöpft. In der Konsequenz sei hinsichtlich der Annahme durch einen beschränkt Geschäftsfähigen zwischen der isolierten Annahme und der Annahme zu differenzieren, die konkludent im Rahmen der Vermächtniserfüllung miterklärt werde:

Während die isoliert erklärte Annahme stets rechtlich nachteilhaft sei, da mit ihr der Verlust des Ausschlagungsrechts einhergehe und diesem rechtlichen Nachteil keine Vorteilhaftigkeit als Kompensation gegenüberstehe, sei die Annahme, die konkludent mit dem Erfüllungsverlangen abgegeben werde, rechtlich vorteilhaft für den beschränkt Geschäftsfähigen.[413] Da die isolierte Annahme nach der Auffassung *Keims* nicht den Rechtsgrund für das Behaltendürfen des Vermächtnisses bildet, sondern dieser vielmehr in dem Vermächtnis selbst angelegt sei, begründe die Annahme für sich gesehen keine rechtliche Vorteilhaftigkeit.[414] Die konkludent miterklärte Annahme dagegen, die bei Entgegennahme des Vermächtnisgegenstandes oder Auflassung erklärt werde, müsse als rechtlich vorteilhaft eingeordnet werden. Die Position des Vermächtnisnehmers sei mit der eines Beschenkten vergleichbar, für den nach Erfüllung des Zuwendungsgegenstandes auch keine Möglichkeit mehr bestehe, das Erhaltene durch

411 *Röhl*, MittBayNot 2013, 189 (192).

412 *Keim*, ZEV 2011, 563 (565). Zu den Beschlüssen des OLG München ausführlich unter: 7. Kapitel, C. III. 4.

413 *Keim*, ZEV 2011, 563 (565).

414 *Keim*, ZEV 2011, 563 (565).

Ausschlagung zurück zu gewähren. Wenn das Erfüllungsgeschäft selbst nachteilig sei, habe dies auf die miterklärte Annahme und ihre rechtliche Vorteilhaftigkeit hingegen keine Auswirkungen.[415]

Als von dieser Regel abweichend seien jedoch Besonderheiten bei dem mit einem Untervermächtnis belasteten Vermächtnis und bei einem pflichtteilsberechtigten Vermächtnisnehmer (wegen der Regelung des § 2307 BGB) zu beachten.[416] Liegen diese Konstellationen vor, sei die Annahme eines Vermächtnisses stets als rechtlich nachteilhaft einzuordnen. Gleiches gelte, wenn der Erblasser in seiner Verfügung von Todes wegen bestimmt hat, dass der Vermächtnisnehmer als aufschiebende Bedingung mit der Ausschlagung des Vermächtnisses ein anderes Vermächtnis erhalten solle, § 2074 BGB.[417]

5. *Rechtliche Nachteilhaftigkeit bei Pflichtteilsberechtigung des Vermächtnisnehmers*

Wie einleitend bereits erwähnt, wird von einer Vielzahl der sich mit der Thematik beschäftigenden Autoren insbesondere im Hinblick auf die Pflichtteilsberechtigung des begünstigten Vermächtnisnehmers eine Nachteilhaftigkeit der Annahme vertreten.[418] Diese Ansicht basiert vor allem auf der Vorschrift des § 2307 BGB, welche eine besondere Stellung an der Schnittstelle zwischen Vermächtnisrecht und Pflichtteilsrecht einnimmt. Ausweislich dieser Norm kann der mit einem Vermächtnis bedachte Pflichtteilsberechtigte das Vermächtnis ausschlagen, um den Pflichtteil zu verlangen, § 2307 Abs. 1 S. 1 BGB. Macht der pflichtteilsberechtigte Vermächtnisnehmer von der Möglichkeit der Ausschlagung keinen Gebrauch, steht ihm nur ein Pflichtteilsrestanspruch in der Höhe zu, in der das Vermächtnis den Pflichtteil nicht voll erreicht, allerdings bleiben nach § 2307 Abs. 1 S. 2 Hs. 2 BGB Beschränkungen und Beschwerungen gemäß § 2306 BGB außer Betracht. Zu den Beschränkungen und Beschwerungen nach § 2306 BGB zählen auch zulasten des Hauptvermächtnisnehmers angeordnete Untervermächtnisse, sodass nach dem Verständnis dieser Norm der mit einem Untervermächtnis belastete Vermächtnisnehmer den Wert des sein Vermächtnis schmälernden Untervermächtnisses nicht ansetzen kann.

---

415 *Keim*, ZEV 2011, 563 (565).

416 *Keim*, ZEV 2011, 563 (565).

417 *Keim*, ZEV 2011, 563 (565).

418 So z.B. *Röhl*, MittBayNot 2013 (189), 192; *Keim*, ZEV 2011, 563 (566); Staudinger BGB (2013)/*Otte*, BGB § 2180 Rn. 3.

Als Konsequenz der in § 2307 Abs. 1 BGB angeordneten Rechtsfolge wird die rechtliche Nachteilhaftigkeit der Annahme eines Vermächtnisses vertreten. Da die Annahme des Vermächtnisses mittelbar den Verlust der Geltendmachung des vollen Pflichtteilsanspruches bedeute, entstehe folglich ein rechtlicher Nachteil für den beschränkt Geschäftsfähigen.[419] Zwar begründe dies einen sogenannten Pflichtteilsrestanspruch, für dessen Bemessung Beschränkungen und Beschwerungen aus § 2306 BGB außer Acht bleiben müssten. Dies führe mithin nicht lediglich zu einer rechtlichen Nachteilhaftigkeit, sondern vielmehr auch zu einer darüber hinausgehenden wirtschaftlichen Nachteilhaftigkeit.[420]

II. Entwicklung einer eigenen These

Die obig aufgeführten Ansätze vermögen jedoch nach der hier vertretenen Meinung nicht zu überzeugen. Basierend auf der Auswertung der rechtlichen Ergebnisse der vorstehenden Literaturansichten und der Erfassung eigener rechtlicher Ansätze ist deshalb eine eigene rechtliche Position zu entwickeln. Diese Ansicht gründet hinsichtlich der konkreten Fragestellung der Annahme des Vermächtnisses durch beschränkt Geschäftsfähige auf folgender These:

Die Annahme eines Vermächtnisses ist für den beschränkt Geschäftsfähigen grundsätzlich ohne Einschränkungen lediglich rechtlich vorteilhaft ausgestaltet; für manche besonderen rechtlichen Fallgestaltungen zumindest rechtlich neutral, aber bis auf den Ausnahmefall des § 2166 BGB niemals rechtlich nachteilhaft.

Diese These basiert auf den nachfolgenden rechtlichen Überlegungen:

III. Belegung der These – Einschränkende Definition der rechtlichen Vorteilhaftigkeit

Nach den unter Kapitel 2 festgestellten Kriterien bedarf die lediglich rechtliche Vorteilhaftigkeit – wie von § 107 BGB gefordert – einer Einschränkung, da es in dem bestehenden Rechtsgefüge grundsätzlich keine Willenserklärung gibt, die nicht irgendeinen – wenn auch nur geringfügigen – rechtlichen Nachteil nach sich zieht.[421] Zur Erzielung eines sachgerechten Ergebnisses muss der vom Gesetzgeber vorgegebene rechtliche Maßstab um wirtschaftliche Aspekte ergänzt werden. Dabei ist das Trennungsprinzip als eines der Grundprinzipien des

419 *Keim*, ZEV 2011, 563 (566); Staudinger BGB (2013)/*Otte*, BGB § 2180 Rn. 3.

420 *Keim*, ZEV 2011, 563 (566).

421 Vgl. dazu: *Harte*, 15; Münchener Kommentar zum BGB/*Schmitt*, BGB § 107 Rn. 34; Staudinger BGB (2012)/*Knothe*, BGB § 107 Rn. 5; *Wilhelm*, NJW 2006, 2353 (2355).

Bürgerlichen Gesetzbuchs[422] zu beachten; Einschränkungen desselben in Form einer Gesamtbetrachtung sind nur zum Zweck des Minderjährigenschutzes hinzunehmen.

Ausweislich dieser in Kapitel 2 ermittelten Modifikation ist die rechtliche Vorteilhaftigkeit in zwei Schritten zu bestimmen:[423]

1. Erster Schritt

In einem ersten Schritt sind zunächst die Willenserklärungen auszusondern, die bereits von ihrer äußeren Ausgestaltung offenkundig nachteilhaft für den beschränkt Geschäftsfähigen sind. Führt eine Willenserklärung dazu, dass dem beschränkt Geschäftsfähigen lediglich etwas zugewendet wird oder er von einer Verbindlichkeit befreit werden soll, handelt es sich nach dem ersten Schritt der Überprüfung um eine nicht von vornherein nachteilhafte Willenserklärung.

Die Annahme eines Vermächtnisses ist ausgestaltet als Verzicht auf die Möglichkeit, das Vermächtnis auszuschlagen. Obwohl der Anspruch aus § 2174 BGB bereits mit dem Anfall des Vermächtnisses zum Zeitpunkt des Erbfalles oder abweichend nach §§ 2177, 2178 BGB zum Entstehen gelangt, hat der Gesetzgeber sich bewusst für ein Annahmeerfordernis entschieden. Indem ein Verzicht auf die Möglichkeit der Ausschlagung erklärt wird, wird der Anspruch endgültig manifestiert. Nach der äußeren Ausgestaltung zielt die Annahme nach § 2180 BGB mithin darauf ab, dem begünstigten Vermächtnisnehmer einen Anspruch zu sichern, der nach dem Wortlaut des § 1939 BGB einen Vermögensvorteil verschaffen soll. Dem Vermächtnisnehmer soll mithin ein Recht zugewendet werden, indem dieser die endgültige Annahme des Anspruches erklärt.

Nach der äußeren Ausgestaltung handelt es sich offenkundig nicht um ein rechtlich nachteilhaftes Geschäft. Hieran ändert auch der Verzicht auf die Geltendmachung des Ausschlagungsrechts nichts, da der begünstigte Vermächtnisnehmer endgültiger Inhaber eines nicht von einer Gegenleistung abhängigen Anspruches wird. Auch eine etwaige Belastung mit einem Unter- bzw. Nachvermächtnis oder einer Auflage ändert für die rechtliche Einordnung im Rahmen des ersten Schrittes zunächst nichts, da der Begünstigte durch Annahme des Vermächtnisses grundsätzlich ein rechtliches „Mehr" – jedenfalls aber kein Minus – im Vergleich zum vorherigen Zustand erhält. Folglich handelt es sich nach dem ersten Schritt der Beurteilung der lediglich rechtlichen Vorteilhaftigkeit bei der

422 Vgl. ähnlich: *Bork*, Allgemeiner Teil des BGB, Rn. 445.
423 Vgl. dazu: 2. Kapitel D. III.

Annahme nach § 2180 BGB um eine nicht bereits nach der (äußeren) Ausgestaltung nachteilhafte Willenserklärung.

2. *Zweiter Schritt*

In einem zweiten Schritt ist sodann die Willenserklärung hinsichtlich der Schutzzwecke des § 107 BGB – wie bereits unter Kapitel 2 dargestellt – zu beleuchten. Hierbei kommt es für die Betrachtung maßgeblich darauf an, ob die mit der Willenserklärung verbundenen rechtlichen Nachteile ausweislich ihrer typischen Ausgestaltung bereits per se nicht geeignet sind, den Vermögensbestand des beschränkt Geschäftsfähigen über den erlangten Gegenstand/die erlangte Forderung hinaus zu schmälern. Denn gemäß der vom Bundesgerichtshof aufgestellten Kriterien kommt es für die Beurteilung der Vorteilhaftigkeit entscheidend darauf an, dass der beschränkt Geschäftsfähige nicht etwa persönlich aufgrund der abgegebenen Willenserklärung, sondern vielmehr nur beschränkt auf den erlangten Gegenstand haftet.[424] Ob ein Nachteil mittelbare oder unmittelbare Folge ist, ist ergänzend zu berücksichtigen.

Doch zunächst ist zu ermitteln, welche rechtlich nachteilhafte Wirkungen mit der Annahme des Vermächtnisses verbunden sind.

a. *Wirkungen der Annahme*

Die Annahme eines Vermächtnisses bringt – wie bereits oben dargestellt – als aus dem Gesetz resultierende rechtlich nachteilhafte Folge den Verlust des Ausschlagungsrechts gemäß § 2180 Abs. 1 BGB mit sich. Darüber hinaus wird als Wirkung der Annahme die nunmehr bestehende Möglichkeit des Annahmeverzugs nach § 293 ff. BGB angeführt.[425] Ab dem vollwirksamen und endgültigen Entstehen einer Forderung könne der Verzug der Annahme durch den jeweiligen Schuldner geltend gemacht werden.[426]

Im Übrigen bedeutet die Annahme auch die Verwertungs- und Pfändungsmöglichkeit des zugewendeten Vermächtnisgegenstandes im Wege der Zwangsvollstreckung beim Vermächtnisnehmer.[427] Auch im Rahmen des Insolvenzrechts erlangt die Annahme Bedeutung: Erfolgt der Erbfall zeitlich in der

424 BGH, Beschluss vom 25.11.2004 - V ZB 13/04 = NJW 2005, 415.

425 BeckOK BGB/*Müller-Christmann*, BGB § 2180 Rn. 5; Burandt/Rojan, Erbrecht/*Burandt*, BGB § 2180 Rn. 8; Kroiß/Ann/Mayer BGB/*J. Mayer*, BGB § 2180 Rn. 5a; Münchener Kommentar zum BGB/*Rudy*, BGB § 2180 Rn. 5.

426 Münchener Kommentar zum BGB/*Rudy*, BGB § 2180 Rn. 5.

427 Kroiß/Ann/Mayer BGB/*J. Mayer*, BGB § 2180 Rn. 5a.

Wohlverhaltensphase, hat der Vermächtnisnehmer als Insolvenzschuldner ab dem maßgeblichen Zeitpunkt der Annahme die Hälfte des Vermächtniswertes abzuführen, § 295 Abs. 1 Nr. 2 InsO.[428]

Mithin bleibt festzuhalten, dass auch die Vermächtnisannahme nicht nur rechtlich vorteilhafte Aspekte für den Vermächtnisnehmer bedeuten kann, sondern neben dem Manifestieren eines schuldrechtlichen Anspruchs auch (mittelbar) rechtlich nachteilhafte Folgen entstehen können. Ob diese geeignet sind, anhand der in Kapitel 2 entwickelten Definition einer Modifikation ein Einwilligungserfordernis des gesetzlichen Vertreters zu begründen, wird im Folgenden noch herausgearbeitet werden müssen.

b. Schutzzwecke des § 107 BGB

Wie im Rahmen des Kapitels 2 ausführlich dargestellt, verfolgt § 107 BGB neben dem primär zu beachtenden Minderjährigenschutz noch weitere Schutzzwecke. Hierbei handelt es sich um den Schutz der Rechtssicherheit, den Schutz des kontrahierenden Vertragspartners und den Erziehungsgedanken.[429] Unter Maßgabe dieser Schutzzwecke sind im Folgenden die Annahme des Vermächtnisses sowie deren Rechtsfolgen auf ihr abstraktes Gefährdungspotential hin zu untersuchen, wobei der Fokus der Begutachtung auf der Wahrung des Minderjährigenschutzes liegt.

aa. Minderjährigenschutz

Ausweislich der hier vertretenen These ist die Annahme des Vermächtnisses auch unter dem Aspekt des Minderjährigenschutzes als lediglich rechtlich vorteilhaft im Sinne des § 107 BGB einzustufen.

Nach Modifizierung des Begriffs der lediglich rechtlichen Vorteilhaftigkeit kommt es maßgeblich darauf an, ob die mit der Willenserklärung verbundenen rechtlichen Nachteile ausweislich ihrer typischen und abstrakten Ausgestaltung bereits nicht geeignet sind, den Vermögensbestand des beschränkt Geschäftsfähigen über den erlangten Gegenstand hinaus zu schmälern.

Die mit der Vermächtnisannahme verbundenen (auch nachteiligen) Wirkungen sind – wie die nachfolgenden Ausführungen verdeutlichen werden – jedoch grundsätzlich nicht geeignet, eine den Minderjährigenschutz beeinträchtigende Folge herbeizuführen.

---

428 BGH, Beschluss vom 10.3.2011 – IX ZB 168/09 = ZEV 2011, 327.

429 *Czeguhn*, Rn. 7; *Kaufmann*, 66.

Als mit der Annahme des Vermächtnisses verbundener Nachteil kann zunächst die Möglichkeit angeführt werden, ab dem Zeitpunkt des endgültigen Bestehens der Forderung in Annahmeverzug gesetzt zu werden.

(1) Annahmeverzug

Ob die Möglichkeit des Annahmeverzuges ausreichend ist, eine rechtliche Nachteilhaftigkeit zu begründen, scheint sehr zweifelhaft.[430] In diesem Zusammenhang wird nämlich verkannt, dass der Annahmeverzug die Erfüllbarkeit der Leistung voraussetzt,[431] welche bereits mit dem Anfall des Vermächtnisses gemäß § 2176 BGB eintritt.[432] Dies ergibt sich aus §§ 2181, 271 Abs. 2 BGB, da grundsätzlich im Vermächtnisrecht die Erfüllbarkeit vor der Fälligkeit eintritt,[433] was durch § 2181 BGB zusätzlich bestätigt wird. Danach kann zwar die Fälligkeit des Vermächtnisses hinausgeschoben werden; erfüllbar bleibt das Vermächtnis dennoch weiterhin ab seinem Anfall.[434] Mithin ist die Annahme nicht geeignet, den Annahmeverzug zu begründen.

Darüber hinaus handelt es sich beim Annahmeverzug um eine reine Nebenfolge, die den beschränkt Geschäftsfähigen also nur mittelbar betrifft. Insbesondere ist hervorzuheben, dass die Möglichkeit, in Annahmeverzug gesetzt zu werden, auch als Rechtsfolge bei der als vorteilhaft eingeordneten Annahme eines Schenkungsangebots nach § 516 BGB nicht zu einer Aberkennung der lediglich rechtlichen Vorteilhaftigkeit führt.[435] Eine andere Bewertung scheint auch für die Annahme des Vermächtnisses unter diesem Aspekt nicht angemessen.

Weitere mit der Annahme verbundene rechtliche Wirkungen finden sich im Zwangsvollstreckungs- und Insolvenzrecht.

---

430 So ähnlich: BeckOGK/*Sachs*, BGB § 2180 Rn. 29; Staudinger BGB (2013)/*Otte*, BGB § 2180 Rn. 3.

431 JurisPK-BGB/*Geisler*, BGB § 293 Rn. 12.

432 Vgl. BeckOGK/*Sachs*, BGB § 2181 Rn. 4.

433 So ist zu beachten, dass dem Erben als in der Regel mit der Vermächtniserfüllung Beschwerten die Dreimonatseinrede, § 2014 BGB, zusteht, er überdies erst ab Annahme der Erbschaft die klageweise Durchsetzung des Anspruch gegen sich gelten lassen muss, § 1958 BGB, vgl. BeckOK BGB/*Müller-Christmann*, BGB § 2176 Rn. 4. Das Vermächtnis kann in der Regel deshalb nicht sofort geltend gemacht werden, ist also später fällig als erfüllbar.

434 BeckOGK/*Sachs*, BGB § 2181 Rn. 4

435 *Lange*, NJW 1955, 1139 (1340); Staudinger BGB (2017)/*Klumpp*, BGB § 107 Rn. 10.

(2) Zwangsvollstreckung/Insolvenzverfahren

Mit Annahme des Vermächtnisses ist es dem Gläubiger des Vermächtnisnehmers möglich, im Rahmen der Pfändung auf den Gegenstand des Vermächtnisses zuzugreifen. Ferner ist bei Eintritt des Erbfalles in der Wohlverhaltensphase durch den Vermächtnisnehmer als Insolvenzschuldner ab dem maßgeblichen Zeitpunkt der Annahme die Hälfte des Vermächtniswertes abzuführen, § 295 Abs. 1 Nr. 2 InsO.

Dennoch vermögen auch diese Folgen die lediglich rechtliche Vorteilhaftigkeit der Annahme nicht zu schmälern. Der Minderjährigenschutz zielt darauf, den beschränkt Geschäftsfähigen vor vermögensbeeinträchtigenden Willenserklärungen zu schützen. Sowohl im Rahmen der zwangsvollstreckungs-, als auch der insolvenzrechtlichen Folge wird indes lediglich auf den zugewendeten Vermächtnisgegenstand selbst zugegriffen, während das persönliche Vermögen des Minderjährigen unangetastet bleibt. Der beschränkt Geschäftsfähige steht somit nicht schlechter, als vor der Annahme des Vermächtnisses. Subsumiert man mithin unter die gefundene Definition, führt auch diese Rechtsfolge nicht dazu, dass die Annahme aufgrund ihrer abstrakten Ausgestaltung typischerweise den Vermögensbestand über den erlangten Gegenstand hinaus verringern würde.

Auch unter dem Aspekt der mit der Annahme einhergehenden Folgen für das Vollstreckungs- und Insolvenzverfahren ergibt sich folglich keine andere Beurteilung der rechtlichen Vorteilhaftigkeit.

(3) Verlust des Ausschlagungsrechts

Der entscheidende, mit der Annahme des Vermächtnisses verbundene rechtliche Nachteil liegt jedoch in dem damit einhergehenden Verlust der Möglichkeit, das Vermächtnis auszuschlagen, § 2180 BGB. Unabhängig von dem isolierten Verlust (unter (aa.)), hat der Verlust des Ausschlagungsrechts darüber hinaus insbesondere Auswirkungen auf den pflichtteilsberechtigten, vgl. § 2307 Abs. 1 BGB (unter (bb.)), sowie auf den verheirateten Vermächtnisnehmer, vgl. § 1371 Abs. 2 BGB (unter (cc.)).

(a) Der isolierte Verlust des Ausschlagungsrechts

Der isolierte Verlust des Rechts zur Ausschlagung ist gleichermaßen nicht geeignet, eine rechtliche Nachteilhaftigkeit der Annahme zu begründen.[436] Entscheidend für die Nachteilhaftigkeit ist die Begründung von Verpflichtungen

436 So auch: *Röhl*, MittBayNot 2013, 189 (191); Münchener Kommentar zum BGB/*Schmitt*, BGB § 107 Rn. 59; Staudinger BGB (2013)/*Otte*, BGB § 2180 Rn. 3.

gegenüber dem beschränkt Geschäftsfähigen oder der mit Abgabe der Willenserklärung einhergehende Verlust bereits existierender Rechte. Insbesondere im Rahmen des Minderjährigenschutzes kommt es darauf an, den beschränkt Geschäftsfähigen vor Vermögensbeeinträchtigungen zu schützen.[437]

Zwar bedeutet die Annahme des Vermächtnisses einen Verzicht auf das Ausschlagungsrecht und damit streng genommen einen Rechtsverlust für den beschränkt Geschäftsfähigen. Vergleicht man die Annahme des Vermächtnisses mit der Annahme eines Schenkungsangebotes und der Annahme einer Forderungsabtretung oder der eines negativen Schuldanerkenntnisses, § 397 Abs. 2 BGB, die von der Literatur als lediglich rechtlich vorteilhafte Geschäfte eingeordnet werden,[438] wird auch diesen Geschäften nicht als nachteilhaft zugeschrieben, dass mit der Annahme zugleich der Verzicht einhergeht, von der Möglichkeit der Ablehnung des Angebots Gebrauch zu machen.[439] Anders als bei der Nachteilhaftigkeit eines Erfüllungsverlangens[440] erlischt die Forderung des beschränkt Geschäftsfähigen nicht, sondern gelangt mit endgültiger Wirkung zur Entstehung. Jede Annahme bedeutet wohl zugleich als Kehrseite der Medaille den Verlust der Möglichkeit, sich von dem Angebot zu lösen. Da diese Folge grundsätzlich im Rahmen von Rechtsgeschäften keine rechtliche Nachteilhaftigkeit zu begründen vermag, vielmehr lediglich die Ablehnung eines Angebots der rechtlichen Nachteilhaftigkeit unterliegt,[441] erschließt sich nicht, weshalb bei der Annahme eines Vermächtnisses der Verzicht auf das Ausschlagungsrecht ohne Folgen für den Pflichtteil oder den Zugewinnausgleich Ausschlussgrund für die lediglich rechtliche Vorteilhaftigkeit sein soll.[442] Ein Unterschied zu dem Verlust

---

437 *Hinz*, Was ist lediglich rechtlich vorteilhaft i.S.d. § 107 BGB, 5; ähnlich: BGH, Beschluss vom 25.11.2004 – V ZB 13/04BGH, NJW 2005, 415 (417); vgl. *Boecken*, BGB Allgemeiner Teil, Rn. 334; siehe auch: Mugdan, Bd. I, 424.

438 BeckOK BGB/*Wendtland*, BGB § 107 Rn. 11; Jauernig BGB/*Mansel*, BGB § 107 Rn. 2; Münchener Kommentar zum BGB/*Schmitt*, BGB § 107 Rn. 59; Staudinger BGB (2017)/*Klumpp*, BGB § 107 Rn. 64.

439 So für die Schenkung ähnlich: Staudinger BGB (2013)/*Otte*, BGB § 2180 Rn. 3.

440 Münchener Kommentar zum BGB/*Fetzer*, BGB § 362 Rn. 12; zum unter Betreuung Stehenden: BGH, Urteil vom 21.4.2015 – XI ZR 234/14 = NJW 2015, 2497.

441 *Lange*, in: FS Reinhardt, 95 (100); Staudinger BGB (2012)/*Knothe*, BGB § 107 Rn. 19, da der Minderjährige mit der Ablehnung eine Rechtsposition zerstört und der Antragende folglich nicht mehr an das Angebot gebunden ist, wirkt sich die Ablehnung nachteilig aus.

442 Des Weiteren ist anzumerken, dass sich der Vermächtnisnehmer frei dazu entscheidet, das Vermächtnis anzunehmen und die danach eintretende Bindung auch im Interesse des Vermächtnisnehmers eintritt, dessen Rechtsposition gesichert wird.

der Möglichkeit einer Ablehnung des Angebots bei Schenkung oder Forderungsabtretung besteht, wie aufgezeigt, nicht.

Die Annahme des (unbelasteten) Vermächtnisses birgt für den beschränkt Geschäftsfähigen keine Übernahme einer Verpflichtung, vielmehr erlangt er gerade mit endgültiger Wirkung eine Forderung. Der mit dem Minderjährigenschutz verfolgte Zweck, den Minderjährigen vor Vermögensbeeinträchtigungen zu schützen, wird nicht durch den Verzicht auf das Ausschlagungsrecht berührt.

Möchte der beschränkt Geschäftsfähige im Folgenden die Vermächtnisforderung nicht geltend machen, steht es ihm frei, einen Verzicht des Vermächtnisanspruches zu erklären. Es besteht folglich noch eine andere Möglichkeit, sich des Anspruches – wenn auch mit nachteilhaften Folgen durch Verzicht oder Erlass –[443] zu entledigen.[444] Der beschränkt Geschäftsfähige ist daher trotz des Verlusts des Ausschlagungsrechts nicht daran gehindert, von der Geltendmachung der Vermächtnisforderung Abstand zu nehmen. Folglich ist der Verlust des Ausschlagungsrechts nicht geeignet, die rechtliche Vorteilhaftigkeit zu erschüttern.

(b) Besonderheit: Der pflichtteilsberechtigte Vermächtnisnehmer

Der isolierte Verlust der Ausschlagungsmöglichkeit, bedingt durch die Annahme des Vermächtnisses, führt unter dem Aspekt des Minderjährigenschutzes folglich zu keiner anderen rechtlichen Bewertung hinsichtlich der lediglich rechtlichen Vorteilhaftigkeit.

(aa) Allgemein zu § 2307 BGB

Ist der beschränkt geschäftsfähige Vermächtnisbegünstigte Pflichtteilsberechtigter, zieht die Annahme des Vermächtnisses nicht lediglich den Verlust des Ausschlagungsrechts nach sich, sondern kann vielmehr auch Ausstrahlungswirkungen auf das Pflichtteilsrecht haben. Hierzu zählt insbesondere die bereits oben angesprochene Rechtswirkung des § 2307 BGB, wonach der Minderjährige bei Nicht-Ausschlagung des Vermächtnisses nicht länger den vollen Pflichtteil nach § 2303 BGB fordern kann.

---

443 Erlässt der Minderjährige seinem Gläubiger eine Schuld, handelt es sich um ein nachteilhaftes Geschäft, da er seine Forderung verliert, OLG Stuttgart, Urteil vom 30.8.1968 – 2 U 46/1968 = FamRZ 1969, 39.

444 BeckOGK/*Schellenberger*, BGB § 2174 Rn. 72; OLG Stuttgart, Urteil vom 31.10.1996 – 19 U 80/96 = BeckRS 1996, 30846407.

Bei § 2307 BGB handelt es sich um eine Ausnahme von dem Grundsatz, dass nur derjenige den Pflichtteil verlangen kann, der im Rahmen eines „Negativtestaments" oder Erbvertrages von der Erbfolge ausgeschlossen wurde.[445] Mithin kann auch der Vermächtnisbegünstigte trotz grundsätzlicher Zuwendung eines Vermächtnisses nach Ausschlagung den vollen Pflichtteil verlangen.

Nimmt er das Vermächtnis hingegen an, steht dem Begünstigten neben dem Vermächtnis grundsätzlich ein Restanspruch nach § 2307 Abs. 1 S. 2 Hs. 1 BGB zu, der bis zu der Höhe des Pflichtteilswertes gewährt wird. Zu beachten ist indes, dass die nach § 2306 BGB festgelegten Beschwerungen und Beschränkungen – mithin Untervermächtnisse, Auflagen, Teilungsanordnungen oder Testamentsvollstreckung – bei der Wertermittlung außer Acht bleiben. Diese Einschränkung wurde von dem Gesetzgeber gewählt, um impraktikabel Bewertungsansätze von Vermächtnissen zu vermeiden.[446]

(bb) Pflichtteilsrestanspruch als rechtliches „Mehr"

Doch auch der beschränkt geschäftsfähige Pflichtteilsberechtigte kann das Vermächtnis ohne Zustimmung seiner gesetzlichen Vertreter annehmen. Die in diesem Kapitel unter C. I. 5. angeführte Ansicht zur rechtlichen Nachteilhaftigkeit bei pflichtteilsberechtigtem Vermächtnisnehmer verkennt, dass die Annahme des Vermächtnisses – wenn auch nur mittelbar – bewirkt, dass zwar nicht der vollständige Pflichtteilsanspruch aus § 2303 BGB geltend gemacht werden kann. Jedoch verliert der pflichtteilsberechtigte Vermächtnisnehmer nicht etwa seinen Pflichtteil, sondern hat sich den Wert des Vermächtnisses auf den Pflichtteil anrechnen zu lassen, sofern das Vermächtnis nicht in voller Höhe der Pflichtteilsquote gewährt wurde.[447] Der Vermächtnisnehmer erlangt somit zusätzlich zu seinem Vermächtnisanspruch, der sich mit der Annahme endgültig manifestiert, den reduzierten Pflichtteilsanspruch als Restanspruch. Diese Situation ist vergleichbar mit § 2050 Abs. 3 BGB. Danach findet im Erbfall eine Ausgleichung von sogenannten sonstigen Zuwendungen des Erblassers statt, sofern die Ausgleichung ausdrücklich durch den Erblasser angeordnet wurde. Einigkeit besteht darüber, dass die Ausgleichung der sonstigen Zuwendungen nach § 2050 Abs. 3

445 Dauner-Lieb/Grziwotz/Hohmann-Dennhardt, Pflichtteilsrecht/*Heisel*, BGB § 2303 Rn. 42; *Klingelhöffer*, Pflichtteilsrecht, Rn. 103, 106.

446 Praxiskommentar Erbrecht/*Riedel*, BGB § 2307 Rn. 17; Staudinger BGB (2006)/*Haas*, BGB § 2307 Rn. 19; Mot. V, 399 f.

447 Münchener Kommentar zum BGB/*Lange*, BGB § 2307 Rn. 15; ähnlich: Deutscher Erbrechtskommentar/*Gemmer*, BGB § 2307 Rn. 1; Praxiskommentar Erbrecht/*Riedel*, BGB § 2307 Rn. 1.

BGB nicht der Zustimmungspflicht des gesetzlichen Vertreters unterliegt, weil sie keine rechtliche Nachteilhaftigkeit bedeutet. Als diesbezügliche Begründung wird vorgebracht, dass für den beschränkt Geschäftsfähigen gerade keine Verpflichtungen begründet, sondern vielmehr lediglich die Anrechnung des Vorempfangs bei der Erbauseinandersetzung geregelt werden.[448] Die rechtliche Situation ist vergleichbar mit der des § 2307 BGB. Der Vermächtnisnehmer erhält einen Anspruch, den er sich wertmäßig auf seinen Pflichtteil anrechnen lassen muss. Eine Verpflichtung wird auch bei § 2307 BGB nicht begründet, sodass sich auch aus einer vergleichenden Sicht grundsätzlich kein anderer Aspekt für die rechtliche Vorteilhaftigkeit ergibt.

Mithin ist durch den nach § 2307 Abs. 1 S. 2 Hs. 1 BGB vorgesehenen Restanspruch eine rechtliche Stellung aus Kombination von reduziertem Pflichtteil und Vermächtnisanspruch gesetzlich vorgesehen, die dem vollständigen Pflichtteilsanspruch gleichgestellt ist. Auch hierbei handelt es sich um schuldrechtliche Ansprüche, die in der Regel gegen die Erben geltend gemacht werden müssen, sodass der beschränkt Geschäftsfähige rechtlich gesehen durch die Annahme des Vermächtnisses nicht schlechter gestellt ist, als bei Geltendmachung des Pflichtteilsanspruchs nach § 2303 BGB. Zwar sind Vermächtnis und Pflichtteil voneinander zu unterscheiden – wie sich bereits aus § 2304 BGB ergibt – und auch in ihren mittelbaren Rechtsfolgen teilweise unterschiedlich ausgestaltet.[449] Lässt man hingegen alle mittelbaren Folgen außer Acht, handelt es sich um zwei schuldrechtliche Ansprüche, die auf Vermögensmehrung gerichtet sind und typischerweise zu einer rechtlichen und auch wirtschaftlichen Besserstellung des beschränkt Geschäftsfähigen führen. Bei unzureichendem Vermächtnis erlangt dieser gar einen zweiten schuldrechtlichen Anspruch hinzu.

Hiergegen spricht auch nicht, dass sich der Anspruch auf den Pflichtteil in voller Höhe möglicherweise bereits rechtlich verfestigt haben könnte, sodass die Annahme des Vermächtnisses zu einer Beeinträchtigung eines schon im persönlichen Vermögensstamm befindlichen Bestandes führt. Der Pflichtteilsanspruch ist nach hiesiger Ansicht mit dem Erbfall noch nicht bereits in voller Höhe gefestigt; er ist dem persönlichen Vermögensbestand des beschränkt Geschäftsfähigen nicht zuzuordnen. Zwar könnte man argumentieren, dass der volle Pflichtteilsanspruch – anders als der Vermächtnisanspruch – nicht zusätzlich angenommen

---

448 BGH, Urteil vom 10.11.1954 – II ZR 165/53 = NJW 1955, 1353; Münchener Kommentar zum BGB/*Schmitt*, BGB § 107 Rn. 59; *Rastätter*, BWNotZ 2006, 1 (7); ähnlich: *Harte*, 70.

449 So zum Beispiel im Insolvenzverfahren, § 327 InsO, oder bei der Erbschaftsteuer, BeckOK BGB/*Müller*, BGB § 2304 Rn. 6.

werden muss, um den Anspruch endgültig zu manifestieren, sondern dass der Pflichtteilsanspruch unter den Voraussetzungen der §§ 2303 ff. BGB anders als das Erbrecht oder der Vermächtnisanspruch mit Erbfall bestehen könnte und nicht final bestätig werden muss. Dennoch führt dies nicht dazu, dass der *volle* Pflichtteilsanspruch bereits dem Vermögensbestand des Minderjährigen zuzuordnen ist. Hierfür spricht, dass der Pflichtteilsanspruch nach dem Wortlaut des § 2307 Abs. 1 BGB erst dann in voller Höhe geltend gemacht werden kann, wenn das Vermächtnis ausgeschlagen wurde. Wäre der Pflichtteilsanspruch in voller Höhe bereits rechtlich verfestigt, müsste er unabhängig von der Ausschlagung des Vermächtnisses geltend gemacht werden können. Es handelt sich jedoch gerade nicht um ein Verhältnis im Sinne eines Wahlschuldverhältnisses nach den §§ 262 ff. BGB.[450] Wurde ein Pflichtteilsberechtigter mittels gewillkürter Erbeinsetzung mit einem Vermächtnis bedacht, scheidet denknotwendig sowohl nach dem Willen des Erblassers, als auch nach der gesetzlichen Regelung des § 2307 BGB zunächst ein Anspruch auf den vollen Pflichtteil aus. Die Voraussetzungen eines vollen Pflichtteilsanspruchs liegen bereits noch nicht vor, da der Erblasser von seiner Möglichkeit Gebrauch gemacht hat, den Pflichtteilsberechtigten zu bedenken. Liegen die Voraussetzungen bereits nicht vor, kann sich der Anspruch jedoch nicht in voller Höhe verfestigt haben. Der Pflichtteilsanspruch in voller Höhe steht demjenigen zu, dem durch gewillkürte Verfügung von Todes wegen eine Mindestteilhabe am Nachlass des Erblassers verwehrt wurde und nicht darüber hinaus demjenigen, dem durch Vermächtniszuwendung eine gewisse Mindestteilhabe am Nachlass zugesichert wurde. Erst nach Beseitigung des Vermächtnisses durch Ausschlagung besteht der Anspruch auf den vollen Pflichtteil. Vor der Ausschlagung bzw. Annahme des Vermächtnisses handelt es sich lediglich um eine Chance auf einen vollen Pflichtteil, die hingegen erst realisiert werden muss. Ein anderes Ergebnis folgt damit auch nicht aus einem bereits rechtlich verfestigten Pflichtteilsanspruch in voller Höhe.

(cc) Kein anderes Ergebnis durch § 2306 BGB

Nunmehr könnte man argumentieren, dass § 2307 Abs. 1 S. 2 Hs. 2 BGB ausdrücklich bei der Wertberechnung des Pflichtteilsrestanspruches die in § 2306 BGB aufgeführten Beschränkungen und Beschwerungen (so zum Beispiel das Untervermächtnis, Auflagen) ausnimmt. Diese Ansicht verkennt dabei aber, dass dies lediglich zu einer *wirtschaftlichen* Schlechterstellung des beschränkt Geschäftsfähigen im Rahmen der Anrechnung des Vermächtniswertes auf den

450 Staudinger BGB (2006)/*Haas*, BGB § 2307 Rn. 10.

Pflichtteil führt. § 107 BGB stellt hingegen gerade nicht auf eine rein wirtschaftliche Betrachtung ab. Vielmehr werden wirtschaftliche Aspekte lediglich mit einbezogen. Wird mithin ein wertmäßig geringerer Pflichtteil nach Anrechnung des mit Belastungen und Beschränkungen versehenen Vermächtnisses als Restanspruch zugestanden, erlangt der Minderjährige dennoch zwei auf (rechtliche) Vermögensmehrung gerichtete Ansprüche. Der beschränkt Geschäftsfähige hat zwar die Beschränkungen und Beschwerungen – beispielsweise durch Untervermächtnis und Auflage – als rechtliche Einschränkung des Vermächtnisses zu tragen. Es ist jedoch zu beachten, dass insbesondere unter dem Aspekt des Minderjährigenschutzes keine Situation eintreten kann, in der die Annahme des Vermächtnisses typischerweise dazu führt, dass der persönliche Vermögensstamm des Minderjährigen durch die auferlegten Beschränkungen und Belastungen beeinträchtigt wird.[451] Zwar tritt durch Begründung einer Belastung, etwa in Form eines Untervermächtnisses, eine persönliche Haftung des beschränkt Geschäftsfähigen ein, dennoch wird stets beschränkt auf den durch Vermächtnisanordnung zugewendeten Gegenstand gehaftet.[452] Dies gilt nicht zuletzt, da sich der Anspruch auf den vollen Pflichtteil nicht bereits rechtlich verfestigt hat und folglich noch nicht als zum Vermögensbestand des Minderjährigen zugehörig zählt. Vielmehr wurde lediglich die Chance auf den vollen Pflichtteil nicht realisiert; eine Chance ist indes noch kein dem Vermögen zuzuordnender Bestandteil.

(dd) Kein Pflichtteilsrestanspruch

Es besteht darüber hinaus aber die rechtliche Konstellation, dass die Geltendmachung des Pflichtteilsanspruches in Form des wertmäßig reduzierten Ersatzanspruches auch bei einem pflichtteilsberechtigten Vermächtnisnehmer nach Annahme des Vermächtnisses ausgeschlossen ist. Hierbei handelt es sich zum einen um den Fall, in dem der Wert des Vermächtnisses dem Wert des Pflichtteiles entspricht und es keines zusätzlichen Restanspruches mehr bedarf, um ein Unterlaufen des Pflichtteilsanspruches zu kompensieren.

Zum anderen soll selbiges Ergebnis eintreten, wenn dem beschränkt Geschäftsfähigen ein Vermächtnis zugewendet wird, das zwar wertmäßig wie der Pflichtteilsanspruch ausgestaltet ist, aber mit einer Belastung versehen ist, die den Wert des Vermächtnisses vollständig aufzehrt.

---

451 Vgl. auch im Ansatz: Staudinger BGB (2006)/*Haas*, BGB § 2307 Rn. 20; Staudinger BGB (2015)/*Otte*, BGB § 2307 Rn. 20.

452 Vgl. ähnlich im Ansatz: Staudinger BGB (2006)/*Haas*, BGB § 2307 Rn. 20. Ausführlich zur rechtlichen Vorteilhaftigkeit von belasteten Vermächtnissen unter (cc.).

Des Weiteren soll es dem Erblasser auch möglich sein, eine pflichtteilsabgeltende Regelung durch Zuwendung eines (auch wertmäßig unterhalb des Pflichtteilsanspruches einzuordnenden) Vermächtnisses zu treffen.[453]

All diesen Konstellationen ist immanent, dass bei Annahme des Vermächtnisses einzig der Vermächtnisanspruch als dem Vermächtnisnehmer endgültig zustehender Anspruch erstarkt und ein daneben bestehender reduzierter Pflichtteilsanspruch nicht besteht. Der Vermächtnisanspruch greift hier an „Pflichtteils statt"[454] und ersetzt die Chance auf den vollen Pflichtteilsanspruch. Die Annahme des Vermächtnisses bedeutet folglich nicht etwa den Verzicht auf den Pflichtteil, da anderenfalls der Gesetzgeber die Formvorschrift des § 2348 BGB unterlaufen hätte und anderenfalls Verzicht nur für die Beseitigung eines bereits verfestigten Anspruchs in Betracht kommt. Der Vermächtnisnehmer erhält vielmehr an „Pflichtteils statt" den Vermächtnisanspruch, der nicht als Gegenleistung ausgestaltet ist, sondern die Chance auf den vollen Pflichtteilsanspruch ersetzt.

Folgt man strikt dem Wortlaut der Vorschrift des § 107 BGB und der ermittelten modifizierenden Definition, vermögen auch diese Konstellationen keine rechtliche Nachteilhaftigkeit für den beschränkt Geschäftsfähigen zu begründen.

---

453 Deutscher Erbrechtskommentar/*Gemmer*, BGB § 2307 Rn. 3; Münchener Kommentar zum BGB/*Lange*, BGB § 2307 Rn. 4; Staudinger BGB (2015)/*Otte*, BGB § 2307 Rn. 19; diese für den Erblasser vorgesehene Möglichkeit, mit Wirkung für den pflichtteilsberechtigten Vermächtnisnehmer entgegen des Wortlautes des § 2307 Abs. 1 S. 2 BGB den Pflichtteilsrestanspruch auszuhebeln, indem das Vermächtnis unter der Bedingung zugewendet wird, dass auf den Pflichtteil verzichtet wird (BayObLG, Beschluss vom 8.12.2003 - 1Z BR 107/02 = ZEV 2004, 464 (466)), ist aber nach der hier vertretenen Ansicht ausdrücklich abzulehnen. Zum einen ist das Wahlrecht in § 2307 BGB ein wichtiger Bestandteil des Pflichtteilsrechts, von dem nicht negativ abgewichen werden darf. Zwar verweisen die Gegenstimmen in der Literatur auf die zustehende Möglichkeit der Ausschlagung (BayObLG, Beschluss vom 8.12.2003 - 1Z BR 107/02 = ZEV 2004, 464 (466)), doch wird dadurch faktisch auf einen Pflichtteilsverzicht hingewirkt, der wegen der damit verbundenen Tragweite den strengen Formregularien des § 2348 BGB unterliegt. Hiervon kann nicht durch schlichte Erblasseranordnung abgewichen werden. Zwar steht dem pflichtteilsberechtigten Vermächtnisnehmer das Recht zu, das Vermächtnis auszuschlagen, um den Pflichtteil zu erhalten. Möchte der Vermächtnisnehmer den Vermächtnisgegenstand indes gerne behalten, weil er für ihn etwa einen immateriellen Wert aufweist, der Wert des Vermächtnisses jedoch hinter der Hälfte des gesetzlichen Erbteiles zurückbleibt, kann es dem Erblasser nicht gestattet sein, formlos eine Bedingung anzuordnen, die einen Pflichtteilsverzicht bewirken soll.

454 Staudinger BGB (2006)/*Haas*, BGB § 2307 Rn. 17.

Die Annahme des Vermächtnisses bedeutet in diesem Zusammenhang ebenso das endgültige Manifestieren des Vermächtnisanspruches. Selbstredend führt auch hier die Annahme, ausweislich des Wortlautes des § 2180 BGB, zum Verlust des Ausschlagungsrechts als Kehrseite der Medaille. Da der Verzicht auf die sogenannte „Nichtgeltendmachung" des Anspruches keine rechtliche Nachteilhaftigkeit bedeutet, ist auch in den Konstellationen des pflichtteilsberechtigten Vermächtnisnehmers, der keinen Restanspruch nach § 2307 BGB erhält, von keiner anderen Rechtslage auszugehen. Unmittelbare und typische Folge der Annahme ist auch hier einzig der Verlust des Ausschlagungsrechts.[455] Dass der durch den Vermächtnisanspruch ersetzte Pflichtteilsanspruch nicht geltend gemacht werden kann, ergibt sich erst in einem Folgeschritt. Diesbezüglich kann auf den Wortlaut des § 2307 Abs. 1 S. 2 BGB verwiesen werden, nach dem die nicht ausgeübte Ausschlagung zur fehlenden Möglichkeit der Geltendmachung des Pflichtteilsanspruches führt. So heißt es in § 2307 Abs. 1 S. 2 BGB wörtlich: „(...) *Schlägt er nicht aus, so steht ihm ein Recht auf den Pflichtteil nicht zu, soweit der Wert des Vermächtnisses reicht* (...)". Streng genommen führt daher das Unterlassen der Ausschlagung zu der Rechtsfolge und nicht etwa bereits die Annahme selbst. Der beschränkt Geschäftsfähige erlangt mit endgültiger Wirkung einen schuldrechtlichen Anspruch, der ihm eine rechtliche Besserstellung einbringt. Dass daneben das Pflichtteilsrecht in einem Folgeschritt nicht mehr länger relevant ist, kann die Vorteilhaftigkeit der Annahme nicht beseitigen. Selbst wenn das wertmäßig dem Pflichtteil angepasste Vermächtnis vollständig mit einem Untervermächtnis belastet wird, liegt hierin zumindest keine rechtlich nachteilhafte Folge.

Zum einen handelt es sich hierbei um eine nicht typischerweise eintretende rechtliche Folge. Darüber hinaus ist eine Gefährdung des Minderjährigen vor vermögensbeeinträchtigenden rechtlichen Folgen nicht gegeben, da der persönliche Vermögensbestand über den erlangten Gegenstand hinaus weiterhin unangetastet bleibt, insbesondere da der Anspruch auf den vollen Pflichtteil noch nicht bereits dem Vermögensbestand zuzuordnen ist. Es handelt sich bei diesem Geschäft um eine neutrale Folge, die für den beschränkt Geschäftsfähigen weder eine Besser-, noch eine Schlechterstellung bedeutet. Rechtlich gesehen führt die Manifestation des Anspruches streng genommen auch in diesen Fällen zu einer Besserstellung.

455 BeckOK BGB/*Müller-Christmann*, BGB § 2180 Rn. 1; *Röhl*, MittBayNot 2013, 189 (191).

Im Ergebnis vermag mithin auch die Pflichtteilsberechtigung des Vermächtnisnehmers kein anderes Ergebnis hinsichtlich der rechtlichen Vorteilhaftigkeit bzw. der Neutralität der Vermächtnisannahme zu begründen.

(c) Der verheiratete Vermächtnisnehmer

Ein anderes Ergebnis hinsichtlich der rechtlichen Vorteilhaftigkeit von Vermächtnisannahmen ergibt sich auch nicht für den – wenn auch eher atypischen Fall – der Heirat des mit einem Vermächtnis bedachten beschränkt Geschäftsfähigen und Versterbens des Ehepartners noch vor Eintritt der Volljährigkeit des Vermächtnisnehmers.

Grundsätzlich ist in der Bundesrepublik Deutschland eine Heirat erst mit Vollendung des 18. Lebensjahres möglich, § 1303 S. 1 BGB. In Ausnahmefällen konnte mit Wirkung bis zum 17.07.2017 mit Genehmigung des Familiengerichts allerdings eine Eheschließung zwischen einem Minderjährigen, der das 16. Lebensjahr vollendet hat, und einem Volljährigen erfolgen.[456]

Für den Fall des Versterbens des Ehepartners stellt § 1931 BGB die maßgebliche erbrechtliche Vorschrift dar. Waren die Eheleute im gesetzlichen Güterstand der Zugewinngemeinschaft miteinander verheiratet, sieht § 1371 BGB eine Modifizierung der dem Ehegatten gesetzlich zustehenden erbrechtlichen Quote[457] vor. Nach dessen Absatz 1 erhöht sich die gesetzliche erbrechtliche Quote pauschal um ein weiteres Viertel. Hierbei handelt es sich um den sogenannten „pauschalisierten Zugewinnausgleich“, da (insbesondere auch) das Versterben eines Ehepartners das Ende der Zugewinngemeinschaft nach § 1371 BGB begründet und infolgedessen auch der Zugewinnausgleich bei der Ermittlung der Erbquote Berücksichtigung finden muss.[458]

456 Münchener Kommentar zum BGB/*Wellenhofer*, BGB § 1303 Rn. 1. Mit dem Gesetz zur Bekämpfung von Kinderehen wurde der § 1303 BGB mit Wirkung zum 17.7.2017 neu gefasst und sieht nunmehr ein Verbot der Eheschließung vor Vollendung des 18. Lebensjahres vor. Für Ehen, die vor dem 17.7.2017 durch das Familiengericht genehmigt wurden, hält Art. 229 § 44 EGBGB eine Übergangsvorschrift bereit. Die Ausführungen unter (c) beziehen sich somit auf wirksame Eheschließungen vor dem 17.7.2017. Der Gesetzesentwurf der Bundesregierung zum Verbot von Kinderehen, vom 5. April 2017, vgl.: http://www.bmjv.de/SharedDocs/Artikel/DE/2017/04052017_Kinderehen.html;jsessionid=D68BAC2FEE85312706D9C9FC9FA2548D.2_cid324.

457 Nach § 1931 Abs. 1 BGB steht den überlebenden Ehegatten aus erbrechtlicher Sicht neben Verwandten der ersten Ordnung ¼, neben Verwandten der zweiten Ordnung ½ als Erbquote zu. Sind lediglich Verwandte entfernterer Ordnung (dritte oder vierte Ordnung) vorhanden, erbt der Ehegatte bereits aus erbrechtlicher Hinsicht alles.

458 Soergel BGB/*Grziwotz*, BGB § 1371 Rn. 6.

Wurde nun der minderjährige Ehegatte von seinem inzwischen verstorbenen Ehepartner mit einem Vermächtnis bedacht, besteht nach § 1371 Abs. 2 BGB die Möglichkeit, das Vermächtnis auszuschlagen und einen konkret berechneten Zugewinnausgleich zu verlangen. Daneben steht dem überlebenden beschränkt Geschäftsfähigen zusätzlich der Pflichtteil zu, der sich im Fall des § 1371 Abs. 2 BGB nach dem kleinen Erbteil – folglich der aus § 1931 BGB folgenden, nicht erhöhten erbrechtlichen Quote – bestimmt. Unter Umständen kann es für den überlebendenden Ehegatten wirtschaftlich günstiger sein, das Vermächtnis auszuschlagen, um den konkret bezifferten Zugewinnausgleich und den „kleinen" nicht gesetzlich erhöhten Pflichtteilsanspruch zu erhalten. Schlägt er hingegen das Vermächtnis nicht aus, greift die sogenannte „individuelle erbrechtliche Lösung", nach welcher der Zugewinnausgleich des überlebenden Minderjährigen durch Zuwendung des Vermächtnisses als abgegolten gilt, mithin neben dem Vermächtnis kein pauschaler oder konkret zu beziffernder Zugewinnausgleich besteht.[459] Aus dem Zusammenspiel des § 1371 Abs. 1 und 2 BGB ergibt sich, dass die erbrechtliche Lösung insofern für das Vermächtnis greift, als bei der Berechnung des Pflichtteilsrestanspruches nach § 2307 Abs. 1 BGB der „große Pflichtteil" maßgebend ist.[460]

Dennoch vermag auch diese Konstellation für den beschränkt Geschäftsfähigen keine Nachteilhaftigkeit zu begründen. Mit Annahme des Vermächtnisses erlangt der beschränkt geschäftsfähige überlebende Ehegatte den zugewendeten Vermächtnisanspruch zuzüglich eines etwaigen Pflichtteilsrestanspruches, mit dem der Zugewinnausgleich zugleich Berücksichtigung findet.[461] Dass es ihm infolge dessen nicht möglich ist, den konkret bezifferten Zugewinnausgleich mitsamt dem Pflichtteilsanspruch geltend zu machen, stellt eine (etwaige) wirtschaftliche Schlechterstellung dar, die jedoch im Rahmen des § 107 BGB keine Berücksichtigung finden kann. Der beschränkt Geschäftsfähige wird rechtlich nicht schlechter gestellt, da er eine rechtliche Besserstellung durch Erlangen des Vermächtnisanspruches zuzüglich der Möglichkeit eines auf dem Zugewinnausgleich basierenden Pflichtteilsrestanspruches erhält. Eine rechtlich nachteilhafte Folge, die typischerweise dazu geeignet ist, den Vermögensstamm des beschränkt Geschäftsfähigen über das Erlangte hinaus zu tangieren, ist daher – auch in

459 BeckOK BGB/*Siede*, BGB § 1371 Rn. 14; Staudinger BGB (2007)/*Thiele*, BGB § 1371 Rn. 24.

460 Burandt/Rojahn, Erbrecht/*Große-Boymann*, BGB § 1371 Rn. 8; Schulz/Haus Familienrecht/*Häcker*, BGB § 1371 Rn. 17.

461 Da der Pflichtteil in diesem Fall nach dem „großen Erbteil" – mithin dem Erbteil, der um den pauschalen Zugewinnausgleich erhöht wurde – bestimmt wird.

dieser praktisch seltenen – Konstellation[462] nicht gegeben, insbesondere, da der Anspruch auf den vollen Pflichtteil dem Vermögensbestand des beschränkt Geschäftsfähigen noch nicht zuzuordnen ist.

Wie bereits in diesem Abschnitt erwähnt, handelt es sich hierbei um eine atypische Rechtskonstellation, da der beschränkt Geschäftsfähige regelmäßig nicht verheiratet sein wird und sich kaum innerhalb von zwei Jahren bis zu dessen Volljährigkeit bei dem verstorbenen Ehegatten ein hoher Zugewinn gebildet haben wird. Auch das Versterben des Ehegatten eines beschränkt Geschäftsfähigen ist wegen der regelmäßig auftretenden Angleichung im Alter eher atypisch.[463]

(d) Besonderheit: Das belastete Vermächtnis

Wie im 3. Kapitel unter B. I. bereits ausführlich dargestellt, besteht für den Erblasser auch die Möglichkeit, ein angeordnetes Vermächtnis mit einem Untervermächtnis oder einer Auflage zu belasten, vgl. § 2186 BGB. Ausweislich der in Kapitel 5, C. I. 3. dargestellten Ansicht in der Literatur zur Einordnung der rechtlichen Vor- oder Nachteilhaftigkeit der Annahme eines Vermächtnisses könnte die Möglichkeit der Zuwendung eines belasteten Vermächtnisses das Zustimmungserfordernis des gesetzlichen Vertreters begründen. Nach der hier vertretenen Ansicht vermag jedoch auch die Annahme eines belasteten Vermächtnisses die rechtliche Nachteilhaftigkeit nicht zu begründen. Hierzu im Einzelnen zu Untervermächtnis (aa) und Nachvermächtnis (bb):

(aa) Untervermächtnis

Das Untervermächtnis ist ebenfalls nicht geeignet, eine andere rechtliche Bewertung hinsichtlich der rechtlichen Vorteilhaftigkeit der Annahme zu begründen. Mit der Annahme des sogenannten Hauptvermächtnisses erlangt der Hauptvermächtnisnehmer zwar eine rechtliche Besserstellung, die ihm auch eine Verpflichtung auferlegt. Diese Verpflichtung wird von einigen Stimmen in der Literatur herangezogen, um die Annahme eines belasteten Vermächtnisses für den beschränkt Geschäftsfähigen von einem Zustimmungserfordernis des gesetzlichen Vertreters abhängig zu machen.

---

462 Die Befreiung vom Verbot der Volljährigkeitsehe wird in der Regel sehr selten erteilt, *Antomo*, ZPR 2017, 79 (80).

463 Der Gesetzesentwurf der Bundesregierung zum Verbot von Kinderehen, vom 5. April 2017 könnte die Problematik im Folgenden lösen, vgl.: http://www.bmjv.de/SharedDocs/Artikel/DE/2017/04052017_Kinderehen.html;jsessionid=D68BAC2FEE85312706D9C9FC9FA2548D.2_cid324.

Hiergegen ist aber einzuwenden, dass zwar ein belastetes Vermächtnis zugewendet wird. Gegen die die rechtliche Nachteilhaftigkeit begründenden Faktoren spricht hingegen, dass die Verpflichtung zur Erfüllung der Belastung zunächst in einem gesonderten Schritt durch Anfall, Annahme und Geltendmachung des Untervermächtnisses durch den Untervermächtnisnehmer zu erfolgen hat, mithin keine unmittelbare Folge der Vermächtnisannahme durch den minderjährigen Hauptvermächtnisnehmer darstellt.

Darüber hinaus birgt das Untervermächtnis für den Hauptvermächtnisnehmer typischerweise kein derartiges Gefährdungspotential, dass der Minderjährigenschutz im Bereich des Erfordernisses einer elterlichen Zustimmung berührt wird. Dies ist damit zu begründen, dass die Belastung mit einem Untervermächtnis zwar eine persönliche Verpflichtung des Hauptvermächtnisnehmers begründet, diese aber durch den Gesetzgeber auf den erlangten Gegenstand beschränkt wurde, vgl. § 2187 BGB. Das bedeutet, dass der Hauptvermächtnisnehmer nach Erhebung der entsprechenden Einrede nicht über den erlangten Gegenstand hinaus haftbar gemacht werden kann.[464] Der persönliche Vermögensbestand wird daher nicht geschmälert. Selbiges gilt bei Zuwendung eines mit einer Auflage belasteten Vermächtnisses. Der Grundgedanke, den belasteten Hauptvermächtnisnehmer vor Überbeschwerung zu schützen,[465] wird darüber hinaus durch das Kürzungsrecht des § 2188 BGB[466] gestützt, sodass auch die Konstruktion des belasteten Vermächtnisses das Ziel verfolgt, das persönliche Vermögen des Belasteten von der Belastung freizuhalten.

Ein anderes Ergebnis folgt auch nicht aus einer etwaigen Schadensersatzpflicht bei unzureichender Verwaltung durch den Hauptvermächtnisnehmer nach §§ 1991 Abs. 1, 1978 Abs. 1 BGB. Diese Schadensersatzpflicht hängt nicht etwa mit der Annahme des Vermächtnisses zusammen, sondern rührt aus dem Zwischenschritt einer unzulänglichen Verwaltung. Diese Rechtsfolge auf die Annahme auszudehnen, würde den Anwendungsbereich des § 107 BGB in unvertretbarer Weise beschränken.

464 Insofern ist zu beachten, dass der Hauptvermächtnisnehmer nur mit dem haftet, was er aus dem Hauptvermächtnis selbst erhält und nicht mit dem, was er grundsätzlich zu erhalten hätte. Bis zur Erfüllung des Hauptvermächtnisses wird mit dem Vermächtnisanspruch aus § 2174 BGB gehaftet, vgl. Staudinger BGB (2013)/*Otte*, BGB § 2187 Rn. 2; 3.

465 Staudinger BGB (2013)/*Otte*, BGB § 2188 Rn. 1.

466 Zum Kürzungsrecht, vgl. oben: 3. Kapitel, B. I. 4.

Mithin ist die Annahme des mit einem Untervermächtnis belasteten Vermächtnisses selbst für den Fall, in dem das Hauptvermächtnis vollständig erschöpft wird, weder vor- noch nachteilhaft, sondern rechtlich neutral. Eine typische Beeinträchtigung des Minderjährigenschutzes ist folglich nicht ersichtlich.

(bb) Nachvermächtnis

Eine andere Wertung folgt auch nicht aus dem als Sonderfall des Untervermächtnisses angeordneten Nachvermächtnis. Wie unter Kapitel 3 B. II. ausgeführt, wird das Nachvermächtnis in der erblasserischen Gestaltungsfreiheit dazu genutzt, einen Gegenstand im Wege der Identitätsgarantie zeitlich nacheinander verschiedenen Personen zuzuwenden.[467] Mit Eintritt des Nachvermächtnisfalles endet das Recht des Vorvermächtnisnehmers, die Früchte und Nutzungen aus dem Vermächtnisgegenstand zu ziehen,[468] und er unterliegt der Verpflichtung, den Vermächtnisgegenstand an den Nachvermächtnisnehmer herauszugeben.

Dennoch erfolgt auch diesbezüglich eine Beschränkung auf den zugewendeten Vermächtnisgegenstand, sodass der persönliche Vermögensbestand des beschränkt Geschäftsfähigen, der durch den Minderjährigenschutz gewährt werden soll, nicht tangiert wird.[469] Vielmehr verbessert sich die rechtliche Position auch des Vorvermächtnisnehmers durch Erlangen eines Vermächtnisses, aus dessen Gegenstand Früchte und Nutzungen gezogen werden können. Zudem ist die Verpflichtung zur Herausgabe an den Nachvermächtnisnehmer keine Folge der Annahme des Vorvermächtnisses, sondern Folge des Eintritts des Nachvermächtnisfalles und dessen Anfalls.

Etwaige Schadensersatzansprüche, denen sich der Vorvermächtnisnehmer bei unzulänglichem Bestand des Vermächtnisgegenstandes ausgesetzt sehen könnte, sind keine rechtlich nachteilhafte Folge der Vermächtnisannahme, sondern rühren vielmehr aus einer unzureichenden Verwaltung des Vermächtnisgegenstandes her. Es handelt sich mithin nicht um eine typische nachteilhafte Folge der Vermächtnisannahme, die geeignet wäre, den Minderjährigenschutz einzuschränken.

---

467 *Daniels*, Vor- und Nachvermächtnis, 18.

468 *Daniels*, Vor- und Nachvermächtnis, 65.

469 Was bei der Schenkung gilt, kann beim Vermächtnis nicht anders beurteilt werden. Vgl. Münchener Kommentar zum BGB/*Schmitt*, BGB § 107 Rn. 59. Dort wird als Begründung für die rechtliche Vorteilhaftigkeit der Schenkung auch bei §§ 528, 530 BGB angeführt, dass lediglich mit dem erlangten Gegenstand gehaftet wird. Selbiges muss dann auch für die belasteten Vermächtnisse gelten.

Auch die Annahme eines belasteten Vermächtnisses vermag für den beschränkt Geschäftsfähigen folglich keine Nachteilhaftigkeit zu begründen.

Diesbezüglich ist jedoch fraglich, ob sich möglicherweise eine andere Wertung hinsichtlich der Fragestellung der Vorteilhaftigkeit der Annahme eines belasteten Vermächtnisses aus § 2185 BGB, wegen einer etwaigen Verpflichtung zur Leistung von Verwendungsersatz (e), aus den §§ 2318 ff. BGB wegen einer etwaigen Beteiligung an der Pflichtteilslast (f) oder § 2166 BGB aus der Übernahme einer Schuld des Erblassers, zu deren Lasten eine Hypothek bestellt wurde (g), ergeben könnte:

(e) Andere Wertung aus § 2185 BGB?

Eine andere Wertung könnte sich möglicherweise aus § 2185 BGB ergeben. Diese Regelung stellt das Pendant zu § 2184 BGB dar, wonach die Früchte und Nutzungen, die der mit der Vermächtniserfüllung Beschwerte nach Eintritt des Erbfalles gezogen hat, herauszugeben sind.[470] § 2185 BGB betrifft den Fall, in dem der Beschwerte nach Eintritt des Erbfalles Verwendungen auf den Vermächtnisgegenstand gemacht hat und hierfür Ersatz von dem Vermächtnisnehmer verlangt. Um die Rechtsfolge abzusichern, findet im Rahmen des § 2185 BGB ein Verweis auf die Regelungen des Eigentümer-Besitzer-Verhältnisses statt, wonach nach der Art der getätigten Verwendungen zu unterscheiden ist – ob notwendig oder nützlich – und dem maßgeblichen Zeitpunkt der Kenntniserlangung vom Anfall des Vermächtnisses (Kenntniserlangung wird im Rahmen des § 2185 BGB der Bösgläubigkeit bzw. Rechtshängigkeit gleichgestellt).[471] Grundlegende Voraussetzung für einen Ersatzanspruch ist, dass auch tatsächlich der mit dem Vermächtnis Beschwerte Verwendungen getätigt hat, und nicht etwa der Erblasser.[472]

Zwar besteht die Möglichkeit, dass ein minderjähriger Vermächtnisnehmer einer Haftung aus dem Eigentümer-Besitzer-Verhältnis unterliegt. Allerdings handelt es sich hierbei nicht um einen rechtlichen Nachteil, der typischerweise und unmittelbar mit der Annahme des Vermächtnisses einhergeht. Der mit der Vermächtniserfüllung Beschwerte hat vielmehr zunächst Verwendungen zu tätigen, um diese dann in einem zweiten Schritt über das Eigentümer-Besitzer-Verhältnis heraus verlangen zu können. Dieser Zwischenschritt – die Vornahme

470 JurisPK-BGB/*Reymann*, BGB § 2185 Rn. 1; Münchener Kommentar zum BGB/*Rudy*, BGB § 2185 Rn. 1.

471 Soergel BGB/*Wolf*, BGB § 2185 Rn. 2.

472 Kroiß/Ann/Mayer BGB/*J. Mayer*, BGB § 2185 Rn. 3.

der Verwendungen – setzt hingegen ein zusätzliches vom Willen des Erben als Vermächtnisgeber abhängiges Handeln voraus. Ein regelhafter Zusammenhang mit der Annahme des Vermächtnisses besteht nicht.

Mithin ist auch unter dem Gesichtspunkt des § 2185 BGB, basierend auf der unter im 2. Kapitel, E. III. gefundenen Definition zur lediglich rechtlichen Vorteilhaftigkeit von Rechtsgeschäften, keine andere Wertung vorzunehmen.

(f) Andere Wertung aus §§ 2318 ff. BGB?

Auch die §§ 2318 ff. BGB führen nicht dazu, dass man die Annahme des Vermächtnisses durch den beschränkt Geschäftsfähigen als rechtlich nachteilhaft einordnen müsste. Diese Vorschriften sehen im Falle der Pflichtteilsberechtigung einer Person eine Entlastung der Erben bei Erfüllung des Pflichtteilsanspruches vor. Nach § 2318 BGB kann der Vermächtnisnehmer wertmäßig entsprechend einer durch Rechtsprechung und Literatur entwickelten Formel[473] anteilig an der Erfüllung der Pflichtteile beteiligt werden. Das Gesetz hält in § 2318 Abs. 1 BGB eine Einrede für den Erben oder die Erbengemeinschaft bereit, nach der die im Außenverhältnis bestehende Verpflichtung der Erben zur vollständigen Erfüllung des Pflichtteils im Innenverhältnis auf den Vermächtnisnehmer abgewälzt werden kann, sofern sich nicht aus den §§ 2320–2324 BGB etwas anderes ergibt.[474]

Auf die vorliegend vertretene These, wonach die Annahme eines Vermächtnisses jedenfalls nicht rechtlich nachteilhaft ist, angewendet, ergibt sich auch in Ansehung der §§ 2318 ff. BGB keine andere Wertung:

Der Vermächtnisnehmer erlangt auch bei Erhebung der „Kürzungseinrede“ eine rechtliche Besserstellung durch Zuwendung eines schuldrechtlichen Vermächtnisanspruches, der ihm mit der Annahme endgültig zusteht. Die Inanspruchnahme durch die Erben nach Erhebung der Kürzungseinrede führt in diesem Zusammenhang lediglich zu einer wirtschaftlichen Schlechterstellung, die von § 107 BGB jedenfalls dann nicht erfasst wird, sofern es sich nicht um ein lediglich modifizierendes Element handelt.[475] Eine rechtliche Schlechterstellung erfährt der beschränkt Geschäftsfähige durch Ausübung des Kürzungsrechts nicht; vielmehr haftet er beschränkt auf das durch Zuwendung des

---

473 Sogenannte *Martin'sche Formel*: KG Berlin, Urteil vom 13.3.1975 – 12 U 2643/74 = FamRZ 77, 267 m.w.N.

474 JurisPK-BGB/*Birkenheier*, BGB § 2318 Rn. 8; Praxiskommentar Erbrecht/*Lenz-Brendel*, BGB § 2318 Rn. 4, 5.

475 Vgl. die oben in Kapitel 2 entwickelte Definition zur lediglich rechtlichen Vorteilhaftigkeit von Rechtsgeschäften und deren Modifikation.

Vermächtnisanspruches Erlangte. Er verliert seinen Anspruch auf Vermächtniserfüllung jedoch nicht. Damit vermag auch diese wirtschaftliche Schlechterstellung die Vorteilhaftigkeit der Annahme nicht zu beseitigen.

(g) Andere Wertung aus § 2166 BGB?

Grundsätzlich ist die Annahme eines Vermächtnisses durch den beschränkt Geschäftsfähigen als lediglich rechtlich vorteilhaft oder zumindest als rechtlich neutrales Geschäft einzuordnen. Diesbezüglich besteht allerdings eine Ausnahme[476]: Eine andere Wertung ergibt sich einzig aus dem Zusammenspiel der §§ 2165, 2166 BGB bei Annahme eines Vermächtnisses, welches ein Grundstück als Gegenstand hat, das mit einer Hypothek (oder Grundschuld)[477] belastetet ist. Wie oben bereits ausgeführt,[478] besteht nach § 2165 BGB die grundsätzliche Verpflichtung, dingliche Grundpfandrechte, die auf der vermachten Immobilie ruhen, mit zu übernehmen. Damit der Vermächtnisnehmer diese generelle Regelung nicht durch Zahlung an den Schuldner abwenden kann, sieht § 2166 BGB vor, dass der Vermächtnisnehmer für eine durch die Hypothek oder Grundschuld gesicherte persönliche Forderung des Erblassers im Innenverhältnis gegenüber den Erben persönlich verpflichtet ist.[479] Folglich handelt es sich um eine persönliche Schuldübernahme durch den beschränkt Geschäftsfähigen. Im Außenverhältnis ist weiterhin der Erbe oder die Erbengemeinschaft zur Haftung verpflichtet.

Anders als im Rahmen des § 2187 BGB, in dessen Anwendungsbereich eine persönlich auferlegte Verpflichtung *gegenständlich*[480] auf den Vermächtnisgegenstand beschränkt werden kann, handelt es sich bei § 2166 BGB um eine *wertmäßige* Beschränkung in Höhe des Wertes des zugewendeten Grundstückes.[481] Die dem beschränkt Geschäftsfähigen auferlegte persönliche Verpflichtung zur Tilgung der gegen den Erblasser gerichteten, durch Grundpfandrecht gesicherten Forderung ist jedoch lediglich auf den Gegenstand des Grundstückes zum Zeitpunkt des Eigentumsüberganges auf den beschränkt Geschäftsfähigen beschränkbar. Die mit der persönlichen Verpflichtung des Minderjährigen einhergehende Gefahr des Wertverlustes der Immobilie bedeutet insoweit, als eine

---

476 Im Ergebnis für den rechtlichen Nachteil auch: *Keim*, 2011, ZEV 563 (564).

477 JurisPK-BGB/*Reymann*, BGB § 2166 Rn. 1; Münchener Kommentar zum BGB/*Rudy*, BGB § 2166 Rn. 4.

478 3. Kapitel A. IV.

479 Praxiskommentar Erbrecht/*Linnartz*, BGB § 2166 Rn. 3.

480 Soergel BGB/*Wolf*, BGB § 2187 Rn. 2.

481 Praxiskommentar Erbrecht/*Linnartz*, BGB § 2166 Rn. 5.

Verpflichtung zu tragen ist, die über den aktuellen Verkehrswert hinausgeht, eine typischerweise konkret eintretende erhebliche Gefahr. Die Belastung mit einem Untervermächtnis führt zwar letztlich ebenfalls zum Auferlegen einer persönlichen Verpflichtung an den Minderjährigen. Diese ist allerdings beschränkbar auf den erlangten Gegenstand und nähert sich folglich vom Ergebnis einer bloß dinglichen Haftung an. Die Gefährdung des persönlichen Vermögensbestandes des beschränkt Geschäftsfähigen durch Auferlegung einer rechtlichen Verpflichtung mittels Untervermächtnis ist daher nicht ersichtlich. Anders bei Zuwendung eines Vermächtnisses, welches als Gegenstand eine mit einer Hypothek oder Grundschuld belastete Immobilie hat: Da vom Gesetzgeber lediglich eine wertmäßige Begrenzung vorgesehen wurde, besteht ein deutlich höheres Risiko, dass der persönliche Vermögensbestand angegriffen wird. Die Annahme eines solchen Vermächtnisses führt ausnahmsweise zu einem nicht hinnehmbaren Gefährdungspotential für den beschränkt Geschäftsfähigen, sodass eine Mitwirkung des gesetzlichen Vertreters unausweichlich ist.

Mithin liegt in § 2166 BGB – aber nur in diesem Fall – eine Abweichung zugunsten des Zustimmungserfordernisses des gesetzlichen Vertreters bei der Annahme eines mit einem Grundpfandrecht belasteten Vermächtnisses vor.

(4) Zwischenergebnis

Resümierend lässt sich festhalten, dass die Annahme des Vermächtnisses durch einen beschränkt Geschäftsfähigen unter dem Aspekt des Minderjährigenschutzes als Hauptschutzzweck der §§ 105 ff. BGB als lediglich rechtlich vorteilhaft oder neutral einzuordnen ist. Einzig die Ausnahme des § 2166 BGB bei Belastung des Vermächtnisses mit einer Hypothek oder Grundschuld begründet einen rechtlichen Nachteil für den beschränkt Geschäftsfähigen, sodass die Zustimmung des gesetzlichen Vertreters geboten ist.

Weiterhin gilt jedoch zu begutachten, ob dieses Ergebnis auch dem Prüfungsmaßstab der weiteren Schutzzwecke der §§ 105 ff. BGB standhält:

bb. Rechtssicherheit

Neben dem Minderjährigenschutz verfolgt § 107 BGB zudem – wenn auch nachrangig – den Schutz der Rechtssicherheit. Dem Anspruch an die Rechtssicherheit wird § 107 BGB dadurch gerecht, dass von Gesetzes wegen ein eindeutig feststellbarer Maßstab bezogen auf die lediglich rechtliche Vorteilhaftigkeit eines Rechtsgeschäftes festgelegt wurde, der unpräzise Abgrenzungskriterien bezogen auf die Einsichtsfähigkeit bei beschränkt Geschäftsfähigen ausschließt. Nach der hier entwickelten These stellt die Annahme stets ein lediglich rechtlich vorteilhaftes oder zumindest neutrales Rechtsgeschäft dar, das der Einwilligung des gesetzlichen Vertreters nicht bedarf. Einzig bei einem Vermächtnis, welches ein Grundstück zum Gegenstand hat, das mit einer Hypothek oder Grundschuld belastetet ist, wegen der damit einhergehenden Übernahme der persönlichen Verpflichtung des Erblassers von der Nachteilhaftigkeit der Annahme auszugehen, sodass die gesetzlichen Vertreter zuzustimmen haben. Mithin bedeutet dieses Ergebnis bei der Einordnung unter § 107 BGB eine klare und eindeutige Rechtslage, die keiner Abwägung im Einzelfall bedarf.

Im Hinblick auf die Rechtssicherheit bestehen folglich keine Bedenken gegen die rechtliche Vorteilhaftigkeit bei der Annahme eines Vermächtnisses.

cc. Erziehungsgedanke

Während § 107 BGB zum einen den Eltern des beschränkt Geschäftsfähigen als dessen gesetzliche Vertreter die Option einräumt, bei Vorliegen eines rechtlich nachteilhaften Geschäfts individuell zu entscheiden, ob das Kind mit den Folgen des Geschäfts belastet werden kann, bedeutet der Erziehungsgedanke darüber hinaus ebenfalls, den Minderjährigen schrittweise in das rechtsgeschäftliche Leben einzuführen, um ihn eigenverantwortlich und eigenständig an die unbeschränkte Geschäftsfähigkeit zu gewöhnen.[482] Mit der Annahme eines Vermächtnisses erlangt der Minderjährige mit endgültiger Wirkung einen schuldrechtlichen Anspruch auf Zuwendung eines Gegenstandes oder einer Forderung. Dabei ist dieser Anspruch grundsätzlich von der Erbringung einer Gegenleistung unabhängig, vgl. Kapitel 3 C. III 1. Die mit der Annahme eines Vermächtnisses verbundenen – auch negativen – Rechtsfolgen wiegen nach der hier vertretenen Ansicht in ihrer Gesamtheit nicht so schwer, dass es dem beschränkt Geschäftsfähigen (unter Ausklammerung der Zuwendung eines mit einer Hypothek oder Grundschuld belasteten Vermächtnisses) im Wege des Erziehungsgedanken nicht möglich wäre, durch Annahme des Vermächtnisses schrittweise in die unbeschränkte Geschäftsfähigkeit geführt zu werden.

Mithin handelt es sich grundsätzlich um ein lediglich rechtlich vorteilhaftes Rechtsgeschäft, das nur in einer Sonderkonstellation das Zustimmungserfordernis der gesetzlichen Vertreter begründet.

Gestützt werden kann das in diesem Kapitel gefundene Ergebnis zur fehlenden Zustimmungsbedürftigkeit der gesetzlichen Vertreter bei der Annahme

---

482 So auch: Münchener Kommentar zum BGB/*Schmitt*, vor §§ 104 ff. BGB Rn. 5, der den Erziehungsgedanken allerdings nicht explizit auf § 107 BGB überträgt.

eines Vermächtnisses darüber hinaus durch den Vergleich zweier der Vermächtnisannahme ähnlich ausgestalteter Rechtskonstellationen:

3. *Vergleich zu anderen Rechtskonstellationen*

Hierbei handelt es sich zum einen um die Annahme der Erbschaft (a.), die aufgrund der erbrechtlichen Besonderheiten eine der Vermächtnisannahme vergleichbare Situation schafft. Ferner liegt auch ein Vergleich zur Schenkung (b.) nahe, da wie auch bei der Vermächtnisannahme – wenn auch ohne erbrechtlich spezifische Regelungen – eine Zuwendung an einen Begünstigten erfolgt, ohne eine entsprechende Gegenleistung vorzusehen.

Unter Berücksichtigung der obig entwickelten Grundsätze ist nunmehr die These der grundsätzlichen Zustimmungsfreiheit der Vermächtnisannahme im Rahmen des Vergleiches zu belegen.

a. *Vergleich zur Annahme der Erbschaft*

Es stellt sich die Frage, inwiefern sich die Annahme des Vermächtnisses von der Annahme der Erbschaft unterscheidet, die – wie unter Kapitel 4 ausgeführt – unstreitig dem Genehmigungserfordernis des gesetzlichen Vertreters unterliegt. Auch bei Annahme der Erbschaft verzichtet der beschränkt Geschäftsfähige auf die Möglichkeit, von dem gesetzlich vorgesehen Recht der Ausschlagung Gebrauch zu machen. Dennoch zieht dieser Verzicht für den Minderjährigen erhebliche rechtliche Konsequenzen nach sich, die sich nicht einzig auf den Verlust des Ausschlagungsrechts beschränken. Vielmehr rückt der beschränkt Geschäftsfähige dinglich vollständig in die Rechtsposition des Erblassers ein mit der Folge des Grundsatzes der unbeschränkten Haftung, vgl. § 1967 BGB. Dem Erben ist es zwar grundsätzlich möglich, die Haftung auf den durch die Erbschaft erlangten Nachlassbestand zu beschränken, dies gilt jedoch nicht für die Nachlasserbenschulden, für die eine Beschränkung nicht vorgesehen ist[483].

Auch die in § 1629a BGB normierte Minderjährigenhaftungsbeschränkung vermag nicht alle aus der Annahme der Erbschaft resultierenden Vermögensbeeinträchtigungen zu vermeiden. Diesbezüglich ist insbesondere darauf hinzuweisen, dass § 1629a BGB ausweislich des Wortlautes keine Beschränkung auf den Bestand der Erbschaft vorsieht, sondern vielmehr die Haftung auf das bei Volljährigkeit vorhandene Vermögen – mithin auch das Privatvermögen

---

483 Burandt/Rojan, Erbrecht/*Joachim*, BGB § 1967 Rn. 3. Allerdings ist es möglich, mit den Gläubigern jeweils eine vertragliche Haftungsbeschränkung zu vereinbaren, vgl. auch schon: 4. Kapitel B. 2.

des beschränkt Geschäftsfähigen – erstreckt.[484] Darüber hinaus schützt § 1629a BGB nur den volljährig gewordenen Minderjährigen (den Geschäftsfähigen), während der beschränkt Geschäftsfähige weiterhin der unbeschränkten Haftung unterfällt.[485] Folglich vermögen die gesetzlich vorgesehenen Schutzinstrumente die mit der Erbschaft typischerweise einhergehende Haftung für Nachlassverbindlichkeiten nicht derart zu begrenzen, dass der Minderjährigenschutz nicht berührt wird.[486] Daraus resultiert das Zustimmungserfordernis für den gesetzlichen Vertreter.

Wegen der mit der Erbschaftsannahme verbundenen, nicht vollständig beschränkbaren Haftung für Nachlassverbindlichkeiten ist ein Zustimmungserfordernis richtig und notwendig.[487] Anders ist dies hingegen bei der Vermächtnisannahme. Auch den Vermächtnisnehmer treffen mit Annahme des Vermächtnisses haftungsrechtliche Folgen, die hingegen grundsätzlich (mit Ausnahme des § 2166 BGB) nicht geeignet sind, den Vermögensstamm zulasten des Minderjährigenschutzes über den erlangten Bestand hinaus wie im Falle der Annahme einer Erbschaft zu beeinträchtigen. Eine Übernahme sämtlicher persönlicher Pflichten, ohne entsprechende Haftungsbeschränkung, ist mit der Annahme des Vermächtnisses, wie bereits ausführlich begründet wurde, nicht verbunden. Der Vermächtnisnehmer rückt gerade nicht dinglich in die rechtliche Position des Erblassers unter Übernahme der Rechte, aber auch Verpflichtungen, ein. Er erlangt vielmehr nur einen schuldrechtlichen Anspruch, der keine Haftungsübernahme nach sich zieht. Eine Beeinträchtigung des persönlichen Vermögensstammes wie bei der Erbschaft ist folglich nicht ersichtlich. Lediglich im Rahmen des § 2166 BGB bei der Zuwendung einer mit einer Hypothek oder Grundschuld belasteten Immobilie als Vermächtnisgegenstand besteht eine vergleichbare Rechtslage zur Annahme einer Erbschaft. Diesbezüglich wird ein Zustimmungserfordernis der gesetzlichen Vertreter wegen der weiterreichenden Haftungsausgangslage als notwendig erachtet.

Das hier vertretene Ergebnis zur grundsätzlichen Zustimmungsfreiheit der Vermächtnisannahme wird folglich durch den Vergleich mit den erbrechtlichen Folgen der Erbschaftsannahme nicht beeinflusst.

---

484 Ähnlich: BeckOK BGB/*Veit*, BGB § 1629a Rn. 29; Münchener Kommentar zum BGB/*Huber*, BGB § 1629a Rn. 31.

485 BeckOK BGB/*Veit*, BGB § 1629a Rn. 29; *Peschel-Gutzeit*, FPR 2006, 455 (456).

486 So auch: *Czeguhn*, Geschäftsfähigkeit, beschränkte Geschäftsfähigkeit, Geschäftsunfähigkeit, Rn. 124.

487 So auch: Brox/*Walker*, Erbrecht, Rn. 310; Scherer Anwaltshandbuch Erbrecht/*Malitz*, § 22 Rn. 13.

b. Vergleich zur Schenkung unter Lebenden

aa. Der Schenkungsvertrag und das Minderjährigenrecht

Weiterhin gilt es zu untersuchen, ob sich das vorstehende Ergebnis auch aus einem Vergleich mit der dem Vermächtnis ähnlichen Schenkung erschließt.

Der Schenkungsvertrag ist als einseitig verpflichtendes Rechtsgeschäft ausgestaltet und aus diesem Grund anders als zweiseitig verpflichtende Rechtsgeschäfte - etwa der Kaufvertrag - nicht von vornherein, mithin per se, rechtlich nachteilhaft. Vielmehr ist die Frage des rechtlichen Nachteils bei einseitig verpflichtenden Verträgen davon abhängig, ob der beschränkt Geschäftsfähige durch den Abschluss des ihn nicht verpflichtenden Rechtsgeschäfts eine rechtliche Position einbüßt oder nur Vorteile erlangt.[488] Die Schenkung bedarf auch bei der bereits vollzogenen Handschenkung eines schuldrechtlichen Vertrages, der durch die übereinstimmenden Willenserklärungen Angebot und Annahme zustande kommt.[489] Mithin kommen die Regeln des allgemeinen Teils und damit insbesondere die Regeln über die Geschäftsfähigkeit der §§ 104 ff. BGB zur Anwendung.

(1) Rechtlich vorteilhafte Schenkungsannahme

Als rechtlich vorteilhaft eingeordnet wird in diesem Zusammenhang wegen der Ausgestaltung als Bereicherung des Beschenkten ohne Gegenleistung die Annahme eines Schenkungsangebots durch den beschränkt Geschäftsfähigen.[490] Das schuldrechtliche Verpflichtungsgeschäft ist lediglich für den Vertragsteil mit rechtlichen Verpflichtungen versehen, der das konkrete Schenkungsangebot formuliert.[491] Infolge der privilegierten Situation des Beschenkten ist grundsätzlich die Rechtsposition desselben schwächer ausgeprägt, sodass der Gesetzgeber in den §§ 516–534 BGB besondere Schutzvorschriften zugunsten des Schenkers

488 PWW BGB/*Völzmann-Stickelbrock*, BGB § 107 Rn. 6, wonach die Kündigung eines zinslosen Darlehens durch den Minderjährigen als Darlehensgeber oder eine durch den Minderjährigen versendete Mahnung als rechtlich vorteilhafte einseitige Rechtsgeschäfte ausgestaltet sind (vgl. auch: OLG Köln, Urteil vom 23.9.1997 - 14UF105/97 = NJW 1998, 320).

489 JurisPK-BGB/*Sefrin*, BGB § 516 Rn. 21.

490 BGH, Urteil vom 10.11.1954 - II ZR 165/53 = NJW 1955, 1353; BeckOK BGB/*Wendtland*, BGB § 107 Rn. 11; *Harte*, 63; Heidel/Hüßtege/Mansel/Noack, BGB/*Baldus*, BGB § 107 Rn. 20; Rüthers/*Stadler*, Allgemeiner Teil des BGB, § 23 Rn. 15.

491 Brox/*Walker*, Allgemeiner Teil des BGB, Rn. 275; Staudinger BGB/*Chiusi*, BGB § 516 Rn. 57.

geschaffen hat.[492] Wurde zwischen dem Schenker und dem Beschenkten ein Rückforderungsvorbehalt vereinbart, führt dies nur dann zur rechtlichen Nachteilhaftigkeit für den Minderjährigen als Beschenkten, wenn damit eine Haftung nach § 280 Abs. 1 BGB einhergeht. Haftet der Minderjährige dagegen lediglich unter bereicherungsrechtlichen Aspekten, begründet dieser Rückforderungsanspruch grundsätzlich keine rechtliche Nachteilhaftigkeit, da der beschränkt Geschäftsfähige in diesem Fall nur mit dem erworbenen Gegenstand haftet.[493] Selbiges gilt für die Fälle der §§ 528, 530 BGB, da hier bereits durch das Gesetz eine bereicherungsrechtliche Haftung vorgesehen ist.

(2) Rechtlicher Nachteil durch Schenkungsannahme?

Erfolgt die Schenkung dagegen unter einer Auflage gemäß § 525 BGB, liegt eine mit der Schenkung verbundene Verpflichtung des Beschenkten vor. Hierbei handelt es sich um eine Nebenabrede, die jedes Tun oder Unterlassen umfassen kann. § 525 BGB gewährt dem Schenker einen gegen den Beschenkten notfalls klageweise durchsetzbaren Anspruch, aus dem für den Beschenkten eine ihn persönliche treffende Verpflichtung folgt.

Die überwiegenden Meinung in Rechtsprechung und Literatur ordnet die Schenkung unter Auflagenvorbehalt wegen der damit einhergehenden schuldrechtlichen Verpflichtung des beschränkt Geschäftsfähigen und der daraus folgenden abstrakten Möglichkeit einer den Minderjährigen nach §§ 280 ff. BGB treffenden Haftung[494] als nahezu uneingeschränkt rechtlich nachteilhaft ein.[495]

---

492 JurisPK-BGB/*Kühle*, BGB § 516 Rn. 3; Palandt BGB/*Weidenkaff*, BGB § 516 Rn. 4.

493 *Harte*, 63; *Stutz*, MittRhNotK 1993, 205 (213), ähnlich: Heidel/Hüßtege/Mansel/Noack, BGB/*Baldus*, BGB § 107 Rn. 25, der die bereicherungsrechtliche Rechtsfolge nur dann als vorteilhaft ansieht, wenn dieses im Lichte des Minderjährigenschutzes ausgelegt wird und insbesondere keine verschärfte Haftung nach § 818 Abs. 4 BGB entsteht.

494 Vgl. *Harte*, 74, die allerdings danach differenziert, ob die §§ 280 ff. BGB nach der Auslegung des Parteiwillens abbedungen worden sind und für diesen Fall von der rechtlichen Vorteilhaftigkeit der Schenkung unter Auflage ausgeht.

495 Vgl. nur: BGH, Urteil vom 10.11.1954 – II ZR 165/53 = NJW 1955, 1353; Erman BGB/*Müller*, BGB § 107 Rn. 5; Staudinger BGB (2017)/*Klumpp*, BGB § 107 Rn. 39. Differenziert wird allerdings bei Erwerb eines nießbrauchbelasteten Grundstücks. War dieses bereits von Anfang an mit dem dinglichen Nießbrauchrecht belastet, handelt es sich nicht um eine Schenkung mit Auflage, sondern um eine Schenkung, die als lediglich rechtlich vorteilhaft einzuordnen ist (OLG Frankfurt, Beschluss vom 22.8.1974 = Rpfleger 1974, 429; *Kölmel*, RNotZ 2010, 618 (624)).

Gegen die pauschale Einordnung der Auflagenschenkung als rechtlich nachteilhaft ist indes Zweierlei einzuwenden:

Zum einen ist unter Berücksichtigung des im Bürgerlichen Gesetzbuches geltenden Trennungsprinzips die Auflagenschenkung hinsichtlich Verpflichtungs- und Erfüllungsgeschäft gesondert auf ihre rechtliche Vorteilhaftigkeit hin zu untersuchen. Wendet man das Trennungsprinzip konsequent an, kann die Annahme der mit einer Auflage belasteten Schenkung rechtlich nicht anders eingeordnet werden als die Annahme einer unbelasteten Schenkung.[496] Die den beschränkt Geschäftsfähigen belastende Auflagenverpflichtung gründet nicht auf dem Verpflichtungsgeschäft, sondern ist vielmehr erst als weiterer Zwischenschritt nach Vollziehung des ursprünglichen Erfüllungsgeschäfts zu berücksichtigen.[497] Mithin ist die hiervon isoliert zu betrachtende Annahme des Schenkungsangebotes als lediglich rechtlich vorteilhaft einzuordnen.

Zudem kann – selbst bei wenig konsequenter Anwendung des Trennungsprinzips unter Einschränkung des zu weit geratenen Wortlautes des § 107 BGB – vertreten werden, dass nicht jede den Minderjährigen verpflichtende Auflage geeignet ist, diesen rechtlich zu benachteiligen. Unter Berücksichtigung des von § 107 BGB verfolgten Schutzzweckes sind diejenigen vertraglichen Nebenabreden auszunehmen, die bereits von vornherein nicht geeignet sind, das aus § 107 BGB folgende Schutzprinzip zu beeinträchtigen. Die damit etwaig einhergehende Gefährdung der Rechtssicherheit ist unter dem Gesichtspunkt des Schutzprinzips und der Heranführung des Minderjährigen an das Handeln im Rechtsverkehr hinzunehmen.

Die Erfüllung einer Auflage bedeutet zwar das Auferlegen einer den Minderjährigen belastenden rechtlichen Verpflichtung, was indes nicht stets zur Beeinträchtigung des Schutzprinzips – insbesondere unter der Berücksichtigung wirtschaftlicher Aspekte – führt.

Dies gründet darauf, dass die Vollziehung der Auflage in der Regel „(...) *auf der Grundlage und aus dem Wert der Zuwendung* (...)" – mithin aus dem geschenkten Gegenstand selbst – zu erfolgen hat.[498] Anderenfalls käme die Auflage

---

496 Juris-PK-BGB/*Lange*, BGB § 107 Rn. 24; *Lange*, NJW 1955, 1339 (1343) Fn. 58.

497 Juris-PK-BGB/*Lange*, BGB § 107 Rn. 24.

498 BGH, Urteil vom 2.10.1981 – V ZR 134/80 = NJW 1982, 818; *Coing*, NJW 1949, 260 (262); *Harte*, 73; Palandt BGB/*Weidenkaff*, BGB § 525 Rn. 1; hierauf lässt insbesondere auch der Wortlaut des § 527 BGB schließen, der impliziert, dass die Auflagenerfüllung aus dem zugewendeten Gegenstand zu erfolgen hat (so auch Esser/*Weyers*, Schuldrecht Band II, Teilband 1 § 12 IV 1., der allerdings auf § 526 BGB abstellt); anders Soergel BGB/*Eckert*, BGB § 525 Rn. 1, der die Formulierung des BGH dahin

einer Gegenleistung des Beschenkten gleich. Folglich ist in entsprechender Anwendung der unter Kapitel 2 unter D. II. 2. entwickelten Kriterien typischerweise von einer unbedeutenden wirtschaftlichen Belastung auszugehen, die das Vermögen des beschränkt Geschäftsfähigen über den Wert des erlangten Gegenstandes hinaus nicht zu schmälern vermag.

(3) Schenkungsannahme und Vermächtnisannahme

Die lediglich rechtliche Vorteilhaftigkeit der Annahme des Vermächtnisses kann nach dem vorstehend Ausgeführten auch unter dem Aspekt eines Vergleichs mit der Schenkungsannahme belegt werden.

Bei der als lediglich rechtlich vorteilhaft eingeordneten[499] Schenkungsannahme handelt es sich zwar um ein sogenanntes Rechtsgeschäft unter Lebenden, welches gerade nicht den erbrechtlichen Besonderheiten unterliegt. Dennoch wird sowohl bei der Schenkung als auch bei der Vermächtnisannahme in der Regel ein Gegenstand zugewendet, ohne dass es dafür einer entsprechenden Gegenleistung bedarf.[500] Die Annahme des Schenkungsangebots durch den beschränkt Geschäftsfähigen führt ebenso wie die Annahme des Vermächtnisses zu dem Verlust der Möglichkeit, von der Ablehnung des Angebots Gebrauch zu machen. Im Rahmen der erbrechtlichen Sonderregelungen wird dieser Verzicht auf die Nichtgeltendmachung zwar terminologisch als Ausschlagung bezeichnet, im Ergebnis wird jedoch sowohl mit der Annahme des Schenkungsangebotes als auch der des Vermächtnisses auf die Möglichkeit verzichtet, die Annahme abzulehnen. Diese Folge bei der Schenkung als unbeachtlich, bei der Vermächtnisannahme jedoch als beachtlich einzuordnen, ist in sich widersprüchlich. Wie obig in diesem Kapitel bereits dargestellt, vermag deshalb die mit der Annahme einhergehende Folge – wie bei der Schenkung – keine Nachteilhaftigkeit

auslegt, dass nicht aus dem geschenkten Gegenstand selbst die Erfüllung zu erfolgen hat. Unter Zugrundelegung dieser Auffassung ergibt sich dennoch kein entgegenstehendes Ergebnis im Hinblick auf die rechtliche Bewertung des Minderjährigenschutzes. Nach der Auffassung *Eckerts* hat die Erfüllung der Auflage nicht zwingend aus dem zugewendeten Gegenstand zu erfolgen. Generell kann die Auflage jedoch aus dem Gegenstand erfüllt werden und ist in ihrer Höhe auf den Wert des Zugewendeten beschränkt. Der Minderjährige wird folglich mit keiner Verpflichtung belastet, die sein Vermögen über den Wert des erlangten Gegenstandes hinaus schmälert.

499 Vgl. nur beispielhaft: JurisPK-BGB/*Sefrin*, BGB § 516 Rn. 28; Münch, FamR/*Müller*, § 16 Kindschaftsrecht, Rn. 146; Münchener Kommentar zum BGB/*Schmitt*, BGB § 107 Rn. 59.

500 Dazu unter: Kapitel 3 C betreffend das Vermächtnis.

zu begründen. Dieses Ergebnis folgt zudem aus dem Prinzip der „Einheit der Rechtsordnung".

Darüber hinaus ist auch die Schenkung bei Rückforderung infolge Verarmung, § 528 BGB, oder Widerrufs, § 530 BGB, als lediglich rechtlich vorteilhaft einzuordnen, da einzig mit dem durch Zuwendung erlangten Gegenstand gehaftet wird. Diese rechtliche Einordnung ist vergleichbar mit der eines belasteten Vermächtnisses, bei der ebenfalls eine Haftungsbeschränkung auf den erlangten Gegenstand erfolgt.

Die vorstehend entwickelten Grundsätze bei Zuwendung einer Schenkung unter Auflage nach § 525 BGB gelten unter dem Aspekt der „Einheit der Rechtsordnung" auch für die vergleichbare Konstellation eines belasteten Vermächtnisses. In beiden Varianten bedeutet die rechtliche Verpflichtung keine derartige wirtschaftliche Konsequenz, dass über das durch Zuwendung Erlangte hinaus gehaftet wird. Eine Berührung des „Schutzprinzips" ist mithin nicht ersichtlich. Ferner ist zu beachten, dass bei strikter Anwendung des Trennungsprinzips die Erfüllung der Auflage erst nach Erfüllung des der Schenkung zugrunde liegenden Verpflichtungsgeschäfts erfolgen, mithin das ursprüngliche Verpflichtungsgeschäft grundsätzlich nicht beeinträchtigen kann. Keine andere Ausgestaltung besteht bei der Vermächtnisannahme, da auch bei dieser die zu erfüllende Belastung unter konsequenter Anwendung des Trennungsprinzips erst nach Erfüllung des Vermächtnisanspruches relevant wird.

Obwohl es sich bei der Schenkung um ein Rechtgeschäft unter Lebenden handelt, weist die Schenkung einige Parallelen zur Vermächtnisannahme auf, die deren Einordnung als zustimmungsfreies Rechtsgeschäft zu belegen vermögen.

Mithin folgt aus der vergleichbaren Rechtslage bei der Schenkung kein anderes Ergebnis für die Einordnung des § 107 BGB im Rahmen der Annahme eines Vermächtnisses.

4. Ergebnis

Im Ergebnis bleibt Folgendes festzuhalten: Die Annahme eines Vermächtnisses ist für den beschränkt Geschäftsfähigen grundsätzlich lediglich rechtlich vorteilhaft im Sinne des § 107 BGB, sodass es weder des Zustimmungserfordernisses der gesetzlichen Vertreter, noch der Bestellung eines Ergänzungspflegers bedarf. Selbst wenn es sich um ein belastetes Vermächtnis handelt, bei dem das Untervermächtnis das Hauptvermächtnis vollständig erschöpft, gilt für den Minderjährigen als (pflichtteilsberechtigten) Hauptvermächtnisnehmer, dass die Annahme eines Vermächtnisses durch ihn als neutrales Rechtsgeschäft ohne gesetzlichen Vertreter erfolgen kann, auch wenn das Hauptvermächtnis in Höhe des Wertes des gesetzlichen Pflichtteiles besteht. Dieses Ergebnis ist vor allem mit dem Schutzprinzip in Einklang zu bringen und steht auch nicht in Widerspruch zu ähnlichen Rechtskonstellationen wie der Erbschaftsannahme oder der Schenkung.

Eine Ausnahmesituation besteht lediglich für den Fall des § 2166 BGB, bei dem dem beschränkt Geschäftsfähigen ein Vermächtnis zugewendet wird, welches als Gegenstand ein Grundstück hat, das mit einer Hypothek oder Grundschuld belastetet ist. Für dieses haftet Minderjährige im Innenverhältnis mit einer persönlichen Schuld gegenüber dem Erben oder der Erbengemeinschaft. In diesem Fall besteht die Gefahr des Umgehens des Schutzprinzips, welches das Zustimmungserfordernis der gesetzlichen Vertreter notwendig werden lässt.

Somit bleibt festzuhalten, dass mit Ausnahme eines abgegrenzten Sonderfalles die Annahme des Vermächtnisses durch den beschränkt Geschäftsfähigen zustimmungsfrei ausgeübt werden kann.

Ob selbiges für die Ausschlagung des Vermächtnisses durch den beschränkt Geschäftsfähigen gilt, soll Gegenstand der nachfolgenden Ausführungen sein:

D. Die Ausschlagung von Vermächtnissen durch beschränkt Geschäftsfähige

I. Familiengerichtliche Genehmigung zur Ausschlagung

Zugleich mit dem Anfall des Vermächtnisses – also nach Eintritt des Erbfalles – entsteht neben dem Recht, das Vermächtnis anzunehmen, auch das Recht zur Ausschlagung des Vermächtnisses, welches ebenfalls in § 2180 BGB normiert ist.[501] Die Ausschlagungserklärung kann konkludent oder ausdrücklich gegenüber dem Beschwerten erfolgen (ein Erklärungserfordernis gegenüber dem Nachlassgericht besteht nicht) und unterliegt anders als die Ausschlagung der Erbschaft gemäß § 1944 BGB keiner sechswöchigen Frist.[502]

Folge der ausgeübten Ausschlagung des Vermächtnisses ist nach den §§ 2180 Abs. 3, 1953 Abs. 1 BGB, dass der Anfall des Vermächtnisses als nicht erfolgt – mithin das Entstehen des Vermächtnisanspruches in der Person des Vermächtnisbegünstigten als nicht eingetreten – gilt.[503] Diese für den beschränkt Geschäftsfähigen gravierende Rechtsfolge des Verlustes einer für ihn vorteilhaften wirtschaftlichen wie auch rechtlichen Position wurde vom Gesetzgeber als

501 Brox/*Walker*, Erbrecht, Rn. 446; Burandt/Rojan, Erbrecht/*Burandt*, BGB § 2180 Rn. 3.

502 Kroiß/Ann/Mayer BGB/J. Mayer, BGB § 2180 Rn. 7

503 Kroiß/Ann/Mayer BGB/*J. Mayer*, BGB § 2180 Rn. 9; Münchener Kommentar zum BGB/*Rudy*, BGB § 2180 Rn. 8.

derart nachteilhaft eingeordnet, dass die Verantwortung hierfür nicht einzig dem Vormund bzw. dem gesetzlichen Vertreter eingeräumt, sondern der familiengerichtlichen Kontrollinstanz zugewiesen wurde, vgl. § 1643 Abs. 2 S. 1 BGB.[504]

Anders als die Annahme des Vermächtnisses zieht die Ausschlagung des Vermächtnisses mithin für den beschränkt Geschäftsfähigen erhebliche rechtliche Nachteile mit sich, die gesetzlich zu regulieren sind.

Eine familiengerichtliche Genehmigung ist folglich grundsätzlich für die Ausschlagung des Vermächtnisses erforderlich.

II. Ausnahme von der familiengerichtlichen Genehmigung zur Ausschlagung

1. Einführung

Eine gesetzlich vorgesehene Ausnahmeregel besteht in § 1643 Abs. 2 S. 2 BGB, wonach die Ausschlagung des Minderjährigen der familiengerichtlichen Genehmigung nicht bedarf, wenn der Anfall an das Kind deshalb erfolgt, weil der zuvor berufene vertretungsberechtigte Elternteil ausgeschlagen hat. Fällt der gesetzliche Vertreter als Repräsentant des Stammes weg und rückt der Minderjährige infolge dessen nach, greift die in § 1643 Abs. 2 S. 2 BGB vorgesehene Ausnahme. Diese vom Gesetzgeber eingefügte Ausnahmeregel gründet auf der aus der allgemeinen Lebenserfahrung folgenden Annahme, dass bei vorheriger Ausschlagung des gesetzlichen Vertreters die Annahme mit Nachteilen verbunden wäre. Ein Interessenkonflikt[505] beim gesetzlichen Vertreter, der eine familiengerichtliche Genehmigung erforderlich machen würde, besteht mithin in diesem Zusammenhang mit der Ausschlagung für den beschränkt Geschäftsfähigen nicht.[506]

Obwohl § 1643 Abs. 2 S. 1 BGB neben der Erbausschlagung auch die Ausschlagung des Vermächtnisses der familiengerichtlichen Genehmigungspflicht unterstellt, greift die im zweiten Satz normierte Ausnahme zum Nachrücken des beschränkt Geschäftsfähigen nach vorhergehender Ausschlagung durch den gesetzlichen Vertreter für das Vermächtnis nach vorherrschender Ansicht nicht.[507]

---

504 Münchener Kommentar zum BGB/*Kroll-Ludwigs*, BGB § 1822 Rn. 1; Staudinger BGB (2014)/*Veit*, BGB vor §§ 1821, 1822 Rn. 1.

505 Siehe dazu auch ausführlich: 4. Kapitel B. II. 2; 5. Kapitel D. II. 2. B. bb.

506 Palandt BGB/*Götz*, BGB § 1643 Rn. 2; Weinreich/Klein/*Ziegler*, Familienrecht, § 1643 Rn. 3.

507 OLG Naumburg, Beschluss vom 8.5.2013 – 3 WF 260/12 = BeckRS 2013, 14478; BeckOK BGB/*Veit*, BGB § 1643 Rn. 10; Palandt BGB/*Götz*, BGB § 1643 Rn. 2; Staudinger BGB (2009)/*Engler*, BGB § 1643 Rn. 35.

2. *These*

Dieser Auslegung kann nicht gefolgt werden. Vielmehr ist die Ausnahme vom Erfordernis der familiengerichtlichen Genehmigung nach der hier vertretenen Auslegung gleichfalls für das Vermächtnis anzuwenden. Hierzu im Einzelnen:

a. *Wortlaut und Systematik der Ausnahmevorschrift*

Dieses Ergebnis folgt bereits aus dem Wortlaut der Vorschrift, der keine Begrenzung auf die Ausschlagung der Erbschaft erkennen lässt. Konkret heißt es in der gewählten Formulierung der Norm:

> *„(…) Tritt der Anfall an das Kind erst infolge der Ausschlagung eines Elternteils ein, der das Kind allein oder gemeinsam mit dem anderen Elternteil vertritt (…)“.*

Der Wortlaut bezieht sich auf den *Anfall* an das Kind, der bei der Erbschaft, jedoch ebenso im Rahmen des Vermächtnisses, erfolgen kann. Eine nähere Konkretisierung, welcher *Anfall* in § 1643 Abs. 2 S. 2 BGB gemeint ist, erfolgt hingegen nicht. Für eine Anwendbarkeit auf das Vermächtnis spricht zudem die Systematik der Vorschrift. Wird im ersten Satz des § 1643 Abs. 2 BGB noch auf die Ausschlagung des Vermächtnisses *und* die Erbschaft Bezug genommen, spricht der unmittelbar darauf folgende zweite Satz lediglich vom Anfall an den Begünstigten. Angesichts dieses systematisch engen Zusammenhangs kann eine Beschränkung auf den Anfall der Erbschaft folglich nicht angenommen werden.

b. *Telos der Ausnahmevorschrift*

Die teleologische Auslegung der Vorschrift nach dem Sinn und Zweck ergibt ebenfalls keine andere Bewertung. Zwar bezog sich der Gesetzgeber im Rahmen des Gesetzgebungsverfahrens in seiner Begründung zur Fassung des § 1643 Abs. 2 S. 2 BGB auf die Ausschlagung der Erbschaft,[508] dies bedeutet jedoch nicht zwingend den Ausschluss des Vermächtnisses aus dem Anwendungsbereich der Vorschrift. Dies gilt insbesondere deshalb, weil eine vergleichbare rechtliche Lage zu der Ausschlagung der Erbschaft durch den gesetzlichen Vertreter als Erstberufenen besteht (aa.) und der Zweck der Vorschrift – der Schutz des Minderjährigen vor Interessenskonflikten des gesetzlichen Vertreters – auch im Bereich des Vermächtnisrechts greifen kann (bb.):

---

508 Mot. V, 517.

aa. Anfall an den beschränkt Geschäftsfähigen nach Ausschlagung des Vermächtnisses

§ 1643 Abs. 2 S. 2 BGB betrifft in der Regel die rechtliche Konstellation, in der aufgrund gesetzlicher Erbfolge der gesetzliche Vertreter nach Ausschlagung als Repräsentant des Stammes wegfällt und der minderjährige Abkömmling als Nachfolger in dessen Position eintritt; die Norm gilt jedoch auch bei testamentarisch angeordneter Erbeinsetzung.[509]

Eine der Erbenstellung vergleichbare Zuwendungsreihenfolge gemäß einem Repräsentantenprinzip im Rahmen eines Stammes ist für das Vermächtnis als lediglich schuldrechtlich wirkendes Damnationslegat nicht vorgesehen.[510] Grundsätzlich folgt aus der Ausschlagung daher nicht das Nachrücken des nächstberufenen Begünstigten kraft Gesetzes, vgl. §§ 2180 Abs. 3, 1953 Abs. 1, 2158 BGB. Es findet stattdessen regelmäßig eine Anwachsung des ausgeschlagenen Vermächtnisanteils an die übrigen Vermächtnisnehmer statt.[511]

Dennoch ist es dem testierenden Erblasser möglich, eine Vermächtnisreihenfolge im Wege einer Ersatzvermächtnisnehmerbestimmung, § 2190 BGB, festzulegen oder eine Vor- und Nachvermächtnisanordnung, § 2191 BGB, zu treffen. Schlägt der zunächst berufene Bedachte (für den konkreten Fall des § 1643 Abs. 2 S. 2 BGB mithin der gesetzliche Vertreter eines beschränkt Geschäftsfähigen) das angefallene Vermächtnis aus, gilt dieses gemäß §§ 2180 Abs. 3, 1953 Abs. 1 BGB als nicht angefallen. Der zunächst Begünstigte wird folglich so behandelt, als wäre er vor Eintritt des Erbfalles weggefallen. Dieser Wegfall des zunächst Begünstigten bewirkt für den eingesetzten Ersatz- oder Nachvermächtnisnehmer, dass der Anfall des ausgeschlagenen Vermächtnisses zum Todeszeitpunkt fingiert wird. Auswirkungen hat die Rechtsfolge des §§ 2180 Abs. 3, 1953 BGB insbesondere auch auf § 2069 BGB.[512] Dieser Auslegungsregel zufolge rücken Abkömmlinge (Enkel) des zunächst bedachten Abkömmlings des Erblassers (Großeltern) mit Wegfall des zunächst Bedachten nach, sodass eine dem § 1643

509 OLG Frankfurt a.M., Beschluss vom 13.4.2011 – 20 W 374/09 = BeckRS 2011, 22141; BeckOK BGB/*Veit*, BGB § 1643 Rn. 10; Jauernig BGB/*Budzikiewicz*, BGB § 1643 Rn. 4.

510 *Haspl*, ZEV 2013, 60.

511 BeckOK BGB/*Müller-Christmann*, BGB § 2158 Rn. 2; Burandt/Rojan, Erbrecht/*Burandt*, BGB § 2158 Rn. 2. Wenn eine Anwachsung nicht vorgesehen ist und auch kein Ersatzberufener in Betracht kommt, fällt das Vermächtnis zurück in den Nachlass, vgl. Münchener Kommentar zum BGB/*Rudy*, BGB § 2180 Rn. 8.

512 *Haspl*, ZEV 2013, 60; Münchener Kommentar zum BGB/*Rudy*, BGB § 2180 Rn. 8.

Abs. 2 S. 2 BGB vergleichbare Ausgangssituation besteht, sollte der gesetzliche Vertreter von seinem Ausschlagungsrecht Gebrauch machen.

Damit bleibt festzuhalten, dass das schuldrechtlich wirkende Vermächtnis zwar kein Nachrücken im Rahmen eines Erbenstammes vorsieht, es dennoch eine Vielzahl von Konstellationen gibt, in denen der beschränkt Geschäftsfähige als Abkömmling seiner Eltern nach deren Ausschlagung mit einem Vermächtnis bedacht wird. Eine Grundlage, auf der das Vermächtnis von der Ausnahmeregel des § 1643 Abs. 2 S. 2 BGB ausgeschlossen werden sollte, besteht folglich nicht.

bb. Gefahr von Interessenskollisionen

Darüber hinaus ist auch bei Ausschlagung des Vermächtnisses durch den zuvor berufenen gesetzlichen Vertreter und dem anschließenden Nachrücken des minderjährigen Kindes in die Position des Vermächtnisbegünstigten eine Gefahr von Interessenskollisionen, vergleichbar der Ausschlagung der Erbschaft, nicht gegeben. Der Sinn und Zweck der Vorschrift des § 1643 Abs. 2 S. 2 Alt. 2 BGB besteht grundsätzlich darin, die Familiengerichte im Hinblick auf Rechtsgeschäfte zu entlasten, bei denen eine Interessenskollision bereits von vornhinein ausgeschlossen werden kann, vgl. oben im 4. Kapitel unter B. II. 2. a. Für die Erbschaft wird diese Entlastung regelmäßig bei überschuldeten Nachlässen angenommen, bei denen der zunächst bedachte Elternteil selbst die Sachlage auf ihre Besserstellung hin überprüft hat.[513] Auf die Motive der Ausschlagung kommt es aber grundsätzlich nicht an, sofern die Gefahr der Interessenskollision von vornherein ausscheidet.[514]

Schlägt der zuvor berufene gesetzliche Vertreter das Vermächtnis zunächst für sich selbst und anschließend für den beschränkt Geschäftsfähigen aus, kann es unter vergleichbaren Gesichtspunkten an einer Interessenskollision mangeln:

Die Annahme des Vermächtnisses selbst bringt – wie vorstehend geprüft – für den beschränkt Geschäftsfähigen keine rechtlichen Nachteile mit sich. Abgesehen von der persönlichen Belastung des Vermächtnisnehmers nach § 2166 BGB, ist die Annahme des Vermächtnisses stets vorteilhaft oder neutral ausgestaltet. Eine Überschuldung des Vermächtnisses ist im Gegensatz zur Erbschaft gerade nicht möglich, vgl. § 2187 BGB.

---

513 Ähnlich: OLG Hamm, Beschluss vom 18.9.1959 – 15 W 355/59 = NJW 1959, 2215; BeckOGK/*Becker*, BGB § 1643 Rn. 26, 27.

514 Ähnlich, Mot. V, 515; *Ivo*, ZEV 2002, 309 (310).

Das Vermächtnis kann allerdings belastet sein und damit zu einer wertmäßigen Minderung der Zuwendung, insbesondere im Vergleich zu der möglicherweise wirtschaftlich ansprechenderen Alternative des nach Ausschlagung zu erlangenden Pflichtteils, führen. Haben die gesetzlichen Vertreter als vorrangig Bedachte das Vermächtnis auf etwaige Nachteile hin untersucht und sich auf Basis dessen gegen die Annahme entschieden, besteht im Hinblick auf die Ausschlagung für den beschränkt Geschäftsfähigen keine Gefahr einer Interessenskollision. Der Minderjährigenschutz ist hinreichend gewahrt, um die Gerichte im Wege der effektiven Rechtspflege zu entlasten.

3. Zwischenergebnis

Sowohl nach Auslegung des Wortlautes, der Systematik als auch des Sinn und Zwecks der maßgeblichen Vorschrift des § 1643 Abs. 2 S. 2 BGB ist eine familiengerichtliche Genehmigung nach hier vertretener Ansicht für die Ausschlagung des Vermächtnisses durch einen beschränkt Geschäftsfähigen nach zuvor erklärter Ausschlagung des zuerst berufenen gesetzlichen Vertreters nicht erforderlich.

Mit der Zuwendung eines Vermächtnisses gehen in der Regel nicht nur ausschließlich vermächtnisrechtliche Fragestellungen einher. Vielmehr ist es auch denkbar, dass – wie obig bereits im Rahmen der Vermächtnisannahme dargestellt – zudem Fragen des Pflichtteilsrechts mit einbezogen werden können und müssen, sollte der Vermächtnisnehmer pflichtteilsberechtigt sein:

6. Kapitel: Die Fiktionswirkung des § 2307 Abs. 2 BGB und der Minderjährigenschutz

A. Einführung

Maßgebliche Überschneidungsvorschrift ist § 2307 BGB, dessen Absatz 1 bereits im Rahmen der Vermächtnisannahme beleuchtet wurde. Ferner sieht auch der zweite Absatz des § 2307 BGB eine Besonderheit für die Vermächtnisannahme vor. Die Annahme und Ausschlagung des Vermächtnisses sind form- und fristfrei, sodass sie zu jeder Zeit in der vom Vermächtnisnehmer gewählten Form erklärt werden können. Ist der Vermächtnisnehmer hingegen zugleich pflichtteilsberechtigt, sieht § 2307 Abs. 2 BGB eine Regelung vor, nach der dem Vermächtnisnehmer vom Vermächtnisgeber (Erbe) eine Frist zur Erklärung über die Annahme gesetzt werden kann. Damit wird dem Gedanken Rechnung getragen, dass der mit Vermächtnis- und Pflichtteilserfüllung beschwerte Erbe infolge der Ermittlung des Nachlassbestandes ein gesteigertes Interesse daran hat, Rechtssicherheit über die Geltendmachung etwaiger Pflichtteils- oder Vermächtnisansprüche zu erlangen.[515] Das Recht zur Fristsetzung, innerhalb derer sich der pflichtteilsberechtigte Vermächtnisnehmer über die Annahme des Vermächtnisses erklären muss, steht einzig dem mit Vermächtnis und Pflichtteil beschwerten Erben zu; folglich kann der mit einem Untervermächtnis belastete Hauptvermächtnisnehmer von dieser aus § 2307 Abs. 2 S. 1 BGB folgenden Möglichkeit keinen Gebrauch machen.[516]

Die Rechtsfolge des Verstreichenlassens der im Hinblick auf die zu treffende Entscheidung angemessenen Frist besteht ausweislich des § 2307 Abs. 2 S. 2 BGB darin, dass das zugewendete Vermächtnis als ausgeschlagen im Sinne des § 2180 BGB gilt (gesetzliche Fiktion).[517] Die dem § 2307 Abs. 2 S. 2 BGB zukommende gesetzliche Fiktionswirkung folgt aus dem Wortlaut der Norm, nach der „(…) *das Vermächtnis als ausgeschlagen* [gilt].“ Um die Fiktionen im Gesetzestext zu kennzeichnen, bedient sich der Gesetzgeber stets ausgewählter Formulierungen; unter anderem der, dass eine Rechtsfolge als eingetreten „gilt“.[518] Dadurch wird eine Abgrenzung zur bloßen Vermutung ermöglicht.

---

515 Handbuch des Pflichtteilsrechts/*J. Mayer*, BGB § 2307 Rn. 35; Mugdan, Bd. V, 774; Praxiskommentar Erbrecht/*Riedel*, BGB § 2307 Rn. 24; Staudinger BGB (2015)/*Otte*, BGB § 2307 Rn. 21.

516 Praxiskommentar Erbrecht/*Riedel*, BGB § 2307 Rn. 24.

517 Handbuch des Pflichtteilsrechts/*J. Mayer*, BGB § 2307 Rn. 37; 38.

518 *Esser*, Wert und Bedeutung der Rechtsfiktionen, 30, 31.

Infolge der weitreichenden Wirkung, die von der ausgeübten Fristsetzung durch den beschwerten Erben ausgeht, stellt sich nunmehr die Frage, welche Schutzmechanismen in einem solchen Fall im Hinblick auf den beschränkt Geschäftsfähigen als pflichtteilsberechtigten Vermächtnisnehmer greifen müssen. Nach den im vorstehenden Kapitel ausgeführten Rechtspositionen ist die Vermächtnisannahme für den beschränkt Geschäftsfähigen (ausgenommen die nachteilhafte Sonderkonstellation des § 2166 BGB) stets zustimmungsfrei. Die Ausschlagung des Vermächtnisses unterliegt dagegen infolge der weitreichenden wirtschaftlichen wie auch rechtlichen Einbußen für den beschränkt Geschäftsfähigen ausdrücklich sogar der Genehmigung durch das Familiengericht, § 1643 Abs. 2 S. 1 BGB. Ob nunmehr der mit Pflichtteils- und Vermächtniserfüllung beschwerte Erbe eine Frist auch gegenüber dem beschränkt Geschäftsfähigen setzen kann, ist in diesem Zusammenhang fraglich.

Literatur und Rechtsprechung haben diese Frage bislang stets vage beantwortet oder gar offen gelassen. Das OLG Köln[519] hatte sich zwar mit der Frage zu beschäftigen, ob das ausdrückliche Pflichtteilsbegehren des Vermächtnisnehmers als Ausschlagung des Vermächtnisses zu werten sei, ließ aber die Frage des Erfordernisses der familiengerichtlichen Genehmigung für die Fristsetzung des § 2307 Abs. 2 S. 1 BGB explizit unbeantwortet.

Infolge der erheblichen Praxisrelevanz der rechtlichen Einordnung des § 2307 Abs. 2 S. 2 BGB im Rahmen des Rechts der beschränkten Geschäftsfähigkeit soll nachfolgend eine Lösung dieser bislang ungeklärten Rechtsfrage ermittelt werden.

B. Erfordernis familiengerichtlicher Genehmigung

Die Ausschlagung des Vermächtnisses erfordert, wie bereits obig ausgeführt, nach § 1643 Abs. 2 S. 1 BGB die Genehmigung des Familiengerichts, um den beschränkt Geschäftsfähigen vor der rechtlichen und wirtschaftlichen Tragweite der Ausschlagungserklärung zu schützen. Handelt es sich um einen pflichtteilsberechtigten Vermächtnisnehmer, dem eine Frist zur Annahmeerklärung gesetzt wird, führt das Verstreichenlassen der Frist nach dem Wortlaut des § 2307 Abs. 2 S. 2 BGB zu derselben rechtlichen Folge – der Ausschlagung des Vermächtnisses. Doch ob auch diesbezüglich in Anwendung der §§ 1643 Abs. 2, 1822 Nr. 2 BGB eine Genehmigung des Familiengerichts erforderlich ist, ist dem Gesetzeswortlaut nicht eindeutig zu entnehmen und soll Gegenstand der nachfolgenden Untersuchung sein.

519 OLG Köln, Beschluss vom 5.12.2005 – 2 U 103/05 = BeckRS 2006, 15017.

I. Meinungsstand in der Literatur

Die Fristsetzung zur Äußerung über die Annahme des Vermächtnisses setzt eine Aufforderung als empfangsbedürftige formlose Willenserklärung gegenüber der Person des Vermächtnisnehmers voraus.[520] Ist der Vermächtnisnehmer beschränkt geschäftsfähig, hat die Aufforderung wegen der rechtlichen Anordnung des § 131 BGB gegenüber dem gesetzlichen Vertreter des Minderjährigen zu erfolgen.[521] Die Frage, ob darüber hinaus eine zusätzliche Genehmigung des Familiengerichts erforderlich ist, wurde in der Literatur bislang nur durch wenige Autoren untersucht.

Nach Auswertung der maßgeblichen Literatur wird derzeit das Genehmigungserfordernis für die Fristsetzung nach § 2307 Abs. 2 BGB abgelehnt.[522] Dies basiert auf der Begründung, dass das Verstreichenlassen einer Frist nach § 2307 BGB kein Rechtsgeschäft im Sinne der §§ 1828 ff. BGB darstelle und daher auch nicht dessen Schutz unterliegen könne.[523] Zudem würde der Vertreter im Rahmen des § 2307 Abs. 2 BGB keine verstärkte Anstrengung unternehmen, um die erforderliche gerichtliche Genehmigung einzuholen, da dies schon nicht im Sinn des durch ihn vertretenen Minderjährigen sei. Dadurch sei aber dem Erben die Möglichkeit genommen, gegenüber dem minderjährigen Pflichtteils- und Vermächtnisberechtigten von der Aufforderung des § 2307 Abs. 2 BGB Gebrauch zu machen. Da schwebende Rechtsverhältnisse zwischen im Erbrecht beteiligten Personen vermieden werden sollen, widerspräche das familiengerichtliche Genehmigungserfordernis diesem Grundsatz.[524]

Steinhauer[525] zum Beispiel erkennt die damit verbundene Gefahr einer möglichen Umgehung des Minderjährigenschutzes und berücksichtigt diesen, indem er bei Beteiligung beschränkt Geschäftsfähiger als Vermächtnisnehmer eine angemessen lange Frist fordert, um die Interessen des Minderjährigen einbeziehen zu können. Eine familiengerichtliche Genehmigung wird darüber hinaus indes abgelehnt.

---

520 Handbuch Pflichtteilsrecht/*J. Mayer*, § 4 Rn. 37; Staudinger BGB (2015)/*Haas*, BGB § 2307 Rn. 26.

521 *Röhl*, MittbayNot 2013, 189 (191).

522 *Röhl*, MittBayNot 2013, 189 (191); *Steinhauer*, FD-ErbR 2007, 211543.

523 *Steinhauer*, FD-ErbR 2007, 211543.

524 *Steinhauer*, FD-ErbR 2007, 211543.

525 *Steinhauer*, FD-ErbR 2007, 211543.

II. Stellungnahme

1. Entwicklung einer These

Nach der hier vertretenen Ansicht ist die Aufforderung zur Erklärung über die Vermächtnisannahme gegenüber den gesetzlichen Vertretern unter Setzen einer angemessenen Frist von mindestens 6 Wochen abzugeben, welche daraufhin das Familiengericht zur Entscheidung anzurufen haben. Nach Ablauf dieser sechswöchigen Frist steht es dem Erben oder der Erbengemeinschaft frei, unter Setzung einer erneuten – dieses Mal vierwöchigen Frist – entsprechend § 1829 Abs. 2 BGB zur Mitteilung über die Einholung der familiengerichtlichen Genehmigung aufzufordern. Sollte dieser Aufforderung nicht entsprochen werden, gilt die Genehmigung als nicht erteilt; eine Ausschlagung somit als nicht erfolgt.

Ziel dieser Regelung ist es, ein Gleichgewicht zwischen den Interessen des Minderjährigen und denen des mit dem Vermächtnis oder Pflichtteil belasteten Erben zu schaffen, dem im Rahmen der Bewertung des Nachlasses eine gewisse Handlungsfähigkeit zuteilwerden muss.

2. Begründung der These

Die Ausschlagung des Vermächtnisses stellt unstreitig eine Willenserklärung dar, die dem Erfordernis einer familiengerichtlichen Genehmigung nach § 1643 Abs. 2 S. 1 BGB unterfällt.

Betrachtet man hingegen den Wortlaut des § 2307 Abs. 2 S. 2 BGB, fällt auf, dass das Vermächtnis „(…) als ausgeschlagen (…)" *gilt*, wenn nicht innerhalb der gesetzten Frist die Annahme des Vermächtnisses erklärt wird. Folglich stellt das Gesetz in dieser besonderen Konstellation ohne Berücksichtigung des Willens des Vermächtnisnehmers die Rechtsfolge für das Unterlassen einer Handlung bereit. Hierbei handelt es sich ausweislich der gewählten Formulierung um eine sogenannte „gesetzliche Fiktion",[526] die an verschiedenen Stellen des Bürgerlichen Gesetzbuches verwendet wird[527], um die Rechtsfolge einer Willenserklärung zu erzielen, ohne den dafür erforderlichen Erklärungsgehalt

---

526 Dauner-Lieb/Grziwotz/Hohmann-Dennhardt, Pflichtteilsrecht/*Schmidt-Recla*, BGB § 2307 Rn. 20; Handbuch Pflichtteilsrecht/*J. Mayer*, § 4 Rn. 38.

527 So zum Beispiel in § 105a S. 1 BGB (Geschäfte des täglichen Lebens), § 108 Abs. 2 S. 2 BGB (Ablehnung) oder § 612 BGB (Vergütungsabrede), vgl. *Schellhammer*, Schuldrecht nach Anspruchsgrundlagen, 8. Auflage 2011, Rn. 2016,

abzugeben.[528] Hierdurch ist es dem Gesetzgeber möglich, bestimmte rechtliche Fälle unter Rechtsnormen zu fassen, die grundsätzlich anderen Voraussetzungen unterliegen. Dadurch kann eine Rechtsfolge erzielt werden – Rechtszweifel folglich vermieden oder verhindert werden –[529] ohne eine zusätzliche Regelung zu schaffen.[530]

Unter anderem finden sich gesetzliche Fiktionen im Bereich des Schenkungsrechts und des Erbrechts. Um eine konkrete Einordnung der gesetzlichen Fiktion des § 2307 Abs. 2 BGB im Zusammenhang mit der Beteiligung eines beschränkt Geschäftsfähigen vornehmen zu können, bedarf es im Folgenden zunächst der Darstellung der mit dem Vermächtnisrecht vergleichbaren Rechtskonstellationen:

a. Vergleich zu anderen Rechtskonstellationen

Die hier vertretene These setzt sich aus zwei Teilen zusammen:

Zunächst ist im Rahmen der Fiktionswirkung des § 2307 Abs. 2 S. 2 BGB zu ermitteln, ob die Geschäftsfähigkeit desjenigen, dessen Willenserklärung fingiert wird, für den Eintritt der Fiktionswirkung Relevanz entfaltet. Mithin bedarf es in einem ersten Schritt der Begutachtung, ob § 107 BGB auch auf fingierte Willenserklärungen Anwendung findet oder diesen möglicherweise sogar entgegensteht.

In einem zweiten Schritt ist darauf aufbauend zu ermitteln, ob dieses Vorgehen auch zwingend die familiengerichtliche Beteiligung voraussetzt, gerade wenn – wie im Anwendungsbereich des § 2307 Abs. 2 S. 2 BGB – die fingierte Willenserklärung grundsätzlich der familiengerichtlichen Genehmigung unterliegt. Im Rahmen der Untersuchung dieser zwei Teile ist zunächst auf zwei im Bürgerlichen Gesetzbuch verankerte gesetzlichen Fiktionen einzugehen, die der Fiktionswirkung des § 2307 Abs. 2 S. 2 BGB angenähert sind. Hierbei handelt es sich zum einen um die Erbschaftsannahme nach § 1943 BGB (aa.), nach deren Halbsatz 2 eine gesetzliche Fiktion vorgesehen ist. Ebenfalls Gegenstand der Begutachtung soll die Schenkung nach §§ 516 ff. BGB (bb.) sein, die in § 516 Abs. 2 BGB gleichermaßen eine gesetzliche Fiktion vorsieht und bei der es sich – ähnlich dem Vermächtnis – um eine unentgeltliche Zuwendung handelt.

528 *Flume*, Allgemeiner Teil des Bürgerlichen Rechts, Band 2, § 10, 117; *Hüber*, in: FS Hans Carl Nipperdey, 374.

529 *Fischer*, Die zweifelhafte Abnahmefiktion des § 640 Abs. I S. 3 BGB, 312.

530 *Larenz*, Methodenlehre, 262, 263.

aa. Fiktionswirkung bei Erbschaft, § 1943 BGB

(1) Dogmatische Einordnung der Fiktion

Ob die Annahme durch Fristablauf nach § 1943 Hs. 2 BGB Geschäftsfähigkeit voraussetzt, ist abhängig von der dogmatischen Einordnung der Fiktion. Vertreten werden hierzu zwei dogmatische Ansätze:[531]

Während die erste Ansicht die Annahme durch Fristablauf als Auslegungsregel im Wege einer konkludenten Annahmeerklärung qualifiziert – mithin das „schweigende" Verstreichenlassen der Frist als Willenserklärung betrachtet –[532], ordnet die zweite Ansicht die Annahme durch Fristablauf als Fiktion auf Grundlage von Tatsachen ein.[533] Ausweislich der zweiten Ansicht handelt es sich gerade nicht um eine Willenserklärung, sondern vielmehr um eine Rechtsfolgenanordnung in Form der Fiktion einer Willenserklärung, sodass die Norm lediglich die Rechtswirkungen einer Willenserklärung mit entsprechendem Inhalt bewirkt.[534]

Die dogmatische Einordnung hat im Zusammenspiel mit dem Wortlaut der Vorschrift, der Gesetzessystematik sowie den Gesetzgebungsmaterialien zu erfolgen. Die Annahme der Erbschaft kann wegen der damit verbundenen haftungsrechtlichen Folgen unter den Voraussetzungen der §§ 119 ff. BGB angefochten werden. Diese Anfechtungsmöglichkeit ist für die Erbschaftsannahme explizit in § 1954 BGB geregelt. Die Annahme durch Fristablauf kann gemäß § 1956 BGB „(…) *in gleicher Weise wie die Annahme angefochten werden.*" Diese Systematik deutet darauf hin, dass der Gesetzgeber eine Einordnung des Fristablaufes als Willenserklärung gerade nicht vorgesehen hat. Anderenfalls bedürfte es nicht der Sondervorschrift des § 1956 BGB, die den Gesetzgebungsmaterialien folgend als Billigkeitsregelung eingefügt wurde, um die Konstruktion einer Wiedereinsetzung in den vorigen Stand zu vermeiden.[535] Vielmehr hätte die Regelung des § 1954 BGB als Anfechtungsvorschrift für die Annahme als Willenserklärung ausgereicht, wenn das Verstreichenlassen der Frist durch den Gesetzgeber als Willenserklärung eingeordnet worden wäre. Darüber hinaus weisen auch die unterschiedlichen Formulierungen der Vorschrift des § 1943 BGB im Rahmen

---

531 Vgl. Praxiskommentar Erbrecht/*Masloff*, BGB § 1943 Rn. 6.

532 *Manigk*, Das rechtswirksame Verhalten, 250, 391.

533 *Esser*, Wert und Bedeutung der Rechtsfiktionen, 52 f., 78 Fn. 123; *Pohl*, AcP 177 (1977), 52 (58 ff.); ähnlich: Staudinger BGB (2017)/*Otte*, BGB § 1943 Rn. 15; § 1956 Rn. 1.

534 *Esser*, 52 f., 78 Fn. 123; *Pohl*, AcP 177 (1977), 52 (58 ff.); ähnlich: Staudinger BGB(2017)/*Otte*, BGB § 1943 Rn. 1; § 1956 Rn. 1.

535 Vgl. Prot. V, 632.

der Gesetzgebungsmaterialien im Vergleich zur geltenden Rechtslage auf eine so verstandene dogmatische Einordnung des Gesetzgebers hin:[536]

Hieß es noch in der ersten Fassung des § 2029 E I (aus dem Jahr 1888):[537]

> *„Das Recht, die Erbschaft auszuschlagen, erlischt durch die ausdrückliche oder stillschweigende Erklärung, Erbe sein zu wollen sowie dadurch, dass die Ausschlagung nicht innerhalb der gesetzlichen Frist erklärt wird (Annahme der Erbschaft).“*,

gestaltete die 2. Kommission den Gesetzeswortlaut[538] schon deutlich differenzierter aus:

> *„Der Annahme steht es gleich, wenn der Erbe nicht innerhalb der vorgesehenen Frist die Ausschlagung erklärt.“*

Die derzeit geltende Gesetzesfassung unterscheidet sich mit der Formulierung:

> *„(…) mit dem Ablauf der Frist gilt die Erbschaft als angenommen.“*

noch darüberhinausgehend von denen der Gesetzgebungsmaterialien. Insbesondere durch die Formulierung *„(…) gilt (…) als angenommen.“* wird verdeutlicht, dass der Gesetzgeber keine Qualifikation der Annahme durch Fristablauf als Willenserklärung vornehmen wollte, sondern sich vielmehr der Differenzierung bewusst war, indes in der Rechtsfolge ein Gleichlauf erzielt werden wollte.

Im Rahmen der Gesetzgebungsmaterialien wird die Annahme durch Fristablauf zwar als „pro herede gestio“, mithin als konkludente Annahme der Erbschaft, bezeichnet.[539] Die „pro herede gestio“ betrifft ausweislich der Gesetzgebungsmaterialien im Rahmen der Erbschaftsannahme eine Willensäußerung des Erben durch schlüssige Handlung.[540] Diese Einordnung widerspricht jedoch dem eindeutigen Gesetzeswortlaut, der zwischen Annahme (folglich auch der Annahme durch konkludentes Verhalten) und Annahme durch Fristablauf differenziert. Wäre die Annahme durch Fristablauf als „pro herede gestio“ zu qualifizieren, bedürfte es der Unterscheidung gerade nicht. Darüber hinaus widerspricht sich die Kommission, indem sie zunächst die Annahme durch Fristablauf als „pro herede gestio“ einordnet, andererseits aber die Anfechtung nur aus Billigkeitsgründen und nicht etwa wegen der Qualifizierung als Willenserklärung zulässt.

Folglich handelt es sich nach hier vertretener Ansicht um eine gesetzliche Fiktion, die das Schweigen des künftigen Erben der Erbannahme gleichsetzt,

---

536 Ähnlich: *Pohl*, AcP 177 (1977), 52 (59).

537 Vgl. Mot. V, 494.

538 Vgl. Prot. V, 618 ff.

539 Vgl. Prot. V, 632.

540 Mot. V, 494 a.E, 495.

um so die entsprechende Rechtsfolge einer abgegebenen Willenserklärung zu bewirken. Mithin wird dem Schweigen des Erklärungspflichtigen ein positiver Erklärungsgehalt beigemessen.

(2) Geschäftsfähigkeit bei Fiktionen mit positivem Erklärungsgehalt

Obwohl es sich hierbei um eine gesetzliche Fiktion handelt, die nicht den Voraussetzungen der Willenserklärung unterliegt, sind die Regeln über die Geschäftsfähigkeit bei Fiktionen, denen ein positiver Erklärungsgehalt beigemessen wird, entsprechend anwendbar.[541] Da das Fingieren einer Willenserklärung, die zum Entstehen eines Vertrages oder eines sonstigen rechtsgeschäftlichen Verhältnisses führt, erhebliche Folgen haben kann und auch zudem im Interesse desjenigen fingiert wird, dessen Willenserklärung ersetzt wird, ist grundsätzlich die (volle) Geschäftsfähigkeit Voraussetzung der Fiktion einer Willenserklärung.[542] Dies gilt zumindest dann, wenn die fingierte Willenserklärung auf einen positiv gestaltenden Erklärungswert gerichtet ist, da dem nicht geschäftsfähigen Erklärungspflichtigen als Folge seines Schweigens gerade keine gestaltende Willenserklärung auferlegt werden soll.[543] Somit wirkt die fingierte Willenserklärung nicht gegenüber dem Geschäftsunfähigen, insbesondere wenn er nicht vertreten wird.[544]

Ist der Erklärungspflichtige dagegen beschränkt geschäftsfähig, kommt es für die Bewertung der Anwendung der Fiktion durch Fristablauf darauf an, ob die fingierte Willenserklärung gemäß § 107 BGB für den Minderjährigen lediglich rechtlich vorteilhaft ausgestaltet ist. Handelt es sich um eine vorteilhafte fingierte Willenserklärung, kann die Fiktionswirkung auch gegenüber dem beschränkt Geschäftsfähigen eintreten, da er in diesen Fall der lediglich rechtlich vorteilhaften Willenserklärung das Geschäft ohne Zustimmung seiner gesetzlichen Vertreter vornehmen kann. Unterliegt die fingierte Willenserklärung indes dem Zustimmungserfordernis der gesetzlichen Vertreter, kann die Fiktion dieser Willenserklärung ihre rechtliche Wirkung gegenüber dem beschränkt

541 *Flume*, Allgemeiner Teil des BGB, Band II, § 10 2, 119.

542 So auch: BGH, Urteil vom 5.7.2000 - IV ZR 180/99 = MDR 2000, 1193–1194; *Flume*, Allgemeiner Teil des BGB, Band II, § 10 2, 119; RGRK-BGB/*Krüger-Nieland*, BGB vor § 116 Rn. 30; a.A.: Burandt/Rojan, Erbrecht/*Najdecki*, BGB § 1943 Rn. 7; *Kraiß*, BWNotZ 1992, 31; Soergel BGB/*Stein*, BGB § 1943 Rn. 8.

543 *Flume*, Allgemeiner Teil des BGB, Band II, § 10 2, 119.

544 *Flume*, Allgemeiner Teil des BGB, Band II, § 10 2, 119.

geschäftsfähigen Erklärungspflichtigen nicht ohne Weiteres entfalten.[545] Ob nunmehr dem Fristablauf in § 1943 Hs. 2 BGB gegenüber dem minderjährigen Erklärungspflichtigen Fiktionswirkung zukommt, beruht maßgeblich auf der Einordnung der fiktiven Willenserklärung.

Da jedoch die Annahme der Erbschaft der vorherigen Einwilligung des gesetzlichen Vertreters bedarf und die Annahme durch Fristablauf rechtlich dasselbe Ergebnis erzielt, ist für den Fristbeginn die Kenntnis der gesetzlichen Vertreter erforderlich.[546] Doch ist die Kenntnis der gesetzlichen Vertreter allein nicht ausreichend, um dem den Vorschriften der §§ 107, 108 BGB immanenten Kontrollmechanismus des Minderjährigenschutzes gerecht zu werden. Zwar greift – wie zuvor bereits ausgeführt – die Vorschrift des § 1956 BGB, wonach der Ausschlagungsberechtigte unter den Voraussetzungen der §§ 119 ff. BGB die Anfechtung erklären kann. Als Anfechtungsgrund anerkannt ist insbesondere der Irrtum darüber, mit dem Verstreichenlassen der Frist die Annahme zu erklären.[547] Die Anfechtung der Annahme wirkt rechtlich wie die Ausschlagung der Erbschaft, § 1957 Abs. 1 BGB, sodass die Regelungen über die Ausschlagung bei beschränkt Geschäftsfähigen entsprechend anzuwenden sind.[548] Dennoch kann zum Schutz des Minderjährigen vor den rechtlichen wie wirtschaftlich nachteilhaften Folgen der fingierten Erbschaftsannahme nicht lediglich auf ein Anfechtungsrecht verwiesen werden, welches die Rechtsunsicherheit der Beweisführung hinsichtlich eines entsprechend einschlägigen Anfechtungsgrundes nach sich zieht. Auch die Kenntniserlangung vom Berufungsgrund der Erbschaft gemäß § 1949 BGB ist durch die gesetzlichen Vertreter zu beweisen und bedeutet eine schlichtweg unerträgliche Rechtsunsicherheit zu Lasten des Minderjährigen, die vom Gesetzgeber in Anbetracht der vielfältigen Minderjährigenschutzregeln so nicht intendiert sein kann.

Folglich ist neben der Kenntniserlangung der gesetzlichen Vertreter vom Berufungsgrund die explizite Zustimmung zur Annahme der Erbschaft innerhalb der laufenden Ausschlagungsfrist, § 1944 Abs. 1 BGB und die anschließende

---

545 Ergibt sich auch aus: OLG Frankfurt am Main, Beschluss vom 3.7.2012 – 21 W 22/12 = MittBayNot 2013, 150.

546 Staudinger BGB (2017)/*Otte*, BGB § 1944 Rn. 14; vgl: OLG Hamburg: Beschluss vom 23.8.1983 – 12 U 127/83 = MDR 1984, 54.

547 OLG Hamm, Beschluss vom 10.6.1985 – 15 W 131/85 = FamRZ 1985, 1185; Deutscher Erbrechtskommentar/*Ouart*, BGB § 1956 Rn. 3; Praxiskommentar Erbrecht/*Masloff*, BGB § 1956 Rn. 4.

548 *Damrau*, Der Minderjährige im Erbrecht, § 6 Rn. 55.

Annahme des Minderjährigen oder die Annahme der Erbschaft durch die gesetzlichen Vertreter für den Minderjährigen erforderlich. Die Fiktionswirkung tritt mithin ohne diese Zustimmung nach hier vertretener Ansicht gegenüber dem beschränkt Geschäftsfähigen nicht ein.

bb. Fiktionswirkung bei Schenkung, § 516 BGB

Ist der Beschenkte minderjährig, ist weiterhin vergleichend zu § 2307 Abs. 2 S. 2 BGB zu ermitteln, wie sich die Annahmefiktion entsprechend im Rahmen der Schenkung nach den §§ 516 ff. BGB gestaltet.

Gemäß § 107 BGB bedürfen „Willenserklärungen", durch die der Minderjährige nicht einen lediglich rechtlichen Vorteil erlangt, der Zustimmung seines gesetzlichen Vertreters. Damit gilt die Vorschrift nach ihrem Wortlaut eindeutig für Willenserklärungen, die durch den Minderjährigen abgegeben werden. Des Weiteren ist eine analoge Anwendung für geschäftsähnliche Handlungen anerkannt, bei denen die Rechtsfolge kraft Gesetzes eintritt. Dies gilt beispielsweise für die Mahnung oder eine Fristsetzung zur Leistung oder Nacherfüllung.[549] Selbiges auch in einer entsprechenden Anwendung für Realakte, die eine gewisse natürliche Erkenntnisfähigkeit erfordern.[550]

Im Rahmen des § 516 Abs. 2 S. 2 BGB kommt die Annahme seitens des Beschenkten durch Schweigen nach Ablauf einer vom Schenker gesetzten Frist zustande. Eine ausdrückliche Erklärung in Form einer Willenserklärung erfolgt gerade nicht. Grundsätzlich ist ein Schweigen auf ein Angebot – welches im Anwendungsbereich des § 516 BGB konkludent durch Zuwendung des geschenkten Gegenstandes an den Beschenkten vorliegt – als Ablehnung des Angebots zu werten, vgl. § 151 BGB. Für § 516 Abs. 2 S. 2 BGB gilt dagegen eine Ausnahme bei zuvor erklärter Frist, sodass der Vertragsschluss durch eine Fiktionswirkung zustande kommt.[551]

Da die Annahmefiktion voraussetzt, dass es nicht zuvor zu einer zwischen dem Schenker und dem Beschenkten getroffenen Vereinbarung gekommen ist, kann die Fiktion der Annahme ausschließlich bei Zuwendungen erfolgen, die ohne Mitwirkung des Beschenkten möglich sind. Anderenfalls würde die mitwirkende Handlung des Beschenkten eine zumindest konkludente Annahmeerklärung bedeuten. Folglich greift die Annahmefiktion etwa bei der Tilgung

549 Beck'OK BGB/*Wendtland*, BGB § 107 Rn. 2; JurisPK-BGB/*Lange*, BGB § 107 Rn. 8.

550 BeckOK BGB/*Wendtland*, BGB § 105 Rn. 3; Palandt BGB/*Ellenberger*, Überblick § 104 Rn. 10.

551 Beck'OK BGB/*Gehrlein*, BGB § 516 Rn. 17.

einer fremden Schuld gegenüber einem Dritten oder bei einem Vertrag zugunsten Dritter.

Die Annahmefiktion greift hingegen nicht ein, wenn die Schenkung mit einem Auflagenvorbehalt versehen wurde oder es sich um eine „gemischte Schenkung“[552] handelt. Dies gründet darauf, dass der Beschenkte, gegenüber dem die Fiktion wirken soll, nicht zu der Übernahme einer Verpflichtung oder einer Handlung gezwungen werden kann.[553]

Unter Anwendung der oben erarbeiteten Grundsätze ergibt sich für die Annahme der Schenkung durch Fristablauf Folgendes: Bei der hier gesetzlich normierten Fiktion handelt es sich um eine solche, die mit einem positivem, gestaltenden Erklärungsgehalt ausgestattet ist. Dies führt dazu, dass die Geschäftsfähigkeit für die fingierte Willenserklärung nach Maßgabe der §§ 105 ff. BGB grundsätzlich erforderlich ist. Folglich kann eine Willenserklärung nicht ohne Weiteres gegenüber dem beschränkt Geschäftsfähigen fingiert werden. Anders gestaltet es sich indes, wenn die fingierte Willenserklärung für den beschränkt Geschäftsfähigen lediglich rechtlich vorteilhaft im Sinne des § 107 BGB ist, da der Minderjährige für diesen Fall die Erklärung ohne Zustimmung seiner gesetzlichen Vertreter abgeben kann. Die Annahme des Schenkungsangebotes ist eine Willenserklärung, die grundsätzlich als lediglich rechtlich vorteilhaft eingeordnet wird.[554] Folge hieraus ist, dass die in § 516 Abs. 2 S. 2 BGB manifestierte Fiktionswirkung – solange es sich bei der fingierten Annahme um eine solche handelt, die lediglich rechtlich vorteilhaft ist – auch gegenüber dem in der Geschäftsfähigkeit Beschränkten eintritt.

cc. Zwischenergebnis

Somit bleibt als Ergebnis festzuhalten, dass es sich bei den in § 516 Abs. 2 und § 1943 Hs. 2 BGB angeordneten Rechtsfolgen um gesetzliche Fiktionen handelt[555], die von Willenserklärungen zu unterscheiden sind, da die Rechtsfolge der Willenserklärung kraft Gesetzes und nicht auf der Grundlage einer

---

552 Von einer „gemischten Schenkung“ wird gesprochen, wenn eine Bereicherung des Beschenkten dahingehend erfolgt, dass ihm im Vergleich zu seiner Gegenleistung ein Überschuss zugewendet wird und die kontrahierenden Parteien darüber einig sind, dass der Überschuss unentgeltlich erfolgt, vgl.: BGH, Urteil vom 9.11.1960 – V ZR 96/59 = NJW 1961, 604.

553 Münchener Kommentar zum BGB/*Koch*, BGB § 516 Rn. 49; Staudinger BGB (2013)/*Chiusi*, BGB § 516 Rn. 62.

554 Schulze u.a. Bürgerliches Gesetzbuch/*Suenger*, BGB § 516 Rn. 6.

555 JurisPK-BGB/*Sefrin*, BGB § 516 Rn. 59.

Erklärung eintritt.[556] Da sowohl im Rahmen der Schenkungsannahme durch Verstreichenlassen der gesetzten Frist, als auch bei der Annahme der Erbschaft durch Unterlassen der Abgabe einer Ausschlagungserklärung dem Schweigen ein positiver Erklärungsgehalt beigemessen wird, wird für den wirksamen Fristanlauf grundsätzlich Geschäftsfähigkeit. Ist der Erklärungspflichtige hingegen beschränkt geschäftsfähig, kommt es für das Wirksamwerden der Fiktion der Willenserklärung maßgeblich darauf an, ob die fingierte Willenserklärung für den Minderjährigen rechtliche Nachteile beinhaltet. Handelt es sich um eine nicht lediglich vorteilhafte Willenserklärung, die im Rahmen eines positiven Erklärungsgehalts gegenüber dem beschränkt Geschäftsfähigen fingiert werden soll, beginnt die (gesetzlich eintretende) Frist gegenüber dem Minderjährigen ebenfalls nicht an zu laufen. Hieraus folgt, dass der oder die gesetzlichen Vertreter der Willenserklärung zustimmen müssen, um dem Schutz des Minderjährigen zu entsprechen.

Inwiefern sich die erarbeiteten Grundsätze auf die Fiktionswirkung des § 2307 Abs. 2 BGB bei Beteiligung eines beschränkt Geschäftsfähigen unter dem Aspekt einer etwaigen familiengerichtlichen Genehmigung übertragen lassen, soll nachfolgend geprüft werden:

b. Geschäftsfähigkeit im Anwendungsbereich der gesetzlichen Fiktion des § 2307 Abs. 2 BGB

aa. Anwendung der Regeln über die Geschäftsfähigkeit

Nunmehr ist fraglich, ob sich für die Vorschrift des § 2307 Abs. 2 S. 2 BGB unter diesen Gesichtspunkten eine andere rechtliche Wertung ergeben könnte. Bei § 2307 Abs. 2 S. 2 BGB handelt es sich ausweislich der vom Gesetzgeber gewählten Formulierung („gilt“) ebenfalls um eine gesetzliche Fiktion, die in Ersetzung einer Willenserklärung, namentlich der nach § 2180 BGB vorgesehenen Ausschlagungserklärung, die entsprechende Rechtsfolge herbeiführt.[557]

Das Vorliegen einer gesetzlichen Fiktion bedeutet auch im Rahmen des § 2307 Abs. 2 S. 2 BGB keine uneingeschränkte Anwendung der Regelungen über Willenserklärungen. Dennoch entfaltet auch hier die Frage der erforderlichen Geschäftsfähigkeit ihre Relevanz. Unter Anwendung der vorstehend ausgeführten Grundsätze[558] ergibt sich, dass § 2307 Abs. 2 S. 2 BGB grundsätzlich

---

556 *Flume*, Allgemeiner Teil des Bürgerlichen Rechts, § 10 2, 117; *Schellhammer*, Schuldrecht nach Anspruchsgrundlagen und BGB Allgemeiner Teil, Rn. 2016.

557 *Steinhauer*, FD-ErbR 2007, 211543.

558 6. Kapitel B. II. 2. b. aa.

nicht auf einen positiven Erklärungsgehalt gerichtet ist. Vielmehr fingiert die Norm die Ausschlagungserklärung des Vermächtnisses nach § 2180 BGB, die dazu führt, dass der Anfall des Vermächtnisses, welcher in § 2176 BGB normiert ist, als nicht erfolgt gilt. Es handelt sich somit grundsätzlich um die Fiktion einer negativen, ablehnenden Willenserklärung.

Ob dies im Umkehrschluss zu den vorstehend entwickelten Grundsätzen betreffend der Fiktion einer mit positivem Erklärungsgehalt versehenen Willenserklärung bedeutet, dass Geschäftsfähigkeit bzw. beschränkte Geschäftsfähigkeit für den Eintritt der Fiktionswirkung nicht entscheidend sind, ist insbesondere unter dem Blickwinkel der familiengerichtlichen Genehmigung für die Ausschlagung des Vermächtnisses fraglich. Auf diese Einordnung kommt es jedoch entscheidend nicht an, da im Rahmen des § 2307 Abs. 2 S. 2 BGB eine Besonderheit besteht: Auf den ersten Blick ist die Fiktion nicht auf einen positiven Erklärungsgehalt gerichtet, da sie die Rechtsfolge der Ausschlagung des Vermächtnisses durch die fingierte Willenserklärung herbeiführt. Zu beachten ist aber, dass die fingierte Willenserklärung nicht nur die Ausschlagung, sondern zugleich eine Beanspruchung des vollständigen Pflichtteiles durch den ebenfalls pflichtteilsberechtigten Vermächtnisnehmer bewirkt. Der Anspruch auf Pflichtteilszahlung entsteht zwar nicht erst nach Ablauf der gesetzten Frist, sondern bereits zuvor. Der Berechtigte kann diesen Anspruch in voller Höhe indes erst nach der Ausschlagung geltend machen.

Der Gesetzgeber wählte zunächst die Formulierung:

> *„Der Erbe kann dem Pflichtteilsberechtigten zur Erklärung über die Geltendmachung des Pflichtteilsanspruches eine angemessene Frist bestimmen; erfolgt die Erklärung nicht innerhalb der Frist, so ist der Pflichtteilsanspruch erloschen."*[559]

Die Abänderung der ursprünglichen Formulierung im geltenden § 2307 Abs. 2 S. 2 BGB lässt darauf schließen, dass der Gesetzgeber das Bestehen des Pflichtteilsanspruchs bereits zum Zeitpunkt der Fristsetzung verdeutlichen wollte. Darüber hinaus sollte durch die Abänderung des Wortlautes hervorgehoben werden, dass das Fingieren der Willenserklärung gerade nicht lediglich auf einen negativen Erklärungswert gerichtet ist, sondern zugleich die Mindestteilhabe am Nachlass in Form des Pflichtteilsanspruchs als positiven Erklärungswert enthält.

Mithin hat die Fiktion des § 2307 Abs. 2 S. 2 BGB zwei Seiten: Ein pauschales Einordnen als lediglich negativer Erklärungswert wird der Norm nicht gerecht. Vielmehr berücksichtigt § 2307 Abs. 2 S. 2 BGB neben den Interessen des Erben oder der Erbengemeinschaft an der endgültigen Festsetzung des Nachlasses auch

559 Mugdan, Bd. V, 773.

das positive Interesse des pflichtteilsberechtigten Vermächtnisnehmers am möglichen Beanspruchen des vollen Pflichtteils.[560] Damit ist die Fiktion nicht einzig unter dem Gesichtspunkt der Interessen des Erklärungsempfängers zu sehen. Die Fiktion der Willenserklärung wird vielmehr auch im Interesse des Erklärenden vorausgesetzt, der trotz Ausschlagung und mithin negativen Erklärungswertes einen vollwertigen Pflichtteilsanspruch erhält.

Wegen des mit § 2307 Abs. 2 S. 2 BGB verbundenen positiven Erklärungswertes – gerichtet auf Beanspruchung des vollwertigen Pflichtteilsanspruches – setzt auch diese Fiktion nach den oben ausgeführten Kriterien Geschäftsfähigkeit voraus.

Ob dies zugleich ein Zustimmungserfordernis der gesetzlichen Vertreter (bb.) begründet oder darüber hinaus sogar eine familiengerichtliche Genehmigung erforderlich macht (cc.), ist nachfolgend zu betrachten:

bb. Zustimmungserfordernis durch die gesetzlichen Vertreter

Im Folgenden könnte die Fiktion ohne Einbindung der gesetzlichen Vertreter für den beschränkt Geschäftsfähigen wirken, da die Entscheidung für den vollständigen Pflichtteilsanspruch das Zuwenden eines Anspruches ohne Gegenleistung – mithin eine lediglich rechtlich vorteilhafte Willenserklärung – bedeutet. Allerdings sind unter Maßgabe der Besonderheit der gesetzlichen Fiktion des § 2307 Abs. 2 BGB auch für diese Wertung die zwei mit § 2307 Abs. 2 BGB verbundenen Rechtsfolgen zu berücksichtigen: Die Fiktion der Willenserklärung zieht zwar zum einen das vollständige Beanspruchen des gesetzlich zustehenden Pflichtteils nach sich, darüber hinaus wird aber auch die Ausschlagung des Vermächtnisses nach § 2180 BGB bewirkt, welche wiederum den Verlust des Vermächtnisanspruches bedeutet. Damit gilt der nach § 2176 BGB mit dem Todesfall eintretende Anfall als nicht erfolgt. Es wird mithin nicht eine Willenserklärung durch die gesetzliche Fiktion ersetzt, die einzig lediglich rechtlich vorteilhaft ausgestaltet ist. Insofern kann unter dem Aspekt des Minderjährigenschutzes die Fiktion des § 2307 Abs. 2 S. 2 BGB nicht ohne Mitwirkung der gesetzlichen Vertreter eintreten.

cc. Familiengerichtliche Genehmigung im Anwendungsbereich des § 2307 Abs. 2 BGB

(1) Familiengerichtliche Genehmigung erforderlich

Es ist darüber hinaus eine weitere Besonderheit zu beachten: Die hier fingierte Willenserklärung ersetzt die Ausschlagungserklärung des Vermächtnisnehmers

560 Ähnlich: *Esser*, 60.

in Bezug auf das ihm zugewendete Vermächtnis. Die Ausschlagung des Vermächtnisses unterliegt nach § 1643 Abs. 2 S. 1 BGB im Regelfall (die Ausnahme betrifft den Fall der Ersatzberufung des Kindes, nachdem der entsprechende gesetzliche Vertreter das Vermächtnis als Erstberufener bereits zuvor ausgeschlagen hat)[561] der familiengerichtlichen Genehmigung. Insofern besteht infolge einer fehlenden gesetzlichen Regelung Unklarheit hinsichtlich der Einbindung des Familiengerichts.

Nach hier vertretener Ansicht kann auch im Rahmen des § 2307 Abs. 2 S. 2 BGB die Wirkung der Fiktion nicht ohne Einbindung des zuständigen Familiengerichts eintreten. Einbinden des Familiengerichts bedeutet in diesem Zusammenhang explizit, dass die in § 2307 Abs. 2 S. 2 BGB normierte Rechtsfolge nicht ohne entsprechende Zustimmung des Gerichts eintreten kann. Jede andere Ansicht würde dem Minderjährigenschutz in evidenter Weise zuwiderlaufen.

(2) Minderjährigenschutz als Erfordernis der Genehmigung

Bei der Fiktion einer Willenserklärung handelt es sich insofern um ein rechtliches „Plus“ im Vergleich zu der tatsächlich abgegebenen Willenserklärung, als die Fiktion den Erklärenden ohne dessen willentliches Zutun rechtlich qua Gesetzes bindet. Unterliegt aber die ursprüngliche Willenserklärung der familiengerichtlichen Genehmigung, kann für das Ersetzen einer Willenserklärung durch eine Fiktion kein schwächerer Schutz des beschränkt Geschäftsfähigen bestehen. Gerade wegen der stärkeren Bindung, die ohne Agieren des Erklärungspflichtigen einzutreten droht, bedarf es des gesetzlichen Schutzmechanismus, um dem Minderjährigenschutz hinreichend gerecht zu werden.

Zudem intendieren die §§ 1821, 1822, 1643 BGB gerade, den beschränkt Geschäftsfähigen vor den negativen rechtlichen und wirtschaftlichen *Rechtsfolgen* einer Willenserklärung zu schützen. Eine derartige Rechtsfolge tritt hingegen auch bei der Ersetzung einer Willenserklärung durch die gesetzliche Fiktion ein, sodass die Schutzbedürftigkeit, welche durch die §§ 1821, 1822, 1643 BGB abgedeckt werden soll, ebenso wie bei Abgabe einer willentlich entäußerten Willenserklärung besteht.

Auch ein Vergleich zu § 1943 Hs. 2 BGB führt zu keiner anderen rechtlichen Würdigung: Obwohl die Regelung aus dem Pflichtteilsrecht, § 2307 Abs. 2 S. 2 BGB, eine Willenserklärung fingiert, die der familiengerichtlichen Genehmigung unterstellt ist, soll nach den bislang in der Literatur vertretenen Ansichten von *Steinhauer* und *Röhl* ein schwächerer Schutzmechanismus bestehen als bei

561 Hierzu ausführlich unter: 4. Kapitel B. II. 3. a.

§ 1943 Hs. 2 BGB, nach dem es zumindest zur Wahrung des Minderjährigenschutzes auf die Kenntnis der gesetzlichen Vertreter ankommt. Es wäre widersprüchlich, die Bedeutung des Minderjährigenschutzes für die Wirkung des § 2307 Abs. 2 S. 2 BGB aber nicht genauso gelten zu lassen. Zwar beginnt im Anwendungsbereich des § 2307 Abs. 2 S. 2 BGB die Frist erst nach Setzung einer solchen durch den Erben oder die Erbengemeinschaft zu laufen, sodass die dem § 1943 Hs. 2 BGB immanenten Beweisprobleme betreffend die Kenntniserlangung nicht bestehen, allerdings kann die Frist des § 2307 Abs. 2 S. 2 BGB aufgrund fehlender gesetzlicher Vorgaben deutlich kürzer bemessen sein und folglich weniger Zeit zur Eruierung bestehen. Zudem setzt die Ausschlagung des Vermächtnisses nicht lediglich die Zustimmung der gesetzlichen Vertreter, sondern gar die familiengerichtliche Zustimmung voraus.

Gegen das Erfordernis einer familiengerichtlichen Genehmigung auch im Anwendungsbereich des § 2307 Abs. 2 S. 2 BGB sprechen sich *Röhl* und *Steinhauer* zwar mit der Begründung aus, die Rechtssicherheit des Erben oder der Erbengemeinschaft an der Bewertung und Auseinandersetzung des Nachlasses sei gefährdet, sollte die Ausschlagung des Vermächtnisses auch bei pflichtteilsberechtigtem Vermächtnisnehmer von einer familiengerichtlichen Genehmigung abhängig gemacht werden. Argumentiert wird mit der Gefahr, dass die gesetzlichen Vertreter die Abgabe an das zuständige Familiengericht verweigern könnten und so unter Umständen bis zur Volljährigkeit des beschränkt Geschäftsfähigen gewartet werden muss, um Sicherheit über den Bestand des Nachlasses zu erhalten.

Diese Argumentation überzeugt nicht, da es nicht nachvollziehbar erscheint, weswegen die gesetzlichen Vertreter die Entscheidung zugunsten des Pflichtteils oder Vermächtnisanspruches für den beschränkt Geschäftsfähigen nicht zu treffen vermögen und warum die Entscheidung zwischen Vermächtnis und Pflichtteil nicht im Interesse des Minderjährigen stehen sollte. Im Ergebnis steht dem beschränkt Geschäftsfähigen nach der Entscheidung ein schuldrechtlicher Anspruch zu, sodass das Argument *Steinhauers* und *Röhls* nicht zu überzeugen vermag.

(3) Lösungsvorschlag

Für den Fall, dass die gesetzlichen Vertreter wider Erwarten das Ausüben des Wahlrechts verweigern sollten, bietet es sich als hier vertretener Lösungsvorschlag an – um auch den Interessen des Erben oder der Erbengemeinschaft hinreichend gerecht zu werden –, zunächst den gesetzlichen Vertretern im Sinne des § 131 Abs. 2 BGB eine Frist zu setzen (vorgeschlagen werden nach hiesiger

Ansicht sechs Wochen, angelehnt an die Frist des § 1943 Hs. 2 BGB; die Frist beginnt dabei mit der Kenntnis beider gesetzlicher Vertreter), innerhalb derer sie das Familiengericht zur Entscheidung heranzuziehen haben. Nach Ablauf der sechs Wochen steht es dem Erben oder der Erbengemeinschaft frei, entsprechend dem Rechtsgedanken des § 1829 Abs. 2 BGB eine vierwöchige Frist zu setzen, innerhalb derer die gesetzlichen Vertreter Auskunft über die Genehmigungserteilung des Familiengerichts erteilen müssen. Zwar besteht zwischen den Erben und dem pflichtteilsberechtigten Vermächtnisnehmer kein echtes Vertragsverhältnis[562], dennoch gibt es mit dem Erben oder der Erbengemeinschaft ein Gegenüber, welches berechtigtes Interesse an der erteilten Genehmigung hat. Eine dem § 1829 Abs. 2 BGB entsprechende Regel für einseitige Rechtsgeschäfte gibt es gerade nicht. Die Vorschrift des § 1831 S. 2 BGB, der einseitige empfangsbedürftige Willenserklärungen ohne entsprechende Genehmigung für unwirksam erklärt, kann nicht angewendet werden, da sie bereits eine Vornahme des Rechtsgeschäfts ohne entsprechende Genehmigung voraussetzt. Eine Anwendung des Rechtsgedankens des § 1829 Abs. 2 BGB ist insofern nach hier vertretener Ansicht unter dem Aspekt eines Lösungsvorschlages, der den Minderjährigenschutz und die Rechtssicherheit mit einbezieht, erforderlich und geboten.

Sollten die gesetzlichen Vertreter innerhalb der Frist das Familiengericht nicht eingebunden haben oder keine Mitteilung an den Erben oder die Erbengemeinschaft gemacht haben, gilt die Genehmigung nach dem Rechtsgedanken des § 1829 Abs. 2 BGB als nicht erteilt. Die daraus resultierende denknotwendige Folge wäre, dass die Fiktion der Ausschlagung nicht eintritt, das Vermächtnis folglich noch nach § 2180 Abs. 1 BGB angenommen werden kann.

Durch diese Lösung werden sowohl die Interessen des Minderjährigen an einem ihn schützenden Zustimmungserfordernis als auch die Interessen des Erben oder der Erbengemeinschaft an der Bestimmung des Nachlasses berücksichtigt und angemessen austariert.

3. *Ergebnis*

Im Ergebnis bleibt festzuhalten, dass es sich bei § 2307 Abs. 2 S. 2 BGB um eine gesetzliche Fiktion handelt, die grundsätzlich nicht den Vorschriften der Willenserklärung untersteht. Indes wird Geschäftsfähigkeit bei Fiktionen vorausgesetzt, die mit positivem, gestaltendem Erklärungswert versehen sind. Da

562 Grundsätzlich setzt § 1829 Abs. 2 BGB ein Vertragsverhältnis voraus, vgl.: BeckOK BGB/*Bettin*, BGB § 1829 Rn. 2.

§ 2307 Abs. 2 S. 2 BGB mit Fingieren der Willenserklärung einen negativen und einen positiven Erklärungswert enthält, ist Geschäftsfähigkeit erforderlich, die wegen § 1643 Abs. 2 BGB die familiengerichtliche Genehmigung voraussetzt; die Fiktionswirkung kann mithin nicht ohne Weiteres gegenüber dem beschränkt Geschäftsfähigen eintreten.

Um auch die Interessen des Erben/der Erbengemeinschaft zu berücksichtigen, können die gesetzlichen Vertreter gemäß der hier vertretenen Ansicht nach erfolgloser Fristsetzung unter Fristsetzung von weiteren vier Wochen zur Mitteilung über eine etwaig erteilte familiengerichtliche Genehmigung auffordern. Nach erfolglosem Ablauf dieser zweiten Frist gilt die Genehmigung als nicht erteilt und das Vermächtnis bei rechtlicher Vorteilhaftigkeit der Annahme als angenommen. Durch dieses Ergebnis wird ein Gleichlauf des Minderjährigenschutzes mit den Interessen der Erben erzielt.

Unabhängig von einer etwaigen Pflichtteilsberechtigung des minderjährigen Vermächtnisnehmers können sich überdies rechtliche Fragestellungen in Bezug auf die Beteiligung des gesetzlichen Vertreters und dem Vermächtniserwerb ergeben. Maßgeblich geht es hierbei um die Zulässigkeit des Vertreterhandelns unter dem Gesichtspunkt des Insichgeschäfts, wozu im Folgenden ausgeführt wird:

7. Kapitel: Das Insichgeschäft und der Vermächtnisanspruch

A. Einführung

Die Vermächtnisgestaltungsmöglichkeiten sind vielfältig. Dennoch finden sich gerade wegen der damit einhergehenden steuerrechtlichen Vorzüge sowie des Grundgedankens, das Vermögen in der Hand der Familie zu belassen, häufig Vermächtnisse zugunsten von (minderjährigen) Kindern oder Enkelkindern.[563] Werden diese Vermächtnisse angenommen, ausgeschlagen oder erfüllt, kann es unter dem Aspekt der §§ 1629 Abs. 2 S. 1, 1795 Abs. 1 Nr. 1, Abs. 2, 181 BGB bei Beteiligung eines beschränkt Geschäftsfähigen als Vermächtnisnehmer oder auch als Beschwerten zu Problemen kommen. Insbesondere könnte das Verbot des Insichgeschäfts für den handlungsverpflichteten gesetzlichen Vertreter greifen und die Bestellung eines Ergänzungspflegers erforderlich machen.

Gegenstand der nachfolgenden Untersuchung ist das „*Verbot des Insichgeschäfts*" im Zusammenhang mit dem Vermächtniserwerb bei Beteiligung beschränkt Geschäftsfähiger und deren gesetzlicher Vertreter. Insbesondere wird der Blickwinkel dabei auf das Bestehen eines möglichen Verbots im Hinblick auf die Annahme, Ausschlagung und Erfüllung des Vermächtnisses – mithin die unterschiedlichen Phasen des Vermächtnisanspruches – gelegt. Dabei sollen zunächst das Verbot des Insichgeschäfts im Grundsatz (B. I.), ferner die Auswirkungen auf die Annahme (C. I.) und die Ausschlagung (C. II.) kurz beleuchtet werden, bevor im Anschluss unter Bezugnahme auf die obergerichtliche Rechtsprechung in Bayern, die sich zuletzt mit der Thematik zu befassen hatte,[564] die Vermächtniserfüllung an den beschränkt Geschäftsfähigen (C. III) thematisiert wird:

B. Das Verbot des Insichgeschäfts, § 181 BGB

I. Allgemeines

Das Recht der Stellvertretung, welches im Bürgerlichen Gesetzbuch in den §§ 164–181 BGB normiert ist, sieht vor, dass sich eine Person bei der Vornahme

563 So auch: *Friedrich-Büttner/Wiese*, ZEV 2014, 513; *Lamberz*, ZEV 2014, 187.

564 Siehe hierzu unter: 7. Kapitel C. III. BayObLG, Beschluss vom 8.4.2004 – 2Z BR 068/04 = DNotZ 2004, 925; OLG München, Beschluss vom 08.2.2011 – 34 Wx 18/11 = MittBayNot 2011, 239; OLG München, Beschluss vom 23.9.2011 34 Wx 311/11 = MittBayNot 2012, 145.

eines Rechtsgeschäfts, (in der Regel) gegenüber einem Dritten, vertreten lassen kann.[565] Tritt der gewillkürte oder auch der gesetzliche Vertreter[566] nicht nur auf der Seite des Vertretenen auf, sondern kontrahiert er zusätzlich mit sich selbst (Selbstkontrahierung) oder vertritt auch auf der Empfängerseite einen Dritten (Mehrfachvertretung), liegt ein Insichgeschäft vor, das nach dem in § 181 BGB normierten Grundsatz einem Verbot unterworfen ist. Personenidentität auf beiden Seiten eines Rechtsgeschäfts ist mit den Grundsätzen des Bürgerlichen Gesetzbuches insofern nicht vereinbar.[567] Die damit verbundene Gefahr, Kollisionen gegenläufiger Interessen hervorzurufen, wurde vom Gesetzgeber rechtzeitig erkannt und als sogenanntes „Insichgeschäft" gesetzlich untersagt.[568] Doch nicht nur der mit der Selbst- oder Mehrfachkontrahierung einhergehende Interessenskonflikt, sondern auch die Gefahr der Schädigung der vertretenen Partei wurde im Gesetzgebungsverfahren als Begründung des festgesetzten Verbots angeführt.[569]

Aus diesen Gründen wird die Vertretungsmacht in dieser Konstellation durch das Gesetz beschränkt.[570] Das Verbot des Insichgeschäfts gilt dabei sowohl für das Verpflichtungs- als auch für das Verfügungsgeschäft.[571]

Im Verhältnis zwischen gesetzlichem Vertreter und beschränkt geschäftsfähigem Abkömmling ergibt sich das grundsätzliche Verbot des Insichgeschäfts für ein zwischen diesen abgeschlossenes Rechtsgeschäft aus §§ 1629 Abs. 2 S. 1, 1795 Abs. 2 BGB. Zudem unterliegt der gesetzliche Vertreter dem Vertretungsausschluss bei Rechtsgeschäften zwischen dem zu vertretenen beschränkt geschäftsfähigen Abkömmling und einem Verwandten des gesetzlichen Vertreters, der mit diesem in gerader Linie verwandt ist, § 1795 Abs. 1 Nr. 1 BGB. Folglich ist beispielsweise von einem Vertretungsausschluss auszugehen bei einem Rechtsgeschäft, welches zwischen dem beschränkt Geschäftsfähigen und dessen

565 BeckOK BGB/*Valenthin*, BGB § 181 Rn. 1; Jauernig BGB/*Mansel*, BGB § 181 Rn. 4; Münchener Kommentar zum BGB/*Schubert*, BGB § 181 Rn. 1.

566 Die Vertretungsmacht der gesetzlichen Vertreter ergibt sich dabei nicht aus §§ 164 ff. BGB, sondern aus den §§ 1626, 1629 BGB.

567 Zumindest, wenn abstrakt die Gefahr eines Interessenskonflikts besteht, Jauernig BGB/*Mansel*, BGB § 181 Rn. 6.

568 Mugdan Bd. I, 759.

569 Mugdan, ebd.

570 Vgl. BGH, Urteil vom 19.4.1971 – II ZR 98/68 = NJW 1971, 1355.

571 *Hirsch*, der Allgemeine Teil des BGB Rn. 870; Larenz/*Wolf*, Allgemeiner Teil des Bürgerlichen Rechts, § 46 Rn. 130.

Großeltern geschlossen wird, bei dem die Vertretung des Minderjährigen durch den mit den Großeltern in gerader Linie verwandten Elternteil erfolgt.

Doch auch das Verbot des Insichgeschäfts ist nicht ausnahmslos anzuwenden und sieht Einschränkungen in seinem Anwendungsbereich vor. Hierzu wie folgt:

II. Gestattung und Erfüllung einer Verbindlichkeit

Von dem Verbot sind (gesetzlich festgelegte) Ausnahmen vorgesehen. Danach gilt das Verbot zum einen nicht, wenn der Vertretene die Selbstkontrahierung gestattet.[572] Die Gestattung kann dabei sowohl in gesetzlich festgeschriebenen Normen (so in § 1009 Abs. 2 BGB) oder in rechtsgeschäftlicher Form erfolgen, etwa als konkludente oder ausdrückliche Befreiung im Rahmen eines Vertrages.[573]

Ferner ist als gesetzlich normierte Ausnahme in § 181 Hs. 2 BGB festgesetzt, dass das Verbot des Insichgeschäfts nicht greift, wenn das Rechtsgeschäft „ausschließlich in der Erfüllung einer Verbindlichkeit" besteht. Für diese Variante ist es nicht entscheidend, ob es sich um eine Verbindlichkeit des Vertreters gegenüber dem Vertretenen oder des Vertretenen gegenüber dem Vertreter handelt.[574] Entscheidend ist vielmehr, dass die Selbst- oder Mehrfachkontrahierung ausschließlich darauf beruht. Handelt es sich um die Erfüllung einer zuvor inhaltlich bereits hinreichend konkretisierten und festgelegten Rechtspflicht, besteht keine Gefahr der Interessenkollision; folglich besteht kein Bedürfnis für die Anwendung des Verbots.[575] Vielmehr vollzieht der Vertreter lediglich und ausschließlich eine bestehende Verbindlichkeit. Der Gesetzeswortlaut impliziert dabei, dass die „Erfüllung einer Verbindlichkeit" der Begrifflichkeit nach ausschließlich das Verfügungsgeschäft betrifft, da es sich bei Verpflichtungsgeschäften dogmatisch bereits nicht um Erfüllungsgeschäfte handelt.[576] Entscheidende Voraussetzung für das Eingreifen der gesetzlichen Ausnahme ist zudem, dass das zugrunde liegende Verpflichtungsgeschäft wirksam entstanden, fällig und einredefrei ist.[577] Anderenfalls bestünde schon keine wirksam begründete Verbindlichkeit, die im Rahmen des Erfüllungsgeschäfts zu erfüllen ist.

---

572 Mugdan Band I, 759.

573 Schulze u.a. Bürgerliches Gesetzbuch/*Heinrich Dörner*, BGB § 181 Rn. 7.

574 Schulze u.a., Bürgerliches Gesetzbuch/*Heinrich Dörner*, BGB § 181 Rn. 10.

575 Wolf/*Neuner*, Allgemeiner Teil des Bürgerlichen Rechts, § 49 Rn. 113; ähnlich: *Medicus*, Allgemeiner Teil des BGB § 57 Rn. 985.

576 *Zorn*, FamRZ 2011, 776 (777).

577 BGH, Beschluss vom 25.11.2004 – V ZB 13/04 = NJW 2005, 415 (417); *Zorn*, FamRZ 2011, 776 (777); ähnlich: *Sonnenfeld*, RPfleger 2011, 475 (477).

III. Einschränkung bei lediglich rechtlich vorteilhaften Geschäften

Über den Wortlaut des § 181 Hs. 2 BGB hinaus ist der Schutzzweck des Verbots auch bei einer anderen Konstellation nicht tangiert: Der überwiegenden Ansicht in Rechtsprechung und Literatur folgend findet eine teleologische Reduktion des Verbots bei der Vornahme lediglich rechtlich vorteilhafter Rechtsgeschäfte statt mit der Folge der Möglichkeit einer Selbstkontrahierung.[578] Dieses Ergebnis wird durch eine entsprechende Anwendung des Rechtsgedankens des § 107 BGB erzielt.[579]

§ 181 BGB schützt vor Interessenkollisionen im Anwendungsbereich der Stellvertretung und wirkt einer etwaigen Vermögensgefährdung des Vertretenen entgegen.[580] Ist indes das vorgenommene Rechtsgeschäft bereits durch seine Ausgestaltung nicht geeignet, im Wege einer Interessenkollision negativ auf das Vermögen einzuwirken, bedarf es des Schutzes der Verbotsnorm nicht, sodass eine Reduktion geboten ist.[581] Entscheidend ist mithin, dass das getätigte Rechtsgeschäft seiner abstrakten Natur nach keiner gesonderten Beschränkung im Rechtsverkehr bedarf; auf die konkrete Einzelfallbetrachtung kommt es somit gerade nicht an.[582] Als Begründung für die über den ausdrücklichen Gesetzeswortlaut hinausgehende weitere Einschränkung des Anwendungsbereichs des § 181 BGB wird angeführt, dass es dem beschränkt Geschäftsfähigen ausweislich des § 107 BGB möglich wäre, das lediglich rechtlich vorteilhafte Rechtsgeschäft alleine vorzunehmen. Entscheiden sich die gesetzlichen Vertreter in diesem Fall dafür, das Rechtsgeschäft in Vertretung auszuüben, kann nichts anderes gelten als bei alleinigem Vertragsabschluss durch den beschränkt Geschäftsfähigen.[583]

---

578 BGH, Urteil vom 27.9.1972 – IV ZR 225/69 = NJW 1972, 2262; BGH, Beschluss vom 16.4.1975 – V ZB 15/74= NJW 1975, 1885; Münchener Kommentar zum BGB/*Schubert*, BGB § 181 Rn. 29; a.A: *Heuser*, JR 2013, 125–134, der dogmatisch eine Anwendung des § 107 BGB auf das Verbot des Insichgeschäfts in § 181 BGB ablehnt.

579 BayObLG, Beschluss vom 29.5.1998 – 2Z BR 85–98 = NJW 1998, 3574; *Zorn*, FamRZ 2011, 776 (777).

580 Ähnlich: Larenz/*Wolf*, Allgemeiner Teil des BGB § 46 Rn. 120.

581 BGH, Beschluss vom 16.4.1975 – V ZB 15/74 = NJW 1975, 1885; ähnlich: *Stürner*, AcP 1973, 445, 446.

582 BGH, Urteil vom 27.9.1972 – IV ZR 225/69 = NJW 1972, 2262; Ähnlich: BGH, Beschluss vom 09.7.1980 – V ZB 16/79 = NJW 1981, 109; BGH, Beschluss vom 25.11.2004 – V ZB 13/04 = BGH, NotBZ 2005, 150.

583 BGH, Urteil vom 27.9.1972 – IV ZR 225/69 = NJW 1972, 2262; ähnlich: Brox/*Walker*, Allgemeiner Teil des BGB, Rn. 592.

In welchem Rahmen der Vermächtniserwerb eines beschränkt Geschäftsfähigen wegen der Beteiligung der gesetzlichen Vertreter dem Verbot unterfällt, soll Gegenstand der nachfolgenden Begutachtung sein:

C. Das Verbot des Insichgeschäfts im Rahmen des Vermächtnisrechts

I. Bei Annahme des Vermächtnisses

Die Annahme des Vermächtnisses gemäß § 2180 BGB könnte dem Verbot des Insichgeschäfts unterliegen, sollte der gesetzliche Vertreter mit dem Vermächtnis beschwert oder mit dem Beschwerten in gerader Linie verwandt sein.

Bei der Annahme handelt es sich um eine empfangsbedürftige Willenserklärung, die stets gegenüber dem Beschwerten zu erklären ist, und mithin eine unzulässige Selbstkontrahierung darstellen könnte.

Die gesetzlich normierte Ausnahme der Erfüllung einer Verbindlichkeit ist für die Annahme nicht einschlägig. Der Vermächtnisanspruch fällt zwar mit Eintritt des Erbfalles an den beschränkt Geschäftsfähigen an, § 2176 BGB, und gelangt ab diesem Zeitpunkt zum Entstehen. Volle Wirksamkeit erlangt der Anspruch indes erst mit der Annahme des Vermächtnisses selbst und der Beendigung des Schwebezustandes.[584] Die Annahme kann mithin nicht in Erfüllung der Verbindlichkeit erfolgen, da die Verbindlichkeit zuletzt durch die Annahme selbst eintritt.[585] Zudem betrifft die Annahme nicht das Erfüllungsgeschäft und kann dogmatisch bereits nicht der Ausnahmeregel unterfallen. Eine gesetzlich vorgesehene Ausnahme zur Befreiung vom Verbot des Insichgeschäfts liegt aus diesem Grund nicht vor.

Vielmehr ergibt sich die Befreiung aus der von der Rechtsprechung entwickelten Ausnahme der lediglich rechtlichen Vorteilhaftigkeit. Die Annahmeerklärung stellt für den beschränkt Geschäftsfähigen grundsätzlich eine lediglich rechtlich vorteilhafte oder neutrale Willenserklärung dar, die durch den Minderjährigen selbst abgegeben werden kann. Der gesetzliche Vertreter unterliegt

---

Wenn also der gesetzliche Vertreter dem beschränkt Geschäftsfähigen etwas schenken möchte, kann der gesetzliche Vertreter entgegen § 181 BGB das Verpflichtungsgeschäft der Schenkung in Vertretung des Minderjährigen mit sich selbst abschließen, da wegen der rechtlichen Vorteilhaftigkeit der Schenkung das maßgebliche Verpflichtungsgeschäft auch durch den Minderjährigen selbst hätte getätigt werden können.

584 Hierzu ausführlich unter: 5. Kapitel B. II.

585 Im Ergebnis auch: *Röhl*, MittBayNot 2012, 111 (113).

folglich keiner Restriktion des Selbstkontrahierungsverbots. Für die Annahmeerklärung bedarf es somit keiner Ergänzungspflegerbestellung.

II. Das Verbot des Insichgeschäfts bei der Ausschlagung des Vermächtnisses

Die Ausschlagung des Vermächtnisses unterliegt nach § 1643 Abs. 2 S. 1 BGB grundsätzlich der familiengerichtlichen Genehmigung.[586] Im Unterschied zur Ausschlagung der Erbschaft, die gegenüber dem Nachlassgericht abzugeben ist und folglich nicht der Gefahr einer Interessenskollision des § 181 BGB unterliegt,[587] ist die Ausschlagung des Vermächtnisses ausweislich des § 2180 Abs. 2 BGB stets gegenüber demjenigen abzugeben, der mit der Vermächtniserfüllung beschwert ist. Handelt es sich hierbei um einen der gesetzlichen Vertreter oder beide gesetzlichen Vertreter, denen die Ausschlagungserklärung gegenüber abzugeben ist, wäre § 181 BGB diesbezüglich grundsätzlich anzuwenden; ein Ergänzungspfleger zu bestellen. Da jedoch die Ausschlagungserklärung gemäß § 1643 Abs. 2 S. 1 BGB der familiengerichtlichen Genehmigung bedarf, ist die Anwendung des § 181 BGB wie auch bei der Ausschlagung der Erbschaft für einen Minderjährigen abzulehnen. Dieses Ergebnis folgt aus dem Zweck des § 181 BGB, Interessenskollisionen[588] durch Einschalten eines neutralen Ergänzungspflegers zu vermeiden. Ist aber bereits das Familiengericht als neutrale Konstante zwingend einzuschalten, besteht nach hier vertretener Ansicht kein Bedarf für eine zusätzliche neutrale Kontrollinstanz in der Gestalt des Ergänzungspflegers.

Selbiges hat zu gelten, wenn wegen der Ausnahmeregel des § 1643 Abs. 2 S. 2 BGB, die auf die Vermächtnisausschlagung Anwendung zu finden hat, eine familiengerichtliche Genehmigung wegen der vorherigen Ausschlagung durch den gesetzlichen Vertreter selbst entbehrlich ist. Zumindest dann, wenn der gesetzliche Vertreter die Sach- und Rechtslage geprüft hat und die Ausschlagung des

---

586 Vgl. oben 5. Kapitel D.

587 Vgl. *Coing*, NJW 1986, 6 (10), der darauf abstellt, dass die Ausschlagungserklärung des Minderjährigen als einseitige Erklärung nicht gegenüber dem gesetzlichen Vertreter abgegeben werden muss, mithin eine Selbstkontrahierung von vornherein nicht in Betracht kommt. Ähnlich BGH, Beschluss vom 12.2.2014 – XII ZB 592/12 = NJW-RR 2014, 900, der das Erfordernis einer Ergänzungspflegerbestellung neben der familiengerichtlichen Genehmigung ablehnt. In dem Fall ging es um die Fragestellung, ob der Vormund des Minderjährigen für die Entgegennahme der familiengerichtlichen Genehmigung eines Ergänzungspflegers bedarf. Der BGH lehnte dies ab, sofern nicht ein Fall des § 1796 BGB vorliegt.

588 Mugdan, Bd. I, 759.

Vermächtnisses als erforderlich eingestuft hat, besteht keine Interessenskollision zwischen ihm und dem nachrückenden Minderjährigen, dessen Vermächtnis ebenfalls ausgeschlagen werden soll. Für eine Ergänzungspflegerbestellung besteht folglich mangels abstrakt gefährdender Interessenskollision kein Raum.

III. Das Verbot des Insichgeschäfts bei Erfüllung des Vermächtnisses

1. Einleitung

Ist das Vermächtnis durch den beschränkt Geschäftsfähigen als Vermächtnisnehmer erfolgreich angenommen und mithin nicht ausgeschlagen worden, erfolgt regelmäßig die Erfüllung des Anspruches, nachdem der Anspruch gegenüber dem Beschwerten geltend gemacht wurde. Da es sich bei dem Vermächtnis – wie im 3. Kapitel bereits erläutert – gerade nicht um ein sogenanntes dinglich wirkendes Vindikationslegat, sondern vielmehr um ein Damnationslegat handelt, bedarf es eines dinglich wirkenden Rechtsaktes, um die Erfüllung vorzunehmen. Handelt es sich folglich bei dem Vermächtnisgegenstand um einen beweglichen Gegenstand, erfolgt die Übertragung nach §§ 929 S. 1 BGB, während sich bei Immobilien die Eigentumsübertragung nach §§ 873, 925 BGB richtet.[589]

Da aufgrund der fehlenden Vindikationswirkung ein Rechtsgeschäft zwischen dem Vermächtnisnehmer und dem Beschwerten zur Erfüllung begründet werden muss, können auch insoweit Schwierigkeiten im Zusammenhang mit der Vertretung durch den gesetzlichen Vertreter bei Beteiligung desselben an der Erfüllung des Rechtsgeschäfts auftreten.

2. Erfüllung zugunsten des beschränkt Geschäftsfähigen

Gestalterisch ist es dem Erblasser zunächst möglich, eine Verfügung von Todes wegen zu fertigen, welche den beschränkt Geschäftsfähigen als Begünstigten eines Vermächtnisses vorsieht. Ist der gesetzliche Vertreter (Mit-) Erbe oder steht er zu dem Beschwerten in einer nach § 1795 Abs. 1 Nr. 1 BGB benannten Beziehung, unterliegt grundsätzlich auch das Verfügungsgeschäft der Beschränkung des § 181 BGB.

Für das Verfügungsgeschäft hingegen hat der Gesetzgeber im 2. Halbsatz des § 181 BGB eine Ausnahmeregelung geschaffen, bei der, wie vorstehend erläutert, Erfüllungsgeschäfte, die ausschließlich *„in der Erfüllung einer Verbindlichkeit“* bestehen, dem Verbot des Insichgeschäfts nicht unterfallen. Ist aber das Verpflichtungsgeschäft über die von der Rechtsprechung und Literatur entwickelte

589 Münchener Anwaltshandbuch Erbrecht/*Schlitt*, § 13 Vermächtnis Rn. 298.

Ausnahme der teleologischen Reduktion des § 181 BGB betreffend lediglich rechtlich vorteilhafter Rechtsgeschäfte ohne Ausschluss durch § 181 BGB zustande gekommen, könnten den Minderjährigenschutz beeinträchtigende Ergebnisse die Folge sein. Hierzu im Folgenden:

3. *Zusammenspiel von lediglich rechtlichem Vorteil und Erfüllung einer Verbindlichkeit*

a. *Einführung*

Die Modifizierung des Verpflichtungsgeschäfts im Wege der teleologischen Reduktion des Anwendungsbereichs des § 181 BGB[590] über das lediglich rechtlich vorteilhafte Geschäft birgt, wie zeitnah durch den Bundesgerichtshof erkannt wurde,[591] die Gefahr, dass das Verfügungsgeschäft bei wirksam über § 107 BGB zustande gekommenem Verpflichtungsgeschäft nicht gesondert auf dessen Vorteilhaftigkeit überprüft wird. Der Bundesgerichtshof hatte in einer Vielzahl von Fällen über die Schenkung von Eltern an ihre minderjährigen Kinder – unter anderem in den Jahren 1975, 2004, 2005 und 2010[592] – zu entscheiden, bei denen das Verpflichtungsgeschäft – die Schenkung – gemäß § 107 BGB wirksam zustande gekommen war, das Verfügungsgeschäft aber an einem rechtlichen Nachteil litt.[593] Wegen der Regelung des § 181 Hs. 2 BGB konnte das Verfügungsgeschäft dennoch ohne Einschalten eines neutralen Ergänzungspflegers erfolgen, da ja grundsätzlich das Verfügungsgeschäft in der Erfüllung der über § 107 BGB wirksam begründeten Verbindlichkeit erfolgte.[594]

b. *„Gesamtbetrachtungslehre"*

Um den hieraus vermeintlichen Konflikt des Zusammenspiels von lediglich rechtlich vorteilhaftem Geschäft auf der Verpflichtungsseite und Erfüllung einer nachteiligen Verbindlichkeit auf der Verfügungsseite aufzulösen, wählte der

590 BGH, Beschluss vom 16.4.1975 – V ZB 15/74 = NJW 1975, 1885.

591 BGH, Beschluss vom 9.7.1980 – V ZB 16/79 = NJW 1981, 109.

592 BGH, Beschluss vom 16.4.1975 – V ZB 15/74 = NJW 1975, 1885; BGH, Beschluss vom 25.11.2004 – V ZB 13/04 = NJW 2005, 415; BGH, Beschluss vom 3.2.2005 – V ZB 44/04 = NJW 2005, 1430; BGH, Beschluss vom 30.9.2010 – V ZB 206/10 = NJW 2010, 3643.

593 Regelmäßig lag dem Verpflichtungsgeschäft eine Übereignung einer vermieteten Immobilie zugrunde, die wegen der mit der Wohnungseigentümergemeinschaft („WEG") einhergehenden Verpflichtungen für den Minderjährigen einen rechtlichen Nachteil bedeutet hätten.

594 Vgl. *Zorn*, FamRZ 2011, 776.

Bundesgerichtshof zunächst den Weg der sogenannten „Gesamtbetrachtungslehre"[595]. Grundlage hierfür bildete ein Beschluss aus dem Jahr 1980, dem die schenkweise Übertragung eines Wohnungseigentums von einem Vater an seinen minderjährigen Sohn zugrunde lag.[596]

Der BGH ordnete das Verpflichtungsgeschäft – die Schenkung – (wohl) unter Maßgabe des § 107 BGB als rechtlich vorteilhaft ein. Da jedoch das Erfüllungsgeschäft wegen des Erwerbs von Wohnungseigentums und den daraus folgenden in den §§ 10 ff. WEG benannten Verpflichtungen sowie „den gesetzlichen Bestimmungen über die Verwaltung des gemeinschaftlichen Eigentums (§§ 20 ff. WEG)" mit rechtlichen Nachteilen versehen sei, bedürfe es einer Gesamtbetrachtung des schuldrechtlichen und des dinglichen Geschäfts. Anderenfalls könne das nachteilhafte Erfüllungsgeschäft zulasten des Minderjährigen unter Anwendung der Ausnahmeregelung des § 181 Hs. 2 BGB ohne Hinzuziehen eines Ergänzungspflegers vorgenommen werden. Die Gesamtbetrachtung bedeutet folglich, mögliche Nachteile aus dem Erfüllungsgeschäft schon bei der Beurteilung der rechtlichen Vorteilhaftigkeit des schuldrechtlichen Geschäftes zu berücksichtigen. Ist demzufolge das Verpflichtungsgeschäft rechtlich vorteilhaft zugunsten des Minderjährigen ausgestaltet, das Erfüllungsgeschäft hingegen mit rechtlichen Nachteilen behaftet, bedarf es im Rahmen des Erfüllungsgeschäfts der Bestellung eines Ergänzungspflegers, um den Konflikt zugunsten des Minderjährigen aufzulösen.[597]

Der damit einhergehende Verstoß gegen das geltende Abstraktionsprinzip sorgte in der Folgezeit für einige kritische Stimmen in der Literatur.[598] Unter diesem heftigen Gegenwind erfolgte nach mehr als zwei Jahrzehnten eine Kehrtwendung des BGH zugunsten eines neuen, in der Literatur bereits bevorzugten, Ansatzes der Bewertung:

c. *Teleologische Reduktion der Erfüllung einer Verbindlichkeit*

Der zunächst vom Bundesgerichtshof zur Ausgleichung der vorstehend genannten Problematik gewählte Weg der Gesamtbetrachtungslehre[599] wurde mit

595 BGH, Beschluss vom 09.7.1980 – V ZB 16/79 = NJW 1981, 109.

596 BGH, Beschluss vom 09.7.1980 – V ZB 16/79 = NJW 1981, 109.

597 BGH, Beschluss vom 9.7.1980 – V ZB 16/79 = NJW 1981, 109.

598 Hier ist vor allem *Jauernig*, JuS 1982, 576 zu nennen, der bereits zur Zeit der Abfassung des zitierten Aufsatzes einen Richtungswechsel anstrebte.

599 BGH, Beschluss vom 09.7.1980 – V ZB 16/79 = NJW 1981, 109.

Beschluss aus dem Jahr 2010[600] infolgedessen zugunsten einer teleologischen Reduktion des § 181 Hs. 2 BGB zumindest vorläufig verworfen[601].

Dem richtungswechselnden Beschluss des Bundesgerichtshofs lag verkürzt folgender Sachverhalt zugrunde:[602]

Die Mutter eines minderjährigen Kindes war Eigentümerin eines Grundstückes, welches sie in Wohnungseigentum aufteilte. Im Wege der vorweggenommenen Erbfolge übertrug sie eine Wohnung auf das minderjährige Kind und ließ sich zugleich ein lebenslanges Nießbrauchsrecht im Schenkungsvertrag einräumen. Das Grundbuchamt indes machte den Vollzug abhängig von der Bestellung eines Ergänzungspflegers zur Erfüllung der vereinbarten Schenkung.

Der der Übertragung zugrunde liegende Schenkungsvertrag betreffend die Wohnung wurde durch den BGH unter Verweis auf § 107 BGB als wirksame Verpflichtung eingeordnet. Insofern fand bereits eine teleologische Reduktion des § 181 BGB auf der Verpflichtungsseite statt. Wegen der Missachtung des Abstraktionsprinzips durch die zuvor vertretene Gesamtbetrachtungslehre sollte nach der Neuausrichtung des Bundesgerichtshofs auf der Ebene des Verfügungsgeschäfts trotz des wirksam über § 107 BGB zustande gekommenen Verpflichtungsgeschäfts zusätzlich geprüft werden, ob die Erfüllung über den eigentlichen Erfüllungszweck hinaus mit rechtlichen Nachteilen versehen ist. Danach sei ein Insichgeschäft auf der Verfügungsseite nur unter der Voraussetzung möglich, dass den Vertretenen keine weiteren Nachteile treffen, als er im Verpflichtungsgeschäft bereits übernommen habe.[603] Es habe somit unter Einschränkung des § 181 a.E. BGB eine isolierte Betrachtung des dinglichen Geschäfts zu erfolgen. Weise das Erfüllungsgeschäft über die Erfüllung hinaus rechtliche Nachteile auf – so etwa die aus der Mitgliedschaft der Wohnungseigentümergemeinschaft („WEG") herrührenden Verpflichtungen,[604] die Folge der erklärten Auflassung sind – könne das Verfügungsgeschäft nicht unter Verweis auf die gesetzlich

600 BGH, Beschluss vom 30.9.2010 – V ZB 206/10 = NJW 2010, 3643.

601 Zuvor gab es bereits einige Stimmen in der Literatur, die unter Ablehnung der Gesamtbetrachtungslehre eine solche Reduktion befürworteten, vgl. nur: *Jauernig*, JuS 1982, 576. Auch der BGH deutete im Jahr 2005 eine Abkehr von der Gesamtbetrachtungslehre an, entschied sich aber zunächst infolge fehlender Relevanz für den abzuurteilenden Sachverhalt die Frage der teleologischen Reduktion offen zu halten, BGH, Beschluss vom 3.2.2005 – V ZB 44/04 = NJW 2005, 1430.

602 BGH, Beschluss vom 30.9.2010 – V ZB 206/10 = NJW 2010, 3643.

603 Vgl. auch: Münchener Kommentar zum BGB/*Schubert*, BGB § 181 Rn. 87.

604 Bspw. aufgeführt: § 16 Abs. 2 WEG, § 10 Abs. 8 S. 1 Hs. 1 WEG.

normierte Ausnahme des § 181 Hs. 2 BGB ohne Bestellung eines neutralen Ergänzungspflegers vorgenommen werden.

Es bleibt jedoch festzuhalten, dass sowohl der Rechtsprechung zur Gesamtbetrachtungslehre, als auch der von der Rechtsprechung nunmehr vertretenen teleologischen Reduktion regelmäßig die gleiche tatsächliche Ausgangssituation zugrunde lag:[605] Als Rechtsgeschäft unter Lebenden schenkten die gesetzlichen Vertreter ihrem minderjährigen Kind zumeist eine vermietete oder mit Nießbrauch zu versehende Immobilie. Andere Konstellationen lagen der bundesgerichtlichen Rechtsprechung bislang nicht zur Entscheidung vor. Wie sich diese Rechtsprechung jedoch zur Frage der Erfüllung eines Vermächtnisses an einen beschränkt Geschäftsfähigen verhält, ist noch näher auszuführen:

4. *Erfüllung des Vermächtnisses durch den gesetzlichen Vertreter als Beschwerten unter dem Blickwinkel der BGH-Rechtsprechung*

Die hier maßgebliche Fragestellung beschäftigt sich anders als die bisherige Rechtsprechung des Bundesgerichtshofs nicht mit einer Schenkung als zugrunde liegendem Verpflichtungsgeschäft. Vielmehr handelt es sich bei der zu erfüllenden Verpflichtung um ein testamentarisch angeordnetes Vermächtnis, bei dem dem Vermächtnisnehmer der Anspruch grundsätzlich mit Eintritt des Erbfalles anfällt, § 2176 BGB. Zu dieser Thematik der Erfüllung eines Vermächtnisses an einen beschränkt Geschäftsfähigen durch die gesetzlichen Vertreter als mit dem Vermächtnis Beschwerte mussten sich vor allem die Gerichte in Bayern in den letzten Jahren regelmäßig beschäftigen. Das Augenmerk der Gerichte lag dabei auf der uneingeschränkten Übertragung der BGH-Rechtsprechung zur Erfüllung einer vorteilhaften Schenkung an den Minderjährigen auf die Erfüllung eines Vermächtnisses.

Ein erstes Urteil des BayObLG zu der Thematik erging im Jahr 2004[606]; im Jahr 2011 hatte das OLG München sogar zweimal zur Vermächtniserfüllung an beschränkt Geschäftsfähige zu entscheiden.[607] Erstaunlich ist in diesem Zusammenhang, dass das Oberlandesgericht seine Rechtsprechung innerhalb weniger Monate vollständig änderte und damit für Unsicherheiten hinsichtlich

605 So z.B.: BGH, Beschluss vom 25.11.2004 – V ZB 13/04 = ZEV 2005, 66; BGH, Beschluss vom 3.2.2005 – V ZB 44/04 = ZEV 2005, 209; BGH, Beschluss vom 30.9.2010 – V ZB 206/10 = NJW 2010, 3643.

606 Beschluss vom 8.4.2004 – 2Z BR 068/04 = DNotZ 2004, 925.

607 OLG München, Beschluss vom 8.2.2011 – 34 Wx 18/11 = MittBayNot 2011, 239; OLG München, Beschluss vom 23.9.2011 – 34 Wx 311/11 = MittBayNot 2012, 145.

der Einordnung der Rechtsfrage sorgte. Infolge der Kontroverse, die mit der „schwankenden“ Rechtsprechung der bayrischen Gerichte einhergeht, bedarf es für die mit Praxisrelevanz versehene Rechtsfrage eines zu entwickelnden Lösungsansatzes. Dies gilt insbesondere mit Blick auf die Lösung, die der BGH zu den Schenkungsfällen an Minderjährige entwickelt hat. Ob insoweit eine nahtlose Übertragung auf die Vermächtniserfüllung erfolgen kann, soll im Folgenden betrachtet werden.

Hierzu bedarf es zunächst eines Überblicks über die maßgebliche bayrische Rechtsprechung. Dazu wie folgt:

a. Beschlüsse der bayrischen Obergerichte

aa. Beschluss des BayObLG vom 08. April 2004

Ein erster, die Rechtsfrage der Vermächtniserfüllung zugunsten eines beschränkt Geschäftsfähigen durch dessen gesetzliche Vertreter betreffender Beschluss des BayObLG erging am 08.04.2004[608]:

Gegenstand des Sachverhaltes bildete vereinfacht dargestellt die testamentarische Alleinerbeneinsetzung eines Großvaters, der unter anderem mit Vermächtnissen hinsichtlich eines Wohnungseigentums beschwert war. Dieses Wohnungseigentum sollte an zwei Vermächtnisnehmer – die minderjährigen Enkel des Erben – übertragen werden. Im Rahmen der Erfüllung der Vermächtnisse wurden die beiden minderjährigen Vermächtnisnehmer bei Abgabe der Auflassungserklärung durch ihre gesetzlichen Vertreter vertreten. Die Mutter als gesetzliche Vertreterin der beiden Vermächtnisnehmer ist die Tochter des alleinigen Erben.

Nach der Auffassung des BayObLG konnte die Tochter des Alleinerben im Rahmen der Erfüllung für ihre beiden minderjährigen Kinder, die Enkel des Erben, als gesetzliche Vertreterin ohne Hinzuziehen eines Ergänzungspflegers tätig werden. Dies wurde damit begründet, dass ein Ausnahmetatbestand zu dem in §§ 1629 Abs. 2 S. 1, 1795 Abs. 1 Nr. 1 BGB normierten Verbot einschlägig sei. Danach ist es den gesetzlichen Vertretern grundsätzlich untersagt, den beschränkt Geschäftsfähigen bei Rechtsgeschäften zu vertreten, die dieser gegenüber Verwandten vornimmt, die mit dem gesetzlichen Vertreter in gerader Linie verwandt sind. Der Großvater als mit dem Vermächtnis beschwerter Erbe unterfalle dieser Definition und mithin dem Verbot. Da indes im konkreten Fall das Vermächtnis für den beschränkt Geschäftsfähigen ein Recht zur Forderung der Leistung

608 BayObLG, Beschluss vom 8.4.2004 – 2Z BR 068/04 = DNotZ 2004, 925.

begründe, handele der gesetzliche Vertreter in der Erfüllung einer Verbindlichkeit und somit im Schutze des Ausnahmetatbestandes zu § 1795 Abs. 1 Nr. 1 Hs. 2 BGB. Deshalb komme es nach der Auffassung des BayObLG nicht darauf an, ob das Erfüllungsgeschäft rechtlich vorteilhaft sei.[609] Eine isolierte Betrachtung des Erfüllungsgeschäfts findet nicht statt.

Da der gesetzliche Vertreter folglich nach der Auffassung des Gerichts das Erfüllungsgeschäft alleine tätigen könne, bedurfte es keiner Genehmigung eines gerichtlich bestellten Ergänzungspflegers.

bb. Beschluss des OLG München vom 08. Februar 2011

Sieben Jahre nach dem vorstehenden Beschluss des BayObLG hatte sich erstmals wieder das OLG München mit der Frage der Vermächtniserfüllung zugunsten eines beschränkt Geschäftsfähigen zu beschäftigen, insbesondere mit Blick auf das Erfordernis der Bestellung eines Ergänzungspflegers, um etwaige Interessenskonflikte zwischen dem gesetzlichen Vertreter und dem beschränkt Geschäftsfähigen zu vermeiden.

Gegenstand des Beschlusses vom 08.02.2011[610] bildete eine dem vorstehenden Sachverhalt vergleichbare Konstellation: Gegenständlich handelte es sich um ein vermietetes Wohnhaus, welches ausweislich der Verfügung von Todes wegen als Vermächtnis an den Enkel des Erblassers übertragen werden sollte. Beschwert wurde mit der Vermächtniserfüllung die Mutter und gesetzliche Vertreterin des in der Geschäftsfähigkeit beschränkten Enkels, die im Folgenden die Auflassung für den Minderjährigen erklärte. Die im Anschluss folgende Eigentumsübertragung monierte das Grundbuchamt unter Verweis auf einen Verstoß gegen §§ 1629 Abs. 2 S. 1, 1795 Abs. 2, 181 BGB. Infolge des Verbots des Insichschäfts knüpfte das Grundbuchamt die Eigentumsübertragung an das Erfordernis eines Ergänzungspflegers.

Das OLG München, dem der Sachverhalt zur Entscheidung vorlag, bekräftigte die Rechtsansicht des Grundbuchamtes und unterstellte im Folgenden die Wirksamkeit der Eigentumsübertragung der Beteiligung eines Ergänzungspflegers.

Begründet wurde diese Ansicht mit der vom Bundesgerichtshof getroffenen Entscheidung, die Gesamtbetrachtungslehre im Rahmen der Prüfung des Verbotes des Insichgeschäfts nicht länger anzuwenden, sondern vielmehr auf eine

---

609 BayObLG, Beschluss vom 8.4.2004 – 2Z BR 068/04 – DNotZ 2004, 925.
610 Az.: 34 Wx 18/11 = MittBayNot 2011, 239.

teleologische Reduktion des § 181 2. Hs. BGB und folglich des Erfüllungsgeschäfts, abzustellen.[611] Für den konkreten Fall bedeutet dies nach Auffassung des OLG München, dass nicht einzig der vorteilhafte Vermächtnisanspruch aus § 2174 BGB maßgebend sein könne, um im Zusammenwirken mit § 181 Hs. 2 BGB die Erfüllung einer Verbindlichkeit und folglich die Ausnahme für die gesetzlichen Vertreter vom Verbot des Insichgeschäfts für das Erfüllungsgeschäft zu begründen. Es sei vielmehr das Erfüllungsgeschäft – konkret die Übertragung des vermieteten Grundstücks – isoliert auf dessen Vorteilhaftigkeit hin zu untersuchen. Führe das Erfüllungsgeschäft über den Zweck der Erfüllung einer Verbindlichkeit hinaus zu rechtlichen Nachteilen für den beschränkt Geschäftsfähigen, bestehe die Gefahr eines Interessenkonflikts; die gesetzlichen Vertreter dürften infolgedessen nicht auf zwei Seiten miteinander kontrahieren. Dies gelte – nach der hier zitierten Entscheidung – sowohl für Rechtsgeschäfte unter Lebenden als auch bei Nachlassverbindlichkeiten.

Die Bestellung eines Ergänzungspflegers sei mithin für die Vornahme des Erfüllungsgeschäfts unabdingbar.

cc. Beschluss des OLG München vom 23. September 2011

Im September 2011 hatten die bayrischen Richter erneut über die Rechtsfrage der Vermächtniserfüllung zugunsten eines beschränkt Geschäftsfähigen, dessen gesetzlicher Vertreter zugleich Erbe ist, zu urteilen.[612]

Dem Beschluss lag verkürzt der nachfolgende Sachverhalt zugrunde: Die verstorbene Erblasserin hatte ihren Ehemann testamentarisch als Alleinerben eingesetzt und ihn mit einem Grundstücksvermächtnis zugunsten ihrer gemeinsamen minderjährigen Kinder belastet. Diese waren wiederum mit einem Nießbrauchsvermächtnis als Untervermächtnis beschwert, welches zugunsten des Alleinerben – ihres Vaters – angeordnet war. Im Rahmen der Grundstücksvermächtniserfüllung lehnte das zuständige Grundbuchamt den Vollzug mit der Begründung der fehlenden Beteiligung eines Ergänzungspflegers ab. Der gesetzliche Vertreter könne nicht als Vertreter der minderjährigen Kinder mit sich selbst das gegenständliche Grundstück übereignen.

Entgegen dem in §§ 1629 Absatz 2, 1795 Absatz 1 Nr. 1, Abs. 2, 181 BGB normierten Verbot des Insichgeschäfts bedarf es nach Auffassung des OLG München

611 Wohl endgültige Abkehr von der Gesamtbetrachtungslehre: BGH, Beschluss vom 30.9.2010 – V ZB 206/10 = BGH, NJW 2010, 3643.

612 OLG München, Beschluss vom 23.9.2011 – 34 Wx 311/11 = MittBayNot 2012, 145.

für die Vornahme der Erfüllung an die beschränkt Geschäftsfähigen keines Ergänzungspflegers. Die Abkehr von der vorherigen Rechtsprechung begründet das OLG unter Verweis auf vehemente Gegenstimmen in der Literatur,[613] die als Reaktion auf den im Februar desselben Jahres ergangenen Beschluss ergangen waren. Die Grundlage des Protests bildete ein Hinweis auf das mit Todesfall kraft Gesetzes entstehende Vermächtnis, welches eine Verbindlichkeit begründe, die unter Maßgabe des Ausnahmetatbestand § 181 Hs. 2 BGB erfüllt werden könne. Das Erfüllungsgeschäft müsse folglich nicht im Wege einer teleologischen Reduktion gesondert auf seine Vorteilhaftigkeit untersucht werden, da eine Interessenkollision infolge der fehlenden Mitwirkung des Minderjährigen bzw. seines gesetzlichen Vertreters an der Entstehung des gesetzlich entstandenen Vermächtnisanspruchs nicht bestehe.

dd. Zusammenfassung

Zusammengefasst ergibt sich aus der bayrischen obergerichtlichen Rechtsprechung Folgendes: Ob das im Wege des Insichgeschäfts vorzunehmende (nachteilige) Vermächtniserfüllungsgeschäft dem Erfordernis der Ergänzungspflegerbestellung unterliegt, bildete nahezu ein Jahrzehnt Gegenstand eines Zickzackkurses der Gerichte. Eine (vorerst) finale Entscheidung erging im September 2011 zugunsten des Insichgeschäfts, welches ohne Ergänzungspfleger vorgenommen werden könne. Da der gesetzliche Vertreter an der Entstehung des (gesetzlich anfallenden) Vermächtnisanspruches nicht mitwirke, sei der Vermächtnisanspruch als maßgebliche Verbindlichkeit nicht unter Einfluss des § 107 BGB zustande gekommen. Eine Konfliktsituation wie der BGH sie für durch § 107 BGB rechtlich vorteilhaft zustande gekommene Verpflichtungsgeschäfte und rechtlich nachteilhafte Verfügungsgeschäfte annahm, bestehe daher im Hinblick auf den Ausnahmetatbestand des § 181 Hs. 2 BGB „Erfüllung einer Verbindlichkeit" nicht. Dieser könne wegen des gesetzlich entstandenen Vermächtnisanspruchs ohne Modifikation angewendet werden. Bestätigt wurde diese Rechtsprechung durch einen darauf folgenden Beschluss des OLG München im Jahr 2012.[614] Nach Auffassung der bayrischen Gerichte kann die BGH-Rechtsprechung zur Erfüllung einer Schenkung folglich wegen der Besonderheit der Entstehung des Vermächtnisanspruches auf der Verpflichtungsseite nicht übertragen werden.

---

613 *Sonnenfeld*, RPfleger, 475 (477); *Zorn*, FamRZ 2011, 776 (778).

614 OLG München, Beschluss vom 22.8.2012 - 34 Wx 200/12 = ZEV 2013, 202.

b. Stellungnahme

aa. These

Nach der hier vertretenen Ansicht ist der Rechtsprechung des OLG München vom 23. September 2011[615] nicht zu folgen.

Entgegen dieser Rechtsprechung bedarf auch die Erfüllung eines durch Verfügung von Todes wegen angeordneten Vermächtnisses durch die gesetzlichen Vertreter als (Mit)-Erben[616] stets der Bestellung eines Ergänzungspflegers, wenn das Erfüllungsgeschäft mit rechtlichen Nachteilen versehen ist (bspw. Übereignung eines vermieteten Grundstückes, Nießbrauchbestellung nach Übereignung).[617] Das Zurückgreifen auf eine teleologische Reduktion des § 181 Hs. 2 BGB ist nach hier vertretener Ansicht nicht erforderlich (im Folgenden unter bb. (1)). Hält man mit der Ansicht des BGH zur Schenkung[618] hingegen eine teleologische Reduktion der „Erfüllung einer Verbindlichkeit" für notwendig, führt dies zu demselben Ergebnis (im Folgenden unter bb. (2)).

bb. Belegung der These

(1) Keine teleologische Reduktion der „Erfüllung einer Verbindlichkeit" erforderlich

(a) Kein Verpflichtungsgeschäft ohne Beteiligung des § 107 BGB

Die in Rechtsprechung und Literatur statthabende Diskussion um die teleologische Einschränkung der gesetzlich festgesetzten Ausnahmeregelung des § 181 Hs. 2 BGB, insbesondere unter dem Blickwinkel der Vermächtniserfüllung als vermeintliche Sonderkonstellation, ist nach hier vertretener Ansicht nicht erforderlich. Vielmehr bedarf es bereits keiner teleologischen Reduktion der „Erfüllung einer Verbindlichkeit", unabhängig davon ob das Verpflichtungsgeschäft unter Beteiligung des § 107 BGB zustande gekommen ist.

Die Begründung dessen setzt an der vom Bundesgerichtshof entwickelten Rechtsprechung betreffend der Insichgeschäfte gesetzlicher Vertreter für beschränkt Geschäftsfähige an. Wie vorstehend bereits kurz skizziert, wurzelt die „hitzige" Diskussion um Gesamtbetrachtungslehre oder teleologische Reduktion der gesetzlich vorgesehenen Ausnahme der Erfüllung einer Verbindlichkeit in dem Verpflichtungsgeschäft, kurz gesagt: in dessen Zustandekommen. Die

615 OLG München, Beschluss vom 23.9.2011 – 34 Wx 311/11 = MittBayNot 2012, 145.

616 Oder als in gerader Linie verwandt, § 1795 Abs. 1 Nr. 1 BGB.

617 Im Ergebnis ebenso: *Jänicke/Braun*, NJW 2013, 2474, *Lambertz*, ZEV 2014, 187; *Litzenburger*, FD-ErbR 2011, 315705.

618 BGH, Beschluss vom 30.9.2010 – V ZB 206/10 = NJW 2010, 3643.

„Erfüllung einer Verbindlichkeit" als Ausnahmeregel setzt grundsätzlich ein wirksam zustande gekommenes Verpflichtungsgeschäft voraus,[619] denn ist die Verbindlichkeit nicht bereits wirksam zustande gekommen, ist sie denknotwendig schon nicht geeignet, eine Basis für die Erfüllung darzustellen. Darüber hinaus liefe es der gesetzgeberischen Intention, ein unwirksam begründetes Verpflichtungsgeschäft als Ausnahme für das Verbot des Selbst- oder Mehrfachkontrahierens ausreichen zu lassen, zuwider.

An diesem Erfordernis jedoch beginnt im Bereich des Minderjährigenrechts die Problematik. Wie im zweiten Kapitel umfassend dargestellt, ist für die Begründung eines wirksamen Verpflichtungs- wie auch Erfüllungsgeschäfts erforderlich, dass das getätigte Rechtsgeschäft lediglich rechtlich vorteilhaft ist, vgl. § 107 BGB. Ist das Geschäft lediglich rechtlich vorteilhaft, so kann es als vollwirksames Verpflichtungsgeschäft (wie auch Verfügungsgeschäft) durch den beschränkt Geschäftsfähigen ohne Mitwirken des gesetzlichen Vertreters vorgenommen werden. Ist das Geschäft hingegen nachteilig ausgestaltet, bedarf es grundsätzlich der Zustimmung des gesetzlichen Vertreters, um das Geschäft wirksam werden zu lassen, § 108 BGB. Kontrahiert der Minderjährige auf der Seite des Verpflichtungsgeschäfts mit seinen gesetzlichen Vertretern, kann er selbst das Geschäft nur unter Maßgabe des § 107 BGB abschließen; die gesetzlichen Vertreter können mit sich selbst überdies nur kontrahieren, handelt es sich um ein lediglich rechtlich vorteilhaftes Geschäft, das der Minderjährige zudem allein tätigen könnte.[620] Sind folglich die gesetzlichen Vertreter die mit der Verpflichtung Beschwerten, hat das Verpflichtungsgeschäft bei der Beteiligung beschränkt Geschäftsfähiger lediglich rechtlich vorteilhaft zu sein, da anderenfalls ein Verbot der Selbstkontrahierung nach § 181 BGB bestünde. Der Rechtsgedanke des § 107 BGB wirkt somit in das Verbot der Selbstkontrahierung als ungeschriebene Ausnahme herein. Eine gesetzlich vorgesehene Ausnahme im Sinne des § 181 Hs. 2 BGB ist für das Verpflichtungsgeschäft dagegen nicht vorgesehen.[621]

---

619 *Feller*, DNotZ 1989, 66 (80).

620 Bei Insichgeschäft der Eltern stellt der lediglich rechtliche Vorteil schließlich eine ungeschriebene Ausnahme zu den §§ 1795 Abs. 1, 2, 181, 1629 Abs. 2 S. 1 BGB dar, *Lamberz*, ZEV 2014, 187.

621 Ähnlich: *Jänicke/Braun*, NJW 2013, 2474 (2475).
Da der beschränkt Geschäftsfähige das Geschäft nach § 107 BGB wegen dessen Vorteilhaftigkeit grundsätzlich auch alleine hätte vornehmen können, ist aber § 107 BGB als Erweiterung im Anwendungsbereich des Verbots des Insichgeschäfts für

Somit kann zunächst festgehalten werden, dass bei Beteiligung beschränkt Geschäftsfähiger das Verpflichtungsgeschäft grundsätzlich unter Maßgabe des § 107 BGB zustande gekommen sein muss, um vollwirksam im Sinne des § 181 Hs. 2 BGB zu sein.[622]

Ob dies bei gesetzlich entstehenden Ansprüchen anders zu beurteilen ist, kann an dieser Stelle dahin stehen, da der für diese Arbeit maßgebliche Vermächtnisanspruch nach hier vertretener Ansicht kein gesetzlicher Anspruch ist, der ohne Beteiligung des § 107 BGB eine vollwirksame Verpflichtung begründet.[623,624]

Wird somit ein Erfüllungsgeschäft durch die gesetzlichen Vertreter im Wege der Selbstkontrahierung vorgenommen, kann es schlussfolgernd grundsätzlich keine zugrunde liegende wirksame Verpflichtung zugunsten des beschränkt Geschäftsfähigen geben,[625] die nicht ohne Beteiligung des (Rechtsgedanken des) § 107 BGB zustande kommt.

Ausweislich der vom BGH entschiedenen Fälle bedarf es einer Korrektur auf der Seite des Erfüllungsgeschäfts, wenn das Verpflichtungsgeschäft infolge eines lediglich rechtlichen Vorteils wirksam zustande gekommen ist. Ob diese Kriterien auch für Sachverhalte gelten, bei denen dem Verpflichtungsgeschäft keine Schenkung zugrunde liegt, ließ der BGH bislang offen.[626] Nach der hier vertretenen Ansicht kann unter Maßgabe der vom BGH entwickelten Kriterien bei Beteiligung Minderjähriger auf der Verpflichtungsseite die Erfüllung einer Verbindlichkeit als gesetzlich vorgesehene Ausnahme niemals ohne teleologische Reduktion erfolgen. Eine unmodifizierte Anwendung der Ausnahme ist folglich obsolet. Die vom Gesetzgeber normierte Ausnahme des Verbots vom Insichgeschäft müsste wegen der Regelung des § 107 BGB auf der Verpflichtungsseite stets daraufhin eingeschränkt werden, ob unter dem Blickwinkel des § 107 BGB nicht auch das Erfüllungsgeschäft mit rechtlichen Nachteilen behaftet ist. Lasten

---

Verpflichtungsgeschäfte zuzulassen, sodass die gesetzlichen Vertreter dieses auch im Namen des beschränkt Geschäftsfähigen vornehmen kann.

622 Wenn der Minderjährige selbst handelt, unter Anwendung des § 107 BGB, handeln die gesetzlichen Vertreter im Wege der Selbstkontrahierung, als Ausnahmeregel, dass bei lediglich rechtlich vorteilhaften Willenserklärung ein Insichgeschäft gestattet ist, Rechtsgedanke des § 107 BGB, *Lamberz*, ZEV 2014, 187.

623 A.A.: OLG München, Beschluss vom 23.9.2011 – 34 Wx 311/11 = MittBayNot 2012, 145; *Sonnenfeld*, RPfleger 2011, 475; *Zorn*, FamRZ 2011, 776.

624 Hierzu ausführlich unter (2).

625 Ausgenommen möglicherweise vereinzelte gesetzliche Ansprüche, die für diese Arbeit ohne Relevanz sind.

626 BGH, Beschluss vom 30.9.2010 – V ZB 206/10 = BGH, NJW 2010, 3643.

rechtliche Nachteile auf dem Erfüllungsgeschäft, so etwa bei der Übereignung einer vermieteten Immobilie, die wegen § 566 BGB rechtliche Verpflichtungen für den Minderjährigen bedeutet, kann nach der Rechtsprechung des BGH das dingliche Rechtsgeschäft nicht in Erfüllung einer Verbindlichkeit und mithin nicht ohne Hinzuziehung eines Ergänzungspflegers getätigt werden. Das Ergebnis ist richtig, doch braucht es den Weg der teleologischen Reduktion im Grunde nicht. Vielmehr kann dieses Ergebnis auch im Bereich des Minderjährigenrechts ohne Modifizierung der Norm des § 181 Hs. 2 BGB erreicht werden.

(b) Keine Einschränkung der gesetzlichen Ausnahmeregelung über § 107 BGB

Gegen eine Modifizierung der gesetzlichen Ausnahme der „Erfüllung einer Verbindlichkeit" sprechen bereits dogmatische Gründe:

Das Verbot des Insichgeschäfts sieht als Rechtsfolge für den gesetzlichen Vertreter eines beschränkt Geschäftsfähigen vor, dass zur Gewährleistung der Neutralität und der Abwendung von Interessenskonflikten ein Ergänzungspfleger zu bestellen ist. Hierbei handelt es sich um eine Einschränkung der gesetzlich vorgesehenen Vertretungsbefugnis der Eltern des Minderjährigen, die aus den §§ 1626, 1629 BGB folgt. Diese Einschränkung ist insbesondere zur Gefährdung des Minderjährigenvermögens geboten. Sie wird nach dem Willen des Gesetzgebers im Bereich des Minderjährigenrechts nur bei wirksamer Erfüllung einer Verbindlichkeit gelockert. Die Gestattung, die als weitere Ausnahme vorgesehen ist, scheitert in diesem Zusammenhang an der gesetzlichen Vertretung selbst, da es dem Minderjährigen nicht möglich ist, ohne Mitwirken des gesetzlichen Vertreters diesem das Selbstkontrahieren zu gestatten.

Damit kann der gesetzliche Vertreter mit sich selbst im Rahmen des Verfügungsgeschäfts als Vertreter des beschränkt Geschäftsfähigen kontrahieren, sofern das Erfüllungsgeschäft[627] wegen der wirksam begründeten Verpflichtung ausschließlich in dessen Erfüllung erfolgt. Wie obig bereits festgestellt, ist bei beschränkt Geschäftsfähigen grundsätzlich das Verpflichtungsgeschäft in Anwendung des (Rechtsgedanken des) § 107 BGB wirksam. Nach Anwendung der BGH Rechtsprechung müsste deshalb bei Erfüllung zugunsten eines Minderjährigen durch den gesetzlichen Vertreter im Wege der Selbstkontrahierung stets eine teleologischen Reduktion und eine Einschränkung der gesetzlich normierten

627 Die Ausnahme greift schon nach dem Wortlaut nur für das Erfüllungsgeschäft, vgl. auch: *Zorn*, FamRZ 2011, 776 (777).

Ausnahme wiederum durch § 107 BGB erfolgen. § 107 BGB wäre folglich auf Verpflichtungs- und Verfügungsseite anzuwenden.

Diese doppelte Anwendung des § 107 BGB ist indes nicht erforderlich. Vielmehr besagt § 107 BGB, dass ein beschränkt Geschäftsfähiger zu einer Willenserklärung, die ihm lediglich einen rechtlichen Vorteil bringt, nicht der Zustimmung seiner gesetzlichen Vertreter bedarf. Dass diese Vorschrift aus dem Bereich des Geschäftsfähigkeitsrechts nunmehr verwendet werden soll, um eine Gegenausnahme zu § 181 Hs. 2 BGB zu begründen, ist nicht nur dogmatisch schwierig zu begründen.[628]

Darüber hinaus ist es widersprüchlich, mit der Norm des § 107 BGB, die die Eltern gerade von ihrer Verpflichtung zur gesetzlichen Vertretung entbindet, die gesetzliche Vertretung der Eltern und darüber hinaus sogar das Erfordernis der Ergänzungspflegerbestellung im Anwendungsbereich des § 181 BGB zu begründen. § 107 BGB besagt, dass bei lediglich rechtlicher Vorteilhaftigkeit eines Rechtsgeschäfts der Minderjährige zur alleinigen Vornahme, d.h. ohne Zustimmung des gesetzlichen Vertreters, berechtigt ist. Im Unterschied zum Verpflichtungsgeschäft, bei dem eine gesetzliche Ausnahme zugunsten der gesetzlichen Vertretung nicht vorgesehen ist – eine Anwendung des § 107 BGB geboten erscheint –, hält die Norm für das Verfügungsgeschäft eine Ausnahmeregelung von dem Erfordernis der Bestellung eines Ergänzungspflegers bereit. Ausweislich dieser Ausnahme ist es dem gesetzlichen Vertreter trotz des Verbots der Vornahme eines Insichgeschäfts möglich, mit sich selbst zu kontrahieren. Diese Ausnahme erneut einzuschränken, um mit der Norm des § 107 BGB den lediglich rechtlichen Vorteil auf der Verfügungsseite einzufügen, ist mit dem Wortlaut des § 107 BGB nicht vereinbar. § 107 BGB soll dem Minderjährigen grundsätzlich zur eigenverantwortlichen Vornahme von Rechtsgeschäften ermächtigen und ihm nicht etwa weitere Schutzmechanismen auferlegen.

(c) Erfüllung einer Verbindlichkeit als gesetzlich vorgegebene Lösung

Vielmehr braucht es einer teleologischen Reduktion auf der Verfügungsseite für die Ausnahmeregelung der Erfüllung einer Verbindlichkeit nicht, da das Ergebnis bereits eindeutig und ohne Einschränkung in der Ausnahmeregel des 2. Halbsatzes selbst enthalten ist.

Eine teleologische Reduktion ist eine der Methodenlehre zugeordnete Auslegungsmethode, bei der vom Gesetzgeber eine zu weitreichende Regelung geschaffen wurde, die vom Wortlaut erfassten Fälle folglich nicht der Zielgebung

628 So auch: *Heuser*, JR 2013, 125–134.

des Gesetzgebers entsprechen.[629] Vielmehr besteht eine Lücke, die darauf beruht, dass keine Ausnahmeregelung getroffen worden ist.[630] Dieser Fall liegt bei der Ausnahmeregel des § 181 Hs. 2 BGB jedoch gerade nicht vor. Nach der vom Gesetzgeber gewählten Formulierung – mithin nach der Begutachtung des Wortlautes – ist ein Insichgeschäft ausweislich der gesetzlichen Ausnahme möglich, wenn es *ausschließlich* in der Erfüllung einer Verbindlichkeit besteht. Damit sind bereits alle Rechtsfolgen oder Verpflichtungen ausgeschlossen, die über den eigentlichen Erfüllungszweck hinausgehen.[631] Rechtlich nachteilhafte Nebenfolgen, die mit dem ursprünglichen Erfüllungszweck nicht abgedeckt sind, fallen bereits nach dem eindeutigen Wortlaut aus dem Anwendungsbereich der Ausnahmeregel heraus. Der Gesetzgeber hat folglich bereits eine Ausnahmeregelung geschaffen, die aufgrund ihrer ausdrücklichen Formulierung nicht etwa zu weit geraten ist, sondern die zulässigen, wie auch die ausgeschlossenen Konstellationen impliziert. Von einer zu weit geratenen Regel, die infolge einer fehlenden Ausnahmeregelung lückenhaft ist, kann in diesem Zusammenhang bereits nicht ausgegangen werden.

Ein anderes Ergebnis folgt auch nicht aus der gesetzgeberischen Begründung. Die Ausnahmeregelung sollte ausweislich der Protokolle[632] im Sinne des Verkehrsinteresses eingeführt werden. Zur Einschränkung der Ausnahme wurde das Kriterium der Ausschließlichkeit eingeführt, welches im Gesetzgebungsverfahren nicht weiter begründet wurde, dennoch aufgrund seines Wortsinnes diejenigen Verfügungsgeschäfte ausschließt, die nicht lediglich die Erfüllung der begründeten Verbindlichkeit verfolgen. Eine zu weit geratene Regelung, die der teleologischen Reduktion bedarf, besteht mithin nicht.

Die Ausnahmeregel ist folglich nach diesem Ergebnis stets daraufhin zu begutachten, welchen Inhalt das Verpflichtungsgeschäft bereithält und ob bei der Erfüllung dieser Verpflichtung zusätzliche rechtliche – auch nachteilhafte – Pflichten mitbegründet werden. Liegt eine Abweichung vom reinen zu erfüllenden Verpflichtungsgeschäft vor, kann es sich nicht ausschließlich um die Erfüllung einer Verbindlichkeit handeln, sodass das Insichgeschäft gesetzlich nicht gestattet ist.

---

629 Ähnlich: *Raisch*, Juristische Methodenlehre, 163 m.w.N.; *Zippelius*, Juristische Methodenlehre, 6.

630 *Zippelius*, 69.

631 So im Ergebnis auch BGH, Beschluss vom 30.9.2010 – V ZB 206/10 = NJW 2010, 3643; *Feller*, DNotZ 1989, 66 (80).

632 Prot. I, 174.

Einer teleologischen Reduktion des § 181 Hs. 2 BGB bedarf es folglich nach der hier vertretenen Ansicht nicht. Verlangt man hingegen mit dem BGH[633] und der überwiegenden Ansicht in der Literatur[634] dennoch eine teleologische Reduktion der „Erfüllung einer Verbindlichkeit", um den Konflikt zwischen vorteilhaftem Verpflichtungsgeschäft und nachteilhaftem Erfüllungsgeschäft zu lösen, ergibt sich hinsichtlich der Bestellung eines Ergänzungspflegers bei der (nachteilhaften) Erfüllung des Vermächtnisses durch den gesetzlichen Vertreter kein anderes Ergebnis. Dies basiert auf nachfolgenden Erwägungen:

(2) Der Vermächtnisanspruch – keine „Sonderstellung" unter Anwendung der BGH-Rechtsprechung zur Schenkung

Die vom BGH zur Schenkung zwischen gesetzlichem Vertreter und beschränkt Geschäftsfähigem entwickelte teleologische Reduktion des § 181 Hs. 2 BGB muss bei unterstellter Notwendigkeit derselben ohne Modifikation auf die Erfüllung des Vermächtnisses übertragen werden. Ist das Erfüllungsgeschäft mit Nachteilen versehen, die über die im Verpflichtungsgeschäft bereits übernommenen Nachteile herausgehen, ist eine Ergänzungspflegerbestellung erforderlich, gleich ob dem Verpflichtungsgeschäft ein Vermächtnis oder eine Schenkung zugrunde liegt.[635]

Dieses Ergebnis folgt bei unterstellter Anwendung einer teleologischen Reduktion des § 181 Hs. 2 BGB aus dem Zustandekommen des Verpflichtungsgeschäfts. Ob ein Vermächtnisanspruch die zu erfüllende Verbindlichkeit oder – wie durch den BGH mehrfach entschieden – einen Schenkungsvertrag darstellt, kann für die weitere Betrachtung keinen Unterschied machen.[636]

Anders wurde die Vermächtniserfüllung durch das OLG München[637] eingeordnet, welches dem zu erfüllenden Vermächtnisanspruch eine Sonderstellung einräumte. In Abweichung zu der schenkungsrechtlichen Rechtsprechung des BGH sei die Erfüllung des Vermächtnisanspruches Regelfall des § 181 Hs. 2 BGB, welcher ohne teleologische Reduktion angewendet werden dürfe.

---

633 BGH, Beschluss vom 30.9.2010 – V ZB 206/10 = NJW 2010, 3643.

634 Vgl. nur: *Jauernig*, JuS 1982, 576; Münchener Kommentar zum BGB/*Schubert*, BGB § 181 Rn. 87 m.w.N.

635 So im Ergebnis für das Vermächtnis auch: *Friedrich-Büttner/Wiese*, ZEV 2014, 513 (517); *Lambertz*, ZEV 2014, 187 (189).

636 So im Ergebnis auch: *Jänicke/Braun*, NJW 2013, 2474 (2477).

637 OLG München, Beschluss vom 23.9.2011 – 34 Wx 311/11 = MittBayNot 2012, 145.

Die Grundlage dieser Klassifizierung des OLG München[638] folgt, – wie vorstehend bereits festgestellt – aus der Begründung des BGH, einer teleologischen Reduktion bedürfe es, sofern das Verpflichtungsgeschäft unter Maßgabe des § 107 BGB zustande gekommen sei. Das Verpflichtungsgeschäft, als zu erfüllende Verbindlichkeit, muss folglich im Rahmen eines (lediglich rechtlich vorteilhaften) Vertretergeschäfts begründet worden sein. War vielmehr an der wirksamen Entstehung des Anspruchs ausschließlich ein Dritter beteiligt und wurde der Anspruch ohne Mitwirkung des Minderjährigen oder dessen gesetzliche Vertreter begründet, bestehe bereits keine Kollision mit § 107 BGB, die es notwendig erscheinen lasse, die Ausnahmeregelung zu reduzieren.[639]

Diese rechtliche Einordnung des Vermächtnisses ist jedoch (sofern man die teleologischen Reduktion vertritt) unter zwei Aspekten abzulehnen: Zum einen kann es für die Anwendung einer teleologischen Reduktion des § 181 Hs. 2 BGB nicht darauf ankommen, wie das Verpflichtungsgeschäft zustande gekommen ist, d.h. ob der beschränkt Geschäftsfähige daran beteiligt war oder ob gar ein Dritter die Verbindlichkeit zugunsten des Minderjährigen begründet hat (hierzu im Folgenden unter (a)), zum anderen wird verkannt, dass die zu erfüllende Verbindlichkeit (der Vermächtnisanspruch) bereits nicht ohne die Zuziehung des § 107 BGB vollwirksam für den beschränkt Geschäftsfähigen zustande kommt (hierzu im Folgenden unter (b)).

(a) Teleologische Reduktion unabhängig von der Beteiligung Dritter bei Zustandekommen des Verpflichtungsgeschäfts

Geht man mit dem BGH vom Erfordernis einer teleologischen Reduktion aus,[640] ist fraglich, weshalb für eine teleologische Reduktion der Ausnahmeregel das Mitwirken des gesetzlichen Vertreters auf der Verpflichtungsseite zwingend erforderlich ist und weshalb die Reduktion nicht auch in Erwägung zu ziehen ist, wenn ein Dritter (bspw. der Erblasser) die Verpflichtung zugunsten des Minderjährigen begründet hat.

Aus dem Verbot des Insichgeschäfts folgt das Hinzuziehen eines Ergänzungspflegers, wenn die Gefahr besteht, dass das Vermögen des Minderjährigen infolge eines Interessenkonflikts[641] geschädigt werden könnte, §§ 1909 Abs. 1,

638 OLG München, Beschluss vom 23.9.2011 - 34 Wx 311/11 = MittBayNot 2012, 145.

639 OLG München, Beschluss vom 23.9.2011 - 34 Wx 311/11 = MittBayNot 2012, 145; vor allem auch: *Sonnenfeld*, RPfleger, 475 (477); *Zorn*, FamRZ 2011, 776 (778).

640 BGH, Beschluss vom 30.9.2010 – V ZB 206/10 = NJW 2010, 3643.

641 Geschützt wird unter § 181 BGB auch der Vertretene vor Schädigungen, Mugdan Band I, 759.

1629 Abs. 2, 1795, 181 BGB. Ein solcher Interessenkonflikt kann auch isoliert im Rahmen der Vermächtniserfüllung auftreten, wenn der gesetzliche Vertreter als Beschwerter – und in der Regel als Erbe – sowohl für seine Interessen wie auch die Interessen des Minderjährigen agiert. Dies ergibt sich bereits aus dem Trennungsprinzip, nach dem das Verpflichtungs- wie auch das Verfügungsgeschäft gesondert auf den Interessenkonflikt zu überprüfen sind; § 181 BGB insofern für beide Geschäfte gleichermaßen gilt.[642] Denn selbst wenn das Verfügungsgeschäft im Vollzug der bestehenden Verpflichtung erfolgt, kann es dennoch mit darüber hinausgehenden Verpflichtungen versehen sein, die zu einem Interessenkonflikt auf der Verfügungsseite führen können.[643]

Hiervon sieht der zweite Halbsatz des § 181 BGB eine Ausnahme vor. Ist das Verpflichtungsgeschäft wegen der Beteiligung eines Dritten oder kraft Gesetzes wirksam zustande gekommen, besteht die Gefahr der fehlenden Gewährleistung einer neutralen Komponente.[644] Der gesetzliche Vertreter könnte das Verfügungsgeschäft unter Verweis auf § 181 Hs. 2 BGB vornehmen, ohne dass weder das Verpflichtungs- noch das Verfügungsgeschäft einer neutralen Kontrolle durch den Ergänzungspfleger unterliegen.[645] Wirken weder die gesetzlichen Vertreter noch der beschränkt Geschäftsfähige auf der Verpflichtungsseite an der Verbindlichkeit mit, besteht kein Bedürfnis für die Kontrolle eines Ergänzungspflegers, da das Verbot des Insichgeschäft nicht tangiert ist. Ist die Verbindlichkeit wirksam begründet worden, könne – so die Auffassung des OLG München[646] – das Verfügungsgeschäft durch die gesetzlichen Vertreter vorgenommen werden, allerdings ohne Kontrollmöglichkeit durch einen Ergänzungspfleger, da die gesetzliche Ausnahmeregelung einschlägig sei.

Weshalb das Verfügungsgeschäft bei Zustandekommen des Verpflichtungsgeschäfts über § 107 BGB einer höheren Kontrolle zum Schutz vor Interessenskonflikten unterliegen soll, als bei Begründung durch einen Dritten, erschließt sich nicht.[647] Kann das Verpflichtungsgeschäft bereits nicht der neutralen Kontrolle durch den Ergänzungspfleger unterliegen, ist das Verfügungsgeschäft, welches diese Verpflichtung erfüllt, besonders zu begutachten. Eine teleologische Reduktion wäre folglich unabhängig vom Zustandekommen des Vermächtnisanspruchs vorzunehmen.

---

642 Heidel/Hüßtege/Mansel/Noack BGB/*Stoffels*, BGB § 181 Rn. 15.

643 Ähnlich: BGH, Beschluss vom 30.9.2010 – V ZB 206/10 = NJW 2010, 3643.

644 Ähnlich: *Lamberz*, ZEV 2014, 187 (189).

645 Wohl auch: *Keim*, ZEV 2011, 658 (661).

646 OLG München, Beschluss vom 23.9.2011 – 34 Wx 311/11 = MittBayNot 2012, 145.

647 Ähnlich: *Lamberz*, ZEV 2014, 187 (189).

(b) Der Vermächtnisanspruch – keine „Sonderkonstellation“

Überdies erging der Beschluss des OLG München[648] gemäß der hier vertretenen Ansicht unter der Annahme einer falschen rechtlichen Ausgangslage. Dies gründet darauf, dass der Vermächtnisanspruch als Verpflichtungsgeschäft keine (vermeintliche) „Sonderkonstellation“[649] in Abgrenzung zu den vom BGH entschiedenen Schenkungen darstellt. Das vollwirksame Entstehen des Vermächtnisanspruches vollzieht sich (vergleichbar zur Schenkung) bei der Beteiligung beschränkt Geschäftsfähiger ebenfalls unter Beteiligung des § 107 BGB. Hierzu im Einzelnen:

(aa) Volle Wirksamkeit der Verbindlichkeit nach Annahme des Vermächtnisses

Um als taugliche Verbindlichkeit im Sinne des § 181 BGB zu gelten, die geeignet ist, im Rahmen des Erfüllungsgeschäfts eine Ausnahme vom Verbot des Selbstkontrahierens zu begründen, ist neben der Fälligkeit und Einredefreiheit die volle Wirksamkeit der zugrunde liegenden Verbindlichkeit zwingende Voraussetzung.[650] Eine Definition der vollen Wirksamkeit hält das Bürgerliche Gesetzbuch nicht bereit. Aus dem Gesamtkontext der allgemeinen Regeln des Bürgerlichen Gesetzbuches heraus ist ein Anspruch vollwirksam entstanden, wenn er endgültig begründet wurde – es sich folglich um keine unvollkommene Verbindlichkeit handelt – und er geeignet ist, einen Rechtsgrund für eine zu erbringende Leistung darzustellen.[651]

Für den hier maßgeblichen Vermächtnisanspruch als zu erfüllende Verbindlichkeit ist entgegen den Ausführungen des BayObLG die Besonderheit der Annahme des Vermächtnisses gemäß § 2180 Abs. 1 BGB zu berücksichtigen. Vor ausgeübter Annahme durch die gesetzlichen Vertreter oder den beschränkt Geschäftsfähigen selbst genügt der angefallene Vermächtnisanspruch dem Erfordernis des § 181 Hs. 2 BGB nach hier vertretener Ansicht nicht; eine vollwirksame Verbindlichkeit wurde nicht begründet.

---

648 OLG München, Beschluss vom 23.9.2011 – 34 Wx 311/11 = MittBayNot 2012, 145.

649 Zum Vermächtnisanspruch als (vermeintliche) Sonderkonstellation: *Jänicke/Braun*, NJW 2013, 2474 (2475).

650 Heidel/Hüßtege/Mansel/Noack BGB/*Stoffels*, BGB § 181 Rn. 46; BeckOK BGB/*Schäfer*, BGB § 181 Rn. 39; Schulze u.a. BGB/*Heinrich Dörner*, BGB § 181 Rn. 10.

651 Ergibt sich aus dem Zusammenspiel: Münchener Kommentar zum BGB/*Krüger*, BGB § 273 Rn. 31 (klagbarer Anspruch); Jauernig BGB/*Stadler*, BGB § 286 Rn. 13.

Die Begründung des OLG München basiert auf der erbrechtsspezifischen Ausgestaltung des Vermächtnisses, welches dem Vermächtnisnehmer nach Anordnung in einer Verfügung von Todes wegen mit Eintritt des Erbfalles als schuldrechtlicher Anspruch anfällt, § 2176 BGB.

Bei der Annahme handelt es sich zwar nach der hier vertretenen Ansicht um ein Relikt des aus dem römischen Recht stammenden Vindikationslegats.[652] Obwohl sich der Gesetzgeber zugunsten eines schuldrechtlich wirkenden Damnationslegats entschied, behielt die Annahme des Vermächtnisses eine eigenständige Funktion und dient der endgültigen Manifestierung des mit Anfall zunächst vorläufig entstandenen Vermächtnisanspruches. Erst mit Erklärung der Annahme entscheidet sich der Begünstigte endgültig für den Vermächtnisanspruch. Volle Wirksamkeit kann der Anspruch mithin erst ab diesem Zeitpunkt für sich beanspruchen. Ein nur vorläufig existierender Anspruch kann keine hinreichende Rechtsgrundlage bieten, um als Ausnahme zu dem sehr restriktiv gehandhabten Verbot des Insichgeschäfts zu fungieren.

Die Annahme ist eine lediglich rechtlich vorteilhafte Willenserklärung, die nach Maßgabe des § 107 BGB beurteilt wird.[653] Zur vollen Wirksamkeit im Sinne des § 181 Hs. 2 BGB kann die Annahme mithin nicht übergangen werden. Der Gesetzgeber hat sich für diese im Rahmen des Gesetzgebungsverfahrens ausdrücklich entschieden. Mithin kommt der Vermächtnisanspruch erst nach Annahme vollwirksam zustande. Da diese unter Hinzuziehen des § 107 BGB erklärt werden muss, wirkt auch in diesem Fall § 107 BGB auf der Verpflichtungsseite mit. Der Vermächtnisanspruch kommt der hier vertretenen Ansicht nach nicht ohne Mitwirken des gesetzlichen Vertreters oder des Minderjährigen selbst zustande. Eine teleologische Reduktion wäre bei unterstellter Notwendigkeit daher auch für die Erfüllung eines Vermächtnisanspruches als Verbindlichkeit infolge fehlender Eigenschaft als „Sonderkonstellation“ vorzunehmen.

(bb) Fälligkeit

Zu ebendiesem Ergebnis gelangt man, wenn man auf die weiteren Voraussetzungen der zu erfüllenden Verbindlichkeit im Sinne des zweiten Halbsatzes des § 181 BGB schaut. Die Verbindlichkeit muss nicht nur vollwirksam, sondern zusätzlich einredefrei und fällig sein.

---

652 Vgl. dazu: 5. Kapitel B. II 3; so auch: *Van Venrooy*, S. 54.

653 Vgl. 5. Kapitel C. II.

Fälligkeit meint das Recht des Gläubigers, die Leistung zu fordern, im Gegenzug aber auch die Verpflichtung des Schuldners zu leisten.[654] Ab dem Zeitpunkt der Fälligkeit ist es dem Gläubiger mithin möglich, Leistungsklage gerichtet auf Übertragung des Vermächtnisgegenstandes zu erheben.[655] Hinsichtlich der Fälligkeit steht es Gläubiger und Schuldner frei, einen diesbezüglichen Zeitpunkt im Wege der Privatautonomie frei zu bestimmen, vgl. § 271 Abs. 1 BGB. Ist eine Bestimmung nicht getroffen worden, ist der Anspruch ausweislich der Regelung des § 271 Abs. 1 BGB „sofort" fällig. Unter sofortiger Fälligkeit versteht man nicht etwa in Anlehnung an § 122 BGB die unverzügliche – damit ohne schuldhaftes Zögern – zu entrichtende Leistung.[656] Vielmehr bedeutet „sofortige Fälligkeit", dass nach den jeweiligen Umständen und dem objektiven Maßstab der jeweils geschuldeten Leistung bewertet werden muss, wann der Schuldner zur Erbringung der Leistung verpflichtet ist.[657]

Auch der Vermächtnisanspruch aus § 2174 BGB unterliegt der in § 271 Abs. 1 BGB festgesetzten Leistungszeit.[658] Dies folgt aus der gesetzlich normierten Sonderregel des § 2181 BGB, nach der die Fälligkeit mit Tod des Beschwerten eintritt, sollte die Erfüllbarkeit in das Belieben des Beschwerten gestellt worden sein. Da § 2181 BGB eine Ausnahmeregel zur gesetzlich vorgesehenen Fälligkeitszeit vorsieht, bedeutet dies im Umkehrschluss, dass für alle Fälle, in denen § 2181 BGB nicht maßgeblich ist, die gesetzlich vorgesehene Regelzeit des § 271 BGB Anwendung findet.[659] Mithin ist das Vermächtnis sofort fällig.[660]

Nach der hier vertretenen Ansicht führt dies allerdings nicht dazu, dass das Vermächtnis bereits mit dem Anfall nach § 2176 BGB fällig wird.[661] Vielmehr ist nach der Rechtsprechung des OLG München aus dem Jahr 1992[662] auch auf die Besonderheiten des jeweiligen Anspruchs zu achten. Der Vermächtnisanspruch entsteht zwar formell gesehen mit dem Eintritt des Erbfalles und folglich dem

---

654 Schulze u.a. Bürgerliches Gesetzbuch/*Schulze*, BGB § 271 Rn. 2.

655 BeckOGK BGB/*Lorenz*, BGB § 271 Rn. 2.

656 Schulze u.a. Bürgerliches Gesetzbuch/*Schulze*, BGB § 271 Rn. 9.

657 OLG München, Urteil vom 12.11.1991 – 25 U 4121/91 = OLGZ 1992, 337.

658 AG Varel, Urteil vom 13.10.2009 – 5 C 330/09 = ZErb 2010, 152; BeckOK BGB/*Müller-Christmann*, BGB § 2176 Rn. 4.

659 Burandt/Rojan, Erbrecht/*Burandt*, BGB § 2181 Rn. 2.

660 AG Varel, Urteil vom 13.10.2009 – 5 C 330/09 = ZErb 2010, 152; BeckOK BGB/*Müller-Christmann*, BGB § 2176 Rn. 4.

661 Anders wohl: Uricher Erbrecht/*Bartsch*, § 2 Rn. 149; Scherer, Anwaltshandbuch Erbrecht/*Schlitt*, § 13 Rn. 287.

662 OLG München, Urteil vom 12.11.1991 – 25 U 4121/91 = OLGZ 1992, 337.

Anfall an den Begünstigten. Er bleibt jedoch solange vorläufig, bis die Annahme erklärt wird, die den Anspruch endgültig manifestiert.[663]

Eine Verpflichtung des Gläubigers, die Leistung aufgrund einer lediglich vorläufig entstandenen Rechtsgrundlage zu erbringen, ist jedoch in Anbetracht der Rechtssicherheit nicht tragbar. Der mit dem Vermächtnisanspruch Bedachte könnte das Vermächtnis noch nach § 2180 BGB ausschlagen. Dies würde zu einer Rückabwicklung nach Bereicherungsrecht führen müssen, da der lediglich vorläufig entstandene Anspruch als Rechtsgrundlage entfallen wäre. Diese zunächst unsichere Rechtslage kann nicht als Basis für das Forderungsrecht des Gläubigers und das Leistungsrecht des Schuldners dienen. Vielmehr ist wegen der besonderen Ausgestaltung des Vermächtnisanspruches auf die Annahme des Vermächtnisses durch den Begünstigten abzustellen. Die Annahme bewirkt das endgültige Entstehen des Anspruches und mithin eine gesicherte Rechtsgrundlage, um ein Leistungsrecht und eine Leistungspflicht zu begründen.

Wird der Vermächtnisanspruch jedoch erst mit Annahme des Vermächtnisses fällig, gehen die Ausführungen des OLG München[664] zur „vermeintlichen Sonderkonstellation" des gesetzlich entstehenden Anspruchs fehl. Um eine zu erfüllende Verbindlichkeit im Sinne des § 181 Hs. 2 BGB darzustellen, muss die Verbindlichkeit vollwirksam, fällig und einredefrei entstanden sein. Da die Fälligkeit jedoch nicht kraft Gesetzes eintritt, sondern an die Annahme des Vermächtnisses gebunden ist, die im Rahmen der beschränkten Geschäftsfähigkeit unter Anwendung des § 107 BGB entsteht, müsste streng genommen nach der Ansicht des OLG München auch im Hinblick auf die Fälligkeit des Vermächtnisses, die Ausnahmeregel des § 181 Hs. 2 BGB für Vermächtnisse teleologisch zu reduzieren sein.

cc. Ergebnis

Im Ergebnis bleibt festzuhalten, dass Verpflichtungsgeschäfte des beschränkt Geschäftsfähigen zwangsläufig unter Anwendung des § 107 BGB zustande gekommen sein müssen, um vollwirksam zu werden. Erst danach ist die Verbindlichkeit geeignet, den gesetzlichen Ausnahmetatbestand des § 181 Hs. 2 BGB zu begründen. Dies könnte die gesetzlich normierte Ausnahme „Erfüllung einer Verbindlichkeit" obsolet erscheinen lassen, da der Bundesgerichtshof zur Vermeidung einer Kollision mit § 107 BGB auf der Verpflichtungsseite und der Erfüllung einer Verbindlichkeit auf der Verfügungsseite eine teleologische Reduktion des

663 5. Kapitel B. II. 3. c.

664 OLG München, Beschluss vom 23.9.2011 – 34 Wx 311/11 = MittBayNot 2012, 145.

§ 181 Hs. 2 BGB vornimmt. Dabei wird verkannt, dass die Ausschließlichkeit der Erfüllung einer Verbindlichkeit bereits rechtlich nachteilhafte Geschäfte für den beschränkt Geschäftsfähigen in ihrem Gesetzeswortlaut ausklammert, es einer zusätzlichen Einschränkung durch § 107 BGB somit gar nicht bedarf. Ist das Erfüllungsgeschäft folglich mit rechtlichen Nachteilen behaftet,[665] ist es bereits nicht geeignet, den Ausnahmetatbestand des § 181 Hs. 2 BGB zu begründen, der das ausschließliche Erfüllen einer Verbindlichkeit voraussetzt. Ein Ergänzungspfleger ist folglich zu bestellen.

Zu ebendiesem Ergebnis gelangt man auch unter Anwendung der Rechtsprechung des Bundesgerichtshofs. Danach wäre in Anlehnung an die Schenkungsfälle auch bei der Erfüllung eines Vermächtnisses ein Ergänzungspfleger zu bestellen. Der Vermächtnisanspruch muss zunächst unter Heranziehen des § 107 BGB angenommen werden, um vollwirksam und fällig zu sein. Insofern ist auch unter dieser Rechtsprechung eine teleologische Reduktion des § 181 Hs. 2 BGB für rechtlich nachteilhafte Geschäfte des Minderjährigen geboten.

Doch nicht nur die Frage der Bestellung eines Ergänzungspflegers kann im Rahmen der Vermächtniserfüllung eine Rolle spielen. Ebenfalls erforderlich werden könnte überdies die Einholung einer familiengerichtlichen Genehmigung, um die Erfüllung des Vermächtnisses zugunsten des Minderjährigen vorzunehmen.

665 So z. B. bei Übereignung eines vermieteten Grundstücks oder bei der Verpflichtung, nachträglich einen Nießbrauch zu bestellen.

8. Kapitel: Erfüllung des Vermächtnisanspruches und familiengerichtliche Genehmigung

A. Erfordernis einer familiengerichtlichen Genehmigung

I. Einführung

Das Bürgerliche Gesetzbuch sieht – wie im zweiten Kapitel unter C. ausgeführt – verschiedene Schutzinstrumente zugunsten Minderjähriger zur Abwehr rechtsgeschäftlicher Gefahren vor. Für den gegenständlichen Vermächtniserwerb zugunsten eines beschränkt Geschäftsfähigen ergab die bisherige Begutachtung die Anwendung unterschiedlicher Schutzmechanismen in den verschiedenen Phasen des Erwerbes:

Der Anfall des Vermächtnisses, § 2176 BGB, erfolgt kraft Gesetzes ohne Mitwirken des beschränkt Geschäftsfähigen und unterliegt infolge der lediglich vorteilhaft ausgestalteten Rechtswirkung keiner Beschränkung durch einen Schutzmechanismus.[666] Die Annahme des Vermächtnisses ist für den Minderjährigen grundsätzlich lediglich rechtlich vorteilhaft oder zumindest neutral und kann durch den beschränkt Geschäftsfähigen selbst oder überobligatorisch durch dessen gesetzliche Vertreter vorgenommen werden. Anders verhält es sich mit der Ausschlagung – sofern nicht der Anwendungsbereich des § 1643 Abs. 2 S. 2 BGB eröffnet ist. Diese unterliegt den strengen Regularien der familiengerichtlichen Genehmigung.

Der familiengerichtlichen Genehmigung könnte aber auch das Erfüllungsgeschäft nach erklärter Vermächtnisannahme unterliegen. Die familiengerichtliche Genehmigung stellt im Rahmen des Minderjährigenrechts ein Schutzinstrument dar für besonders vermögensgefährdende Geschäfte sowie Rechtsgeschäfte mit langfristiger Bindungswirkung.[667] Überdies dient die familiengerichtliche Genehmigung bei den gesetzlich abschließend geregelten Geschäften der Vermeidung von Interessenskonflikten zwischen dem gesetzlichen Vertreter und seinem Abkömmling.[668]

---

666 Ähnlich: *Muscheler*, 147; Münchener Kommentar zum BGB/*Rudy*, BGB § 2176 Rn. 1.

667 Mot. IV, 1136.

668 BeckOK BGB/*Veit*, BGB § 1643 Rn. 1; Erman BGB/*Döll*, BGB § 1643 Rn. 1; Schulze u.a., Bürgerliches Gesetzbuch/*Kemper*, BGB § 1643 Rn. 1.

Diesbezüglich sieht § 1643 Abs. 1 BGB eine Verweisung auf Vorschriften des Vormundschaftsrechts – konkret die §§ 1821, 1822 Nr. 1, 3, 5, 8 bis 11 BGB – vor. Inwiefern die Vermächtniserfüllung im Einzelnen von diesem Katalog umfasst wird, soll den Gegenstand der nachfolgenden Begutachtung bilden. Hierbei wird insbesondere das Zusammenspiel der Haftungsbeschränkungsnorm des § 1629a BGB mit der familiengerichtlichen Genehmigung eine Rolle spielen.

II. Familiengerichtliche Genehmigung und Minderjährigenhaftungsbeschränkungsgesetz

Nicht nur die Genehmigung des Familiengerichts dient dem Schutz des beschränkt Geschäftsfähigen vor ihn finanziell beeinträchtigenden Rechtsgeschäften. Am 25. August 1998 wurde auf Veranlassung des Bundesverfassungsgerichts[669] das Minderjährigenhaftungsbeschränkungsgesetz (MHbeG) erlassen und die Vorschrift des § 1629a BGB, die eine Haftung des Minderjährigen auf das bei Volljährigkeit vorhandene Vermögen vorsieht, in das Bürgerliche Gesetzbuch aufgenommen.[670] Die Vorschrift verfolgt grundsätzlich dieselbe Intention, die für die familiengerichtliche Genehmigung sinngebend ist: den Schutz des Minderjährigen vor das Vermögen übersteigendenden beeinträchtigenden Wirkungen, insbesondere bei Eintritt in die Volljährigkeit.[671]

Im Verhältnis zur familiengerichtlichen Genehmigung stellt der Wortlaut des § 1629a Abs. 1 S. 1 Hs. 2 BGB grundsätzlich klar, dass zwischen den Schutzinstrumenten kein Konkurrenzverhältnis besteht, die Haftungsbeschränkung folglich auch bei zuvor erteilter familiengerichtlicher Genehmigung erhoben werden kann.[672] Das grundsätzliche Nebeneinander der Schutzvorschriften hat seinen Grund darin, dass auch durch die familiengerichtliche Genehmigung kein vollumfänglicher Schutz vor nachträglichen oder vollständigen vermögensbeeinträchtigenden Rechtsgeschäften gewährt werden kann: Gerade bei Rechtsgeschäften mit längerer „Laufzeit“ können veränderte Umstände nach Erteilung der familiengerichtlichen Genehmigung den Vermögensbestand des Minderjährigen schmälern.[673]

669 BVerfG, Beschluss vom 13.5.1986 – 1 BvR 1542/84 = NJW 1986, 1859.

670 Münchener Kommentar zum BGB/*Huber*, BGB § 1629a Rn. 1.

671 BT-Drs. 13/5624, 6 f.

672 BeckOK BGB/*Veit*, BGB § 1629a Rn. 7; Schulze u.a. Bürgerliches Gesetzbuch/*Kemper*, BGB § 1629a Rn. 6.

673 BT-Drs. 13/5624, 13; BeckOK BGB/*Veit*, BGB § 1629 Rn. 7.1; *Behnke*, NJW 1998, 3078 (3079); jurisPK-BGB/*Schwer/Hamdan*, BGB § 1629a Rn. 11.

Welche Rolle der familiengerichtlichen Genehmigung und der Haftungsbeschränkungsnorm des § 1629a BGB im Rahmen der Erfüllung eines Vermächtnisses zugunsten eines beschränkt Geschäftsfähigen zukommt und wie unter diesen Gegebenheiten der bestmögliche Schutz desselben erreicht werden kann, soll nunmehr beantwortet werden. Hierzu wurde nachfolgende These aufgestellt:

III. These

Nach der hier vertretenen Ansicht ist zumindest für die gegenständliche Vermächtniserfüllung[674] an einen beschränkt Geschäftsfähigen eine Genehmigung des Familiengerichts nicht erforderlich. Vorwiegend bietet die Haftungsbeschränkung des § 1629a BGB in Zusammenwirken mit dem Zustimmungserfordernis der gesetzlichen Vertreter einen ausreichenden Schutzmechanismus.[675]

Dieses Ergebnis basiert auf der folgenden Herleitung:

1. Verhältnis von familiengerichtlicher Genehmigung und Haftungsbeschränkung im Rahmen der Vermächtniserfüllung

a. Vorrang der Haftungsbeschränkung?

Der Vermächtnisanspruch und dessen Erfüllung zugunsten des Minderjährigen sind nicht ausdrücklich in dem Genehmigungskatalog der §§ 1821, 1822 BGB geregelt. Vielmehr findet sich lediglich in § 1643 Abs. 2 BGB eine Regelung zur Ausschlagung des Vermächtnisses, die grundsätzlich der familiengerichtlichen Genehmigung bedarf.

Ob ein Erfüllungstatbestand des Vermächtnisses der familiengerichtlichen Genehmigung untersteht oder ob diese durch Einführung des § 1629a BGB obsolet geworden sein könnte, soll Gegenstand der hier vorzunehmenden Begutachtung sein. Diesbezüglich ist zu beachten, dass der Auftrag des BVerfGs eigentlich zunächst darauf gerichtet war, nur die aus dem Genehmigungskatalog der §§ 1821, 1822 BGB entstehenden Lücken zu schließen, indem weitere Genehmigungstatbestände eingeführt werden sollten.[676] Der Gesetzgeber hingegen entschied wegen der Gefahr weiterhin bestehender Lücken im Anwendungsbereich

674 Gegenstand der Arbeit stellt ausschließlich die Begutachtung des Vermächtnisses dar. Eine Wertung für andere Rechtsinstitute soll gerade nicht übernommen werden.

675 Dies bejahend für den nachträglichen Gesellschafterwechsel im Wege der Vermächtniserfüllung: *Röhl*, MittBayNot 2012, 111 (113); OLG Bremen, Beschluss vom 24.2.1999 – 4 UF 16–99 = NJW-RR 1999, 876 für den schenkungsweise Erwerb eines Kommanditanteils.

676 BVerfG, Beschluss vom 13.5.1986 – 1 BvR 1542/84 = DNotZ 1986, 629.

des Genehmigungskatalogs, darüber hinauszugehen und eine allgemeine Haftungsbeschränkungsnorm einzufügen.[677] Damit wurde zwangsläufig die Frage aufgeworfen, wann die familiengerichtliche Genehmigung noch notwendig erscheint. Betreffend die Vermächtniserfüllung soll diese Fragestellung nunmehr beantwortet werden.

Betrachtet man die Vorschrift des § 1629a BGB, könnte erwogen werden, stets ein Nebeneinander der familiengerichtlichen Genehmigung und der Haftungsbeschränkung zu ermöglichen. Die Haftungsbeschränkungsnorm könnte nicht nur einen gleichwertigen, sondern gar einem weitreichenderen Schutz[678] zugunsten des beschränkt Geschäftsfähigen bei nachteilhaften Geschäften, denen die Gefahr der Vermögensbeeinträchtigung immanent ist, bieten. Da der Anwendungsbereich des § 1629a BGB für Rechtsgeschäfte eröffnet wurde, denen bereits eine familiengerichtliche Genehmigung zugrunde lag, stellt sich die Frage, ob die familiengerichtliche Genehmigung nicht nahezu vollständig obsolet werden könnte und die Haftungsbeschränkung des § 1629a BGB über die Charakteristik als Lückenfüllung und Ergänzung hinaus eine eigenständige Bedeutung erlangt.[679]

Überdies lassen auch Andeutungen in der Rechtsprechung darauf schließen, dass die familiengerichtliche Genehmigung gegenüber der Haftungsbeschränkung an Bedeutung verliert.[680] Die Beschränkungsmöglichkeit der Minderjährigenhaftung führt nunmehr auch nach Auffassung der Rechtsprechung zu einer erleichterten Genehmigungsfähigkeit für der familiengerichtlichen Genehmigung unterliegende Geschäfte.[681] Wegen der zusätzlichen Haftungsbeschränkung sei es den Gerichten möglich, schneller und vereinfachter Entscheidungen zu treffen, die zugunsten des genehmigungspflichtigen Geschäftes ausgerichtet seien.[682]

---

677 BT-Drs. 13/5624, 6 f.

678 A.A.: *Bürger*, RNotZ 2006, 156 (178).

679 A.A.: *Bürger*, RNotZ 2006, 156 (178).

680 OLG Bremen, Beschluss vom 24.2.1999 - 4 UF 16–99 = NJW-RR 1999, 876 (877).

681 OLG Bremen, Beschluss vom 24.2.1999 - 4 UF 16–99 = NJW-RR 1999, 876 (877). *Damrau* vertritt in ZEV 2000, 209 (214) sogar – zumindest bei der unentgeltlichen Zuwendung eines Gesellschaftsanteils – wegen der Haftungsbeschränkungsnorm des § 1629a BGB einen Anspruch auf Genehmigung des Familiengerichts. Besteht aber wegen § 1629a BGB sogar ein Anspruch, erfüllt die familiengerichtliche Genehmigung kaum einen selbständigen Zweck, der nicht ohne Einbindung des Gerichts erfüllt werden kann.

682 OLG Bremen, Beschluss vom 24.2.1999 - 4 UF 16–99 = NJW-RR 1999, 876 (877).

In Anbetracht der vorstehenden Ausführungen sollte auf Dauer von dem Erfordernis der familiengerichtlichen Genehmigung Abstand genommen werden. Dieses Ergebnis wäre zumindest im Sinne der effektiven Rechtspflege und Gläubigerinteressen im Sinne einer Beschleunigung zu begrüßen.

Der Gesetzgeber entschied sich allerdings bei der Einführung des § 1629a BGB nicht für eine Ersetzung der familiengerichtlichen Genehmigung durch die Haftungsbeschränkung. Vielmehr verstand er § 1629a BGB als neben der familiengerichtlichen Genehmigung stehende Ergänzung. Der als zwingend angeordnete Katalog der §§ 1821, 1822 BGB blieb aus diesem Grund nach Einführung der Haftungsbeschränkung weiterhin unverändert bestehen.[683] Über diese Anordnung der Genehmigung kann folglich trotz entgegenstehender Ansicht nicht hinweggesehen werden.

Unter Maßgabe des Gesetzgeberwillens ist mithin folgendes Zusammenwirken von familiengerichtlicher Genehmigung und Haftungsbeschränkungsnorm betreffend die Vermächtniserfüllung festzustellen:

b. Restriktive Anwendung der familiengerichtlichen Genehmigung

Obwohl sich der Gesetzgeber zugunsten des Genehmigungserfordernisses entschied, ist dennoch nach hier vertretener Ansicht eine sehr restriktive Handhabung der familiengerichtlichen Genehmigung im Hinblick auf die Haftungsbeschränkung geboten. Dies bedeutet, dass grundsätzlich ein ausreichender Schutz durch die neu eingeführte Haftungsbeschränkung gewährleistet wird. Einer erweiterten Auslegung des Genehmigungskatalogs bedarf es nicht mehr. Der Schutz von Rechtskonstellationen, die streng genommen nicht unter den Genehmigungskatalog zu fassen sind, wird nunmehr durch die Haftungsbeschränkungsnorm gewährleistet. Dies entspricht auch der formalen Auslegung des Genehmigungskatalogs, die eine teleologische Auslegung im Sinne der Rechtssicherheit grundsätzlich nicht zulässt. Selbiges gilt für eine Analogie im Hinblick auf den Minderjährigenschutz. Lediglich bei Sachverhaltskonstellationen, die nach enger Auslegung unter den Anwendungsbereich der §§ 1821, 1822 BGB zu fassen sind, soll das Erfordernis einer familiengerichtlichen Genehmigung gelten.

Die restriktive Anwendung der familiengerichtlichen Genehmigung vor dem Hintergrund der Haftungsbeschränkungsnorm gilt insbesondere auch für die Vermächtniserfüllung. Zwar könnte man vertreten, dass die Ausgestaltung des Vermächtnisses anders als die Schenkung als gleichfalls unentgeltliche

683 BT-Drs. 13/5624, 6 f.

Zuwendung nicht überwiegend dem Prinzip folgt, niemand müsse sich etwas gegen seinen Willen unentgeltlich aufdrängen lassen.[684] Das Vermächtnis unterliegt als dem Erbrecht zugeordnetem Rechtsinstitut der Besonderheit einer Ausschlagungsmöglichkeit. Diese bedarf nach § 1643 Abs. 2 S. 1 BGB grundsätzlich der familiengerichtlichen Genehmigung, sodass vertreten werden könnte, der vermächtnisrechtliche Schutz sei primär auf das Behaltendürfen des Zugewendeten gerichtet. Die Hürde der familiengerichtlichen Genehmigung bei Ausschlagung des Vermächtnisses könnte darauf schließen lassen, dass gerade das Sichern des Vermächtnisgegenstandes geschützt werden soll.[685] Dies könnte für das Erfordernis der familiengerichtlichen Genehmigung sprechen.

Jedoch vermag auch eine familiengerichtlicher Genehmigung keinen vollständigen Schutz vor Bestandsminderung zu gewähren, da auch das Gericht möglicherweise nicht die volle finanzielle Tragweite der Entscheidungen erkennen kann. Somit kann auch eine erteilte Genehmigung nicht vor Schäden aufgrund veränderter Umstände schützen. Eine restriktive Anwendung der familiengerichtlichen Genehmigung ist daher auch für die Vermächtniserfüllung geboten. Zu den Genehmigungstatbeständen im Einzelnen:

2. Genehmigungstatbestände im Einzelnen

Die Zuwendungsmöglichkeiten durch Vermächtnis sind nahezu unerschöpflich. Neben beweglichen Gegenständen können (beispielhaft aufgezählt) auch unbewegliche Gegenstände, Gesellschafterbeteiligungen oder Forderungen vermacht werden; entscheidend ist einzig, dass ein Vermögensvorteil im Sinne des § 1939 BGB vorliegt.[686]

Hinsichtlich des Erfordernisses einer familiengerichtlichen Genehmigung im Rahmen der Vermächtniserfüllung reicht ein bloßer pauschaler Verweis auf die Vorschriften der §§ 1821, 1822 BGB unter der vorstehend ausgeführten restriktiven Anwendung der familiengerichtlichen Genehmigung nicht aus.[687] Vielmehr ist unter Berücksichtigung der restriktiven Anwendung zu bestimmen, ob für die gegenständliche Vermächtniserfüllung eine familiengerichtliche Genehmigung erforderlich ist oder ausreichender Schutz über ein Zusammenwirken des gesetzlichen Vertreters mit der Haftungsbeschränkungsnorm erzielt werden kann.

---

684 *Menzel/Wolf*, MittBayNot 2010, 186 (190).

685 *Menzel/Wolf*, MittBayNot 2010, 186 (190).

686 Ähnlich: Erman BGB/*Nobis*, Vorbemerkung zu §§ 2147 ff. BGB Rn. 5; jurisPK-BGB/*Reymann*, BGB § 2174 Rn. 14ff.

687 Im Ergebnis ebenso: *Friedrich-Büttner/Wiese*, ZEV 2014, 513 (519).

Insbesondere bei der Erfüllung eines das Vermögen gefährdenden oder den beschränkt Geschäftsfähigen längerfristig rechtsgeschäftlich bindenden Vermächtnisgegenstandes stellt sich die Frage des Erfordernisses einer familiengerichtlichen Genehmigung. Zu diesen Vermächtnisgegenständen gehören die Grundstücksvermächtnisse (a.); darüber hinaus aber auch die vermachte Beteiligungen an einer Gesellschaft (b.).[688] Im Einzelnen:

a. Familiengerichtliche Genehmigung bei Vermächtnissen über unbewegliche Sachen

aa. Einleitung

Eine beliebte Zuwendung stellen Vermächtnisse über unbewegliche Sachen, mithin sogenannte Grundstücksvermächtnisse, dar, bei denen der Erblasser ein Grundstück oder eine Immobilie/Wohnung nachträglich aus der Erbmasse aussondert und einer Person zuwendet. Die Erfüllung der Grundstücksübereignung erfolgt in der Regel durch den Erben oder den Vermächtnisnehmer als Beschwerten, § 2147 S. 1 BGB.[689] Ist dieses Erfüllungsgeschäft mit rechtlichen Nachteilen versehen, bedarf die zur Erfüllung zugunsten des beschränkt Geschäftsfähigen erforderliche Rechtshandlung zunächst der Genehmigung der gesetzlichen Vertreter oder ist durch diese bereits ursprünglich alleine auszuführen, vgl. §§ 107, 108 BGB. Ob darüber hinaus das jeweilige Erfüllungsgeschäft der familiengerichtlichen Genehmigung unterliegt, ist abhängig von der jeweiligen Ausgestaltung des Erfüllungsgeschäfts.

Im Nachfolgenden wird auf die Erfüllungstatbestände Erfüllung eines Grundstücksvermächtnisses (1), Erfüllung mit Verpflichtung zur Nießbrauchsbestellung (2), Ankaufsvermächtnis (3), Untervermächtnis als Nachvermächtnis (4), Erwerb von Wohnungseigentum zu Bruchteilen (5) und Erwerb einer vermieteten Immobilie (6) eingegangen:

bb. Keine familiengerichtliche Genehmigung erforderlich

Wird an einem beschränkt Geschäftsfähigen ein Grundstück im Wege der Vermächtniserfüllung übereignet, ist zusätzlich zur Zustimmung der gesetzlichen Vertreter nach der hier vertretenen Ansicht eine familiengerichtliche

---

688 *Friedrich-Büttner/Wiese*, ZEV 2014, 513 (519); *Keim*, ZEV 2011, 563 (567); *Röhl*, MittBayNot 2012, 111 (113).

689 BeckOK BGB/*Müller-Christmann*, BGB § 2147 Rn. 2 ff.

Genehmigung unter keinem rechtlichen Gesichtspunkt erforderlich.[690] Grundsätzlich ist die Haftungsbeschränkung des § 1629a BGB im Zusammenspiel mit der gesetzlichen Vertretungsmacht der Eltern ausreichendes Schutzinstrument zugunsten des beschränkt Geschäftsfähigen. Hierzu wie folgt:

(1) Erfüllung eines Grundstücksvermächtnisses zugunsten des beschränkt Geschäftsfähigen

Einer familiengerichtlichen Genehmigung bedarf es zunächst nicht bei der Erfüllung eines unbelasteten Grundstücks oder Wohnungseigentums zugunsten des beschränkt Geschäftsfähigen.[691] Obwohl § 1821 BGB eine Vielzahl von Regelungen betreffend die Übertragung von Grundstücken im Zusammenhang mit der Beteiligung eines beschränkt Geschäftsfähigen vorsieht, ist ein Genehmigungstatbestand nicht einschlägig. Dies gründet darauf, dass bei der Erfüllung zugunsten des beschränkt Geschäftsfähigen nicht etwa eine Verfügung durch diesen über etwas ihm bereits Gehörendes im Sinne des § 1821 Abs. 1 Nr. 1 BGB erfolgt, sondern es gerade an ihn selbst verfügt wird.[692]

Die Erfüllung zugunsten des Minderjährigen setzt dessen Auflassungserklärung nach § 925 BGB voraus. Überdies bedarf es der Entgegennahme der Auflassungserklärung des mit der Erfüllung Beschwerten, § 925 BGB. Die durch den beschränkt Geschäftsfähigen abzugebende Auflassungserklärung bedeutet lediglich die Zustimmung zu dem Eigentumsübergang.[693] Ebenso wie die Entgegennahme der Auflassungserklärung könnte hierin eine Verfügung über eine Forderung zu sehen sein, die auf die Übertragung eines Grundstücks gerichtet ist, vgl. § 1821 Abs. 1 Nr. 2 Alt. 1 BGB.[694] Da mit der erklärten Auflassung bzw. mit der Entgegennahme derselben die Forderung auf Grundstücksübereignung aufgehoben ist, mithin darüber verfügt wird, ist die Alternative im Grundsatz tangiert. Dennoch wird mittels dieser erklärten Auflassung zu Gunsten des

---

690 A.A.: OLG München, Beschluss vom 22.8.2012 – 34 Wx 200/12 = ZEV 2013, 202; JurisPK-BGB/*Reymann*, BGB § 2174 Rn. 156.

691 So auch: *Friedrich-Büttner/Wiese*, ZEV 2014, 513 (519); JurisPK-BGB/*Reymann*, BGB § 2174 Rn. 144; *Keim*, ZEV 2011, 563 (566, 567); Staudinger BGB (2004)/*Engler*, BGB § 1821 Rn. 69; wohl auch: *Zimmermann*, ZEV 2013, 315 (319).

692 *Friedrich-Büttner/Wiese*, ZEV 2014, 513 (519).

693 Jauernig BGB/*Berger*, BGB § 925 Rn. 3.

694 OLG München, Beschluss vom 23.9.2011 – 34 Wx 311/11 = ZEV 2011, 658; Staudinger BGB (2004)/*Engler*, BGB § 1821 Rn. 69.

Minderjährigen erfüllt, sein bereits bestehender Vermögensbestand nicht negativ berührt.[695]

Diese Verfügung zugunsten des Minderjährigen erweitert seinen Rechtskreis und stellt keine durch eine familiengerichtliche Genehmigung oder durch die Haftungsbeschränkung des § 1629a BGB zu schützende vermögensgefährdende Handlung dar.

(2) Erfüllung mit Verpflichtung zur Nießbrauchsbestellung

Ebenfalls ohne Genehmigung durch das Familiengericht kann an den beschränkt Geschäftsfähigen ein Grundstücksvermächtnis erfüllt werden, das mit der Verpflichtung versehen ist,[696] einer Person ein Nießbrauchs- oder Wohnrecht zu bestellen, oder das gleichzeitig mit der Vermächtniserfüllung den Vollzug der Nießbrauchserfüllung vorsieht.[697] Dies gründet auf den folgenden Ausführungen:

(a) Erfüllung unter Nießbrauchsvorbehalt

Mit der Erfüllung des Grundstücksvermächtnisses zugunsten des beschränkt Geschäftsfähigen und dem damit einhergehenden Vorbehalt, anschließend zugunsten des Beschwerten oder eines Dritten ein Nießbrauchsrecht zu bestellen, verpflichtet sich zwar der beschränkt Geschäftsfähige zu einer Belastung des ihm zugewendeten Vermächtnisses, sodass eine familiengerichtliche Genehmigung einzuholen sein könnte gemäß § 1821 Abs. 1 Nr. 4 BGB. Danach bedarf eine Verpflichtung zur Eingehung einer der in den § 1821 Abs. 1 Nr. 1–3 BGB benannten Verfügungen[698] einer Genehmigung. Ein solches Ergebnis ist aber weder mit dem Schutzzweck des § 1821 BGB, noch mit dem von § 1629a BGB gewährten Schutz zu vereinbaren:

---

695 Staudinger BGB (2004)/*Engler*, BGB § 1821 Rn. 69.

696 Ausgestaltet bspw. als Untervermächtnis, vgl. JurisPK-BGB/*Reymann*, BGB § 2184 Rn. 144; OLG München, Beschluss vom 23.9.2011 – 34 Wx 311/11 = ZEV 2011, 658; Staudinger BGB (2014)/Veit, BGB § 1821 Rn. 17; a.A. wohl: Enneccerus/Kipp/Wolff, Vierter Band, § 115 Fn. 16, § 80 Fn. 27.

697 *Friedrich-Büttner/Wiese*, ZEV 2014, 513 (519); JurisPK-BGB/*Reymann*, BGB § 2174 Rn. 144.

698 Gemeint sind Verpflichtungen zur Verfügung über ein Grundstück, Verfügung über eine Forderung, die auf Übertragung des Eigentums an einem Grundstück gerichtet sind oder Verpflichtungen zur Verfügung über ein eingetragenes Schiff oder Schiffsbauwerk.

Der Schutzzweck der §§ 1821 Abs. 1 Nr. 1–3 BGB ist darauf gerichtet, den Bestand des dem Minderjährigen schon zu Eigentum gehörenden Grundstücks zu schützen.[699] Wird hingegen erst das Vermächtnis durch Übertragung des Grundstücks erfüllt, steht es bei Verpflichtung zur Nießbrauchsbestellung nicht bereits im Eigentum des beschränkt Geschäftsfähigen.[700] Vielmehr geht zunächst eine Verpflichtung zur Nießbrauchsbestellung auf den Minderjährigen über. Ein familiengerichtlicher Schutz im Rahmen der Vermächtniserfüllung ist noch nicht erforderlich. Deshalb bedarf es keiner familiengerichtlichen Genehmigung nach § 1821 Abs. 1 Nr. 4 BGB für die bei Vermächtniserfüllung übernommene Verpflichtung der Nießbrauchsbestellung.[701] Anders gestaltet es sich, wenn im Anschluss an die Grundstücksübereignung der Nießbrauch bestellt wird, da diesbezüglich § 1821 Abs. 1 Nr. 1 BGB einschlägig ist.[702] Hierbei handelt es sich jedoch nicht um eine Folge der Vermächtniserfüllung. Diese erfolgt in einem zweiten Schritt.

Dieses Ergebnis läuft zudem parallel zu der Wertung des § 107 BGB. Eine familiengerichtliche Genehmigung kommt nur bei rechtlich nachteilhaften Geschäften in Betracht,[703] da anderenfalls der beschränkt Geschäftsfähige selbst tätig werden könnte, mithin kein Raum für eine Interessenskollision besteht. Wird dem beschränkt Geschäftsfähigen aber etwas zugewendet, das mit einer Belastung beschränkt auf den Zuwendungswert versehen ist, handelt es sich bereits nicht um ein nachteilhaftes Geschäft. Einer familiengerichtlichen Genehmigung bedarf es folglich auch unter diesem Gesichtspunkt nicht.

Selbiges Ergebnis erreicht die Haftungsbeschränkungsnorm des § 1629a BGB. Da der Minderjährige in der Regel neben dem durch Vermächtnis zugewendeten Vermögen kaum nennenswerte Vermögensgüter innehaben wird, erfolgt über den Vermächtnisgegenstand hinaus regelmäßig bei Ausübung der Haftungsbeschränkung keine Haftung mit dem privaten Vermögen.

(b) Direktvollzug des Nießbrauches

Wird das Nießbrauchsrecht direkt mit dem Vermächtnis vollzogen, besteht ebenfalls keine Notwendigkeit einer familiengerichtlichen Genehmigung. Bei gleichzeitigem Vollzug verfügt der Minderjährige entgegen dem Wortlaut des

---

699 Mot. IV, 1136; Staudinger BGB (2014)/*Veit*, BGB § 1821 Rn. 15.

700 JurisPK-BGB/*Reymann*, BGB § 2174 Rn. 144.

701 JurisPK-BGB/*Reymann*, BGB § 2174 Rn. 144.

702 So auch: BeckOK BGB/*Bettin*, BGB § 1821 Rn. 7, 8.

703 Ähnlich: Mot. IV, 1136; vgl. auch OLG Jena, Beschluss vom 22.3.2013 – 2 WF 26/13 = MittBayNot 2013, 387, das § 107 BGB ebenfalls auf die familiengerichtliche Genehmigung anwendet.

§ 1821 Abs. 1 Nr. 1 BGB gerade nicht über einen ihm bereits gehörenden Gegenstand.[704] Vielmehr gelangt das Grundstück gleichzeitig mit der Nießbrauchsbelastung in den Vermögensbestand des beschränkt Geschäftsfähigen. Auf reinem Formalismus beruhend wirkt in diesem Fall die Auffassung, zur Nießbrauchsbestellung müsse der beschränkt Geschäftsfähige bereits dinglich Berechtigter sein.[705] Die dingliche Berechtigung tritt zeitlich etwa eine juristische Sekunde vor der Nießbrauchsbestellung ein. Diese rechtliche Ausgangslage ist hingegen nicht vergleichbar mit der Verfügung über ein bereits längerfristig im Eigentum stehendes Grundstück, die eine familiengerichtliche Genehmigung erfordert.

(3) „Ankaufsvermächtnis“

Eine familiengerichtliche Genehmigung ist auch bei dem in Rechtsprechung und Literatur[706] vertretenen „Ankaufsvermächtnis“ nicht nötig. Ausweislich dieser Ansicht bekommt der minderjährige Vermächtnisnehmer einen Anspruch auf Grundstücksübertragung[707] zugewendet unter der Bedingung, dass der dafür angefallene Kaufpreis entrichtet wird. Die herrschende Ansicht sieht hierin eine Verpflichtung zur Entrichtung einer Gegenleistung.[708] Nach dieser rechtlichen Einordnung wird das „Ankaufsvermächtnis“ in der Literatur als entgeltlicher Vertrag gerichtet auf den Erwerb eines Grundstücks[709] gemäß § 1821 Abs. 1 Nr. 5 BGB qualifiziert. Entgeltlichkeit bedeutet in diesem Sinne Erbringung einer Gegenleistung.[710]

Anders als nach herrschender Meinung vertreten, ist ein klassisches Ankaufsrecht im Rahmen des Vermächtnisrechts jedoch nach hier vertretener Ansicht nicht möglich. Vielmehr handelt es sich wegen des Erfordernisses eines Vermögensvorteils, § 1939 BGB, um eine Forderung auf Grundstücksübereignung, die vermächtnisweise zugewendet wird und bei der das Hauptvermächtnis mit

704 OLG München, Beschluss vom 23. 9. 2011 – 34 Wx 311/11 = DNotZ 2012, 193.

705 Enneccerus/Kipp/Wolff, Vierter Band, § 115 Fn. 16, § 80 Fn. 27.

706 BGH, Urteil vom 27.6.2001 – IV ZR 120/00 = DNotZ 2001, 805 (806); *Keim*, ZEV 2011, 563 (567).

707 Hier wird lediglich das Ankaufsvermächtnis im Zusammenhang mit der Grundstückszuwendung behandelt. Nach h.M. handelt es sich um eine Zuwendung gerichtet auf Eigentumsübergang unter der Postetativbedingung der Zahlung des Übernahmepreises, vgl. BGH, Urteil vom 30. 9. 1959 – V ZR 66/58 = NJW 1959, 2253.

708 *Keim*, ZEV 2011, 563 (567).

709 Bezogen wird sich dabei auf das Kausalgeschäft, Münchener Kommentar zum BGB/*Kroll-Ludwigs*, BGB § 1821 Rn. 44.

710 Jauernig BGB/*Budzikiewicz*, BGB § 1821 Rn. 6.

einem Untervermächtnis zugunsten des Erben oder der Erbengemeinschaft im Wert des Grundstückverkehrswertes versehen ist.[711] Wird das Hauptvermächtnis durch Zuwendung des Übertragungsanspruchs erfüllt, ist der Hauptvermächtnisnehmer gemäß § 2186 BGB zur Erfüllung des Untervermächtnisses – der Geldzahlung – verpflichtet.

Wird eine Forderung auf Eigentumsübertragung an einem Grundstück vermächtnisweise zugewendet, versehen mit einem Untervermächtnis in Höhe des Verkehrswertes, handelt es sich aufgrund der Ausgestaltung jedoch gerade nicht um eine Gegenleistung.[712] Dies wird bereits begrifflich durch § 1939 BGB ausgeschlossen. Eine familiengerichtliche Genehmigung ist folglich nicht erforderlich; hinreichender Schutz wird über § 2187 BGB und § 1629a BGB geboten.

Da der beschränkt Geschäftsfähige selbst keinem Dritten ein Ankaufsvermächtnis zuwendet, er vielmehr Begünstigter ist, scheidet eine familiengerichtliche Genehmigung nach § 1821 Abs. 1 Nr. 2 wegen Verfügung über eine Forderung und Nr. 4 BGB wegen Eingehen einer Verpflichtung zur Verfügung aus.[713]

(4) Untervermächtnis als Nachvermächtnis

Ebenfalls keiner familiengerichtlichen Genehmigung bedarf die Erfüllung des Vermächtnisses durch Übertragung des Grundstücks als Hauptvermächtnis zugunsten des beschränkt Geschäftsfähigen, welches mit einem als Nachvermächtnis ausgestalteten Untervermächtnis belastet ist. Die Erfüllung dieses Hauptvermächtnisses führt zu keiner eine familiengerichtliche Genehmigung erfordernden Verpflichtung gemäß § 1821 Abs. 1 Nr. 4 BGB wegen Eingehens einer Verpflichtung zur Verfügung.

§ 1821 Abs. 1 Nr. 4 BGB schützt ausweislich der Motive zum ersten Entwurf des BGB den Bestand des dem beschränkt Geschäftsfähigen bereits zustehenden Vermögens.[714] Eine Verpflichtung, die zeitgleich mit der Erfüllung des maßgeblichen Grundstücks entsteht, stellt indes keine Belastung eines dem beschränkt Geschäftsfähigen bereits zustehenden Vermögens dar, s.o. Wird das Grundstücksvermächtnis als Hauptvermächtnis erfüllt, gelangt es neu in das Vermögen des beschränkt Geschäftsfähigen; unabhängig davon, ob zeitgleich eine

711 Es wird gerade nicht nur das Recht auf Abschluss eines Kaufvertrages in Aussicht gestellt, da der Vermächtnisnehmer in Anbetracht des Untervermächtnisses einer gesicherte Rechtsposition in Form eines konkreten Anspruches bedarf, vgl. oben in 3. Kapitel, C. III.

712 Vgl. 3. Kapiel C III 3.

713 Vgl. zum Ankaufsrecht: Staudinger BGB (2014)/*Veit*, BGB § 2181 Rn. 48, 64.

714 Mot. IV, 1136.

Verpflichtung in Form eines Nachvermächtnisses entsteht. Der Anwendungsbereich der Genehmigungspflicht ist folglich nicht berührt.[715]

Zudem ist die rechtliche Konstellation vergleichbar mit der einer Schenkung, bei der sich bei Erfüllung zugleich verpflichtet wird, das Grundstück an den Schenker zurückzuübereignen. In Rechtsprechung und Literatur ist zwar anerkannt, dass die Erfüllung der Grundstücksschenkung nur dann zu einer Genehmigungsfreiheit führt, wenn es sich bei der Rückübertragungspflicht nicht um eine „(...) *uneingeschränkte und unwiderrufliche Preisgabe des Grundstückseigentums* (...)"[716] handelt. Hier fehle es an dem endgültigen Vermögenszuwachs auf der Aktiva-Seite des Minderjährigen.[717] Bei der Erfüllung einer Grundstückszuwendung als Hauptvermächtnis, das mit einem Untervermächtnis in der Gestaltung eines Nachvermächtnisses belastet ist, besteht in der Regel keine Verpflichtung zur Rückübertragung,[718] vielmehr eine Pflicht im Rahmen eines Identitätsgebots, das Grundstück weiter zu übereignen. Das Identitätsgebot beschränkt die Verpflichtung somit auf den zunächst erlangten Gegenstand.[719] Ein endgültiger Vermögenszuwachs in Gestalt des maßgeblichen Grundstücks erfolgt daher nicht in der Person des beschränkt Geschäftsfähigen, allerdings kann der Hauptvermächtnisnehmer zur Zeit des Vorvermächtnisses Nutzungen und Früchte aus dem Vermächtnisgegenstand ziehen,[720] sich folglich eine endgültige Vermögensmehrung verschaffen. An einer uneingeschränkten und unwiderruflichen Preisgabe des Eigentums fehlt es daher.

Nach hier vertretener Ansicht ist das Erfordernis der familiengerichtlichen Genehmigung wegen der Haftungsbeschränkung des § 1629a BGB eng und restriktiv auszulegen. Dies führt dazu, dass die Erfüllung des als Nachvermächtnis angeordneten Grundstücksvermächtnisses für den minderjährigen Hauptvermächtnisnehmer schon bereits keine Verpflichtung zu einer Verfügung nach § 1821 Abs. 1 Nr. 1–3 BGB bedeutet. Dies gründet darauf, dass das Nachvermächtnis grundsätzlich nicht bereits mit der Erfüllung des Vorvermächtnisses anfällt und folglich im Sinne des § 2180 BGB angenommen werden kann. Eine

715 Ähnlich: OLG Celle, Beschluss vom 20.8.1973 - 4 Wx 9/73 = OLGZ 1074, 164.

716 OLG Celle, Beschluss vom 20.8.1973 - 4 Wx 9/73 = OLGZ 1074, 164 (168).

717 OLG Celle, Beschluss vom 20.8.1973 - 4 Wx 9/73 = OLGZ 1074, 164 (168); Münchener Kommentar zum BGB/*Kroll-Ludwigs*, BGB § 1821 Rn. 42; Staudinger BGB (2014)/*Veit*, BGB § 1821 Rn. 65.

718 Mit Ausnahme, wenn der Beschwerte der Begünstigte des Nachvermächtnisses ist, sogenanntes Rückvermächtnis, vgl. BeckOKG/*Müller*, BGB § 2191 Rn. 21.

719 Kroiß/Ann/Mayer BGB/*J. Mayer*, BGB § 2191 Rn. 6.

720 *Randt*, BWNotZ 2001, 73.

Verpflichtung zur Verfügung im Sinne des § 1821 BGB kann aber erst nach Anfall des Nachvermächtnisses erfolgen und nicht bereits pauschal mit der Erfüllung des Hauptvermächtnisses. Der Anfall des Nachvermächtnisses ist regelmäßig durch den Erblasser befristet oder bedingt bzw. tritt mit dem Tod des Vorvermächtnisnehmers ein, §§ 2191 Abs. 2, 2106 Abs. 1 BGB.[721] Ein gleichzeitiger Anfall mit der Erfüllung des Hauptvermächtnisses ist nicht gewollt. Unter restriktiver Anwendung der Vorschrift kommt eine familiengerichtliche Genehmigung daher weder unter dem Aspekt des § 1821 Abs. 1 Nr. 1–3 BGB, noch dem des § 1821 Abs. 1 Nr. 4 BGB in Betracht.

(5) Erwerb von Wohnungseigentum zu Bruchteilen

(a) Beschluss des OLG München[722]

Ob der Erwerb von Wohnungseigentum zu Bruchteilen im Wege der Vermächtniserfüllung zugunsten eines beschränkt Geschäftsfähigen der familiengerichtlichen Genehmigung unterliegt, hatte im Jahr 2012 das OLG München zu entscheiden.[723] Dem Beschluss lag als Sachverhalt Wohnungseigentum zugrunde, welches im Wege der Vermächtnisanordnung hälftig zu Bruchteilen zwei minderjährigen Vermächtnisnehmern vermacht wurde. Wegen der Haftungsregelung des § 16 Abs. 2 WEG und der damit begründeten gesamtschuldnerischen Haftung der beschränkt Geschäftsfähigen hinsichtlich Kosten und Lastentragung der Wohnungs- und Eigentümergemeinschaft unterwarf das Gericht die Auflassungserklärungen der familiengerichtlichen Genehmigung gemäß § 1822 Nr. 10 BGB.[724] Diesem Beschluss schloss sich das OLG Köln im Jahr 2015[725] mit der Begründung an, es werde lediglich hälftig zu Bruchteilseigentum erworben, dennoch würde für die Schuld nach § 16 Abs. 2 WEG als Gesamtschuldner wie ein Alleineigentümer gehaftet.

(b) Keine Genehmigung erforderlich

Dieser obergerichtlichen Rechtsprechung zum Erfordernis der familiengerichtlichen Genehmigung gemäß § 1822 Nr. 10 BGB wird nach hiesiger Ansicht nicht

---

721 Burandt/Rojan, Erbrecht/*Burandt*, BGB § 2191 Rn. 4; Kroiß/Ann/Mayer BGB/*J. Mayer*, BGB § 2191 Rn. 10.

722 OLG München, Beschluss vom 22.8.2012 - 34 Wx 200/12 = ZEV 2013, 202.

723 OLG München, Beschluss vom 22.8.2012 - 34 Wx 200/12 = ZEV 2013, 202.

724 OLG München, Beschluss vom 22.8.2012 - 34 Wx 200/12 = ZEV 2013, 202; vorab: KG Berlin, Beschluss vom 15.7.2010 - 1 W 312/10 = NZM 2011, 78.

725 OLG Köln, Beschluss vom 6.3.2015 – 2 Wx 44/15, 2 WX 47-49/15 = ZWR 2015, 318.

gefolgt. Für die Erfüllung des Vermächtnisses durch Übertragung Wohnungseigentum zu Bruchteilen ist der Schutz der Haftungsbeschränkungsnorm des § 1629a BGB in Zusammenwirken mit der gesetzlichen Vertretung ausreichend; einer familiengerichtlichen Genehmigung bedarf es nicht.[726]

Die Genehmigungsbedürftigkeit nach § 1822 Nr. 10 BGB setzt bei der Übernahme einer wirtschaftlich fremden Schuld im Außenverhältnis an, für die der Dritte, dessen Schuld übernommen wird, im Innenverhältnis weiterhin alleine zu haften hat.[727] Entscheidend kommt es darauf an, dass der Minderjährige in dem Vertrauen auf eine bestehende Regressmöglichkeit gegenüber dem Dritten die fremde Verbindlichkeit leichtfertig übernimmt;[728] folglich wird nicht jedes riskante Geschäft von § 1822 Nr. 10 BGB erfasst.[729]

Das OLG München und ihm folgend das OLG Köln stellen darauf ab, dass die Ansicht des Bundesgerichtshofs, nach der der Erwerb von Wohnungseigentum grundsätzlich genehmigungsfrei möglich sei,[730] nicht geändert werden müsse. Jedoch sei beim Erwerb zu Bruchteilen die „Besonderheit“[731] der gesamtschuldnerischen Haftung für die in § 16 Abs. 2 BGB festgesetzten Kosten und Lasten zu berücksichtigen, die eine familiengerichtliche Genehmigung erforderlich mache.[732]

(aa) Keine „besondere Gefährlichkeit“

Diese gesamtschuldnerische Haftung vermag jedoch nicht zu einer Genehmigungspflicht zu führen. Dies folgt schon aus dem Wortlaut der Norm, die von der „(…) *Übernahme einer fremden Verbindlichkeit* (…)“ spricht. Intention des Gesetzgebers zur Einführung der Genehmigungspflicht bei der Übernahme fremder Verbindlichkeiten war es, den beschränkt Geschäftsfähigen vor der Gefährlichkeit bestimmter Geschäfte zu schützen, die ohne Vermögensumsatz

---

726 So im Ergebnis auch: *Zimmermann*, FamRZ 2013, 495; a.A.: *Friedrich-Büttner/Wiese*, ZEV 2014, 514 (519); *Röhl*, MittBayNot 2013, 189 (194).

727 BGH, Urteil vom 27.10.1982 – V ZR 177/81 = NJW 1983, 1780; BeckOK BGB/*Bettin*, BGB § 1822 Rn. 25; *Rust*, DStR 2005, 1942 (1943).

728 Münchener Kommentar zum BGB/*Kroll-Ludwigs*, BGB § 1822 Rn. 61; Schulze u.a. Bürgerliches Gesetzbuch/Rainer Kemper, BGB § 1822 Rn. 11.

729 BGH, Beschluss vom 3.2.1964 – II ZB 6/63 = NJW 1954, 766.

730 BGH, Beschluss vom 30.9.2010 – V ZB 206/10 = NJW 2010, 3643.

731 *Röhl*, MittBaynot 2013, 189 (194).

732 OLG München, Beschluss vom 22.8.2012 – 34 Wx 200/12 = ZEV 2013, 202; OLG Köln, Beschluss vom 6.3.2015 – 2 Wx 44/15, 2 WX 47-49/15 = ZWE 2015, 318.

erfolgen.[733] Ob der Gesetzgeber dabei den Fall des Erwerbes von Wohnungseigentum zu Bruchteilen im Kopf hatte, darf stark bezweifelt werden.

In Rechtsprechung und Literatur ist anerkannt, dass Gesamtschuldnerschaft als Übernahme einer fremden Verbindlichkeit im Sinne des § 1822 Nr. 10 BGB aufzufassen ist.[734] Dies gründet vor allem darauf, dass der Minderjährige bei der Übernahme fremder Verbindlichkeiten vor einer etwaigen Möglichkeit des Regresses bei der ebenfalls schuldenden Partei geschützt werden soll.[735] Besteht nämlich die Möglichkeit des Regresses – wie § 426 Abs. 2 S. 1 BGB es für die Gesamtschuldnerschaft vorsieht – könnte sich der beschränkt Geschäftsfähige wegen dieser vermeintlichen (Rückgriffs-) Sicherheit in eine ihn finanziell gefährdende Situation begeben.[736]

Hinsichtlich der Kosten- und Lastentragung im Innenverhältnis der Wohnungseigentümergemeinschaft sieht § 16 Abs. 2 WEG bei Eigentum zu Bruchteilen eine Gesamtschuldnerschaft der Eigentümer einer Wohnung vor. § 16 Abs. 2 WEG hält zunächst einen Teilungsschlüssel bereit, der durch Beschluss der Wohnungseigentümergemeinschaft nach § 28 Abs. 5 WEG zum Anspruch gebracht wird. Es handelt sich somit um Posten, die zur Instandhaltung oder im Rahmen öffentlicher Abgaben auf alle Wohnungseigentümer umgelegt werden. Eine besondere Gefährlichkeit, wie es die Motive zu § 1822 Nr. 10 BGB voraussetzen, kann hieraus wegen der lediglich anteiligen Haftung aller Wohnungseigentümer nicht hergeleitet werden. Zudem begründet die Übertragung von Wohnungseigentum zu Alleineigentum in Erfüllung des Vermächtnisses auch keine Genehmigungspflicht, obwohl die anteilige Pflicht zur Kosten- und Lastentragung aus § 16 Abs. 2 WEG gleichwohl den minderjährigen Alleineigentümer einer

733 Mot. IV, 1144.

734 BGH, Urteil vom 27.10.1982 – V ZR 177/81 = NJW 1983, 1780; Staudinger BGB (2014)/*Veit*, BGB § 1822 Rn. 167.Gegenstand eines Urteils des BGH (BGH, Urteil vom 8.5.1973 – IV ZR 8/72 = NJW 1973, 1276) war der Erwerb eines Grundstücks und die gesamtschuldnerische Übernahme des Kaufpreises, obwohl das Grundstück nur hälftig zu Eigentum erworben wurde. Diese Fälle sind aber nicht vergleichbar, da bereits bei Erwerb die gesamtschuldnerische Übernahme feststand. Anders aber bei der Gesamtschuld nach § 16 Abs. 2 WEG, die erst noch begründet werden muss.

735 BGH, Urteil vom 27.10.1982 – V ZR 177/81 = NJW 1983, 1780; Staudinger BGB (2014)/*Veit*, BGB § 1822 Rn. 167.

736 Ähnlich: BGH, Urteil vom 27.10.1982 – V ZR 177/81 = NJW 1983, 1780; juris PK-BGB/*Lafontaine*, BGB § 1822 Rn. 162; Staudinger BGB (2014)/*Veit*, BGB § 1822 Rn. 167.

Wohnung betrifft.[737] Dies lässt darauf schließen, dass diese Verpflichtung keine besondere Gefährlichkeit aufweist. Das Familiengericht ist nicht einzubinden.

(bb) Fehlende Genehmigungspflicht für gesetzliche Nebenfolgen

Überdies setzt § 1822 Nr. 10 BGB nach seinem Wortlaut die „(...) *Übernahme* (...)" der Verbindlichkeit voraus. Gesetzliche Nebenfolgen einer rechtsgeschäftlichen Erklärung, die darauf abzielen, die Haftung für fremde Verbindlichkeiten zu begründen, sind jedoch nach dem Wortlaut der Genehmigungsalternative nicht geeignet, eine Bedürftigkeit zu begründen.[738]

Übernahme bedeutet Freiwilligkeit im Sinne eines aktiven Handelns.[739] Aktiv vorgenommen wird im Rahmen der Vermächtniserfüllung eines Grundstücksvermächtnisses jedoch lediglich die Erklärung und Entgegennahme der Auflassungserklärung des mit der Vermächtniserfüllung Beschwerten. Dass damit eine etwaige gesetzlich entstehende gesamtschuldnerische Verpflichtung begründet wird, wird aktiv (anders als bei der in § 1822 Nr. 10 BGB beispielhaft genannten Bürgschaft) nicht erklärt.[740] Streng genommen müssten auch nach dem Wortlaut der Vorschrift gesetzlich entstehende Verpflichtungen, die als Nebenfolge der abgegebenen Erklärung eintreten, ausgenommen sein, da es an einer aktiven Freiwilligkeit der Übernahme mangelt.

Diese Einordnung folgt zudem auch aus dem mit § 1822 Nr. 10 BGB intendierten Zweck, der darauf ausgerichtet ist, den beschränkt Geschäftsfähigen davor zu schützen, unbedacht ein Risiko infolge der gesetzlich vorgesehenen Regressmöglichkeit einzugehen, s.o. Dieser Schutzzweck impliziert indes das leichtfertige Handeln des beschränkt Geschäftsfähigen bei dem Entschluss, eine fremde Haftung zu übernehmen. Gesetzliche Haftungsübernahmen fallen bereits denknotwendig aus diesem Anwendungsbereich heraus.

Überdies weist bereits die Systematik der Vorschrift auf die Geltung einzig für rechtsgeschäftlich begründete fremde Verbindlichkeiten hin. Beispielhaft aufgezählt – „insbesondere" – soll die Norm für die Bürgschaft als rechtsgeschäftlich

---

737 Ähnlich: *Bärmann* WEG/Becker, WEG § 16 Rn. 21, 22; *Röhl*, MittBayNot 2013, 189 (194).

738 Im Ergebnis ebenso: *Pluskat*, FamRZ 2004, 577 (682); *Winkler*, ZGR 1990, 131 (137); a.A.: BGH, Urteil vom 20. 2. 1989 – II ZR 148/88 = DNotZ 1990, 303; Münchener Kommentar zum BGB/*Kroll-Ludwigs*, BGB § 1822 Rn. 65; *Rust*, DStR 2005, 1942 (1946) (für die gesetzliche Haftung aus §§ 128, 130 HGB); *Zorn*, Das Recht der elterlichen Sorge: Voraussetzungen, Inhalt und Schranken, 367.

739 Ähnlich: *Zimmermann*, FamRZ 2013, 495 (496).

740 Ähnlich: *Zimmermann*, FamRZ 2013, 495 (496).

begründete Übernahme einer fremden Verbindlichkeit gelten. Hätte der Gesetzgeber zudem eine Erweiterung des Anwendungsbereichs auf gesetzliche Nebenfolgen gewollt, wäre in Anbetracht des formal und restriktiv auszulegenden Wortlautes nicht einzig die Bürgschaft als Richtwert eingefügt worden.

Mithin gilt nach hier vertretener Ansicht die Alternative des Genehmigungskatalogs lediglich für rechtsgeschäftlich übernommene fremde Verpflichtungen im Sinne der Bürgschaft.

(cc) Fehlende Regressmöglichkeit wegen § 1629a BGB

Im konkreten dem OLG München zugrunde liegenden Fall waren zudem beide Wohnungseigentümer jeweils minderjährig. Für beide greift mithin die Haftungsbeschränkungsnorm des § 1629a BGB, nach der mit Eintritt der Volljährigkeit eine Haftung auf das zu diesem Zeitpunkt bestehende Vermögen beschränkt werden kann. Diese Möglichkeit der Haftungsbeschränkung erschwert hingegen eine Regressmöglichkeit nach § 426 Abs. 2 S. 1 BGB. Die Gefahr, dass der zunächst die fremde Verpflichtung übernehmende beschränkt Geschäftsfähige auf eine Regressmöglichkeit vertraut, ist im Hinblick auf den § 1629a BGB weniger stark ausgeprägt. Der von § 1822 Nr. 10 BGB verfolgte Schutzzweck ist zumindest für den Erwerb durch zwei Minderjährige nicht gegeben.

(dd) Abstrakte Haftung

Ferner ist bei Erfüllung von Wohnungseigentum zu Bruchteilen die Gefahr des Eintritts einer tatsächlichen Haftungsübernahme aus dem Gesamtschuldverhältnis derart abstrakt, dass fraglich ist, wozu die familiengerichtliche Genehmigung zu der Auflassung erforderlich ist. Nunmehr argumentiert das OLG München, es komme nicht auf die konkrete Gefahr des Eintritts der Übernahme der Verpflichtung an,[741] dennoch hat das Familiengericht zum konkreten Zeitpunkt der Erfüllung des Vermächtnisses, vorliegend der Auflassung des Wohnungseigentums, zu entscheiden, ob eine Genehmigung erforderlich ist oder das Geschäft ohne diese vorgenommen werden kann. Ist eine konkrete Gefahr, dass einer der minderjährigen Bruchteilseigentümer im Rahmen der Gesamtschuld aus §§ 426 Abs. 1 BGB, 16 Abs. 2 WEG die Verpflichtung eines anderen im Außenverhältnis gegenüber der WEG zu tragen hat, nicht ersichtlich, wird das Familiengericht keine Bedenken gegen die Erteilung der Genehmigung äußern. Das Gericht prüft die Frage des Genehmigungserfordernisses stets im Rahmen einer Momentaufnahme zum Zeitpunkt des getätigten (Erfüllungs-) Geschäfts. Ist dieses bereits

741 OLG München, Beschluss vom 22.8.2012 – 34 Wx 200/12 = ZEV 2013, 202.

von vornherein infolge des unwahrscheinlichen Eintritts einer Verpflichtungsübernahme nicht gegeben, muss das Gericht bereits nicht angerufen werden.[742] Vielmehr ist die Haftungsbeschränkungsnorm des § 1629a BGB ausreichender Schutz vor tatsächlichen Änderungen, die bei Erfüllung der Wohnungseigentumsübertragung nicht absehbar waren.[743]

Eine familiengerichtliche Genehmigung scheidet folglich aus; ein hinreichender Schutz, der auch die Veränderungen einer zunächst abstrakt ungefährlichen rechtlichen Situation für den beschränkt Geschäftsfähigen besser berücksichtigen kann, ist durch § 1629a BGB gewährleistet.

(6) Vermietete Immobilie

Wird an den beschränkt Geschäftsfähigen eine Immobilie im Wege der Vermächtniserfüllung übereignet, die bereits vermietet ist, ergibt sich auch unter der Anwendung der gesetzlich festgelegten Fortdauer für Mietverträge, § 566 BGB, die auch bei Erwerb mittels Vermächtnis greift,[744] kein Erfordernis für eine familiengerichtliche Genehmigung.[745]

Einer Genehmigung bedarf es bereits nicht unter dem Aspekt des § 1822 Nr. 5 BGB, wonach Verträge, zu denen der Minderjährige zu wiederkehrenden Leistungen verpflichtet wird, grundsätzlich genehmigungspflichtig sind.[746] Wird an den Minderjährigen im Rahmen der Vermächtniserfüllung ein Grundstück übereignet, greift die gesetzliche Folge des § 566 BGB, wonach das bestehende Mietverhältnis, welches mit dem Erblasser begründet wurde, trotz Vermächtniserfüllung bestehen bleibt. Der Mietvertrag ist als Dauerschuldverhältnis ausgestaltet und begründet grundsätzlich eine Verpflichtung zu einer wiederkehrenden Leistung im Sinne des § 1822 Nr. 5 BGB. Dennoch setzt diese Alternative des Genehmigungskatalogs eine rechtsgeschäftliche Verpflichtung zur

742 Ähnlich der BGH, Urteil vom 20.2.1989 – II ZR 148/88 = NJW 1989, 1926, zur Frage, ob bei Übertragung eines GmbH-Anteils bei vollständiger Einlagenleistung der Gesellschafter und der hypothetischen Gefahr des Eintritts der Haftungsübernahme aus § 31 GmbHG der Genehmigungstatbestand des § 1822 Nr. 10 BGB greift.

743 A.A.: *Röhl*, MittBayNot 2013, 189 (194), aber ähnlich zur Gründung oder zum Beitritt in eine GmbH.

744 BeckOK BGB/*Herrmann*, BGB § 566 Rn. 6; Münchener Kommentar zum BGB/*Häubelein*, BGB § 566 Rn. 17.

745 *Friedrich-Büttner/Wiese*, ZEV 2014, 513 (519); Staudinger BGB (2014)/*Veit*, BGB §1822 Rn. 111.

746 BGH, Urteil vom 27.10.1982 – V ZR 177/81 = NJW 1983, 1780; OLG Hamm, Beschl. v. 6.8.2014 – I-15 W 94/14 = MittBayNot 2014, 534.

wiederkehrenden Leistung voraus und gerade keine gesetzlich entstehende.[747] Dies ergibt sich bereits aus den Motiven zum ersten Entwurf des Bürgerlichen Gesetzbuches, nach dem vor der „(...) *Schließung solcher Miet- und Pachtverträge* (...)“ geschützt werden soll.[748] *Schließung* setzt dabei das rechtsgeschäftlich tätige Handeln voraus und nicht lediglich die Übernahme gesetzlicher Verpflichtungen.

Überdies folgt aus ähnlichen Gesichtspunkten, wie vorstehend[749] bei der Erfüllung eines Wohnungsvermächtnisses zu Bruchteilen ausgeführt, keine familiengerichtliche Genehmigung aus § 1822 Nr. 10 BGB.[750] Dies gründet zum einen darauf, dass diese Variante des Katalogs ausdrücklich die „*Übernahme*“ einer fremden Verbindlichkeit verlangt, mithin wie bereits erläutert, das aktive und freiwillige Handeln betreffend die Verbindlichkeit. § 566 BGB führt indes im Rahmen der Vermächtniserfüllung zu einer gesetzlichen Verpflichtung, das Mietverhältnis trotz Eigentümerwechsels grundsätzlich weiterzuführen. Eine Übernahme im Sinne eines freiwilligen und aktiven Agierens liegt gerade nicht vor. Weiterhin besteht der Schutzzweck des § 1822 Nr. 10 BGB darin, den beschränkt Geschäftsfähigen vor der Übernahme von Verpflichtungen zu schützen, die die Möglichkeit eines Rückgriffsanspruchs enthalten, da anderenfalls der Minderjährige in dem Vertrauen auf den Rückgriffsanspruch die Verpflichtung als risikolos einschätzen und leichtfertig abschließen würde.[751] Vorstehend zum Erwerb des Wohnungseigentums zu Bruchteilen bestand wegen der Beteiligung zweier minderjähriger Vermächtnisnehmer eine (vollständige) Realisierung eines Regressanspruches wegen § 1629a BGB nicht. Wird im Zusammenhang mit der Fortgeltung eines Mietverhältnisses nach § 566 BGB die Verpflichtung aus dem Mietvertrag mit Vermächtniserfüllung übernommen, handelt es sich um eine ursprünglich dem verstorbenen Erblasser zuzuordnende Verpflichtung. Infolge dessen Versterbens ist ein Regress ebenfalls nicht möglich, der Schutzzweck des § 1822 Nr. 10 BGB verfehlt.[752] Ein anderes Ergebnis folgt zudem auch nicht

---

747 BGH, Urteil vom 27.10.1982 – V ZR 177/81 = FamRZ 1983, 371; LG München II, Beschluss vom 15. November 2004 – 6 T 5313/04 = MittBayNot 2005, 234; Erman BGB/*Saar*, BGB § 1822 Rn. 20.

748 Mot. IV, 1141.

749 8. Kapitel A. III. 2. a. bb. (6).

750 Im Ergebnis ebenso: BGH, Urteil vom 27.10.1982 – V ZR 177/81 = FamRZ 1983, 371; *Friedrich-Büttner/Wiese*, ZEV 2014, 514 (519); Staudinger BGB (2014)/*Veit*, BGB § 1822 Rn. 111.

751 BGH, Urteil vom 27.10.1982 – V ZR 177/81 = FamRZ 1983, 371.

752 BGH, Urteil vom 27.10.1982 – V ZR 177/81 = FamRZ 1983, 371; ebenso: LG München II, Beschluss vom 15.11.2004 – 6 T 5313/04 = MittBayNot 2005, 234.

im Hinblick auf den in die Rechtsposition des Erblassers eintretenden Erben. Maßgeblich für die Anwendung des § 1822 Nr. 10 BGB ist, dass der Minderjährige die Verbindlichkeit eines Dritten übernimmt, der im Innenverhältnis weiter haftbar ist.[753] Erwirbt der Minderjährige als Vermächtnisnehmer eine vermietete Immobilie, übernimmt er grundsätzlich eine zunächst dem Erblasser und anschließend dem Erben zustehende Verbindlichkeit. Der Erbe haftet für diese Verbindlichkeit jedoch nicht weiter im Innenverhältnis, sodass der Vermächtnisnehmer nicht für eine fremde Schuld, sondern für eine eigene haftet.[754]

Mithin ist für die Erfüllung einer vermieteten Immobilie keine familiengerichtliche Genehmigung erforderlich. Diesbezüglich wird hinreichender Schutz über die elterliche Vertretungsmacht und die Beschränkung der Haftung auf das bei Volljährigkeit vorhandene Vermögen nach § 1629a BGB gewährt. Insbesondere da der Mietvertrag als Dauerschuldverhältnis ausgestaltet ist, in dessen Rahmen nach Erfüllung des Vermächtnisses Veränderungen auftreten können, die den Vermögensbestand beeinträchtigen können, bietet die Haftungsbeschränkungsnorm einen umfassenderen und flexibleren Schutz.[755]

Auch im Rahmen der Gesellschaftsbeteiligungen, die mittels des Vermächtniserwerbes erfüllt werden, können sich Problemfelder im Zusammenhang mit dem Genehmigungskatalog der §§ 1821, 1822 BGB ergeben. Hierzu im Einzelnen:

b. Familiengerichtliche Genehmigung bei Erfüllung von Gesellschaftsbeteiligungsvermächtnissen

War der Erblasser zu Lebzeiten Gesellschafter einer Personengesellschaft (GbR, KG oder OHG)[756] oder Inhaber von Anteilen an einer Kapitalgesellschaft (AG, GmbH), können auch diesbezüglich (Nießbrauchs-)Vermächtnisse angeordnet werden. Nicht selten sind diese Vermächtnisse mit Haftungsfolgen oder gesellschaftsrechtlichen Verpflichtungen verbunden, die den Vermögensbestand des beschränkt Geschäftsfähigen beeinträchtigen oder schädigen können.[757] Eine familiengerichtliche Genehmigung hinsichtlich der Vermächtniserfüllung kommt mithin auch unter diesem Aspekt in Betracht. Die folgende Begutachtung betrachtet das Erfordernis einer familiengerichtlichen Genehmigung bei einer Personengesellschaftsbeteiligung (aa.) sowie einer Kapitalgesellschaftsbeteiligung

753 BGH, Urteil vom 27.10.1982 – V ZR 177/81 = FamRZ 1983, 371.

754 Im Ergebnis ähnlich: *Friedrich-Büttner/Wiese*, ZEV 2014, 513 (519).

755 Ähnlich: BT-Drs. 13-5624, 13; BeckOK BGB/*Veit*, BGB § 1629 Rn. 7.1; *Behnke*, NJW 1998, 3078 (3079); jurisPK-BGB/*Schwer/Hamdan*, BGB § 1629a Rn. 11.

756 Münchener Kommentar zum BGB/*Schäfer*, BGB § 708 Rn. 5.

757 Ähnlich: BGH, Urteil vom 28.1.1957 – III ZR 155/55 = BeckRS 1957, 31205599.

(bb.) als Vermächtnisgegenstand. Nach hier vertretener Ansicht scheidet auch für die zu erfüllenden Gesellschafterbeteiligungsvermächtnisse zugunsten eines beschränkt Geschäftsfähigen eine familiengerichtliche Genehmigung aus. Hierzu im Einzelnen:

aa. Beitritt in eine bestehende Personengesellschaft

Bildet eine dem Erblasser zu Lebzeiten zustehende Beteiligung an einer Personengesellschaft den maßgeblichen Vermächtnisgegenstand,[758] könnte nach Todeseintritt im Rahmen der Erfüllung zugunsten des beschränkt Geschäftsfähigen das familiengerichtliche Genehmigungserfordernis aus dem Genehmigungskatalog des § 1822 BGB eingreifen. Entscheidend für die Übertragbarkeit einer Personengesellschaftsbeteiligung im Wege der Vermächtniserfüllung sind die Vererblichkeit der Beteiligung[759] sowie die Sicherstellung der Zustimmung der übrigen Gesellschafter zum Eintritt des Vermächtnisnehmers.[760] Die auf der Grundlage des Vermächtnisanspruches vorzunehmende Erfüllungshandlung erfolgt dabei durch Abtretung der Gesellschafterbeteiligung.[761] Die Erfüllung des Vermächtnisses in der Übertragung einer Personengesellschaftsbeteiligung könnte insbesondere ein Genehmigungserfordernis gemäß § 1822 Nr. 3 BGB[762] sowie nach § 1822 Nr. 10 BGB wegen Übernahme einer fremden Verbindlichkeit begründen.[763]

(1) Genehmigungspflicht aus § 1822 Nr. 3 BGB

§ 1822 BGB sieht in Nr. 3 des Genehmigungskatalogs drei Alternativen der Genehmigungspflicht vor: Zunächst bedarf der familiengerichtlichen Genehmigung nach der ersten Alternative das Eingehen eines Vertrages, der auf den entgeltlichen Erwerb eines Erwerbsgeschäfts gerichtet ist. Alternative zwei betrifft

---

758 Vgl. hierzu auch: *Damrau*, ZEV 2000, 209 ff.; *Friedrich-Büttner/Wiese*, ZEV 2014, 513 (519, 520); *Keim*, ZEV 2011, 563 (567); *Röhl*, MittBayNot 2012, 111 (113).

759 Damit der Erbe zunächst im Wege der Sonderrechtsnachfolge Erbe des Gesellschaftsanteils werden kann, Beck'sches Handbuch der Personengesellschaften/*Landsittel*, § 9 Rn. 153.

760 Beck'sches Handbuch der Personengesellschaften/*Landsittel*, § 9 Rn. 153.

761 Beck'sches Handbuch der Personengesellschaften/*Landsittel*, § 9 Rn. 153; *Buck*, Erwerb von Gesellschaftsanteilen durch Minderjährige, 186.

762 Zu einem Vertrag, der auf den entgeltlichen Erwerb oder die Veräußerung eines Erwerbsgeschäfts gerichtet ist, sowie zu einem Gesellschaftsvertrag, der zum Betrieb eines Erwerbsgeschäfts eingegangen wird.

763 *Damrau*, ZEV 2000, 209 ff.

dagegen das Eingehen eines Vertrages, welches die entgeltliche Veräußerung eines Erwerbsgeschäfts betrifft. Handelt es sich um einen Gesellschaftsvertrag, der zum Betrieb eines Erwerbsgeschäfts eingegangen wird, wird eine Genehmigungspflicht nach der dritten Alternative begründet.

(a) Genehmigungspflicht nach § 1822 Nr. 3 Alt. 1 BGB

In Betracht kommt zunächst ein Genehmigungserfordernis nach § 1822 Nr. 3 Alt. 1 BGB wegen Eingehens eines Vertrages, der auf den entgeltlichen Erwerb eines Erwerbsgeschäfts gerichtet ist. Diese Alternative greift zwar ausweislich des Wortlautes grundsätzlich nur für das Kausalgeschäft,[764] sie soll jedoch auch die Abtretung selbst als Erfüllungsgeschäft umfassen.[765] Unabhängig davon, dass diese Auslegung den Rahmen des Wortlautes überschreitet, ist selbst bei unterstellter Geltung für die Abtretung das Genehmigungserfordernis nicht einschlägig:

Für den Fall, dass die Personengesellschaft, in die mittels Vermächtniserfüllung eingetreten werden soll, als Erwerbsgeschäft qualifiziert wird,[766] ist die erste Alternative des Genehmigungskatalogs des § 1822 Nr. 3 BGB zumindest wegen fehlender Entgeltlichkeit der Vermächtniserfüllung nicht tangiert.[767] Bereits die Motive zu den Entwürfen des Bürgerlichen Gesetzbuches[768] lehnten einen unter § 1822 Nr. 3 Alt. 1 BGB zu fassenden entgeltlichen Erwerb durch Vermächtniserwerb oder Erbschaft ausdrücklich ab. Die Erfüllung eines Vermächtnisses schließt die Entgeltlichkeit bereits aufgrund der gesetzlichen Ausgestaltung als eine auf einen Vermögensvorteil gerichtete Anordnung des Erblassers aus.[769] Entgeltlicher Erwerb impliziert die Entrichtung einer Gegenleistung,[770] was für das Vermächtnis nicht vorgesehen ist. Hieran ändert auch die Auffassung nichts, nach der die schenkungsweise Zuwendung einer Gesellschaftsbeteiligung wegen

764 JurisPK-BGB/*Lafontaine*, BGB § 1822 Rn. 50.
765 Münchener Handbuch des Gesellschaftsrechts Band 1/*Piehler*/*Schulte*, § 73 Rn. 13; Münchener Kommentar zum BGB/*Kroll-Ludwigs*, BGB § 1822 Rn. 13.
766 Nicht als Erwerbsgeschäft und damit nicht genehmigungsbedürftig eingeordnet wurde der Beitritt in eine Familien-Vermögensverwaltungs-GbR oder eine KG, die beschränkt ist auf die Verwaltung eines von den Gesellschaftern genutzten Wohnhauses, vgl. OLG München, Beschluss vom 6.11.2008 – 31 Wx 76/08 = ZEV 2008, 609.
767 Vgl. Kapitel 3, C.
768 Mot. IV, 1145.
769 Kapitel 3, C.
770 Staudinger BGB/*Veit*, BGB § 1822 Rn. 74; Soergel BGB/*Zimmermann*, BGB § 1822 Rn. 22.

der damit verbundenen Pflichtenübernahme eine Gegenleistung begründen könnte. Diesbezüglich ist *Damrau*[771] zuzugestimmt, wenn er annimmt, dass diese vermeintliche Gegenleistung gegenüber der Gesellschaft zu erbringen ist und nicht etwa gegenüber dem mit der Erfüllung Beschwerten. Selbiges muss auch für das Vermächtnis gelten, zumal die Motive zum Entwurf des Bürgerlichen Gesetzbuches dieses der Schenkung gleichstellen.[772]

Eine Entgeltlichkeit scheidet gleichermaßen für Gesellschaftsanteile mit einbezahlter Einlage und Anteilen, bei denen die Einlage vorab durch den Erblasser entrichtet wurde, aus.[773] Ähnlich dem als Ankaufsvermächtnis zu qualifizierenden Vermächtnis, dem eine Forderung zum Kauf zugrunde liegt, ist die Gesellschaftsbeteiligung, die ohne geleistete Einlage zugewendet wird, als mit einem Untervermächtnis angeordnet einzuordnen, welches der Höhe der Einlage entspricht.

(b) Genehmigungspflicht nach § 1822 Nr. 3 Alt. 3

(aa) Trennung von Beitrittserklärung und Verfügungsgeschäft

Des Weiteren greift auch die dritte Alternative des § 1822 Nr. 3 BGB, nach der ein Gesellschaftsvertrag, der zum Betrieb eines Erwerbsgeschäfts eingegangen wird, der Genehmigungspflicht untersteht, für die Erfüllung eines Personengesellschaftsanteil an den beschränkt Geschäftsfähigen nicht ein.

Dies gründet darauf, dass streng genommen die Übertragung des maßgeblichen Vermächtnisgegenstandes – der Gesellschafterbeteiligung an der Personengesellschaft – durch Abtretung des Gesellschaftsanteils, §§ 398, 413 BGB, erfolgt. Eine darüber hinausgehende Einigung, die zwischen den Altgesellschaftern und dem neu eintretenden beschränkt geschäftsfähigen Vermächtnisnehmer zum Zweck des Beitritts in die bestehende Gesellschaft vorgenommen wird, ist indes grundsätzlich keine Folge der Vermächtniserfüllung, sondern erfolgt in einem gesonderten Schritt.[774]

Doch selbst wenn die Einigung als zur Erfüllung des Vermächtnisses zugehörig eingeordnet wird, weil die Anteilsübertragung von der Zustimmung der übrigen Mitgesellschafter abhängt, vermag gleichermaßen kein familiengerichtliches Genehmigungserfordernis begründet zu werden:

---

771 *Damrau*, ZEV 2000, 209.

772 Mot. IV, 1145.

773 Zum unentgeltlichen Beitritt: *Friedrich-Büttner/Wiese*, ZEV 2014, 514 (519).

774 Ähnlich: Münchener Kommentar zum HGB/*Schmidt*, HGB § 130 Rn. 9.

(bb) Telos und Systematik der Vorschrift

Dies folgt daraus, dass es sich bei dem Beitritt des Minderjährigen in eine bereits bestehende Gesellschaft trotz diesbezüglicher Zustimmung der übrigen Altgesellschafter nicht um einen „Gesellschaftsvertrag" im Sinne des § 1822 Nr. 3 BGB handelt.[775] Dieses Ergebnis resultiert schon aus dem Telos und der Systematik der Vorschrift: Der (entgeltliche) Erwerb eines Erwerbsgeschäfts – mithin der Erwerb eines Gesellschaftsanteils – mit der Folge des nachträglichen Eintritts in die Gesellschaft wurde vom Gesetzgeber in der ersten Alternative ausdrücklich unter das Erfordernis der familiengerichtlichen Genehmigung gestellt. Die dritte Alternative, das Eingehen eines Gesellschaftsvertrages zum Betrieb eines Erwerbsgeschäfts, muss nunmehr zwangsläufig eine andere als die der ersten Alternative zugrunde liegende Intention verfolgen. Hat der Gesetzgeber mit der ersten Alternative den Beitritt in eine bestehende Gesellschaft regeln wollen, bedeutet die dritte Alternative in diesem Zusammenhang die Eingehung eines Gesellschaftsvertrages zur Gründung der Gesellschaft.[776] Darauf lassen auch die vom Gesetzgeber verwendeten Formulierungen schließen, nach denen zwischen „Erwerb" und „Gesellschaftsvertrag" unterschieden wird.[777] Während der Erwerb einen bereits bestehenden Anteil/eine bestehende Beteiligung voraussetzt, kann der Abschluss eines „Gesellschaftsvertrages" im Umkehrschluss nicht ebenfalls den Erwerb bedeuten.[778]

(cc) Zustimmung der Gesellschafter – kein „Gesellschaftsvertrag"

Die Übertragung eines Gesellschaftsanteils[779] ist nach der Regelung des § 717 BGB für die Gesellschaft bürgerlichen Rechts (für die KG und die OHG gilt diese Regelung nach §§ 161 Abs. 2, 105 Abs. 3 HGB gleichermaßen) nicht möglich.[780] Soll dennoch ein solcher Anteil übertragen werden, bedarf dies der Zustimmung sämtlicher Gesellschafter.[781] Diese zwischen dem minderjährigen

775 So auch: *Damrau*, ZEV 2000, 209 (210); a.A.: BGH, Urteil vom 20.9.1962 – II ZR 209/61 = NJW 1962, 2344; BayObLG, Beschluss vom 04.7.1989 – BReg. 1a Z 7/89 = BeckRS 2010, 26658; Staudinger BGB/*Veit*, BGB § 1822 Rn. 73.

776 Ähnlich: *Bürger*, RNotZ 2006, 156 (164); *Damrau*, ZEV 2000, 209 (210).

777 Im Ergebnis: *Winkler*, ZGR 1990, 131 (140).

778 Im Ergebnis ebenso: *Brüggemann*, FamRZ 1990, 124 (127).

779 *Ivo*, ZEV 2005, 193 (194).

780 *Michalski*, NZG 1998, 95 (96).

781 BGH, Urteil vom 28.4.1954 – II ZR 8/53 = NJW 1954, 1155; Münchener Handbuch des Gesellschaftsrechts Band 2/*Piehler*/*Schulte*, § 35 Rn. 5.

Vermächtnisnehmer und den Gesellschaftern zum Zweck des Beitritts in die bestehende Gesellschaft getätigte Zustimmung der Altgesellschafter ist überdies kein „Gesellschaftsvertrag“ im Sinne des § 1822 Nr. 3 Alt. 3 BGB.[782] Dies folgt aus der gewählten Terminologie der „Zustimmungserklärung“, die ergänzend zum bei Gründung geschlossenen Gesellschaftsvertrag abgegeben wird, um den Gesellschafterwechsel zu bestätigen.[783] Würde es sich ebenfalls um einen Gesellschaftsvertrag im Sinne der §§ 705 ff. BGB handeln, müsste man diesen als Gesellschaftsvertrag bezeichnen. Da jedoch auch der ursprüngliche Gesellschaftsvertrag nicht etwa als „Gründungsvertrag“, sondern unter – der Terminologie der §§ 705 ff. BGB entsprechend – der Bezeichnung des „Gesellschaftsvertrags“ geführt wird, fordert schon die gewählte Begrifflichkeit, die Zustimmung der Altgesellschafter vom Gesellschaftsvertrag zu unterscheiden. Dies gilt insbesondere, da der Anteilserwerb mit Zustimmungserfordernis der Gesellschafter aufgrund zuvor erfolgter Abtretungserklärung von dem „Aufnahmevertrag“[784] zu unterscheiden ist, bei welchem der Beitritt in die Gesellschaft nicht im Wege der Anteilsübertragung erfolgt, sondern eine neue Beteiligung geschaffen wird.[785,786] Wird diesbezüglich noch von einem Aufnahme*vertrag* gesprochen, erfolgt beim Anteilserwerb lediglich eine Zustimmung. Folglich weist bereits die Terminologie auf das Fehlen eines Gesellschaftsvertrages hin.

Obwohl regelmäßig alle Gesellschafter dem Eintritt des Vermächtnisnehmers zuzustimmen haben,[787] wird durch die Zustimmung lediglich eine einseitige Willenserklärung abgegeben.[788] Folglich mangelt es bereits an den für einen Vertragsschluss erforderlichen sich deckenden Willenserklärungen.[789] Nach hier vertretener Ansicht liegt bereits nach der Ausgestaltung kein Vertrag vor.

---

782 Im Ergebnis ebenso: *Damrau*, ZEV 2000, 209 (210); *Ivo*, ZEV 2005, 193 (195); *Menzel/Wolf*, MittBayNot 2010, 186 (189); *Weinbrenner*, FPR 2009, 265, (268).

783 Vgl. dazu auch: *Damrau*, ZEV 2000, 209 (210), der darauf abstellt, dass in der Literatur und auch in der Rechtsprechung des BGH von „Einverständnis“ und „Zustimmung“ gesprochen wird, aber nicht von einem Gesellschaftsvertrag mit den Gesellschaftern.

784 Zum Begriff: Münchener Kommentar zum HGB/*Schmidt*, HGB § 130 Rn. 9.

785 *Ivo*, ZEV 2005, 193 (194).

786 *Buck*, Erwerb von Gesellschaftsanteilen durch Minderjährige, 94.

787 BGH: Urteil vom 17.11.1975 – II ZR 120/74 = BeckRS 1975, 30809120 ; BGH, Urteil vom 28.4.1954 – II ZR 8/53 = NJW 1954, 1155.

788 Ähnlich aufzeigend: *Damrau*, ZEV 2000, 209 (210).

789 Zu den Voraussetzungen der Willenserklärung: Brox/*Walker*, Allgemeiner Teil des BGB, Rn. 77.

Doch selbst wenn die Zustimmung der Gesellschafter gegenüber dem Neu-Gesellschafter als Abschluss eines Neu-Vertrages eingeordnet wird, handelt es sich nicht um einen Gesellschaftsvertrag im Sinne des § 1822 Nr. 3 Alt. 1 BGB:[790]

Dies folgt daraus, dass mit der Zustimmung lediglich eine Zusatzvereinbarung, zum „Gesellschaftsvertrag" geschlossen wird, der daraufhin ohne Mitwirken des Minderjährigen personell abgeändert wird.[791] Eine Ersetzung des Gesellschaftsvertrages findet jedoch gerade nicht statt. Dieser bleibt weiterhin bestehen und gilt im Folgenden auch als Gesellschaftsvertrag für den beschränkt geschäftsfähigen Vermächtnisnehmer. Wenn jedoch der ursprüngliche (Gründungs-) Gesellschaftsvertrag weiterhin Geltung entfaltet, lediglich eine personelle Änderung vorgenommen wird, wäre es widersinnig, weitere Gesellschaftsverträge mit neu eintretenden Gesellschaftern abzuschließen, gibt es doch bereits einen Gesellschaftsvertrag, der auch für Neu-Gesellschafter gilt. Dies stützt die Argumentation, die Zustimmung als Ergänzung, aber nicht als eigenständigen Gesellschaftsvertrag zu verstehen. Wurde im Gesellschaftsvertrag bereits eine Zustimmung zum Eintritt des Vermächtnisnehmers als Gesellschafter erteilt („Eintrittsklausel")[792], bedarf es überdies sogar keiner besonderen Vereinbarung, die als möglicher „Gesellschaftsvertrag" zu qualifizieren wäre.[793] Der eintretende Gesellschafter kann lediglich eine Beitrittserklärung abgeben, um wirksam einzutreten.[794] Dieser Vergleich zeigt jedoch auf, dass ein gesonderter Vertragsschluss zwischen dem beschränkt Geschäftsfähigen und den Alt-Gesellschaftern nicht zwingend erforderlich ist, um den Vermächtnisnehmer in die Gesellschaft aufzunehmen. Vielmehr ist eine Klausel im (Gründungs-) Gesellschaftsvertrag ausreichend. Warum eine nachträgliche Vereinbarung dagegen der familiengerichtlichen Genehmigung unterliegen soll, die Vereinbarung aller Gesellschafter

---

790 Vgl. auch: *Damrau*, ZEV 2000, 209 (210).

791 Staub Großkommentar HGB/*Schäfer*, HGB § 105 Rn. 189; ähnlich (für den Aufnahmevertrag): Baumbach/Hopt, Handelsgesetzbuch/*Roth*, HGB § 105 Rn. 67; Münchener Kommentar zum HGB/*Schmidt*, § 105 Rn. 206.

792 Münchener Kommentar zum HGB/*Schmidt*, HGB § 139 Rn. 25.

793 Ebenso: *Damrau*, ZEV 2000, 209 (210), der zudem zutreffend anmerkt, dass einer „Vorab-Vereinbarung" im Gesellschaftsvertrag zur Aufnahme eines Neugesellschafters das vertragliche Element fehlt; es sich vielmehr lediglich um ein Einverständnis handelt.

794 Wohl auch: Baumbach/Hopt, Handelsgesetzbuch/*Roth*, HGB § 139 Rn. 53; Münchener Kommentar zum HGB/*Schmidt*, HGB § 139 Rn. 29, der dies aber nicht als Regel betrachtet.

im Gesellschaftsvertrag dagegen nicht, erschließt sich in Anbetracht derselben Rechtsfolge nicht.[795]

Ob die Zustimmungsvereinbarung darüber hinaus den Anforderungen des Gesellschaftsvertrages – wie in den §§ 705 ff. BGB als Mindestvoraussetzungen festgelegt –[796] gerecht wird, ist ebenso fraglich: Da die Zustimmungserklärung eine Zusatzvereinbarung zum eigentlichen Gesellschaftsvertrag darstellt, enthält sie regelmäßig einen Bezug auf ebendiesen betreffend den gemeinsam verfolgten Zweck und regelt selbst nur den Eintritt des Neugesellschafters. Zudem ist das mit Eintritt in eine bestehende Gesellschaft aufgrund eines zugewendeten Gesellschaftsanteils verbundene Risiko geringer als bei Neugründung der Gesellschaft, eine vergleichbare Interessenlage somit nicht gegeben.[797] Zwar haftet der neu eintretende Gesellschafter grundsätzlich für die Altverbindlichkeiten der Gesellschaft[798], dennoch wird die Einlage durch den Erblasser als vormaligen Gesellschafter in der Regel bereits entrichtet worden sein, sodass anders als bei Gründung der Gesellschaft für den Kommanditisten keine Haftung mit dem Privatvermögen des beschränkt Geschäftsfähigen besteht. Der Haftung des Komplementärs, oder allgemein: persönlich haftender Gesellschafter über die vom Erblasser entrichtete Einlage hinaus, wird mit § 1629a BGB entgegengewirkt.

Mithin ist auch unter diesen Gesichtspunkten keine familiengerichtliche Genehmigung erforderlich.

Ein anderes Ergebnis rechtfertigt ferner nicht der Minderjährigenschutz. Wie sich aus der Vorschrift des § 723 Abs. 1 Nr. 2 BGB ergibt,[799] folgt aus der Volljährigkeit eines Minderjährigen ein wichtiger Grund für die Kündigung eines Gesellschaftsverhältnisses. Dies verdeutlicht im Zusammenspiel mit der Haftungsbeschränkungsnorm des § 1629a BGB, dass der Gesetzgeber hinreichende Schutzmechanismen zugunsten des beschränkt Geschäftsfähigen im Rahmen

---

795 Ähnlich: *Damrau*, ZEV 2000, 209 (210); a.A: Heymann/Horn, Handelsgesetzbuch/*Horn*, § 173 Rn. 12.

796 „Durch den Gesellschaftsvertrag verpflichten sich die Gesellschafter gegenseitig, die Erreichung eines gemeinsamen Zweckes in der durch den Vertrag bestimmten Weise zu fördern, insbesondere die vereinbarten Beiträge zu leisten."

797 *Menzel/Wolf*, MittBayNot 2010, 186 (189); Für die GmbH ebenso: BGH, Urteil vom 20.2.1989 – II ZR 148/88 = NJW 1989, 1926.

798 § 130 HGB (analog), § 173 HGB.
BGH, Urteil vom 7. 4. 2003 – II ZR 56/02 = LMK 2003, 168, mit diesbezüglicher Bestätigung *Eberl-Borges*.

799 Ähnlich: LG München I, Beschluss vom 27.4.2000 – 13 T 16 886/99 = ZEV 2000, 370.

des Gesellschaftsrechts geschaffen hat, die ein Zurückgreifen auf die restriktiv anzuwendende Vorschrift des § 1822 Nr. 3 BGB entbehrlich machen.[800]

(2) Genehmigungspflicht aus § 1822 Nr. 10 BGB

Darüber hinaus scheidet eine Genehmigungsbedürftigkeit für die Erfüllung eines mittels Vermächtnis zugewendeten (Personen-) Gesellschaftsanteils nach § 1822 Nr. 10 BGB wegen Übernahme einer fremden Verbindlichkeit aus. Entgegen der in der herrschenden Literatur vertretenen[801] – bezogen auf die Haftung für Altverbindlichkeiten der Gesellschaft und des ausscheidenden Gesellschafters – Ansicht, vermögen die gesetzlich vorgesehenen Haftungstatbestände für Altverbindlichkeiten[802] die Genehmigungsbedürftigkeit nicht zu begründen.[803]

Die Haftung für Altverbindlichkeiten, welche sich für den OHG-Gesellschafter aus §§ 128, 130 HGB, für den Kommanditisten aus § 128, 130, 161 Abs. 2 HGB und den GbR-Gesellschafter aus einer analogen Anwendung des § 130 HGB i.V.m. § 128 HGB ergibt,[804] betrifft primär Gesellschaftsschulden, für die dem Gesellschafter (nach Inanspruchnahme durch den Gläubiger) eine Regressmöglichkeit gegen die Gesellschaft zusteht.[805] Obwohl eine fremde Verbindlichkeit mit Ausgleichsmöglichkeit im Innenverhältnis übernommen wird, greift § 1822 Nr. 10 BGB nicht. Dies gründet auf folgenden Erwägungen:

Wie vorstehend in diesem Kapitel bereits zu § 16 Abs. 2 WEG[806] ausgeführt, schließen der Wortlaut der Genehmigungsalternative, ebenso wie die gewählte Systematik gesetzlich entstehende Nebenfolgen einer rechtsgeschäftlich begründeten Erklärung aus, die die Übernahme einer fremden Verbindlichkeit mit Regressmöglichkeit bedeuten. Selbiges muss für die gesetzlich entstehenden

---

800 Für die Anwendung des § 1629a BGB auch: *Damrau*, ZEV 2000, 209 (210); *Röhl*, MittbayNot 2012, 111 (113); a.A.: Münchener Kommentar zum HGB/*Schmidt*, HGB § 105 Rn. 145.

801 *Brüggemann*, FamRZ 1990, 124 (125); *Buck*, 70; Jürgens, Betreuungsrecht/*von Crailsheim*, BGB § 1822 Rn. 29; *Rust*, DStR 2005, 1942 (1946).

802 Nach §§ 128, 130 HGB (analog für die Gesellschaft bürgerlichen Rechts, vgl. BGH, Versäumnisurteil vom 7.4.2003 – II ZR 56/02 = NJW 2003, 1803) i.V.m. § 161 Abs. 2 für die KG Haftung für vor Eintritt in die Gesellschaft begründete Verbindlichkeiten gegenüber der Gesellschaft.

803 Im Ergebnis ebenso: *Pluskat*, FamRZ 2004, 577 (682); *Winkler*, ZGR 1990, 131 (137).

804 BGH, Versäumnisurteil vom 7.4.2003 – II ZR 56/02 = NJW 2003, 1803.

805 *Zorn*, Das Recht der elterlichen Sorge: Voraussetzungen, Inhalt und Schranken in Theorie und Praxis, 368.

806 S.o. unter III. 2. A. bb. (5) (b) (bb).

Haftungen der Personengesellschafter für Altverbindlichkeiten des ausgetretenen Gesellschafters gegenüber der Gesellschaft gelten.

Darüber hinaus ist anzuführen, dass der Genehmigungstatbestand des § 1822 Nr. 10 BGB ausweislich der systematischen Stellung zu § 1822 Nr. 3 BGB im Rahmen desselben Genehmigungskatalogs keine Geltung für den Eintritt in eine Gesellschaft für sich beanspruchen kann.[807] Der Gesetzgeber hat mit § 1822 Nr. 3 BGB eine Regelung für die familiengerichtliche Genehmigung betreffend den Erwerb von Gesellschaftsanteilen/-beteiligungen geschaffen, sodass eine Erweiterung auf § 1822 Nr. 10 BGB systemwidrig wäre.[808] Die Abgeltung gesellschaftsrechtlicher Tatbestände erfolgte bereits im Anwendungsbereich des § 1822 Nr. 3 BGB.

Mithin scheidet der Genehmigungstatbestand des § 1822 Nr. 10 BGB nach den oben ausgeführten Begründungen aus.

Eine familiengerichtliche Genehmigung ist für die Erfüllung eines Personengesellschaftsanteils auf der Grundlage eines Vermächtnisses nicht erforderlich. Ausreichender Schutz wird durch die Vertretung der gesetzlichen Vertreter und die Haftungsbeschränkungsnorm des § 1629a BGB gewährleistet.

bb. Erwerb eines Anteils an einer Kapitalgesellschaft

Doch nicht nur Beteiligungen an einer Personengesellschaft bilden Gegenstand der Vermächtnisanordnung des Erblassers. Darüber hinaus können auch Anteile an einer Kapitalgesellschaft (GmbH oder Aktiengesellschaft) mittels Vermächtnisanordnung übertragen werden. Die Erfüllung eines GmbH-Anteils erfolgt durch Abtretung in notarieller Form gemäß § 15 Abs. 3 GmbHG, §§ 398, 413 BGB. Namensaktien werden nach § 68 AktG, § 929 S. 1 BGB[809], verbriefte Inhaberaktien werden nach § 929 S. 1 BGB oder mittels Abtretung übertragen.[810]

Eine diesbezügliche Genehmigungspflicht des Familiengerichts könnte gleichermaßen zur Übertragung eines Personengesellschaftsanteils aus §§ 1822 Nr. 3, 10 BGB in Betracht kommen. Hierzu im Einzelnen:

---

807 So auch: *Pluskat*, FamRZ 2004, 677 (682); *Winkler*, ZGR 1990, 131 (137).

808 *Pluskat*, FamRZ 2004, 677 (682).

809 Auch durch Abtretung, §§ 398, 413 BGB, oder Indossament möglich. Indossament bedeutet dabei eine schriftliche Erklärung auf der Abtretungsurkunde selbst oder in einem dieser beigefügten Anhang, vgl. Milatz, Die Übertragung von Familienvermögen: Besonderheiten im Steuer- und Zivilrecht, 50, 51 zur ausführlichen Darstellung der dinglichen Übertragung.

810 *Buck*, 84, aber mit Vorsichtshinweis; *Milatz*, Die Übertragung von Familienvermögen: Besonderheiten im Steuer- und Zivilrecht, 50.

(1) Genehmigungspflicht aus § 1822 Nr. 3 BGB

Eine Genehmigungspflicht für die Übertragung eines vermächtnisweise zugewendeten Kapitalgesellschaftsanteils folgt, wie vorstehend zu der Personengesellschaft ausgeführt, nicht aus § 1822 Nr. 3 Alt. 1 BGB, da es sowohl an der Entgeltlichkeit der Übertragung,[811] als auch dem der Erfüllung zugrunde liegenden Vertrages – wie von § 1822 Nr. 3 Alt. 1 BGB vorausgesetzt – mangelt. Hier kann auf die vorstehenden Ausführungen zu den Personengesellschaften verwiesen werden.

Dies gilt sowohl für die vermächtnisweise Übertragung eines GmbH-Anteils, als auch einer Aktiengesellschaft.[812]

Darauf, ob der beschränkt Geschäftsfähige als Vermächtnisnehmer formal Inhaber eines Erwerbsgeschäfts werden kann, wurde ihm beispielsweise ein GmbH-Anteil vermacht,[813] kommt es in Anbetracht der fehlenden Entgeltlichkeit und des fehlenden zugrundeliegenden Vertrages folglich nicht an.

Wird die Kapitalgesellschaft nicht neu gegründet, sondern erhält der minderjährige Vermächtnisnehmer lediglich einen Anteil an dieser schon bestehenden Kapitalgesellschaft, erfolgt durch Erfüllung des maßgeblichen Vermächtnisses kein Abschluss eines neuen Gesellschaftsvertrages, der ein familiengerichtliches Genehmigungserfordernis nach § 1822 Nr. 3 Alt. 3 BGB auslösen würde. Wie schon oben zur Personengesellschaft ausgeführt, weist bereits die Systematik und der Telos der Vorschrift darauf hin, dass der Beitritt zu einer bestehenden Kapitalgesellschaft nicht wie die Gründung derselben einen „Gesellschaftsvertrag" voraussetzt.

Überdies ist insbesondere bei der GmbH das Gefährdungspotential für den beschränkt Geschäftsfähigen bei Beitritt in eine bestehende GmbH wegen der bereits geleisteten Einlage deutlich geringer ausgeprägt als bei der Gründung der GmbH.[814] Die GmbH kennzeichnet sich gerade durch eine Haftungsbeschränkung auf die Stammeinlage. Bei Gründung der Gesellschaft und Tätigwerden vor Eintragung in das Handelsregister besteht die Gefahr der Haftung

811 BGH, Urteil vom 20.2.1989 – II ZR 148/88 = NJW 1989, 1926.

812 Vgl. BGH, Urteil vom 20.2.1989 – II ZR 148/88 = NJW 1989, 1926 für den schenkungsweise erworbenen Anteil einer GmbH. Ähnlich: Soergel BGB/*Zimmermann*, BGB § 1822 Rn. 17.

813 Zu der Diskussion, da formal gesehen die GmbH Träger desselben bleibt: *Damrau*, ZEV 2000, 209 (211); Staudinger BGB (2014)/*Veit*, BGB § 1822 Rn. 59.

814 Ähnlich: BGH, Urteil vom 20.2.1989 – II ZR 148/88 = NJW 1989, 1926.

im Innenverhältnis über die Stammeinlage hinaus.[815] Weiterhin kann es zum Zeitpunkt der Eintragung zu Unterbilanzierung oder Überschuldung kommen, welche durch die Gesellschafter zu tragen sind.[816] Dieses Gefahrpotential besteht bei späterem Beitritt gerade nicht, sodass eine vergleichbare Interessenlage, die es begründen würde, Beitritt und Gründung gleichzustellen, nicht gegeben ist.[817]

Für die Erfüllung eines vermächtnisweise zugewendeten Anteils an einer Aktiengesellschaft folgt selbiges Ergebnis zudem aus § 107 BGB. Dies gründet darauf, dass der Erwerb einer voll eingezahlten Aktie als lediglich rechtlich vorteilhaftes Geschäft eingeordnet wird[818] mit der Folge einer fehlenden Genehmigungsbedürftigkeit für dieses Geschäft.[819,820]

Mithin ergibt sich auch im Hinblick auf ein Vermächtnis, welches die Beteiligung an einer Kapitalgesellschaft zum Gegenstand hat, keine andere Beurteilung hinsichtlich der familiengerichtlichen Genehmigung nach § 1822 Nr. 3 BGB.

(2) Genehmigungspflicht aus § 1822 Nr. 10 BGB

Überdies folgt weder für die Übertragung des GmbH-Anteils als zu erfüllenden Vermächtnisgegenstand, noch einer Aktie als maßgebliches Vermächtnis eine Genehmigungsbedürftigkeit aus § 1822 Nr. 10 BGB:

Wird der Anteil an einer GmbH übertragen, können den Vermächtnisnehmer über § 16 Abs. 3 GmbHG gesetzlich eintretende Haftungsverbindlichkeiten betreffend rückständige Leistungen des vormaligen GmbH-Anteilseigners oder die Ausfallhaftung bei rückständigen Leistungen der anderen Gesellschafter treffen,

815 Münchener Kommentar GmbHG/*Merkt*, GmbHG § 11 Rn. 229; *Wicke*, GmbHG, § 11 Rn. 7.

816 *Burkert/Elser*, Die GmbH, 2004; S. 28.

817 BGH, Urteil vom 20.2.1989 - II ZR 148/88 = NJW 1989, 1926.

818 *Maier-Reimer, Marx*, NJW 2005, 3025; *Milatz*, Die Übertragung von Familienvermögen: Besonderheiten im Steuer- und Zivilrecht, 55; Staudinger BGB (2017)/*Klumpp*, BGB § 107 Rn. 61.

819 Dazu, dass § 107 BGB das Erfordernis einer familiengerichtlichen Genehmigung ausschließt: OLG Jena, Beschluss vom 22.3.2013 - 2 WF 26/13 = MittBayNot 2013, 387; mit ablehnender Anmerkung:

820 Ob die Übertragung sämtlicher Aktienanteile zugunsten des beschränkt Geschäftsfähigen den Genehmigungstatbestand des § 1822 Nr. 3 Alt. 1 BGB erfasst, spielt für die unentgeltliche Übertragung durch Vermächtnis keine Rolle; ausführlich dazu aber unter: Münchener Kommentar zum BGB/*Wagenitz*, BGB § 1822 Rn. 17; *Rust*, DStR 2005, 1942 (1948); Soergel BGB/*Zimmermann*, BGB § 1822 Rn. 17.

für die er sekundär haftbar gemacht werden kann.[821] Der GmbH-Gesellschafter haftet zwar nach § 13 Abs. 2 GmbHG beschränkt auf das Gesellschaftsvermögen; ist jedoch die Stammeinlage noch nicht vollständig durch alle Gesellschafter eingezahlt worden, besteht eine Ausfallhaftung aller Gesellschafter bis zur Höhe der Stammeinlage.[822] Ferner kann der neue Inhaber des GmbH-Anteils nach § 31 Abs. 3 GmbHG haftbar sein, wenn unter Missachtung des § 30 GmbHG eine Zahlung aus dem Stammkapital an einen Gesellschafter erfolgt und eine diesbezügliche Erstattung nicht möglich ist.[823]

Eine Genehmigungspflicht für den vermächtnisweise übertragenen Anteil an einer Kapitalgesellschaft folgt jedoch diesbezüglich auch nicht aus § 1822 Nr. 10 BGB wegen Übernahme einer fremden Verbindlichkeit.[824]

Dies folgt schon aus dem vorstehend zu § 16 Abs. 2 WEG und dem zur Personengesellschaft Ausgeführten. Da es sich um gesetzlich entstehende Verbindlichkeiten handelt, die Nebenfolgen einer rechtsgeschäftlichen Erklärung darstellen, für die § 1822 Nr. 10 BGB nicht greift, scheidet eine Genehmigungsbedürftigkeit bereits unter diesem Aspekt aus.

Überdies fragt sich, über welchen Tatbestand das Familiengericht zu entscheiden hat, wenn – wie üblicherweise erfolgt – alle Gesellschafter ihre Einlage erbracht haben und eine etwaige Haftung des minderjährigen Vermächtnisnehmers aus §§ 30, 31 Abs. 3 GmbHG zum Zeitpunkt der Genehmigungserteilung nicht absehbar erscheint.[825] Vergleichbar mit dem zu § 16 Abs. 2 WEG Ausgeführten ist eine familiengerichtliche Genehmigung obsolet, wenn eine Gefahrenquelle derart theoretisch ist, dass eine Beurteilungsgrundlage für das Familiengericht faktisch nicht besteht.[826] Eine praktische Umsetzung einer Genehmigungspflicht ist folglich ohne Beurteilungsgrundlage nicht möglich.

---

821 *Bürger*, RNotZ 2006, 156 (164); *Gebele*, BB 2012, 728 (730); *Milatz*, Die Übertragung von Familienvermögen: Besonderheiten im Steuer- und Zivilrecht, 55.

822 *Rust*, DStR 2005, 1942 (1947).

823 *Bürger*, RNotZ 2006, 156 (158); Staudinger BGB (2014)/*Veit*, BGB § 1822 Rn. 184.

824 So auch: BGH, Urteil vom 20.2.1989 – II ZR 148/88 = NJW 1989, 1926.

825 BGH, Urteil vom 20.2.1989 – II ZR 148/88 = NJW 1989, 1926; *Kölmel*, RNotZ 2010, 1 (23); *Zorn*, Das Recht der elterlichen Sorge: Voraussetzungen, Inhalt und Schranken in Theorie und Praxis, 368.

826 Im Ergebnis ähnlich: BGH, Urteil vom 20.2.1989 – II ZR 148/88 = NJW 1989, 1926; *Pluskat*, FamRZ 2004, 677 (682); Staudinger BGB (2014)/Veit, BGB § 1822 Rn. 184; *Winkler*, ZGR 1990, 131 (137); a.A.: *Rust*, DStR 2006, 1942 (1948); ähnlich zumindest für die Gründung der GmbH: OLG Stuttgart, Beschluss vom 20.9.1978 – 8 W 128/78 = OLGZ 1978, 426.

Die Übertragung des Anteils an einer Aktiengesellschaft bedeutet anders als vorstehend zur GmbH ausgeführt bereits keine Übernahme einer fremden Verbindlichkeit.[827] Der Genehmigungstatbestand scheidet somit bereits aus diesem Grund aus.

B. Ergebnis

Im Ergebnis bleibt festhalten, dass zumindest für die Erfüllung der gegenständlich untersuchten Grundstücks- und Gesellschaftbeteiligungsvermächtnisse eine familiengerichtliche Genehmigung infolge einer restriktiven Auslegung nicht erforderlich ist, vielmehr ein hinreichender Schutz durch die Vertretungsbefugnis der gesetzlichen Vertreter und die Haftungsbeschränkungsnorm des § 1629a BGB gewährleistet wird.

827 Vgl. auch: *Buck*, 74.

9. Kapitel: Zusammenfassen der Ergebnisse und Erkenntnisse der Untersuchung

In der Zusammenfassung ergeben sich aus der Begutachtung nachfolgende Ergebnisse:

A. Modifikation des „lediglich rechtlichen Vorteils"

Die gegenständliche Arbeit beschäftigt sich mit Fragestellungen im Zusammenhang mit der Beteiligung beschränkt geschäftsfähiger Minderjähriger an der Vermächtnisannahme und -erfüllung. Als prägende der Begutachtung zugrunde liegende Voraussetzung ist auf die „lediglich rechtliche Vorteilhaftigkeit" der Erklärung des beschränkt Geschäftsfähigen abzustellen. Infolge einer fehlenden Modifikation dieser Begrifflichkeit durch den Gesetzgeber, bedurfte es einer modifizierenden Definition, die den zu eng gefassten Bereich der „lediglich" rechtlich vorteilhaften Willenserklärungen unter Beachtung des Minderjährigenschutzes umschreibt. Da es nach der hier vertretenen Auffassung faktisch keine Erklärung gibt, die nicht irgendeinen (mittelbaren) Nachteil bedeutet, ist der lediglich rechtliche Vorteil unter Maßgabe der folgenden zwei Schritte zu bestimmen:

- In einem ersten Schritt ist zu ermitteln, ob das gegenständliche Rechtsgeschäft so ausgestaltet ist, dass es offenkundig dem beschränkt Geschäftsfähigen lediglich ein Recht zuwendet oder ihn von einer ihn belastenden Verbindlichkeit befreit. Mithin sind bereits alle Rechtsgeschäfte von vornherein auszusondern, die den Kriterien offenkundig nicht entsprechen.
- In einem Folgeschritt ist das Rechtsgeschäft und der mit ihm verbundene rechtliche Nachteil unter dem Aspekt der Schutzzwecke des § 107 BGB zu untersuchen. In diesem Zusammenhang ist insbesondere unter dem Aspekt des Minderjährigenschutzes zu überprüfen, ob der rechtliche Nachteil ausweislich seiner typischen und abstrakten Ausgestaltung bereits nicht geeignet ist, den Vermögensbestand des beschränkt Geschäftsfähigen über den erlangten Gegenstand hinaus zu schmälern. Ob der Nachteil mittelbare oder unmittelbare Folge ist, kann ergänzend Berücksichtigung finden.

Das Einbeziehen wirtschaftlicher Aspekte dient der Berücksichtigung des Minderjährigenschutzes als maßgeblichem Schutzzweck.

B. Wirtschaftliche Einordnung des „Vermögensvorteils“ bei Vermächtniszuwendung

Das Vermächtnis stellt eine Gestaltungsmöglichkeit des Erbrechts dar, welche als schuldrechtlicher Anspruch ausgestaltet ist. Der das Vermächtnis kennzeichnende Begriff ist der des „Vermögensvorteils“, welcher insbesondere im Rahmen der Vermächtniserfüllung zugunsten des beschränkt Geschäftsfähigen zu thematisieren war. Vermögensvorteil im Sinne des § 1939 BGB bedeutet gemäß der konkret entwickelten Begriffsbestimmung eine wirtschaftliche Besserstellung des Berechtigten im Sinne einer ihm zugewendeten Bereicherung. Diese Bereicherung hat mit Blick auf das Untervermächtnis, welches das Hauptvermächtnis vollständig aufzehrt, nicht von dauerhafter Natur zu sein. Es kommt vielmehr darauf an, dass zunächst eine Bereicherung in der Person des Berechtigten eingetreten ist. Unter Ablehnung des Leistungsbegriffs gemäß § 241 BGB spielt der Begriff des „Vermögensvorteils“ insbesondere für das sogenannte „**Ankaufsvermächtnis**“ eine Rolle. Die in Rechtsprechung und Literatur vertretene Ausgestaltung des Ankaufsvermächtnisses ist unter diesem Blickwinkel abzulehnen, da eine Gegenleistung des Vermächtnisnehmers gefordert wird. Dies ist mit dem Verständnis des Begriffs des Vermögensvorteils nicht kompatibel, sodass das Ankaufsvermächtnis als Vermächtnis qualifiziert wird, welches mit einem Untervermächtnis in Höhe des Wertes des Hauptvermächtnisses (mithin des Verkehrswertes) belastetet ist.

C. Rechtliche Einordnung der „Vermächtnisannahme“

Die Zuwendung mittels Vermächtnis (dies gilt auch für die Zuwendung zugunsten eines beschränkt Geschäftsfähigen) erfolgt im Wege der erbrechtlichen Anordnung und unterliegt folglich erbrechtlichen Besonderheiten. Vergleichbar zur Erbenstellung bedarf es durch den begünstigten Vermächtnisnehmer daher der Annahme des Vermächtnisses, welche in § 2180 BGB festgesetzt ist. Bei der Annahme des Vermächtnisses handelt es sich um ein aus dem römischen Recht stammendes Erfordernis, das unter Geltung des nunmehr maßgeblichen Damnationslegats obsolet geworden ist. Dies gilt insbesondere unter dem Aspekt des gesetzlich eintretenden Anfalles des Vermächtnisses. Nach hier vertretener Ansicht ist der Anfall ausreichend, um den Vermächtnisanspruch zu begründen. Da sich der Gesetzgeber jedoch für das Annahmeerfordernis entschieden hat, ist dieses in Zusammenwirken mit dem Anfall des Vermächtnisses dahingehend einzuordnen, den zunächst vorläufig eingetretenen Zustand des Vermächtniserwerbes endgültig zu manifestieren. Die Annahme erlangt mithin Bedeutung hinsichtlich des endgültigen Entstehens des Anspruchs, folglich auch der Fälligkeit des Anspruchs. Zudem bedeutet die Annahme als Kehrseite einer Medaille zugleich den Verlust des Ausschlagungsrechts, welches nach vorgenommener Annahmeerklärung nicht mehr ausgeübt werden kann.

D. Annahme des Vermächtnisses durch beschränkt Geschäftsfähige vorteilhaft

Erklärt ein beschränkt Geschäftsfähiger gegenüber dem mit der Vermächtniserfüllung Beschwerten die Annahme des Vermächtnisses, handelt es sich dabei um eine lediglich rechtlich vorteilhafte Willenserklärung, die gemäß § 107 BGB durch den Minderjährigen alleine, d.h. ohne Mitwirken der gesetzlichen Vertreter, abgegeben werden kann. Dieses Ergebnis folgt aus der Anwendung der vorstehend dargestellten zweistufigen Prüfung zur lediglich rechtlichen Vorteilhaftigkeit.

Die Annahme des Vermächtnisses weist bereits nach der äußeren Ausgestaltung als Erklärung, die auf das endgültige Entstehen eines schuldrechtlichen Anspruchs gerichtet ist, keinen rechtlichen Nachteil zulasten des beschränkt Geschäftsfähigen auf.

Dieses Ergebnis festigt sich, überprüft man die Annahme des Vermächtnisses und die damit einhergehenden rechtlichen Wirkungen unter Maßgabe der Schutzzwecke des § 107 BGB, insbesondere dem primär zu berücksichtigenden Zweck des Minderjährigenschutzes. Die rechtliche Nachteilhaftigkeit der Annahme vermögen weder der Verlust des Ausschlagungsrechts, noch der Annahmeverzug, oder zwangsvollstreckungsrechtliche/insolvenzrechtliche Folgen zu begründen. Da der Annahmeverzug Erfüllbarkeit der Leistung voraussetzt, diese aber bereits ab Anfall des Vermächtnisses eintritt, ist der Annahmeverzug eine von der Annahme des Vermächtnisses unabhängige Folge. Im Rahmen der Zwangsvollstreckung/Insolvenz wird dagegen lediglich auf den zugewendeten Vermächtnisgegenstand zugegriffen. Eine darüber hinausgehende Haftung des Minderjährigen wird durch die Annahme gerade nicht bewirkt. Betreffend den Verlust des Ausschlagungsrechts ist in einer Parallelziehung zur Schenkung anzumerken, dass die Annahme – bei der Schenkung eines Angebots – regelmäßig zum Verlust des Rechts führt, von der Ablehnung der Annahme Gebrauch zu machen. Für die Schenkung begründet der Verlust des Ablehnungsrechts keinen rechtlichen Nachteil; selbiges muss für die Annahme des Vermächtnisses gelten.

Bedeutet die Annahme des Vermächtnisses bei einem Vermächtnisnehmer, der zugleich Pflichtteilsberechtigter im Sinne des § 2303 BGB ist, neben dem isolierten Verlust des Ausschlagungsrechts zugleich (mittelbar) den Verlust, von der

Möglichkeit des vollen Pflichtteilsanspruchs Gebrauch zu machen, führt diese Folge aus § 2307 BGB überdies zu keiner anderen Wertung. Dies folgt daraus, dass der Vermächtnisnehmer zusätzlich zu seinem Vermächtnisanspruch, den er durch die Annahme erlangt, einen Pflichtteilsrestanspruch in der Höhe erhält, in der der Wert des Vermächtnisses den Wert des Pflichtteils nicht erreicht. Dass Beschränkungen und Beschwerungen nach § 2306 BGB außer Acht zu bleiben haben, bedeutet für den beschränkt Geschäftsfähigen lediglich eine wertmäßige – mithin wirtschaftliche – Schlechterstellung, die im Rahmen des § 107 BGB zu keiner Nachteilhaftigkeit führen kann. Darüber hinaus erfolgt keine Minderung über den erlangten Vermächtnisgegenstand hinaus, da der Pflichtteilsanspruch rechtlich noch nicht bereits in voller Höhe verfestigt ist und deshalb nicht dem Vermögensbestand zuzuordnen ist. Vielmehr führt eine vollständige Aufzehrung des Vermächtnisgegenstandes durch Beschränkungen und Beschwerungen zu einer rechtlich neutralen Position des beschränkt Geschäftsfähigen, dessen Vermögensbestand weder verschlechtert, noch verbessert wird. Ein Zustimmungserfordernis der gesetzlichen Vertreter wird hierdurch indes nicht begründet.

Eine andere Wertung folgt ferner nicht aus der Belastung des Hauptvermächtnisses durch ein Untervermächtnis, welches der Hauptvermächtnisnehmer zu erfüllen hat. Diesbezüglich wurde die Haftungsbeschränkung des § 2187 BGB skizziert, die eine gegenständliche Beschränkung auf das durch Vermächtniszuwendung Erlangte vorsieht. Eine persönliche Haftung des Minderjährigen ist damit ausgeschlossen. Des Weiteren entsteht die Verpflichtung zur Erfüllung der Belastung – des Untervermächtnisses – zunächst in einem Folgeschritt, stellt sich folglich nicht als unmittelbare Folge der Vermächtnisannahme des Hauptvermächtnisnehmers dar. Selbiges gilt für etwaige Schadensersatzverpflichtungen, die aus §§ 1991 Abs. 1, 1978 Abs. 1 BGB resultieren und in einem auf die Annahme folgenden zweiten Schritt eintreten. Bei der Begründung einer solchen Schadensersatzverpflichtung handelt es sich ebenfalls nicht um einen unmittelbar aus der Vermächtnisannahme folgenden Nachteil.

Im Ergebnis ist die Annahme des Vermächtnisses für den beschränkt Geschäftsfähigen stets lediglich rechtlich vorteilhaft oder zumindest neutral ausgestaltet. Eine Ausnahme hiervon bildet einzig der § 2166 BGB, nach dem bei Annahme eines mit einer Hypothek (oder Grundschuld) belasteten Vermächtnisses die Verpflichtung des Vermächtnisnehmers besteht, dingliche Grundpfandrechte, die auf der vermachten Immobilie ruhen, mit zu übernehmen und die persönliche Forderung des Erblassers im Innenverhältnis gegenüber dem Erben persönlich zu erfüllen. Im Unterschied zu § 2187 BGB handelt es sich um eine persönliche Schuldübernahme, die lediglich wertmäßig und nicht gegenständlich begrenzt ist. In dieser Ausnahmekonstellation bedarf die Annahme daher der Zustimmung der gesetzlichen Vertreter.

E. Keine Familiengerichtliche Genehmigung bei Ausschlagung des Vermächtnisses

Die Annahme des Vermächtnisses durch den beschränkt Geschäftsfähigen ist folglich mit Ausnahme der Sonderkonstellation des § 2166 BGB lediglich rechtlich vorteilhaft oder neutral ausgestaltet und bedarf keiner Zustimmung der gesetzlichen Vertreter. Anders stellt sich dies für die Ausschlagung des Vermächtnisses gemäß § 1643 Abs. 2 S. 1 BGB dar, welche der familiengerichtlichen Genehmigung bedarf. Gemäß der hier vertretenen Ansicht ist hingegen von dem Genehmigungserfordernis eine Ausnahme zu machen, greift der Fall des § 1643 Abs. 2 S. 2 BGB. Diese Ausnahmeregel, die unstrittig für die Erbschaft gilt, erfordert keine familiengerichtliche Genehmigung, rückt der beschränkt Geschäftsfähige im Wege des Repräsentationsprinzips wegen vorheriger Ausschlagung des zuvor berufenen gesetzlichen Vertreters nach. Infolge einer systematischen und wortlautgetreuen Auslegung bedarf es der familiengerichtlichen Genehmigung deshalb ebenfalls nicht, wenn der Minderjährige als Vermächtnisnehmer ausschlagen möchte und der zuvor berufene gesetzliche Vertreter bereits ausgeschlagen hat. Hat der gesetzliche Vertreter die Folgen der Ausschlagung für sich abgewogen, kann er zugleich für den nachrückenden Minderjährigen die Ausschlagung erklären, ohne einer Interessenskollision zu unterliegen. Zwar besteht im Vermächtnisrecht kein Repräsentationsprinzip – wie es § 1924 BGB vorsieht – dennoch kann der Minderjährige als testamentarisch eingesetzter Ersatz- oder Nachvermächtnisnehmer mit Wegfall des gesetzlichen Vertreters auch als Vermächtnisnehmer nachrücken. Eine vergleichbare Interessenlage liegt somit vor.

F. Familiengerichtliche Genehmigung bei Fiktion der Ausschlagung

Liegt diese Ausnahmekonstellation des § 1643 Abs. 2 S. 2 BGB nicht vor, bedarf die Ausschlagung des Vermächtnisses weiterhin der familiengerichtlichen Genehmigung. Einer Genehmigung bedarf es folglich auch bei Fiktion der Ausschlagung im Sinne des § 2307 Abs. 2 BGB. Der vorstehend bereits ausgeführte § 2307 BGB, der das Verhältnis von Vermächtnis und Pflichtteil regelt, hat nicht nur Auswirkungen auf die Annahme des Vermächtnisses. Vielmehr sieht § 2307

Abs. 2 S. 2 BGB überdies eine Fiktion der Ausschlagung des Vermächtnisses vor, sollte der Vermächtnisnehmer nicht innerhalb einer angemessenen Frist die Annahme des Vermächtnisses erklärt haben. Diese Fiktion der Ausschlagung stellt zwar keine Willenserklärung im Sinne des Bürgerlichen Gesetzbuches dar, sie kann aber im Verhältnis zu einem beschränkt Geschäftsfähigen nicht ohne die erforderliche familiengerichtliche Genehmigung eintreten.

Fiktionen, die auf einen positiven Erklärungswert gerichtet sind, bedürfen wegen der daraus folgenden gestaltenden Wirkung der Geschäftsfähigkeit desjenigen, gegenüber dem sie eintreten. Bei beschränkter Geschäftsfähigkeit kommt es darauf an, ob die fingierte Willenserklärung lediglich rechtlich vorteilhaft ausgestaltet ist. Auf die in § 2307 Abs. 2 S. 2 BGB normierte Fiktion finden die Regeln über die Geschäftsfähigkeit Anwendung, da die Fiktion nicht nur auf die Ausschlagung des Vermächtnisses, sondern zugleich auf die Erklärung des Beanspruchens des Pflichtteilsanspruchs gerichtet ist, zugleich einen positiven Erklärungsgehalt birgt. Da die Fiktion jedoch die Ausschlagung als nachteilhafte Folge bedeutet, bedarf es dennoch der familiengerichtlichen Genehmigung. Dies gilt insbesondere, da durch die Fiktion kein schwächerer Schutz als durch die Willenserklärung gewährleistet werden soll.

Als Lösungsansatz wird nach hiesiger Ansicht vorgeschlagen, den gesetzlichen Vertretern gemäß § 131 Abs. 2 BGB eine Frist zu setzen (sechs Wochen, angelehnt an die Frist des § 1943 Hs. 2 BGB), innerhalb derer sie das Familiengericht zwecks Genehmigungserteilung einzubinden haben. Mit Ablauf der Frist besteht für den mit dem Vermächtnis Beschwerten die Möglichkeit, entsprechend dem Rechtsgedanken des § 1829 Abs. 2 BGB eine vierwöchige Frist zu setzen, innerhalb derer die gesetzlichen Vertreter Auskunft über die Genehmigungserteilung geben müssen. Sollten die gesetzlichen Vertreter innerhalb der Frist das Familiengericht nicht eingebunden haben oder keine Mitteilung an den Vermächtnisbeschwerten vorgenommen haben, gilt die Genehmigung als abgelehnt. Daraus folgt, dass die Fiktion der Ausschlagung des Vermächtnisses als nicht eingetreten gilt..

G. Keine familiengerichtliche Genehmigung bei Vermächtniserfüllung erforderlich

Im Rahmen der Erfüllung des Vermächtnisses bedarf es für die in dieser Arbeit begutachteten Fälle der Grundstücks- und Gesellschafterbeteiligungsvermächtnisse keiner familiengerichtlichen Genehmigung. Der Genehmigungskatalog der §§ 1821, 1822 BGB ist nach Einführung der Haftungsbeschränkungsnorm des § 1629a BGB sehr restriktiv auszulegen. Es ist insbesondere anzudenken, ob von der familiengerichtlichen Genehmigung künftig überhaupt Gebrauch gemacht werden sollte, da die Gerichte auch mit Blick auf § 1629a BGB verstärkt von einer Genehmigungsfähigkeit ausgehen.

Wird zugunsten des beschränkt Geschäftsfähigen über ein Grundstück verfügt, erfolgt diese Verfügung zu seinem Vorteil; der Genehmigungstatbestand des § 1821 Nr. 1 BGB greift somit nicht. Wird der minderjährige Vermächtnisnehmer zugleich mit der Erfüllung des Vermächtnisses zur Bestellung eines Nießbrauchsrechts verpflichtet, steht das Grundstück bei Begründung der Verpflichtung noch nicht in seinem Eigentum, weshalb § 1821 Nr. 4 BGB nicht einschlägig ist. Selbiges gilt für den Vollzug des Nießbrauchs gleichzeitig mit Erfüllung des Vermächtnisses. Auch in dieser Variante besteht kein zu schützendes Eigentum des Minderjährigen. Überdies ist mit derselben Argumentation eine familiengerichtliche Genehmigung für die Übertragung eines Grundstücks als Hauptvermächtnis zugunsten des beschränkt Geschäftsfähigen abzulehnen, welches mit einem als Nachvermächtnis ausgestalteten Untervermächtnis belastet ist. Eine familiengerichtliche Genehmigung wird darüber hinaus nicht durch das sogenannte „Ankaufsvermächtnis" begründet. Der Begriff des Vermögensvorteils, der dem Vermächtnisrecht immanent ist, schließt eine Entgeltlichkeit im Sinne des § 1821 Nr. 5 BGB aus. Entgegen der Rechtsprechung des OLG München bedarf zudem die vermächtnisweise vorgenommene Erfüllung eines Wohnungseigentums zu Bruchteilen trotz gesamtschuldnerischer Haftung aus § 16 Abs. 2 WEG keiner Genehmigung. Infolge einer lediglich abstrakten durch § 16 Abs. 2 WEG eingetretenen Gefährdungslage ist der Genehmigungstatbestand des § 1822 Abs. 1 Nr. 10 wegen Übernahme einer fremden Verbindlichkeit abzulehnen. Darüber hinaus sind gesetzlich entstehende Haftungsübernahmen nicht geeignet, den Tatbestand der Norm zu begründen. Die Übertragung vermieteten Wohneigentums als maßgeblicher Vermächtnisgegenstand vermag den Tatbestand des § 1822 Abs. 1 Nr. 10 BGB ebenfalls nicht zu begründen. Dies folgt daraus, dass die Norm sekundäre Haftungspflichten mit Regressmöglichkeit schützt, im Rahmen des vermieteten Eigentums indes kein Primärschuldner mehr besteht.

Überdies kann auch die Erfüllung von Gesellschafterbeteiligungsvermächtnissen zugunsten des beschränkt Geschäftsfähigen ohne familiengerichtliche Beteiligung erfolgen. Dies gilt gleichermaßen für Personengesellschafts- wie auch Kapitalgesellschaftsbeteiligungen. Im Rahmen der Personengesellschaftsbeteiligung als Vermächtnisgegenstand fehlt es bereits an einem entgeltlichen Vertrag, ebenso wie an einem Gesellschaftsvertrag im Sinne des § 1822 Abs. 1 Nr. 3 BGB. Der Begriff des „Gesellschaftsvertrags" bedeutet in diesem Kontext die Gründung der Gesellschaft unter Beteiligung des beschränkt Geschäftsfähigen und nicht lediglich die (einseitige) Zustimmung aller Gesellschafter zum Beitritt des Minderjährigen in die Gesellschaft. Ferner vermögen die gesetzlichen Haftungstatbestände für Altverbindlichkeiten aus §§ 130, 128 HGB (analog) keine Übernahme einer fremden Verbindlichkeit zu begründen, vgl. § 1822 Abs. 1 Nr. 10 BGB. Diesbezüglich ist der Anwendungsbereich gemäß der restriktiven Auslegung nur bei rechtsgeschäftlicher sekundärer Haftungsübernahme einer fremden Schuld eröffnet. Bei Erfüllung des Vermächtnisanspruches durch Übertragung einer Kapitalgesellschaftsbeteiligung fehlt es ebenfalls an einem Gesellschaftsvertrag nach § 1822 Abs. 1 Nr. 3 BGB. Des Weiteren führt die Möglichkeit der Ausfallhaftung nach § 24 GmbHG, sowie der „Solidarhaftung" nach § 31 Abs. 3 GmbHG zu keiner konkreten Gefahrenlage, die es ermöglichen würde, zum Zeitpunkt der Erteilung der familiengerichtlichen Genehmigung nach § 1822 Abs. 1 Nr. 10 BGB eine Entscheidung unter Abwägung der Tatsachen zu treffen.

Festzuhalten bleibt folglich, dass ein hinreichender Schutz über die Haftungsbeschränkungsnorm des § 1629a BGB in Kumulation mit dem Zustimmungserfordernis der gesetzlichen Vertreter gewährt wird.

H Bestellung eines Ergänzungspflegers bei Insichgeschäft im Rahmen der Vermächtniserfüllung

Das Handeln des gesetzlichen Vertreters kann jedoch für diejenigen Geschäfte ausgeschlossen sein, bei denen infolge eines Insichgeschäfts die Gefahr eines Interessenskonflikts droht. Das in § 181 BGB normierte Verbot des Insichgeschäfts begründet in diesen Fällen das Erfordernis der Bestellung eines Ergänzungspflegers. Nach hier vertretener Ansicht bedürfen die gesetzlichen Vertreter auf der Ebene des Vermächtniserfüllungsgeschäfts stets der Beiziehung eines Ergänzungspflegers, wenn das Erfüllungsgeschäft mit Nachteilen zulasten des Minderjährigen versehen ist.

Der Vermächtnisanspruch ist nicht geeignet, ein anderes Ergebnis zu begründen. In Anlehnung an die vom BGH entschiedenen „Schenkungsfälle" muss der Vermächtnisanspruch zunächst unter Heranziehen des § 107 BGB angenommen werden, um vollwirksam und fällig zu sein. Insofern ist auch unter Maßgabe dieser Rechtsprechung eine teleologische Reduktion des § 181 Hs. 2 BGB für rechtlich nachteilhafte Geschäfte des Minderjährigen geboten.

Nach der hier vertretenen Ansicht erreicht man selbiges Ergebnis zudem ohne teleologische Reduktion der Ausnahmeregelung „Erfüllung einer Verbindlichkeit". Eine solche Reduktion erfolgt regelmäßig, um einen Ausgleich zwischen einem nach § 107 BGB wirksam zustande gekommenen Verpflichtungsgeschäfts im Wege des Insichgeschäfts und dem Erfüllungsgeschäft herzustellen, welches infolge des wirksam zustande gekommenen Verpflichtungsgeschäft „als ausschließliche Erfüllung einer Verbindlichkeit" gleichfalls als Insichgeschäft vorgenommen werden kann. Dabei wird verkannt, dass die „Ausschließlichkeit" der Erfüllung einer Verbindlichkeit bereits rechtlich nachteilhafte Geschäfte für den beschränkt Geschäftsfähigen in ihrem Gesetzeswortlaut ausklammert; es einer zusätzlichen Einschränkung durch § 107 BGB somit gar nicht bedarf. Ist das Erfüllungsgeschäft folglich mit rechtlichen Nachteilen versehen, ist es nicht geeignet, den Ausnahmetatbestand des § 181 Hs. 2 BGB zu begründen. Ein Ergänzungspfleger ist folglich zu bestellen.

I. Fazit

Zusammengefasst ergibt sich, dass die Vermächtniszuwendung zugunsten eines beschränkt Geschäftsfähigen noch nicht häufig Gegenstand obergerichtlicher Rechtsprechung war und folglich einige Spannungsfelder aufweisen kann. Unter besonderer Berücksichtigung des Minderjährigenschutzes sollte nicht vorschnell aus der positiven Ausgestaltung des Vermächtnisses auf dessen grundsätzliche Vorteilhaftigkeit geschlossen werden. Insbesondere im Bereich der Erfüllung bedarf es regelmäßig der Hinzuziehung gesetzlicher Schutzmechanismen, zumindest aber der Zustimmung der gesetzlichen Vertreter.

Dennoch bleibt festzuhalten, dass das Vermächtnis eine flexible Gestaltungsmöglichkeit im Rahmen des Erbrechts bedeutet, deren Bedeutung gerade hinsichtlich Beteiligung beschränkt Geschäftsfähiger nicht an Beliebtheit verliert. Eine weitsichtige Planung des Erblassers vermeidet mögliche Hindernisse und schafft den Weg frei zu einer steueroptimierten und generationsübergreifenden Nachlassverteilung.

Schriftenreihe zum deutschen und internationalen Erbrecht

Herausgegeben von Christina Eberl-Borges und Rudolf Meyer-Pritzl

Band 1 Tina Meyer-Dulheuer: Gestaltungsformen des Behindertentestamentes. Unter besonderer Betrachtung der Vermächtnislösung und des Berliner Testamentes. 2009.

Band 2 Anna-Kathrin Schwedler: Die ärztliche Therapiebegrenzung lebenserhaltender Maßnahmen auf Wunsch des Patienten. Ein Rechtsvergleich zwischen Deutschland und Frankreich unter besonderer Berücksichtigung des Patientenverfügungsgesetzes in der Bundesrepublik Deutschland. 2010.

Band 3 Miriam Hollstein: Die Nichtigkeit letztwilliger Verfügungen wegen Verstoßes gegen das gesetzliche Verbot aus § 14 Abs. 1, 5 HeimG vor und nach der Föderalisierung des Heimrechts. 2011.

Band 4 Ansgar Kregel-Olff: Der Einfluss der Europäischen Menschenrechtskonvention und der Rechtsprechung des Europäischen Gerichtshofs für Menschenrechte auf das deutsche Erbrecht. 2011.

Band 5 Karl Ehler: Vom nachlassgerichtlichen Vermittlungsverfahren zum Konsiliarverfahren bei der Auseinandersetzung von Erbengemeinschaften. 2013.

Band 6 Ove Reinbender: Sozialhilferegress nach Grundbesitzübertragung in vorweggenommener Erbfolge unter Vorbehalt eines dinglichen Wohnrechts. 2014.

Band 7 Christina Eberl-Borges/ Wang Qiang (Hrsg.): Erbrecht in der VR China. Die aktuelle Entwicklung im Rahmen des Aufbaus der Privatrechtsordnung. 2015.

Forschungen zum deutschen und internationalen Erb- und Familienrecht

Band 8 Simon-Martin Banck: Die Unterbeteiligung als Gestaltungsinstrument der Unternehmensnachfolge. Eine Arbeit über die Regelung der Unternehmensnachfolge in mittelständischen Familienunternehmen in der Bundesrepublik Deutschland. 2016.

Band 9 Sarah Jasmin Rüegg: Familiengerichtliche Maßnahmen bei Gefährdung des Kindeswohls aufgrund religiös motivierten Verhaltens der Eltern. Ein Vergleich von deutschem und australischem Recht unter besonderer Berücksichtigung aktueller Fallgruppen aus der Rechtsprechung. 2017.

Band 10 Saskia Ballon: Die Annahme, Ausschlagung und Erfüllungswirkung von Vermächtnissen bei beschränkt Geschäftsfähigen. 2018.

Band 11 Areso Asmatyar: Die Ersatzmutterschaft im Rechtsvergleich zwischen den Rechtsordnungen in Deutschland, Indien, Kalifornien und England. 2018.

www.peterlang.com

www.ingramcontent.com/pod-product-compliance
Ingram Content Group UK Ltd.
Pitfield, Milton Keynes, MK11 3LW, UK
UKHW021845290926
8980IPUK00005B/660

9 783631 758533